Martina Tißberger

Dark Continents und das *Un*Behagen in der weißen Kultur

W0361908

UNRAST

Martina Tißberger (Dr. phil.) ist Diplom-Psychologin und promovierte 2012 am Fachbereich Erziehungswissenschaft und Psychologie der Freien Universität Berlin. Sie forscht und lehrt am Institut für Pädagogik und am Center for Migration, Education and Cultural Studies an der Carl von Ossietzky Universität in Oldenburg. Ihre Arbeitsschwerpunkte sind Subjektwissenschaft, Postkoloniale Theorie, Psychoanalyse, Gender- und Rassismusforschung, Critical Whiteness Studies sowie Frühpädagogik.

Martina Tißberger

Dark Continents und das *Un*Behagen in der weißen Kultur

Rassismus, Gender und Psychoanalyse aus einer Critical-Whiteness-Perspektive

UNRAST

Bibliografische Information der Deutschen Bibliothek
Die Deutsche Bibliothek verzeichnet diese Publikation in der Deutschen Nationalbibliografie; detaillierte bibliografische Daten sind im Internet über http://dnb.ddb.de abrufbar.

Martina Tißberger
Dark Continents und das *Un*Behagen in der weißen Kultur
1. Auflage, September 2013
ISBN 978-3-89771-540-0

Postfach 8020 | 48043 Münster | Tel. (0251) 66 62 93
info@unrast-verlag.de | www.unrast-verlag.de
Mitglied in der assoziation Linker Verlage (aLiVe)

Umschlag: UNRAST-Verlag, Münster
Satz: Andreas Hollender, Köln
Druck: CPI – Ebner & Spiegel, Ulm

FSC www.fsc.org
MIX
Papier aus verantwortungsvollen Quellen
FSC® C006701

Inhalt

Einleitung 9

1. Subjekt – Objekt – Abjekt. Psychoanalytische Erklärungsversuche zum Rassismus 23

1.1 Whiteness als Leerstelle – das Unbewusste des Rassismus 23

1.2 Abjektion 26

1.3 Julia Kristevas Heimsuchung: Die Mächte des Grauens 29

1.3.1 »There, abject and abjection are my safeguards. The primers of my culture« 35

1.3.2 »Incompleteness and dependency on the Other« 40

1.4 ›Prädiskursiver‹ Rassismus als Technologie des Affekts 42

1.5 Whiteness als Phallus – ein Schwindel 55

1.5.1 Das Subjekt der sexuellen Differenz 56

1.5.2 Das Subjekt der rassischen Differenz 66

1.5.3 Historizität und rassische Objekte 67

1.5.4 Ein Regime der Sichtbarkeit 69

1.5.5 Whiteness als Phallus – beides ein Fetisch 70

1.5.6 Auflösen und Vernähen 81

1.6 Die unerreichbare Leere verdeckt durch den Fetisch der Psychoanalyse: Rasse und Weiblichkeit 88

2. Das Unbehagen und sein Ding 93

2.1 Zur politischen Ökonomie der Geschlechterdifferenz: Gayle Rubins feministische Kritik am Sex/Gender-System von Freud, Lévi-Strauss und Lacan. 93

2.1.1 Inzesttabu und Frauentausch als Grundstein von Kultur 93

2.1.2 Frauen sind Objekt, Männer Subjekt (im Tausch) 95

2.1.3 Phallus und Mehrwert 98

2.1.4 Zur Anatomi(si)e(rung) der Machtverhältnisse in der Psychoanalyse 100

2.1.5 Das Unbehagen (in) der Psychoanalyse 106

2.2 Das Unbehagen der Geschlechter: Judith Butlers Machtanalytik 109

2.2.1 Verwandtschaft im Namen des Vaters 111

2.2.2 Der Fetisch als Bindeglied zwischen Kultur und Natur 116

2.2.3 Das Soziale und das symbolische Gesetz 118
2.2.4 Verwandtschaft und Rassismus 121
2.2.5 Sexuelle Differenz und Morphogenese – das Erscheinen phobischer Objekte 126
2.2.6 ›Ich ist ein körperliches‹: Phallogenese und Ich-Bildung 129
2.2.7 Symbolisches und Imaginäres. Zum epistemischen Imperialismus des Phallus 132
2.2.8 Morphe und Psyche 135
2.2.9 Ich-Bildung als Sedimentierung 138
2.2.10 Der Fels des Realen und das Zitieren des Gesetzes 140

2.3 Abjektion und das konstitutive Außen des Diskurses 148
2.3.1 Vor-oder-Außerhalb 148
2.3.2 Mater – Materie – Entsymbolisierung 152
2.3.3 Illusion der Autogenese 154
2.3.4 Ökonomie 158
2.3.5 Kontingenz und Essenzialismus 159
2.3.6 ›Psychoanalysis in political mode‹ 165
2.3.7 Wenn der Säugling sprechen könnte: der beobachtete und der rekonstruierte Säugling 171
2.3.7.1 Die Subjektgenese – ein konstruktionistischer Prozess 185
2.3.7.2 Affekte: kein triebhafter Rest, sondern Medium und Thema von Kommunikation 187
2.3.7.3 Aggression ist immer reaktiv 188
2.3.7.4 Phantasie und Übertragung 193
2.3.8 Das revolutionäre und das reaktionäre Potenzial der Psychoanalyse 195
2.3.9 Freuds Ekeltheorie 198
2.3.10 *Jouissance* und *Jealouissance* – Genuss und Neid 203
2.3.11 Abjektion ›subversiv‹ 211
2.3.12 Abjektion produktiv: Toni Morrison über das ›Spielen im Dunkeln‹ 215
2.3.13 Ausgeschlossen, aber unverzichtbar – der Widerspruch der Moderne 222
2.3.14 Heimsuchung 231
2.3.15 Wenn der verlorene Referent spricht: Das Unbehagen in der Kultur oder die Nervosität des Weißseins 233

3. Caché: Zwei Inszenierungen des Unbewussten 241
3.1 Michael Hanekes *Caché* 241
3.2 David Lynchs *Lost Highway* 262
3.3 The Art of the Ridiculous Sublime oder *Die Sublimation des Wahnsinns bei Žižek* 268

4. Dark Continent 275
4.1 » ... ist doch auch das Geschlechtsleben des erwachsenen Weibes ein *dark continent* für die Psychologie« 277
4.2 Freuds Verschiebungen – verschobene Anfänge: Daniel Boyarin 283
4.3 Das un/heimliche doppelte Bewusstsein 288
4.3.1 Zwischen Widerstand und Hegemonie 291
4.3.2 Zwischen Innen und Außen 293
4.3.3 »Der Kastrationskomplex ist die tiefste unbewußte Wurzel des Antisemitismus ... auch die Überhebung über das Weib hat keine stärkere unbewusste Wurzel« 297
4.4 Die Urhorde und Wien 303
4.4.1 Der Kronprinz 304
4.4.2 *Totem und Tabu* als Eroberung 306
4.4.3 Vatermord 309
4.5 Beschneidung als Leitfossil 313
4.5.1 Beschneidung als Zeichen für Triebverzicht 315
4.5.2 Rekapitulationismus: Phylogenese füllt die Leerstellen der Ontogenese und umgekehrt 321
4.6 Das Unbewusste als Urbevölkerung. Kolonisierung in der Psychoanalyse: Celia Brickman 328
4.7 Grenzfiguren: Die Dialektik und ihr Rest 335

5. Conclusio: Das *Un*Behagen in der weißen Kultur 339
5.1 Zur Behaglichkeit im Rassismus 340
5.2 Der Preis der Behaglichkeit – Dynamik und Topik 343
5.3 Der Fetisch (in) der Psychoanalyse 346
5.4 Zur Logik von Ausschluss und Trennung 353
5.5 Gegen Übertragungen von Whiteness 358

Literaturverzeichnis 364

Einleitung

Warum ist Rassismus solch ein hartnäckiges Problem? Wie kommt es, dass nach mehr als einhundert Jahren Rassismuskritik[1], Rassismusforschung und zahlreichen Interventionen zur Überwindung von Rassismus vonseiten der Wissenschaft, Politik, Bildung und Pädagogik seine sämtlichen Erscheinungsformen weiter existieren? Dort, wo Rassen-Ideologien bewusst gepflegt und offen vertreten werden, etwa in rechtsradikalen Kreisen, ist leicht nachvollziehbar, dass die involvierten Subjekte rassistisch denken und handeln. Warum aber reproduziert auch das ganz unverdächtige Subjekt Rassismus ›wider Willen‹ und ›gegen besseres Wissen‹? Was macht die Konstruktion ›Rasse‹, also die Vorstellung, dass die äußere Erscheinung eines Menschen zum Ausdruck bringt, was er oder sie denkt und fühlt und damit, wie sie/er ›ist‹, und den Effekt dieser Vorstellung – Rassismus – so langlebig? Wie kommt es, dass wir körperliche Markierungen ontologisieren und die Subjekte entlang einer evolutionistischen Entwicklungsidee zwischen Schwarz (Afrika/Primitivität) und Weiß (Europa/Zivilisiertheit) hierarchisch anordnen? Wie ist es möglich, dass, wo keine ›rassischen‹ Merkmale vorhanden sind, diese imaginiert und dann ›gesehen‹ werden – wie im Antisemitismus beispielsweise? Wie kann Rassismus auch ohne ›Rassen‹ operieren? Kratzt man an der Oberfläche von Diskursen über Kultur oder Ethnizität, taucht meist ›Rasse‹ darunter auf, stellt Seshadri-Crooks fest (2000, S. 4). Mit der Konstruktion ›Rasse‹ wird zwischenmenschliche Differenz in den Körper eingeschrieben, unveränderlich, essenziell, ontisch.

Wenn Rassismus selbst dann weiterwirkt, nachdem er auf kognitiver Ebene konfrontiert und scheinbar überwunden wurde, wo ›versteckt‹ er sich dann im Subjekt, um sich von dort aus zu re/produzieren? Dringt Rassismus

1 Bereits im 19. Jahrhundert formulierten beispielsweise der afroamerikanische Philosoph und Soziologe W.E.B. Du Bois und die afroamerikanische Abolitionistin und Frauenrechtlerin Sojourner Truth öffentlich Rassismuskritik. Der Sexualforscher Magnus Hirschfeld verfasste zwischen 1933 und 1934 die erste wissenschaftliche Studie über Rassismus, die posthum 1938 veröffentlicht wurde (Kerner, 2009, S. 97). Ab den 1950er Jahren wurden diverse empirische Studien durchgeführt und Rassismus durch Theorien über den autoritären Charakter, Vorurteile oder Stereotypen erklärt. Die Psychoanalyse, die Diskursanalyse, Bourdieus Habitustheorie und diverse andere Ansätze wurden in der Rassismusforschung eingesetzt. Postkoloniale Theorie und Cultural Studies lieferten schließlich einen umfangreichen Theorie-Rahmen, der die Komplexität der Re/Produktion von Rassismus erklären kann und der Wege zu seiner Überwindung weist. Der Rassismus selbst hat allerdings all das relativ unbeschadet überlebt.

in den Bereich des Unbewussten ein und wirkt von dort aus weiter, nachdem er diskursiv und in den Bereichen, die dem Bewusstsein unmittelbar zugänglich sind, kritisiert wurde? Oder operierte Rassismus möglicherweise immer schon dort, wo auch das Imaginäre, die Phantasie und das Begehren ihren Ausgangspunkt nehmen? Haben sich die kolonialen Phantasiereiche des kulturellen Symbolischen ins Unbewusste der Individuen eingeschrieben? Dieses Buch geht der Frage nach, wie Rassismus ›unter die Haut‹ geht; wie er dazu kommt, ›eingefleischtes Wissen‹ zu werden, das gegen Aufklärung immunisiert ist. Es fragt, wie Rassismus subjektiviert wird und wie er überwunden werden kann.

Psychologische und psychoanalytische Erklärungsansätze haben in der Vergangenheit Rassismus oft individualisiert, pathologisiert oder psychologisiert, während sich Arbeiten zum Rassismus in den Nachbardisziplinen der Psychologie wie Soziologie, Kulturwissenschaft oder Erziehungswissenschaft auf die diskursiven, systemischen und habituellen Ebenen des Rassismus konzentrierten. In kritischen psychologischen Forschungsfeldern wurden schließlich die diskursanalytischen Ansätze aufgegriffen, um die Fallstricke einer auf das Individuum reduzierten und die gesellschaftlichen Verhältnisse ausblendenden Psychologie zu überwinden. Was allerdings beide Herangehensweisen gemeinsam haben, ist die Annahme, dass Rassismus nicht die Norm, sondern die Abweichung von der Norm ist. Vereinfacht ausgedrückt, löst sich diskursanalytischen Ansätzen zufolge Rassismus auf, wenn er aus dem Diskurs verschwindet. In auf das Individuum konzentrierten Ansätzen wird das Problem des Rassismus dadurch gelöst, dass persönliche Konflikte gelöst werden und damit die Notwendigkeit, persönliche Defizite in Form rassistischer Projektionen und rassistischen Verhaltens auszuagieren.

In diesem Buch wird argumentiert, dass die subjektive Ebene des Rassismus, also die Frage, warum Subjekte rassistisch sind, nicht im Diskurs *oder* im Individuum zu suchen ist, sondern genau an der Schnittstelle. Der Subjekt-Begriff, mit dem wir in den Geistes- und Sozialwissenschaften arbeiten, gründet auf einem Menschenbild, das noch im Zeitalter des europäischen Imperialismus und kolonialer Expansion entstand und das bereits durch einen rassistisch codierten Evolutionismus geprägt ist. Das Erbe dieser kulturellen Formation ist auch für den heutigen Subjekt-Begriff konstitutiv. Er muss als sedimentierte Geschichte des ›kulturellen Symbolischen‹ seines Entstehungskontextes gelesen werden. Die Genese des- und der Subjekt-Begriff selbst müssen zum Untersuchungsgegenstand gemacht und dekolonisiert werden.

In der wissenschaftlichen Rassismusforschung werden inzwischen viele empirische Einzelbeispiele auch aus einer Critical-Whiteness-Perspektive untersucht. Jana Husmann (2010) etwa hat Rassismus in der Anthroposophie Rudolf Steiners nachgewiesen. Rassismus in der Frauenbewegung und im Feminismus wird bis in die Zeit der Frauenorganisationen während des deutschen Kolonialismus nachgezeichnet (vgl. beispielsweise Dietrich, 2007; Mamozai, 1982; Schneider, 2003; Wildenthal, 2001; Walgenbach, 2007). Whiteness wird im Film, der Literatur, der Fotografie, im Sport oder der Architektur beforscht. 2004 wurde mit der einhundertsten Jährung des Aufstandes der Herero im ehemaligen Deutsch-Südwestafrika, dem heutigen Namibia, der deutsche Kolonialismus wiederentdeckt, erst kürzlich die Postkoloniale Schweiz (Purtschert, Lüthi & Francesca, 2012), hitzig wird derzeit Rassismus in der Kinder- und Jugendliteratur diskutiert. Verständlich, dass diese Debatten emotional geführt werden, waren doch Waldorfpädagogik oder ›feministische‹ Kinderbücher wie *Pippi Langstrumpf* oder *Die kleine Hexe* bisher Sinnbilder für Progressives und Alternatives und nicht im Verdacht, reaktionäres Gedankengut zu transportieren. Selbst-verständlichkeiten geraten ins Wanken; auch diejenigen, die sich bisher zu den ›Guten‹ in der Gesellschaft zählten, müssen sich mit ihren ›unbewussten Rassismen‹ auseinander setzen, ihre ›weißen Privilegien‹ werden offensichtlich.

Diese empirischen Einzelbeispiele rassistischer Inhalte in Gesellschaft und Kultur zu beleuchten, zu kritisieren und öffentlich zu diskutieren, ist wichtig. Das darf aber nicht in der Vorstellung münden, dass nur bestimmte Bereiche gesellschaftlicher Realität und in ihr bestimmte wenige soziale Bewegungen, erziehungswissenschaftliche Ansätze, philosophische Ausrichtungen oder literarische Genres betroffen wären. Abgesehen davon sind diese derzeit im deutschsprachigen Raum geführten Debatten vor allem Zeichen dafür, dass mit großer Verspätung ›entdeckt‹ wird, was seit Langem offensichtlich war. Die Anthroposophie wurde im vorletzten Jahrhundert entwickelt, Pippi Langstrumpf ist schon fast siebzig Jahre alt und Frantz Fanon schrieb bereits in den 1950er Jahren über Rassismus in Kinderbüchern. Interessant ist, wie lange der strukturelle und systematische Rassismus im deutschsprachigen Raum de-thematisiert blieb. Es ist wichtig, rassistische Begriffe wie ›Neger‹ loszuwerden, aber mit diesen Begriffen wird nicht der Rassismus selbst überwunden, denn der ist viel tiefer in unserer Kultur und unserem Verständnis vom Subjekt verankert, als dass die Eliminierung rassistischer Begriffe aus der Sprache seine Überwindung darstellen könnten.

Mir geht es in dieser Arbeit um das Strukturelle des Rassismus, seine Systematik und um Rassismus als konstitutives Moment für das Subjekt und die Kultur der (Post)Moderne. Die primären Adressat_innen meiner Arbeit sind demgemäß die Subjekte des Rassismus: ›Ganz norm-ale Weiße‹. Es sind diejenigen, die im dominanten Diskurs bisher weder mit ›Rasse‹ noch mit Rassismus assoziiert wurden und die sich aussuchen konnten, ob sie sich mit Rassismus auseinandersetzen oder nicht. Rassistisch markierte Menschen haben diese Wahl nicht, sie werden oft alltäglich rassistisch diskriminiert – meist ganz ›unbewusst‹ durch Mehrheitsangehörige. Es war in der Vergangenheit oft ihnen überlassen, das Thema Rassismus öffentlich zu machen und zu bearbeiten. Die Verantworung für Rassismus liegt aber nicht bei ihnen. Sie liegt auch nicht nur bei denen, die ihn spektakulär reproduzieren, wie Neonazis oder ein Thilo Sarrazin. Das Problem des Rassismus zu lösen, ist Aufgabe der Mitglieder der Mehrheitsgesellschaft, denn sie tragen im Wesentlichen die Verantwortung dafür, dass Rassismus in seiner systematischen, strukturellen und konstitutiven Bedeutung für die Gesellschaft weiter existiert. Zwar werde auch ich meine Untersuchung entlang eines empirischen Beispiels, der Psychoanalyse, führen. Es geht mir aber nicht (nur) darum zu zeigen, welche rassistischen (und sexistischen) Codes sie transportiert, sondern es wird die Psychoanalyse als Emanzipationsinstrument im Hinblick auf ihre Herrschaftsdimension befragt. Wovon und zu welchem Preis emanzipiert sich ihr Subjekt und wer bezahlt diesen Preis? Wer hat das *Unbehagen in der Kultur* (Freud, 1930) der Psychoanalyse und wer wird zu ihrem ›Dark Continent‹?

Der aus der Moderne und der Aufklärung hervorgegangene Subjektbegriff verweist in seiner Licht-und-Schatten-Metaphorik bereits auf das Verhältnis zwischen dem ›en-light-ened‹ Selbst und seinen ›Schattenseiten‹: Triebhaftigkeit, Emotionalität, Primitivität – das Unbewusste. Sigmund Freuds 1899 erschienene *Traumdeutung* gilt als eine der Gründungsgeschichten der Moderne. Die Psychoanalyse Freuds hat wie keine andere noch heute gültige Subjekt- und Kulturtheorie die kulturellen Formationen ihres Zeitgeistes in ihren Wissenskörper eingeschrieben. Deshalb spielt sie eine zentrale Rolle in dieser Arbeit.

In der Moderne entsteht ein Widerspruch zwischen der Freiheit der Aufklärung und der Unterwerfung durch Sklaverei und Kolonialismus. Dieser Widerspruch in der historischen Verbindung zwischen »Menschenrechten und der Versklavung des Menschen« (Morrison, 1994, S. 70) erzeugte einen ›dunklen Kontinent‹. Freuds rassistisch konnotierte Metapher für weibliche Sexualität (Dark Continent) und das Unbewusste ist eng mit diesem Widerspruch verknüpft. Dort liegt die Bemächtigungsgeschichte begraben – ein ›weißer Fleck‹ in der Erinnerungslandschaft der Moderne. Der Widerspruch wird – auch in der Psychoanalyse – durch Temporalisierung verdeckt. Eine evolutionistische Entwicklungsachse lässt die Differenz zwischen ›zivilisierten‹ und ›primitiven‹ Subjekten als natürliche erscheinen. Im anachronistischen Raum der Primitivität werden all jene verortet, die vom Zivilisationsprojekt ausgeschlossen werden. Sie werden zum Vor-oder-Außerhalb[2] von Subjekt und Kultur der Moderne. 1915 schreibt Freud in *Das Unbewusste*: »Den Inhalt des Ubw kann man einer psychischen Urbevölkerung vergleichen. Wenn es beim Menschen ererbte psychische Bildungen, etwas dem Instinkt der Tiere Analoges gibt, so macht dies den Kern des Ubw aus.« (GW, III, S. 154). In *Zeitgemäßes über Krieg und Tod* (1915) heißt es, dass die »Urmenschen« unverändert in »unserem« Unbewussten überleben. Sie sind die »Übrigbleibsel«, die durch Freuds Gesamtwerk spuken. Der Untertitel von Freuds *Totem und Tabu. Einige Übereinstimmungen im Seelenleben der Wilden und der Neurotiker* (1912-13) verdeutlicht, wer diese »psychische Urbevölkerung« im Außen des Subjekts der Psychoanalyse repräsentiert. So wird die Beziehung zwischen Nicht-Weißen und Weißen temporalisiert; Erstere werden zum Vorher im Dienst des Nachhers[3] Letzterer. Als Repräsentant_innen der eigenen Vergangenheit werden Nicht-Weiße und mit ihnen ihre Unterdrückung/Verdrängung zum Unbewussten von Weißen. Das findet eine Parallele in der psychoanalytischen Formation von Primär- und Sekundärprozess (Unbewusst/Vorbewusst-Bewusst). Dadurch entsteht jedoch auch eine Abhängigkeit. Whiteness[4] ist konstitutiv auf das angewiesen, was es ausschließt, und re/produziert deshalb permanent

2 Eine Formulierung, die ich Butlers Vorwort zu Purtscherts (2006) Arbeit über Hegel und Nietzsche entnommen habe und deren Bedeutung für die Problematisierung unseres Subjektverständnisses ich im Kapitel zwei ausführlicher ausarbeiten werde.

3 Auch das ist eine Formulierung von Judith Butler.

4 Whiteness ist nicht gleich Weißsein, obgleich die zwei Begriffe in der Übersetzung des Forschungsfeldes der Critical-Whiteness-Studies aus dem englischsprachigen (v.a. US-Amerikanischen) in den deutschsprachigen Raum oft analog verwendet werden. Wie Rosa Schneider (2003) es formuliert, sind »mögliche Übersetzungen wie ›weiße Identität‹ oder ›Weißsein‹ irreführend«, da »Whiteness – analog zu Weiblichkeit – die sprachliche und soziale Konstruktion und nicht etwa eine, wie auch immer geartete Identität wie etwa ›Frausein‹ meint« (S. 36, Fußnote 75). Ich werde deshalb in dieser Arbeit den Begriff Whiteness beibehalten.

Grenzfiguren – Subjektpositionen, die in den Zonen der Nicht-Lebbarkeit verortet sind, Nicht-Weiße.

Leopold Sedar Senghor schreibt: »Die Emotion ist so Schwarz wie die Vernunft griechisch ist« (zitiert nach Trinh, 1996, S. 153). Die Entwicklung aus der mittelalterlichen Finsternis, dem Dunkel und dem Schatten der Abhängigkeit von einem (Glauben an) Gott, einem Herrscher oder einer Gemeinschaft hin zur Selbständigkeit, Unabhängigkeit, ja gar der Illusion der ›Autonomie‹ des bürgerlichen Subjekts, ist ganz und gar kein Modell, das für alle gelten kann. Mit Kants »Ausgang des Menschen aus seiner selbst verschuldeten Unmündigkeit« wird nicht allen der Weg in die Freiheit gewiesen. Das Zivilisationsprojekt der Moderne bringt nicht Entwicklungsmöglichkeiten für alle, sondern erzeugt einen geschichtslosen Raum, genannt Primitivität, in dem Subjekte und Kulturen verortet werden, die aus diesem Zivilisationsprojekt ausgeschlossen sind: Die ›Primitiven‹ und ›Wilden‹ – Synonyme für Nicht-Weiße – die zeitgleich in den europäischen Kolonien ausgebeutet werden.

Wie Toni Morrison im Rekurs auf Orlando Patterson bemerkt,

> »sollten wir uns nicht darüber wundern, dass die Aufklärung sich mit der Sklaverei abfinden konnte; wir müssten uns eher wundern, wenn dies nicht der Fall gewesen wäre. Das Konzept der Freiheit entstand nicht in einem Vakuum. Nichts rückte die Freiheit derart ins Licht wie die Sklaverei – wenn sie sie nicht überhaupt erst erschuf. ... Denn in jener Konstruktion von schwarzer Hautfarbe *und* Sklaverei ließ sich nicht nur das Nicht-frei-Sein finden, sondern auch, in der dramatischen Polarität, die durch die Hautfarbe entsteht, die Projektion des Nichtichs.« (1994, S. 65)

Die Entwicklung des Subjekts der Moderne lässt einen Rest hinter sich, der als Vor-oder-Außerhalb der Zivilisation gedacht wird. In diesem Rest – dem Nichtich – ist alles gespeichert, was das Subjekt im Prozess seiner Aufklärung von *sich* zurücklassen muss. Er beinhaltet alles, was das Subjekt der Moderne – aufgeklärt, rational, vernünftig, fortschreitend – nicht sein darf: Irrational, affektiv, emotional, in seinen Verhältnissen verharrend, dem Müßiggang verschrieben oder gar faul und nicht zuletzt ›unzivilisiert‹ sexuell. Diese Inhalte werden auf jene Subjektpositionen projiziert, welche die evolutionistische Entwicklungsideologie bereitstellt: Frauen, Wilde, Kinder und Verrückte.[5]

5 Vgl. hierzu auch die Arbeit von Gudrun Hentges (1999) *Schattenseiten der Aufklärung*.

Subjektivierung findet ab der Moderne in gesellschaftlichen Verhältnissen statt, die durch eine rassistische Matrix strukturiert sind. Das gilt nicht nur für Kontexte wie Südafrika, die USA oder Südamerika. Entscheidend ist nicht, ob ein Land kolonisierte, kolonisiert wurde oder direkt in den transatlantischen Sklavenhandel verwickelt war, sondern dass der ganze Globus vom ›kulturellen Symbolischen‹ des Imperialismus und Kolonialismus und seinen rassistischen Codes überzogen wurde.[6] Das wird nicht zuletzt anhand der Psychoanalyse mit ihrer Universalität beanspruchenden Kultur- und Subjekttheorie deutlich, die Freud im Wien der Jahrhundertwende entwickelte. Das österreichische Selbstverständnis beinhaltete weder Verbindungen zur transatlantische Sklaverei noch zum Kolonialismus und dennoch spielen die ›kolonialen Phantasiereiche‹ eine wichtige Rolle in der Psychoanalyse. Es ist die Episteme, die mit der Moderne entsteht, die in ihrem theoretischen Unbewussten kolonisierendes ›Wissen‹ transportiert.

Mit den Critical-Whiteness-Studies wurde ein wichtiger Perspektivwechsel in der Rassismusforschung vorgenommen. Rassismus wird hier nicht mehr als Abweichung von der Norm/alität betrachtet, sondern als konstitutives Moment für das Subjekt und die Kultur ›des Westens‹ beziehungsweise der Moderne analysiert – was in der Peripherie lag, rückt ins Zentrum. Hier sind nicht mehr rassistisch[7] markierte Subjekte, also die ›Opfer‹ des Rassismus oder rassistische Einzeltäter_innen beziehungsweise Randgruppen der Gesellschaft wie etwa Neonazis im Blickfeld der Rassismusforschung, sondern das ›ganz normale‹ *weiße* Subjekt – gebildet, aufgeklärt und selbst-verständlich nicht rassistisch. Die Critical-Whiteness-Studies gehen von Whiteness als strukturierendem Moment einer rassistischen Matrix aus, von dem aus die Subjekte einer Gesellschaft an der Norm des Weißseins gemessen, markiert und positioniert werden, wobei das Weißsein als Norm unbenannt, unsichtbar und de-thematisiert bleibt. Die Konstruktion ›Rasse‹[8] wird außerdem in ihrer Interdependenz zu anderen

6 Vgl. hierzu beispielsweise Susanne M. Zantop (1999): *Kolonialphantasien im vorkolonialen Deutschland* (1770-1870) sowie zur Bedeutung des deutschen Kolonialismus und Rassendiskurses Fatima El-Tayeb (2001), Christian Geulen (2004), Birthe Kundrus (2003a, 2003b) und Pascal Grosse (2000).

7 Die für gewöhnlich benutzte Bezeichnung ›rassisch‹ für die Markierung von Subjekten wird hier durch ›rassistisch‹ ersetzt, da der Akt der Markierung ja bereits den Rassismus darstellt.

8 Aufgrund der Zentralität des Begriffs ›Rasse‹ für diese Arbeit, werde ich ihn fortan nicht mehr in Anführungszeichen setzen. Es ist hoffentlich bereits deutlich geworden, dass er ausschließlich als (soziale) Konstruktion verstanden wird.

Differenzkonstruktionen verstanden wie beispielsweise Gender, Klasse (beziehungsweise Schicht), Ethnizität oder Religionszugehörigkeit. Aber auch aus den Critical-Whiteness-Studies sind vorwiegend diskursanalytische Arbeiten hervorgegangen. Diese legen zwar dar, wie ›weiße‹ Kultur entsteht und wie sich die einzelnen Subjekte in diese Kultur einschreiben, sie geben aber wenige Aufschlüsse darüber, warum die Subjekte auch wider *Willen* und gegen besseres *Wissen* rassistisch denken und handeln.

Es scheint einen Bereich des Rassismus zu geben, der sich jenseits des Bewusstseins abspielt oder der zumindest nicht unmittelbar dem Bewusstsein zugänglich ist. Deshalb wende ich mich in dieser Arbeit dem Begriff des Unbewussten der Psychoanalyse zu. Es liegen einige psychoanalytische Rassismusarbeiten vor, in denen Versuche unternommen werden, dem ›Prädiskursiven‹ und Unbewussten des Rassismus auf die Spur zu kommen. Zwei von diesen Arbeiten – Kalpana Seshadri-Crooks' *Desiring Whiteness*, eine lacanianische Analyse, und Derek Hooks *›Pre-Discursive‹ Racism*, in der er dezidiert die Schnittstelle von diskursivem und ›prädiskursivem‹ Rassismus beleuchten will – werde ich vorstellen und diskutieren. Mit diesen beiden Arbeiten gelingt tatsächlich eine Annäherung an die Psychodynamik des Rassismus. Ihre Ansätze liefern jedoch so viel an Lösung, wie sie neue Probleme aufwerfen. In diesen Arbeiten wird Rasse mit und in der Psychoanalyse dort gefunden, wo sie immer war, jedoch aus dem Diskurs der Psychoanalyse verbannt wurde, und diese ›Leerstelle‹ in der Psychoanalyse perpetuieren sie.

Seshadri-Crooks und Hook verweisen mit ihren Ansätzen auf genau die Stellen in der Psychoanalyse, wo Kultur (Geschlechterverhältnisse, Rassismus) über den Weg des Körpers in die Psyche eingeschrieben und dadurch naturalisiert wird. Genau an der Schnittstelle zwischen Bewusstem und Unbewusstem (re)produzieren beide statt neuer Erkenntnisse den Fetisch der Psychoanalyse: Phallus (Kastration), Whiteness – Signifikanten von Machtverhältnissen. Dieser Fetisch verdeckt Freuds dritten Begriff: Beschneidung (Antisemitismus, unter dem Freud litt, mit der rassistischen Differenz Arier/Jude). Rasse liegt genau dort in der Psychoanalyse, wo Seshadri-Crooks und Hook mit ihren Rassismustheorien ansetzen, doch anstatt an den Stellen zu graben, versiegeln sie sie im treuen Glauben an das Gesetz der Psychoanalyse und reproduzieren damit das Unbewusste der Psychoanalyse selbst. Das Unbehagen in der Kultur, das Freud mit dem Triebverzicht begründet und das bei Lacan mit dem ›Realen‹, dem ›Ding‹ – assoziiert ist, kann so als Heimsuchung durch die *Realität* gelesen werden; verdrängte Bemächtigungsgeschichten des Rassismus und Sexismus. Rasse ist das Verdrängte der Psychoanalyse – bereits ihr ›Prädiskursives‹: Der Antisemitismus trieb Freuds Arbeit an, aber er hat diesen ›Trieb‹ nie thematisiert. Stattdessen formulierte er mit seiner Triebtheorie ein topisch Unbewusstes: das Es. In diesem Raum – einem Caché/Speicher – wurden nicht nur in der Psychoanalyse Bemächtigungsgeschichten begraben.

Seshadri-Crooks nimmt die sexuelle Differenz und ihren Hauptsignifikanten Phallus – konstitutives Moment der psychoanalytischen Subjektgenese – zum Ausgangspunkt und argumentiert, dass Whiteness/Rasse ihre kulturelle Herkunft verschleiert und sich naturalisiert, indem sie sich anstelle des Phallus platziert und dort statt Unbestimmtheit rassische Objekte hervorbringt. Die ›Leerstelle‹ der sexuellen Differenz, gemeint ist der Mangel (des Penis bei der) Frau, symbolisiert durch den Phallus, wird durch Whiteness besetzt. Phallus als Signifikant ist Seshadri-Crooks zufolge ahistorisch, machtfrei und unbestimmt. Whiteness dagegen ist historisch, sperrt die Leerstelle (Phallus am Ort der Kastrationsdrohung), determiniert dabei das Subjekt und produziert phobische Objekte – körperliche Markierungen, die wir als ›Rasse‹ lesen, wo Phallus das Erscheinen solcher Objekte (Penis als körperliche Markierung von sex[9]) verhindert.

Judith Butler und vor ihr andere feministische Theoretikerinnen haben genau das widerlegt und gezeigt, dass das Konstrukt der sexuellen Differenz in der Psychoanalyse alles andere als ahistorisch und machtfrei ist, sondern Sexismus, Heteronormativität und Homophobie produziert. Bei der Inauguration des Phallus als privilegierter Signifikant, der für das Ganze stehen soll, wird der Teilstatus des Penis nur phantasmatisch überwunden. Zwischen Phallus und Penis bleibt eine Identitätsbeziehung – die Phallogenese ist ohne den Penis nicht zu denken. Die Privilegierung als ›master signifier‹ produziert schließlich einen epistemischen Imperialismus des Phallus.

Die psychoanalytische Subjektgenese ist nicht zuletzt deshalb für Rassismusforschung interessant, weil sie die sexuelle Differenz und den Geschlechtskörper zum Ausgangspunkt nimmt und damit an der Schnittstelle von Körper und Diskurs den Nexus zum Zentrum der Subjektgenese macht, an dem Ontologisierung stattfindet. Rasse und Geschlecht sind die beiden Differenzkategorien, die am stärksten ontologisiert werden. Die Differenz, die sie markieren, scheint sichtbar – dem Körper eingeschrieben –, während Religion, sexuelle Orientierung oder Ethnizität wählbar sind. Sie können

9 ›Sex‹ ist der englische Begriff für das (biologische) Geschlecht im Deutschen.

angenommen und abgelegt werden. Aus Rasse und Geschlecht entstehen deshalb keine mit anderen ›Diversity-Kategorien‹ vergleichbare Differenz-Verhältnisse, die seit einiger Zeit gar als ›Achsen der Vielfalt‹ gefeiert werden, sondern Rassismus und Sexismus sind vor allem *Machtverhältnisse*.

Hook nimmt Julia Kristevas Figur der Abjektion – ein Mechanismus ›primären Ausschlusses‹ und ebenso konstitutiv für Kristevas psychoanalytische Subjektgenese – zum Ausgangspunkt und argumentiert, dass rassistische Diskurse affektiv und dadurch naturalisiert werden, indem sie diesen Mechanismus ausbeuten und dadurch Zugang zum ›Körperlichen‹ des Subjekts gewinnen. Dabei übersieht er, dass mit der Abjektion genau die Elemente der Subjektivität und der Kultur ausgeschlossen und zurückgelassen werden, die mit Nicht-Weißsein assoziiert sind. Er will mit einer rassistischen Konstruktion in der Psychoanalyse Rassismus psychoanalytisch erklären. Die Dialektik zwischen Subjekt und Objekt in der Psychoanalyse gewinnt mit der Abjektion und dem ödipalen Schnitt des Signifikanten – mit Ausschluss und Trennung – eine evolutionistische Zeitachse und damit wird ihre Subjektgenese zur Zivilisationsmission.

Hook und Seshadri-Crooks greifen gleichermaßen psychoanalytische Konzepte für ihre Rassismusanalysen auf, die auf Freuds evolutionistischer Rekapitulationshypothese gründen. Der Ödipuskomplex mit seiner Kastrationsdrohung, welcher die sexuelle Differenz begründet, rekapituliert eine kolonialistische Phantasie – den Mord des Urhordenvaters – wie ihn Freud in *Totem und Tabu* beschreibt. Das Subjekt rekapituliert in seiner Ontogenese die phylogenetische Überwindung der Triebhaftigkeit (inzestuöse Liebe und Tod/Mord in der Urhorde). Abjektion (der Ausschluss von Weiblichkeit und Primitivät) sieht Kristeva im Anschluss an diese kulturtheoretische Arbeit Freuds als Subjekt- und gleichermaßen Kultur-stiftendes Moment. Was ausgeschlossen wird und deshalb vor oder außerhalb der Kultur, der Geschichte und des Bewusstseins liegt, ist das topisch Unbewusste in der Psychoanalyse. In diesem topisch Unbewussten sind Rasse und Geschlecht ›gespeichert‹. Hook entledigt mit seinem Ansatz ›prädiskursiven Rassismus‹, den er als ›psychoanalysis in political mode‹ bezeichnet, die Psychoanalyse ihres politischen und kritischen Potenzials, indem er das dynamisch Unbewusste durch das topisch Unbewusste – das triebhafte Es – ersetzt. Das *Reale* am Ort der Realität entleert die Kontingenz ihrer Kontingenz (Butler, 1997, S. 270).

Judith Butler legt sich mit diesem *Realen* in der Psychoanalyse an. Sie hat sich in ihrer Gender- und Subjekt-Forschung der Psychoanalyse zugewandt, um an ihrer Episteme zu zeigen, dass die Gesetze ihrer Subjektgenese durch die Ausschlüsse von Weiblichkeit und Homosexualität *performativ* hervorgebracht werden. Im Anschluss an sie und mithilfe ihrer dekonstruktiven Lesart lassen sich auch die rassischen Codes offenlegen, welche die Psychoanalyse in ihren Begriff des Unbewussten eingearbeitet hat. Celia Brickman hat gezeigt, dass das Unbewusste bei Freud direkt mit ›Primitivität‹ verknüpft ist, wobei die evolutionistische Entwicklungslinearität zwei Richtungen erlaubt: Progress und Regression. Der Untertitel von *Totem und Tabu. Einige Übereinstimmungen im Seelenleben der Wilden und der Neurotiker* verdeutlicht, dass mit Primitivität infantile und pathologische Stadien (von Europäer_innen) ebenso gemeint sind wie die Kolonisierten Europas als Subjekte, deren Entwicklung scheinbar über ein ›primitives Stadium‹ nicht hinausgeht. Primitivität ist der Schlüsselbegriff für Rasse in der Psychoanalyse und das Vehikel für ihre kolonisierenden Effekte.

Freud entthronte zwar das imperialistische Ich der Evolutionisten, die glaubten, dass der zivilisierte Mensch alles mit Primitivität Assoziierte zurückgelassen habe, und nahm diesem Glauben zugleich seine Autonomie-Illusion, indem er argumentierte, dass überwundene Stufen der Evolutionsleiter in der Psyche sedimentiert werden und wie im Fall von Neurosen das Subjekt in Form von Regression heimsuchen. Indem er allerdings die libidinöse Entwicklung am sozioevolutionistischen Modell ausrichtete, produzierte er ein rassistisch codiertes Modell von Entwicklung, welches ein gewichtiges Erbe der Psychoanalyse geworden ist. Reife oder Mündigkeit werden an ihrer Entfernung zu Primitivität gemessen, eine Bewegung hin zum Weißsein und weg von dem, was als die Welt der psychologisch/kulturell ›dunkleren Rassen‹ galt – und gilt (Brickman).

Der wissenschaftliche Zeitgeist des Kolonialismus mit seinen evolutionistischen Theorien, auf welchen die Anthropologie, die Freud ausführlich in seinen kulturtheoretischen Schriften rezipierte, gründete, war allerdings nicht allein Grund für die kolonialistischen Fragmente, die Eingang in die Psychoanalyse fanden. Evolutionistische Theorien erlaubten Freud lediglich, die zeitgenössische horizontale Differenzkonstruktion ›Arier‹/Jude, unter der er selbst zu leiden hatte, auf eine Zeitachse zu verschieben, auf der es nur ein universales Subjekt gab, das sich vom ›Ursprung‹ der Primitivität zur Zivilisiertheit entwickelte. Daniel Boyarin rekonstruiert, dass Rasse in der Psychoanalyse ihren Anfang in Freuds Erfahrung als Jude und damit seiner Zugehörigkeit zur Gruppe der Kolonisierten innerhalb Europas nahm. Die Bedeutung des Phallus in der Psychoanalyse Freuds (und Lacan baut darauf

auf) hat dadurch eine politische Dimension. Die Genealogie des Phallus beginnt nicht mit der Geschichte der archaischen Urhorde, sondern hat eine Vor-Geschichte im konkreten antisemitischen Rassismus von Freuds Wien der Jahrhundertwende. Die antisemitische Überdeterminierung des beschnittenen Penis bildet den unbewussten Ausgangspunkt von Freuds Genealogie des Subjekts mit seinem Kern, der Kastrationsdrohung – dem Mangel. Männliche Juden wurden in zentraleuropäischen kulturellen Imaginationen als Männer ohne Penis identifiziert, also als Frauen. Der Terror im Herzen der Subjektkonstitution der Psychoanalyse liegt – ganz anders als Kristevas archaische ›Powers of Horror‹ – im historisch und politisch konkreten Antisemitismus, unter dem Freud zu leiden hatte.

In *Das Unheimliche* beschreibt Freud den Horror, als er zufällig in den Spiegel sieht und imaginiert, jemand anderen zu sehen. Den Juden blendet Freud im Spiegel – Whiteness begehrend – aus. Daniel Boyarin versteht das im Rekurs auf den afroamerikanischen Philosophen W.E.B. Du Bois als doppeltes Bewusstsein. Es ist das gedoppelte Selbst des Kolonialismus – Freuds Erfahrung, Kolonisierter *innerhalb* Europas zu sein. Der Jude, den Freud im Spiegel ausblendet, verschwindet auch aus seiner Analyse des kleinen (jüdischen) Hans, die ihn zur Kastrationsangst führt. Genau an der Stelle des Textes, wo Freud mit dem verschobenen Wissen um die sexuelle Differenz beim kleinen Hans argumentiert, bietet er noch eine ganz andere Ätiologie für den Auslöser seiner Kastrationsangst. Man erzähle den kleinen Jungen im Kindergarten vom beschädigten (kastrierten) Penis des beschnittenen Juden. So verschiebt er den Anfang seiner Subjektgenese – Beschneidung –, indem er behauptet, der Kastrationskomplex sei »die tiefste unbewußte Wurzel des Antisemitismus« (Freud, GW, VIII, S. 36), es gäbe keine stärkere unbewusste Wurzel für das Überlegenheitsgefühl über Frauen.

In seiner Untersuchung des Begriffs der Un/Heimlichkeit bei Freud schlägt Boyarin also vor, dass es das ›rassische Objekt‹ ist, welches Freud markiert (es ist Lacans ›Objekt klein a‹ – der Penis), nämlich die Beschneidung, das den Anfang aller Differenzkonstruktionen in der Psychoanalyse darstellt, ein Zeichen, das von Freud in die sexuelle Differenz von Phallus Haben/Sein *verschoben* wird. Aus einer homosozialen Differenz von Nicht-/Beschneidung zwischen weißen und ›angeschwärzten‹ Männern wird damit die heterosoziale sexuelle Differenz, die *alle* Menschen gleichermaßen konstituieren soll. In diesem Vorgang sieht Boyarin das Unbewusste der Psychoanalyse. Aus seiner dezentrierten Position als weißer Mann *und* Jude hätte Freud diesen dritten Begriff zwischen Phallus und Kastration – Beschneidung – emanzipieren können. Stattdessen *verschob* er ihn und mit ihm das Zeichen für Rasse in die sexuelle Differenz mit ihrem Ursprung: Vatermord und Inzesttabu in der Urhorde. Der *reale* Horror des Antisemitismus wird bei Freud in die Imagination einer Urhorde (Afrika) verschoben – Vatermord, Inzest, Primitivität – und zum Unbewussten, damit das griechische Familiendrama des Ödipus aufgeführt werden kann, welches dann das ›universale‹, Subjekt hervorbringt, das seine Triebhaftigkeit zurückgelassen hat. Es ist Freuds eigenes Begehren des Weißseins, das ihn ›weiße‹ Kolonialphantasien eines ›primitiven Afrikas‹ aufrufen lässt, in das er dann die reale Gewalt seiner ›zivilisierten Gegenwart‹ verschiebt. Er bringt damit die Grenzfigur hervor, die zum konstitutiven Außen für das zivilisierte Subjekt wird, das er als aufgeklärten Ödipus erscheinen lässt.

Mit Martin Bernal lässt sich argumentieren, dass die Verdrängung des kulturellen Austausches mit Afrika konstitutiv für die Geschichte des Westens mit seinen Ursprüngen in Griechenland wird. Der Preis für die Kultur – die westliche – ist nicht, wie Freud behauptet, der Triebverzicht, sondern die Produktion anderer Anderer. Durch seine Verschiebung der antisemitischen Differenzkonstruktion in die kolonialrassistische, die dann als archaische Vergangenheit zum Unbewussten einer Kultur und ihres Subjekts wird, welche schließlich durch die sexuelle Differenz als universal menschliche konstituiert ist, wird in Freuds Psychoanalyse Antisemitismus zum Preis von Kolonialrassismus und Sexismus überwunden.

Eine kritische Machtanalytik, die auch dem Register des Unbewussten menschlicher Subjektivität und Kultur gerecht wird, kann auf die Psychoanalyse als Erkenntnistheorie nicht verzichten. Das Verständnis der Psychodynamik, das die Psychoanalyse durch ihren Begriff des Unbewussten wie keine andere (psychologische) Theorie ausgearbeitet hat, ist also für das Verständnis von Rassismus unentbehrlich. Die Psychoanalyse als Erkenntnistheorie und als Methode muss allerdings vor allem in Bezug auf Rassismus auch als ›Geschichte der Gegenwart‹ gelesen werden. Sie bringt einerseits kolonisierendes Wissen hervor, kann andererseits aber auch postkolonialer Kritik dienen. Indem Freud das topisch Unbewusste – das Es – als ›Urbevölkerung‹ formulierte und es durch den Begriff der Primitivität rassisch codierte, zog evolutionistisches Denken in seine Psychoanalyse ein. Mit Freuds evolutionistischer Rekapitulationshypothese arbeitet er eine Entwicklungstheorie in seine Psychoanalyse ein, in der Rassismus, Gender und Schicht über den Code der Primitivität (Ursprung und Regression) bereits hierarchisch eingeschrieben sind. Durch das Verständnis der Psychodynamik liefert Freud zugleich den Schlüssel dafür, wie nicht nur individuelle Problemlagen, sondern auch Rassismus, Gender und andere Machtverhältnisse dynamisch übertragen werden, und vielleicht auch, wie sie überwunden werden können. Hierzu muss die Dynamik gegen die Topik gelesen werden. Das kolonialistische *Reale* muss der Realität weichen – den Machtverhältnissen des Rassismus (inklusive des Antisemitismus) und Sexismus. Die Realität der Machtverhältnisse gilt es dann nicht der Verdrängung zu überlassen, sondern sie aufzuklären.

Whiteness ist kein Signifikantenschwindler von Phallus und deshalb dem Bewusstsein unzugänglich. Whiteness und Phallus sind gleichermaßen Signifikanten von Machtverhältnissen, die sich dekonstruieren und überwinden lassen. W.E.B. Du Bois schrieb bereits im 19. Jahrhundert über die ›Wages of Whiteness‹ – Whiteness zahlt sich aus. Das ist das Behagen in der Kultur im Titel dieser Arbeit; der Mehrwert, den das weiße Subjekt der Moderne aus der Bemächtigungsgeschichte von Imperialismus und Kolonialismus zieht. Das ›Unbehagen in der Kultur‹ – der weißen Dominanzkultur – ist nicht durch die Heimsuchung einer verdrängten Triebhaftigkeit begründet, wie Freud es wollte. Vielmehr kommt in der Nervosität des Weißseins das Un/Behagen in der weißen Kultur aufgrund ihrer Bemächtigungsgeschichte zum Ausdruck. In Whiteness als Unbewusstem – seiner Nervosität – artikuliert sich der Widerspruch der Moderne. Diese Nervosität, eine Verunsicherung, sollte zum Ausgangspunkt und zur Methode gemacht werden, um das System von Whiteness zu destabilisieren und schließlich zu überwinden.

Der ›leere Signifikant‹ (Phallus) ist nicht nur in explizit psychoanalytischen Arbeiten Hoffnungsträger für Verschiebungen von Machtkonstellationen. Im Anschluss an Butler, Žižek oder Laclau bauen auch viele postkolonial-poststrukturalistische Arbeiten, die sich mit Machtverhältnissen wie dem des Rassismus beschäftigen, auf diesem Theorem auf. In dem vorliegenden Buch versuche ich zu verdeutlichen, dass es bei diesem ›leeren Signifikanten‹ um kein neutrales, unhistorisches, Subjekt und Kultur konstituierendes Moment geht, sondern dass er bereits Effekt und seine Verschiebung Methode der imperialistischen Kultur ist, in der er als Idee entstand.

1. Subjekt – Objekt – Abjekt. Psychoanalytische Erklärungsversuche zum Rassismus

1.1 Whiteness als Leerstelle – das Unbewusste des Rassismus

Whiteness ist eine Matrix – eine historisch gewordene Struktur, die aus konkreten politischen, ökonomischen und sozialen Machtkonstellationen heraus entstanden ist und sämtliche Bereiche des Lebens durchzieht. Whiteness ist eine Macht, die ihren Namen nicht nennt. Sie ist zusammen mit dem Rassismus entstanden, als sein dethematisiertes Machtzentrum – eine wirkmächtige Imagination, die kollektiv wie individuell wirkt, meist unbewusst. Betrachtet man die Begrifflichkeiten, die in der kritischen Whiteness-Forschung Verwendung finden, also etwa das ›Kartographieren‹ von Whiteness oder Whiteness als ›Landschaft‹ oder Terrain beziehungsweise als ein Teil davon, nämlich der dominante, die Mitte oder der Haupt-Referenzpunkt (Frankenberg, 1993, 1997, 2001), kristallisiert sich immer wieder die Struktur eines Zentrums mit einer Peripherie heraus, die zwar mobil ist, aber als Struktur stabil. Zentrum und Peripherie wandern zwar, etwa von der Demographie in den Kolonien mit weißen Macht-Zentren und schwarzer Peripherie hin zu den Metropolen des Westens mit einer gemischten Bevölkerung, aber ›weißen‹ Führungsetagen, ›weißen‹ Orten der Kapitalakkumulation und ›weißen‹ Parlamenten. Rassistisch markierte Personen sind allerdings auch in den westlichen Metropolen peripher lokalisiert. Die Demographie findet ihre Entsprechung in den *Mental Maps*, den Landschaften im Denken der Subjekte weißer Dominanzkulturen[10]. Das Zusammenwirken beider ermöglicht erst die Perpetuierung dieser Struktur und ihre Manifestation auf politischer, sozialer und psychischer Ebene.[11]

---

10 Ein Begriff, den Birgit Rommelspacher (1998) eingeführt hat.

11 Ich verzichte auf eine Darstellung des Forschungsstandes der Critical-Whiteness-Studies, geschweige denn der Rassismusforschung; zu umfangreich ist die Liste der Werke selbst zu Critical-Whiteness-Studies im deutschsprachigen Raum inzwischen. Nennen möchte ich an dieser Stelle aber die Werke, die meine Studie informierten, jedoch nicht explizit im Text auftauchen: Castro Varela et al. (1998), *Suchbewegungen*; Dalal (2002), *Race, Colour and the Processes of Racialization*; Distiller & Steyn (2004), *Under Construction*; Fine et al. (1997) *Off White*; Horsman (1981), *Race and manifest Destiny*; Gutiérrez Rodríguez (1999), *Intellektuelle Migrantinnen – Subjektivitäten im Zeitalter von Globalisierung*; Kincheloe et al. (1998), *White Reign*; López (2005), *Postcolonial Whiteness*; Nakayama & Martin

Lola Young und Claire Pajaczkowska (1992) argumentieren, dass »Whiteness as an absent centre« Effekt der Bemächtigungsgeschichte europäischer Expansion ist und als eine Art Abwehr gegen die Erkenntnis menschlicher Interdependenz zu verstehen sei. Die Abhängigkeit des Reichtums der Weißen von der Armut der Schwarzen, der Fortschrittlichkeit des Westens von der vermeintlichen Rückständigkeit beziehungsweise dem ›arrested development‹ der sogenannten Entwicklungsländer wie auch des vermeintlich rational Männlichen vom emotional Weiblichen als Bemächtigungsgeschichte muss verschleiert und verdrängt werden. Die Abwesenheit von Whiteness in der europäischen Geschichtsschreibung, verursacht durch die Verleugnung des Imperialismus, hinterlässt eine Leerstelle im Wissen um die destruktiven Effekte der Machtausübung (S. 202).

Die Leerstelle Whiteness ist mit ihrem konstitutiven Außen in einer Weise verbunden, die eine zeitliche und räumliche Dimension hat. Der Struktur von Zentrum und Peripherie liegt neben der horizontalen Ebene (innen/außen) eine Vertikale als Zeitachse zugrunde. Wir erhalten dann eine hegemoniale Struktur in der Form eines Kegels: Eine Spitze, ein breites Fundament, eine ansteigende und eine absteigende Seitenlinie. Von oben betrachtet ist es ein Kreis mit einem Punkt beziehungsweise einer Leerstelle in der Mitte. Das konstitutive Außen ermöglicht nicht nur ein (leeres) Zentrum, sondern stellt auf der vertikalen Ebene auch einen Grund dar – einen Ursprung, von dem aus Entwicklung stattfindet. Es wird zur Referenz für die Vergangenheit – eine vergessene Vergangenheit. Wer die Entwicklung durchläuft – eine von unten nach oben und von außen nach innen –, gelangt an die Spitze und damit an einen Punkt, von dem aus – einem Panoptikum gleich – alles andere sichtbar ist. Der eigene Standpunkt und vor allem die (Bemächtigungs) Geschichte, durch die er entstand, bleibt jedoch unsichtbar.

Whiteness ist solipsistisch. Seine Selbstreferenzialität entstand durch eine Geschichte des Ausschlusses von Subjekten und Lebensweisen aus der abendländischen Kultur dieses ›Selbst‹, um als dessen konstitutives Außen und/oder als seine Vergangenheit zu fungieren. Im Kolonialismus unterworfene Subjekte und Kulturen gehören neben Homosexualität und zum Teil

---

(1999), *Whiteness*; Perry (2002), *Shades of White*; Pieterse (1992), *White on Black*; Räthzel (1997), *Gegenbilder*; Roediger (2002), *The Wages of Whiteness*; Stoler (2002), *Carnal Knowledge and Imperial Power*; Williams (2001), *Playing the Race Card*; Ware (1992), *Beyond the Pale*; Ware & Back (2002) *Out of Whiteness*; Wray & Newitz (1997), *White Trash*; Yancy (2004) *What white looks like*; Young (1990), *White Mythologies*.

auch Weiblichkeit zum konstitutiven Außen dieses abendländischen Selbst-Verständnisses und sie werden in seiner Selbst-Reflexion immer wieder neu als Grenzfiguren hervorgebracht.

Was aber passiert, wenn nun der verlorene Referent spricht, die Subalternen, auf die all die verworfenen Elemente projiziert werden – das Andere der aufklärerischen Moderne –, ihre Stimmen erheben? Wenn dieser ›verlorene Referent‹ (Butler, 1997), ›die Subalterne‹ (Spivak, 1988/1994), diese_r Andere spricht, gerät das Verhältnis ins Wanken. In ihrem einflussreichen Aufsatz *Can the Subaltern speak* (1988/1994) geht es Gayatri Chakravorty Spivak allerdings weniger um die Frage, ob die Subalterne – die indische Analphabetin – sich selbst repräsentieren und für sich sprechen kann, sondern ob sie gehört wird. Aufgrund der epistemischen Gewalt des imperialistischen Projektes, durch welches das Hören – auch der postkolonialen Intellektuellen – hegemonial strukturiert ist, sei die Forderung, die Subalternen für sich selbst sprechen zu lassen nichts anderes als eine Maskerade, durch die sich die Intellektuellen der Verantwortung entzögen. Sie plädiert dafür, das ›Problem‹ mit der Emanzipation der Subalternen nicht durch ihre Assimilation in das homogenisierende postkoloniale Projekt lösen zu wollen, sondern »die subalterne Erfahrung als ›unerreichbare Leere‹ zu erhalten, was … den Vorteil hätte, dass dies Grenzen eines westlichen Wissens sichtbar machen würde« (Castro Varela und Dhawan, 2005, S. 77).

Spivaks Frage, ob die Subalterne sprechen kann, ist vor allem eine Frage an die Epistemologien der Wissenschaften, die im ›interkulturellen‹, ›transnationalen‹, ›postkolonialen‹, Kontext Erkenntnis generieren wollen, und zwar die Frage, ob sie zuhören, wenn der ›verlorene Referent spricht‹. Vermag die Episteme der Moderne das noch zu erfassen, was in der Konstituierung der Moderne ausgeschlossen, zu ihrem konstitutiven Außen und ihrer verachteten Vergangenheit wurde?

Psychoanalytiker_innen behaupten, dass die Psychoanalyse genau das leistet. Ich behaupte, dass die Psychoanalyse in dieser Sache eine äußerst janusköpfige Angelegenheit ist. Audre Lorde warnte 1979 auf einem wissenschaftlichen Kongress in New York weiße Feminist_innen, dass sie mit den Werkzeugen eines rassistischen Patriarchats nicht die Effekte desselben dekonstruieren können, geschweige denn abschaffen. »The master's tools will never dismantle the master's house« (1984) ist ihre von feministischen Wissenschaftskritiker_innen seit dem viel zitiere Prämisse. Kritiker_innen der Psychoanalyse wie Daniel Boyarin oder Celia Brickman argumentieren, dass die Psychoanalyse Sigmund Freuds aufgrund von Freuds Ambivalenz als

Jude in einer antisemitischen *und* als weißer Mann in einer kolonialistischen und sexistischen Gesellschaft das Potenzial hat, reaktionären als auch revolutionären Zwecken zu dienen. Freuds Psychoanalyse ist also ein ›Master's House‹ und auch nicht, und ihre ›Tools‹ können revolutionären, aber auch reaktionären Projekten dienen. Ich will im Folgenden einen psychoanalytischen Ansatz vorstellen, der in prominenten Schriften des Feminismus, postkolonialer Theorie und der Rassismusforschung beispielsweise in Anne McClintocks *Imperial Leather* (1995) oder Iris Marion Youngs *Justice and the Politics of Difference* (1990) Anwendung findet. Im Anschluss werde ich einen sozialpsychologisch-psychoanalytischen Erklärungsversuch zum Rassismus von Derek Hook darstellen, der explizit auf diesem psychoanalytischen Ansatz aufbaut: Julia Kristevas Abjektionstheorie.

1.2 Abjektion

Julia Kristeva (1982) entwickelte in ihrem Essay *Powers of Horror* ein einflussreiches Konzept, dem die These zugrunde liegt, dass Subjekt und Kultur durch Ausschluss (Abjektion) konstituiert sind und Inhalt des Abjekten (Ausgestoßenen) vor allem der weibliche und mütterliche Körper ist. Wie die meisten psychoanalytischen Arbeiten, die sich mit kulturellen Phänomenen beschäftigen, rekurriert auch diese Studie auf Freuds *Totem und Tabu* und Kristeva stellt fest:

> »The woman- or mother-image haunts a large part of that book and keeps shaping its background even when, relying on the testimony of obsessional neurotics, Freud slips from dread (p. 23: ›His incest dread‹; p. 24: ›the incest dread of savages‹: p. 161: ›The interpretation of incest dread‹, ›This dread of incest‹) to the inclusion of dread symptom in obsessional neurosis.« (S. 57)

Kristeva sucht also etwas im Unbewussten von Freuds Psychoanlyse und findet es in der Macht des Weiblichen/Mütterlichen, das angeblich Freuds Text ›heimsucht‹. Daraus formuliert sie einen feministischen, psychoanalytischen Ansatz, der zur Anschlussstelle für weitere Theorien über vermeintlich psychische Grundlagen für gesellschaftliche Ausschlussmechanismen wurde. Freuds Schrift zeugt allerdings nicht nur von einer Heimsuchung durch das ›Mütterliche‹ oder ›Weibliche‹, wie Kristeva feststellt. Freuds Text wird – ebenso wie Kristevas – vor allem von einem Phantasma heimgesucht, das die gesamten kulturtheoretischen Schriften der Psychoanalyse durchzieht. Nicht nur Frauen, Kinder und Verrückte als die Abweichung, über die Norm/ierung formuliert wird, sondern auch die ›Wilden‹ und ›Primitiven‹ – die »armen, nackten Kannibalen« (GW, IX, S. 296), wie Freud sie in *Totem und Tabu* bezeichnet, stellen die ›Schattenseiten‹ der Psychoanalyse dar, »›savages‹, a reference that is typically ignored or left unexamined« (Chanter, 2006, S. 91). Es macht Kristevas Text jedoch nicht weniger interessant, vielmehr verweisen gerade die Leerstellen und Widersprüche zwischen Methodologie und Epistemologie in ihrem Text darauf, wie sich in der feministischen Theoriebildung bei einer Nichtbeachtung der Interdependenzen von Rasse und Gender beispielsweise das, was dekonstruiert werden sollte, lediglich rekonstruiert. Kristeva ›findet‹ mit der psychoanalytischen Methode in Freuds Episteme dieses Textes Codes des Mütterlichen/Weiblichen als ›Heimsuchung‹ und übersieht die omnipräsenten Codes für Rasse in diesem Text. Rasse ist nicht nur ein Nebenschauplatz in der Konstruktion der phallogozentrischen Gesellschaftsordnung, gegen welche die (v.a. weiße) feministische Theorie anschreibt. Vielmehr stellt sie ein konstitutives Moment von Gender selbst dar. Gerade in *Totem und Tabu* sind Frauen und ›Wilde‹ gleichermaßen als Referenz für Primitivität figuriert. Die Kategorie Gender ist dort ohne Rasse nicht zu denken.

Obgleich Kristeva ihre Abjektionstheorie ohne jeglichen Bezug zu Rasse oder Rassismus formuliert, erachte ich sie als besonders hilfreich unter den psychoanalytisch-subjekttheoretischen Ansätzen für die Rassismusforschung, allerdings nur, wenn man sie zuvor dekolonisiert. Die Rezeptionen ihrer Theorie sind sehr unterschiedlich. Nur wenige Autor_innen thematisieren die kolonisierenden Momente *in* Kristevas Text. Anne McClintocks (1995) Arbeit über die Zusammenhänge von Rasse, Sexualität, Geschlecht und Kolonialismus, *Imperial Leather*, macht sich Kristevas Abjektionstheorie zum Verständnis imperialistischer Kultur zunutze. Sie fordert, Geschichte und Psychoanalyse (wieder) zusammenzudenken und legt eine Historisierung des Subjekts des Imperialismus und damit eine Rekontextualisierung der Psychoanalyse als koloniale Wissenschaft nahe (vgl. auch Khanna, 2003; Tißberger 2006a, 2006b, 2006c, 2009). Derek Hook (2006) formuliert im Anschluss an Kristeva einen sozialpsychologischen Ansatz ›prä-diskursiven‹ Rassismus als Technologie des Affekts. Chanter (2006) verknüpft Kristevas Abjektion mit dem Melancholie-Konzept zu einer ›Feminist Epistemology of Ignorance‹. Iris Marion Young (1990) erklärt mit Abjektion nicht nur Rassismus, sondern sämtliche sozialen Ausschlüsse wie Homophobie, Behindertenfeindlichkeit oder Sexismus. Das sind nur einige Beispiele; die Rezeption ist viel zu breit, um hier wiedergegeben zu werden. Ich werde später vor allem an Hooks Ansatz Kristevas Abjektion als ontogenetisches Moment problematisieren.

Wie schon deutlich wurde, geht es mir in dieser Untersuchung nicht nur darum, wie Rasse und damit Rassismus von Subjekten reproduziert wird, sondern welche Bedeutung Rasse bereits für den Subjektivierungsprozess selbst und das von der Psychoanalyse beschriebene Subjekt hat. Rassismus existiert nicht allein in Diskursen, in welche sich die Subjekte einschreiben und dadurch rassistisch werden – als könnten sich die Subjekte durch Entledigung dieser Diskurse von Rassismus befreien. Der abendländische Subjektbegriff ist in konstitutiver Weise auf Rasse angewiesen genauso wie auf Gender und Sexualität. Es gibt kein Subjekt *vor* dem Rassismus, Sexismus oder der Heteronormativität in der ›abendländischen‹ Moderne. Kein Mensch erlangt einen Subjektstatus, ohne sich den Verhältnissen des Rassismus, Sexismus und der Heteronormativität zu unterwerfen. Das hat Judith Butler in ihrer Arbeit deutlich gemacht. Intelligibilität wird durch Subjektivation erworben. Die Ökonomie, welche den sozialen und politischen Dimensionen des Rassismus zugrunde liegt, also konkrete Bemächtigungsgeschichten inklusive ihrer Amnesien im kollektiven Gedächtnis wie die Sklaverei, der Kolonialismus oder der Holocaust, finden eine Entsprechung in der Konstitution der Subjekte. Die genannten psychoanalytischen Ansätze nehmen im Gegensatz zu diskursanalytisch angelegten Studien das Subjekt von Rasse in den Blick und untersuchen Rassisierung als Subjektivierungsprozess, statt Rasse lediglich als politisches und ökonomisches Instrument zu betrachten, das über Diskursmacht Bedeutung für das einzelne Subjekt gewinnt. Die Psychoanalyse dient vielen zur kritischen Untersuchung des Kolonialismus, Postkolonialismus oder des Rassismus. Selten wird in diesen psychoanalytischen Ansätzen allerdings der historische, politische und soziale Kontext der Genese der Psychoanalyse selbst kritisch betrachtet. Ebenso wenig wird die Bedeutung des Sozialen und Politischen für die Subjektivierung der Individuen – ihre Entwicklung – berücksichtigt. Falls die zeitliche und diskursive Nähe von Kolonialismus und Psychoanalyse Erwähnung findet, dann meist nur, um zu argumentieren, dass die psychoanalytischen Theoreme, die man in der eigenen Analyse verwenden möchte, von kolonialistischen Einflüssen frei seien. Meines Erachtens liegt genau im Nexus zwischen Rassismus und Psychoanalyse als Leerstelle der Schlüssel für eine Psychoanalyse des Rassismus. Diese Leerstelle ist das Unbewusste der Psychoanalyse.

Wie ich argumentieren werde, ist ein psychoanalytischer Zugang zu gesellschaftlichen Ausschlussmechanismen deshalb hilfreich, weil die Psychoanalyse Diskurse des Kolonialismus, Rassismus, Sexismus und Antisemitismus in ihre Subjekttheorie *ein*geschrieben und diese Psychodynamik *be*schrieben hat. Problematischerweise formulierte sie daraus jedoch universalistische Annahmen von Subjekt und Kultur. Als partikulares Subjekt und seine Kultur verstanden, kann diese Theorie das Subjekt des Kolonialismus, des Weißseins, des Rassismus und Sexismus erklären. Vor der Anwendung dieser Theorie auf Fragen des Sexismus, Rassismus oder Kolonialismus muss sie deshalb einer dekonstruktiven Lesart unterzogen werden, die ihre rassistischen und sexistischen Codes offenlegt. Dann kann man mit dem psychoanalytischen Verständnis der Psychodynamik erklären, wie die Machtverhältnisse von Sexismus, Rassismus oder Kolonialismus beispielsweise subjektiviert werden; wie sie *subjektiv* verarbeitet, verdrängt, angeeignet oder auch bekämpft werden können. Zunächst jedoch zu Julia Kristevas Abjektionstheorie.

1.3 Julia Kristevas Heimsuchung: Die Mächte des Grauens

Die Übertragung ihrer Patient_innen in der Psychoanalyse, »the gift of their void« (Kristeva, 1982, S. 207), erlaubte Julia Kristeva, wie sie schreibt, eine Theorie zur Abjektion zu formulieren. Ihr zufolge wird das Subjekt durch Ausschluss hervorgebracht, ein Vorgang, der im Prädiskursiven, dem Körperlichen seinen Ursprung nimmt. Das primäre Andere des Körpers, das erste Nicht-Ich, ist, wie Kristeva verdeutlicht, nicht das Objekt (in der Psychoanalyse die Mutter/brust), sondern das aus dem Körper Ausgeschiedene: Kot, Urin, Speichel, Erbrochenes etc. Die Vorgänge der Ausscheidung sind eine erste Trennung, ein Ausschluss, Abjektion. Die Körpergrenze ist der Bereich, an dem, was zuvor ›Eigenes‹ war, zum ›Anderen‹ wird. Sie wird daher zum bedeutsamen Ort zwischen Ich und Nicht-Ich. Die aus der Mutterbrust gesaugte Milch – Leben – wird ›Ich‹ und im Prozess des Ausscheidens das Andere, zum Tod: »I abject *myself* within the same motion through which ›I‹ claim to establish *myself*« (S. 3). Damit wird Abjektion, eine Trennung, der erste Schritt zum Subjekt, einem separaten Ich. Die Abjektion ist somit auch ein Sterben. Was Ich war, wird ausgeschieden, verworfen, es stirbt und bedroht in seiner unheimlichen Wiederkehr als Figur der Infektion das Leben des Ich. Indem das Abjekt vom Ich abgetrennt, ausgeschieden und mit Tod signifiziert wird, wird erst das Leben dieses Ichs ermöglicht. Was das Leben also garantiert, bedroht es zugleich. Die Trennung als Ausschluss ist der entscheidende Vorgang. Was Ich war, stirbt und nur indem ich es als Anderes begreife, bleibe ich am Leben, bis ich schließlich selbst die Körper-Grenze zwischen Ich und Nicht-Ich überschreite und zum Körper/Kadaver/dem Tod werde.

> »These body fluids, this defilement, this shit are what life withstands, hardly and with difficulty, on the part of death. There, I am at the border of my condition as a living being. My body extricates itself, as being alive, from that border. Such wastes drop so that I might live, until, from loss to loss, nothing remains in me and my entire body falls beyond the limit – *cadere,* cadaver. If dung signifies the other side of the border, the place where I am not and which permits me to be, the corpse, the most sickening of wastes, is a border that has encroached upon everything.« (ebda.)

Aber das Abjekt ist nicht Objekt, es ist Ekel/erregendes, nach Kristeva ›archaischer‹ als die Triebe, »it reacts, it abreacts. It abjects« (ebda.), also Ekel, der abreagiert wird. Abjektion ist ein ›borderline‹-Vorgang, angesiedelt zwischen Subjekt und Objekt, »the plane of abjection is that of the *subject/object relationship* (and not subject/other subject)« (S. 64). Das Abjekt ist also weder Subjekt noch Objekt. Der Ort des Abjekts, also die (Körper) Grenze, wird durch den Vorgang der Abjektion zum Objekt. Was es also mit dem Objekt gemeinsam hat, ist lediglich, dass es nicht (mehr) zum Ich gehört. *Jedem Ich sein Objekt, jedem Über-Ich sein Abjekt*, so Kristevas Kurzformel (S. 2). Damit deutet sie aber auch schon einen Widerspruch in ihrer Theorie an. Wenn das Über-Ich – Repräsentantin von Kultur, Gesellschaft und Diskurs: dem Symbolischen – das Abjekt formt und von ihm geformt wird, es hervorbringt und von ihm hervorgebracht wird, was ist dann Henne, was Ei? Ist der Körper oder das Symbolische Ursprung von Abjekt und Abjektion? Kristeva bezeichnet einerseits das Abjekt als ›archaisch‹ und jedem Subjektivierungsprozess vorangestellt. Es ist nicht nur prädiskursiv, sondern auch *vor* jedem Objekt, welches das Subjekt erst ermöglicht. Kristeva lokalisiert es noch vor den Trieben. Gleichzeitig ist dieser Körper wiederum im Symbolischen verankert: in der sexuellen Differenz, dem Mangel (Phallus), an dessen (Leer)Stelle alles Begehren seinen Anfang nimmt – *Jouissance*[12]. Diese Leerstelle ist jedoch bereits besetzt:

12 Der von Lacan in die Psychoanalyse eingeführte Begriff hat keine eindeutige Bedeutung, weswegen er meist nicht übersetzt wird, etwa in ›Genuss‹ und ›Nutzungsrecht‹, im Englischen: ›enjoyment‹. Meist wird der französische Begriff beibehalten. Während er von Lacan zwischen seinem ersten öffentlichen Seminar

»I experience abjection only if an Other has settled in place and stead of what will be ›me‹. Not at all an other with whom I identify and incorporate, but an Other who precedes and possesses me, and through such possession causes me to be. A possession previous to my advent: a being-there of the symbolic that a father might or might not embody. Significance is indeed inherent in the human body.« (S. 10)

Dieser große Andere, den ein Vater – kleiner Anderer – verkörpern mag oder auch nicht, ist im Symbolischen der Psychoanalyse Lacans verortet, welches auf das Reale – Freuds Urhorde und ihr Vater – zurückgeht. Auch in der Geschlechterdifferenz, eine sexuelle und damit körperliche Differenz, manifestiert sich das Symbolische, Unausweichliche, die symbolische Ordnung und damit das, was jedem Diskurs und jedem individuellen Körper und Subjekt vorangestellt ist. An der Grenze zwischen Innen und Außen, Selbst und Anderem, möglich und unmöglich, Subjekt und Objekt, ist Abjektion Ambivalenz: der Ort, an dem sich Verlangen in Verdammung, Urteil in Affekt und Trieb in Zeichen verkehrt – und umgekehrt. Die symbolische Ordnung ist also instabil. Das Abjekt »draws me toward the place where meaning collapses« (S. 2).

Nach Kristeva ist der signifikanteste Ort dieser symbolischen Ordnung der mütterliche Körper (als Abjekt), weil sich auf ihn das Begehren und das Verbot zugleich richten. Der mütterliche Körper ist Ursprung und muss zurück gelassen werden: » ... the advent of one's own identity demands a law that mutilates, whereas jouissance demands an abjection from which identity becomes absent« (S. 54). *Jouissance*, Ganzheit, der volle Genuss, ist, was in die mütterliche Leerstelle – den Ort des Phallus – hineinimaginiert wird, was das Beghren konstituiert, »it follows that jouissance alone causes the abject to exist as such« (S. 9). So ist es also eine Phantasie, welche zur Abjektion führt, eine phantasierte Ganzheit, ein unabhängiges, autonomes Selbst. Seine »Incompleteness and dependency on the Other« (S. 88) wird

1953 und 1970 nur sporadisch verwendet wird und zwar im Anschluss an Hegels Herr-Knecht-Verhältnis als das zwischen *Jouissance*/›Genuß‹ und Arbeit (worauf ich später noch zurück kommen werde), gewinnt der Begriff vor allem in seiner sexuellen Bedeutung an Gewicht, aber damit auch an Komplexität und Ambivalenz. *Jouissance* stellt dann nicht mehr nur den vollen Genuss wie etwa im Orgasmus dar, sondern das Genießen des Begehrens selbst, also nicht den Moment oder den Zustand der Überwindung eines Mangels durch Befriedigung, sondern den (auch masochistischen) Genuss des Mangels (vgl. hierzu auch Evans).

vom Selbst verleugnet – es ver-andert (others) *seine* Vergänglichkeit und seine Abhängigkeit und stößt diese aus.

»But if one imagines (and imagine one must, for it is the working of imagination whose foundations are being laid here) the experience of *want* itself as logically preliminary to being and object – to the being of the object – then one understands that abjection, and even more so abjection of self, is its only signified.« (S. 5)

Der Phallus, (nicht der Penis, der real existiert, sondern), das Genital der Frau, nach Freud Kastration(sdrohung) und nach Lacan eine Leerstelle, der Mangel, ist der Ort, an dem die Imagination und das Begehren ihren Ursprung nehmen: *Jouissance*. Kalpana Seshadri-Crooks (2000) zufolge versucht Whiteness als Imagination genau diese Stelle auszufüllen und sich damit als das *Sein* schlechthin, Ganzheit und Vollkommenheit, darzustellen, ›Nurture, behaving like Nature‹, eine Naturalisierung des Symbolischen. Was aber ist die ›Natur‹ dieses Symbolischen, an dessen Stelle sich der Phallus und Whiteness setzen? Wenn weder Abjektion noch das Begehren dem Symbolischen vorgängig sind, beide der Phantasie bedürfen, dann könnten Abjektion und Begehren auch als Instrumente verstanden werden, die das Symbolische erst erzeugen. Kristeva übergeht diese Widersprüche und Implikationen jedoch konsequent und erklärt: Abjektion ›reinigt‹ ein Zentrum, aber das Abjekt »is something rejected from which one does not part ... imaginary uncanniness and real threat, it beckons to us and ends up engulfing us« (S. 4). Das Ausgestoßene verharrt an der Grenze, bildet sie sogar und ermöglicht damit erst die Imagination eines Zentrums als abgegrenztem Raum, der als reines Selbst vorgestellt wird. Allerdings sucht das Abjekt – die imaginierte Un/Heimlichkeit – das Subjekt immer wieder heim. Kristeva *folgt* in ihrer Theorie der Subjektgenese Platon:

»I shall name, after Plato (*Timeus, 48-53)*, a *chora*, a receptacle. For the benefit of the ego or its detriment, drives, whether life drives or death drives, serve to correlate that ›not yet‹ ego with an ›object‹ in order to establish both of them. Such a process while dichotomous (inside/outside, ego/not ego) and repetitive, has nevertheless something centripetal about it: it aims to settle the ego as center of a solar system of objects. If, by dint of coming back towards the center, the drive's motion should eventually become centrifugal, hence fasten on the Other and come into being as sign so as to produce meaning – that is, literally speaking, exorbitant.« (S. 14)

Hier wird noch einmal deutlich: Der Vorgang der Abjektion etabliert das Ich als ein Zentrum gleich einem Sonnensystem, welches von Objekten umgeben ist und mit diesen sowohl in einer binären Spannung wie auch in einer solipsistischen Referenzialität verbunden ist. Abjektion bringt das Ich und auch die Triebe – ›Lebens- oder Todestrieb‹ – erst hervor. So gesehen ist Abjektion eine Trennung, ein Vorgang, der etwas spaltet und durch diese Spaltung ein Ich und (seine) Triebe entstehen lässt. Es sind die Triebe, die hier *antreiben* und Objekte – Grenzobjekte – herstellen. Diese Objekte bilden das konstitutive Außen des Ichs und durch diese Ausschlüsse wird das Ich als ›reines‹ Zentrum etabliert. Was Kristeva nicht explizit macht, ist, dass in ihrer Konstruktion ein Subjekt hervorgebracht wird, das seine Triebhaftigkeit (eine Konstruktion) nach außen projiziert. Dieses Ich kann diese Objekte nicht gänzlich abstoßen, da sonst seine Grenze verloren ginge und sich dieses ›reine‹ Selbst auflösen würde. Wie Kristeva schreibt: »The border has become an object. How can I be without border?« (S. 4). Das Abjekt ist also etwas Abgestoßenes, Verworfenes, von dem man sich nicht trennt. Es wird als Anderes empfunden und entstammt doch dem Eigenen, ein Vorgang, der allerdings ›vergessen‹ wird. Das Subjekt der Abjektion ›erkennt‹ *sich* in diesen ›veräußerten‹ Objekten nicht mehr. Das Unheimliche, das uns heimsucht, die Verunsicherung in der Begegnung mit diesen ›Objekten‹, ist eine ›Grenzerfahrung‹ und zwar die Grenze des eigenen Selbst/Bewusstseins. Die Objekte sind un-heim-lich, weil sie als Nicht-Ich erscheinen, aber einmal Ich waren.

Es wird deutlich, warum Kristevas Abjektionstheorie für die Analyse des Rassismus so geeignet scheint: Das Bekämpfen von äußerer Alterität, die eigentlich abgespaltenes Eigenes ist. Derek Hook arbeitet in seiner Rassismustheorie, die ich im Anschluss darstellen werde, mit dieser Figur. Hier zeigt sich bereits, dass in der Psychoanalyse eine Triebhaftigkeit konstruiert wird, wie auch die Notwendigkeit, diese Triebhaftigkeit hinter sich zu lassen. Die Triebhaftigkeit – bei Kristeva das Mütterliche/Weibliche als Abjekt oder Ursprung der Abjektion – ist bereits durch Primitivität und damit auch Rasse codiert. Die Versorgung von Säuglingen, die in vielen Kulturen nach wie vor durch Mütter geleistet wird, erfährt in der Psychoanalyse eine Naturalisierung, indem diese Zeit als Entwicklungsphase als das ›mütterlich-semiotische‹ Stadium konstruiert ist. In Kristevas Theorie ist bereits angelegt, dass Rasse und Weiblichkeit als Primitivität den Ursprung der Subjektgenese darstellen, der in der Entwicklung zurückgelassen werden muss. Dieser Denkfigur ist ein Evolutionismus immanent, der von einer Primitivität als Ausgangspunkt von Entwicklung ausgeht, deren Ziel die Zivilisiertheit beziehungsweise Kultiviertheit ist, wie es Freud in *Das Unbehagen in der Kultur* re/konstruiert. Psychoanalytiker_innen übersehen stoisch diese rassische und weibliche Codierung des ›Ursprungs‹. Rassismus ist nicht, wie viele behaupten, im Rekurs auf Kristevas Abjektionstheorie zu erklären, vielmehr *präfiguriert* Rassismus auch Kristevas Abjektionstheorie. Kristevas Abjektionstheorie ist rassistisch – und sexistisch.

Abjektion sei gewaltvoll und unheimlich, erklärt Kristeva weiter. Wir sind wehrlos, wir schüzten uns nicht, weil Faszination und Begehren ebenso wie Angst und Ablehnung unsere Beziehung zu den Objekten der Abjektion strukturieren. Wir suchen diese Orte, die Grenze, immer wieder auf, sind von ihr angezogen, um sogleich ängstlich zurückzuschrecken, wenn wir sie berührt haben. Diese Grenze umschließt uns – wir haben sie geschaffen, um unserer Angst vor Auflösung entgegenzuwirken. Das ›Schreckliche‹ am Abjekt ist, dass wir seine Herkunft nicht er-kennen können, »not even the shadow of a memory« (S. 5) weist die Spur zum Kern unseres Selbst – Herkunft dessen, was uns als Ausgestoßenes ›widerfährt‹. Zurückgeworfen auf uns selbst – das reine Selbst –, suchen wir die Grenze zur Selbst-Vergewisserung immer wieder auf.

Nicht der Mangel an Sauberkeit oder Gesundheit motivieren Abjektion, schreibt Kristeva, sondern »what disturbs identity, system, order« (S. 4), »for the subject will always be marked by the uncertainty of his borders« (S. 63). Es ist das Zwischendrin, die Ambiguität und das Unklare, was die Unsicherheit schließlich in Beunruhigung wandelt und Abjektion auslöst. An der Grenze, die Abjektion herstellt, werden rein und unrein, möglich und unmöglich getrennt in innen und außen, reines Selbst und Abjekt; ein Vorgang, der ständig wiederholt werden muss. Das Amalgam, die Hybridität oder die Uneindeutigkeit scheinen es zu sein, die hier stören und die Ordnung – eine hegemoniale – in Kristevas Abjektionstheorie infrage stellen. Das sich durch Ausschluss konstituierende Selbst ist ein Selbst in Abhängkeit von seinem konstitutiven Außen. Es begründet eine hegemoniale Struktur, die seine Abhängigkeit in Überlegenheit verwandelt, aber genau diese Verwandlung ›vergessen‹ macht. Kristeva hält diesen Subjektivierungsprozess für universal, er kann aber nur der eines partikularen Subjekts sein. Kristeva ›vergisst‹, dass Frauen sowie alle Nicht-Weißen damit ausgeschlossen werden, ihr Ausschluss naturalisiert wird; dass sie zum konstitutiven Außen des Subjekts ihrer Theorie werden – ein Kunststück in einem Ansatz, der beansprucht, feministisch zu sein.

Das Ausgestoßene gewinnt seine Bedrohlichkeit dann durch die Figur der Infektion, »death infecting life« (S. 4). In Kristevas *Powers of Horror* geht es um die Macht der Verunreinigung und des Schmutzes, eine Macht, die erst durch Abjektion zur Macht wird. Der ›eigene Dreck‹ richtet als nicht wiedererkennbares Ausgestoßenes sein ›Unheil‹ an, indem er als ›die Wiederkehr des Verdrängten‹ wieder in den Körper (des Selbst) einzudringen droht – zur Gefahr von Beschmutzung und Infektion wird. Auch die Phobie hängt für Kristeva unmittelbar mit der Abjektion zusammen: »The phobic has no other object than the abject« (Kristeva, 1982, S. 6). Mit Freuds kleinem Hans denkt sie an die Pferdephobie – der Phallus, das ödipale Drama –, und damit ist »the phobic object ... the hallucination of nothing« (Kristeva, 1982, S. 42), Angst und Begehren – der mütterliche Phallus – eine Phantasie. Es wird deutlich, wie eng Abjektion – angeblich vor der sexuellen Differenz in der Genealogie psychoanalytischer Subjektgenese – denselben Ursprung wie diese hat. Alles beginnt in einem Vor-und-Außerhalb des Subjekts und seiner Geschichte – vor jeglicher Geschichte.

1.3.1 »There, abject and abjection are my safeguards. The primers of my culture«[13]

Kristeva versteht ihre Abjektionstheorie auch als Kulturtheorie. Abjektion gilt ihr nicht nur als Begründung des Subjekts, sondern auch als Basis jeder Organisation: jede Gesellschaft sei durch Ausschluss und hierarchisch konstituiert. Zwar gestalte sich Abjektion je nach Zeit und Ort unterschiedlich und ihr Gegenstand variiere, sie gilt Kristeva jedoch als universales Phänomen. In der Psychoanalyse wie in der Anthropologie, so die Autorin, werden das Sakrale, der göttliche Bund und das Opfer als untrennbar betrachtet. Durch die gesamte Zivilisationsgeschichte sei zu beobachten, dass – ähnlich des Inzesttabus – Abjektion sich auf der kollektiven Ebene einstelle, sobald sich das Symbolische und/oder Soziale bildet. Abjektion liegt demnach an der Schnittstelle zwischen Kultur und Natur. Säkularer Schmutz wird zur heiligen Beschmutzung (S. 65) und zum Ausgeschlossenen, auf dessen Basis sich das religiöse Verbot etabliert.[14] Kristeva versucht das an verschiedenen Beispielen von – in ihren Worten – ›primitiven‹ Gesellschaften zu ver-

13 Kristeva, 1982, S. 2.

14 Diese Erkenntnisse verdankt Kristeva, wie sie an dieser Stelle des Textes vermerkt, Anthropologen wie Sir James George Frazer, dessen Arbeiten auch Freuds *Totem und Tabu* beeinflussten, Alfred Reginald Radcliffe-Brown oder Rudolf Steiner, dem Begründer der Anthroposophie.

deutlichen. Demnach sind Verunreinigung, Speisetabus und die Sünde die markantesten kulturellen Erscheinungen der Abjektion. Religiöse Rituale seien meist als Reinigungsrituale zu erkennen, deren Funktion es sei, eine soziale, Geschlechter- oder Altersgruppe von einer anderen zu separieren.

> »It is as if dividing lines were built up between society and a certain nature, as well as within the social aggregate, on the basis of the simple logic of excluding filth, which promoted to the ritual level of defilement, founded the ›self and clean‹ of each social group if not of each subject. The purification rite appears then as that essential ridge, which, prohibiting the filthy object, extracts it from the secular order and lines it at once with a sacred facet. Because it is excluded as a possible object, asserted to be a non-object of desire, abominated as ab-ject, as abjection, filth becomes defilement and founds on the henceforth released side of the ›self and clean‹ the order that is thus only (and therefore, always already) sacred.« (ebda.)

Hier übersetzt Kristeva deutlich Abjekt und Abjektion in Schmutz und Beschmutzung. Das Ritual der Beschmutzung (anderer) als Reinigung des Selbst (Individuum oder Gemeinschaft) kann sodann als Heiligung des ›Reinen‹, des ›Selbst‹ und des ›Wir‹ verstanden werden.

Kristeva lehnt ihre kulturtheoretischen Überlegungen zur Abjektion vor allem an Freuds Theorie zur Urhorde aus *Totem und Tabu* und das daraus abgeleitete Inzest- und Tötungstabu an – für Freud Voraussetzung für Kultur und Zivilisation. An Charles Darwins Hypothese des sozialen Urzustands anknüpfend, geht Freud in diesem Text davon aus, dass die Menschheit ursprünglich in der Form einer ›Urhorde‹ lebte, die vom stärksten Mann – dem Vater – angeführt wurde. Dieses (Familien)Oberhaupt nahm sämtliche Frauen in seinen Besitz und verteidigte sie eifersüchtig gegen alle anderen Männer, die Söhne der Gruppe, vertrieb diese gar aus der Gemeinschaft, wenn sie sich ihm nicht unterwarfen. Jedoch taten sich die ausgetriebenen Söhne eines Tages zusammen, erschlugen und verzehrten den Vater und eigneten sich dadurch seine Stärke an. Gleichzeitig bereiteten sie damit der Urhorde ein Ende. Nachdem die Brüder allerdings den Vater als Besitzer aller Frauen beseitigt hatten, begehrte jeder Einzelne seine Position, denn

> »das sexuelle Bedürfnis einigt die Männer nicht, sondern entzweit sie. Hatten sich die Brüder verbündet, um den Vater zu überwältigen, so war jeder des anderen Nebenbuhler bei den Frauen. Jeder hätte sie wie der Vater alle für sich haben wollen, und in dem Kampfe aller gegen alle wäre die neue Organisation zugrunde gegangen.« (Freud, GW, IX, S. 427-428)

Die Brüder etablieren das Inzestverbot und verzichten damit alle auf die von ihnen begehrten Frauen. Die Brüder verzichten also nach wie vor auf das begehrte Objekt, haben jedoch die äußere Autorität durch Identifikation (Einverleibung) internalisiert und zwar wörtlich: Der Vater wurde in Stücke gehackt und von den Brüdern verspeist. Freud vermutet, dass die Totemmahlzeit, ein Opferritus, das erste Fest, das die Menschen feierten, eine Art Gedenkfeier an diese »ungeheure Tat« (S. 444) ist, die Anfang jeder sozialen Organisation, ihrer sittlichen Einschränkungen und der Religion war (S. 426). Demzufolge ist der Vatermord und das daraus entstehende Schuldgefühl der Söhne (aus dem später ›das Unbehagen in der Kultur‹ wird), die Reinigungsrituale und die Kastrationsangst, für den die ›Leerstelle Frau‹ Zeichen ist, als archaische Begründungsgeschichte für die Zivilisation und ihr Subjekt zu verstehen. Der Ödipuskomplex wiederholt die Urhorde, Ontogenese rekapituliert Phylogenese. Statt diese Konstruktion, in der Frauen lediglich als Sexualobjekte in einer männlichen Kultur- und Subjektgenese aufgeführt werden, zu problematisieren, übernimmt Kristeva sie in ihrer ›feministischen‹ Psychoanalyse und re-essenzialisiert ›Frauen‹ dann als Inbegriff der ›Macht des Horrors‹.

Am Anfang der individualgeschichtlichen Rekapitulation dieser Struktur des Ausschlusses (von Mord und Inzest als Tabu, Todes- und Liebestrieb als ihr ontogenetisches Pendant) stehen für Kristeva die körperlichen Ausscheidungsprozesse.

> »Fecal matter signifies, as it were, what never ceases to separate from a body in a state of permanent loss in order to become autonomous, distinct from the mixtures, alterations, and decay that run through it. That is the price the body must pay if it is to become clean and proper. Psychoanalysis has indeed seen that anal dejections constitute the first material separation that is controllable by the human being.« (S. 108)

Kristeva argumentiert allerdings, dass es der mütterliche Körper und nicht der väterliche ist, der am Anfang von Kulturgeschichte und Individualentwicklung steht. Freuds These: »Am Anfang war die Tat« (GW, IX, S. 444) (der Vatermord), die er in Anlehnung an Goethes *Faust* als abschließende Bemerkung zu *Totem und Tabu* formuliert, stellt Kristeva den Mutterkörper und das Inzesttabu voran. Für den Ursprung von Religion und nachfolgend der Kultur ist ihr zufolge nicht nur der Vatermord und das daraus folgende Tötungs-Tabu ausschlaggebend. Die Mutterphobie sieht sie als ebenso ursprünglich wie den Vatermord für die Genese von Moral und Zivilisation, wie sie Freud in *Totem und Tabu* beschreibt. Wie ich bereits eingangs erwähnte, will Kristeva verdeutlichen, dass Freuds Text selbst von etwas heimgesucht wird: »The woman- or mother-image haunts a large part of that book and keeps shaping its background even when, relying on the testimony of obsessional neurotics ...« (Kristeva, 1982, S. 57).

Die Konfrontation mit dem Weiblichen sieht Kristeva nicht nur im Schrecken der Abjektion artikuliert, sie beinhalte auch das Moment des Extatischen, die Begegnung mit »unnamable Otherness – the solid rock of jouissance« (S. 59), ein Mythos natürlicher Fülle (S. 83). Dieser Gedanke mag durch Lacan selbst und seine Diskussion der *Jouissance* beeinflusst sein. In Lacans Verständnis der *Jouissance,* das sich im Lauf seines Werkes stark wandelt und am Anfang ›reinen Genuss‹ bedeutet, um später eine Ambivalenz von Genuss und Schmerz zu bezeichnen, beinhaltet die ›*Jouissance* des Anderen‹, welche beiden Definitionen chronologisch nachgeordnet ist, lediglich den Genuss. Lacan kommt auf diese Figur durch die klinische Erfahrung mit Patient_innen, die der Illusion nachhängen, dass es Andere gäbe, die im Gegensatz zu ihnen keine psychischen Probleme hätten, deren Familien heil wären, die sich völlig symptomfrei durchs Leben bewegen könnten und die nachts gut schliefen. Lacan schließt daraus, dass die *Jouissance*, wenn sie mit dem Anderen assoziiert wird, immer in einer frühkindlichen Form erscheint; als reiner Genuss ohne Schmerz und Leiden.

> »The origin of this illusion of a superabundant jouissance accessible only to the Other is to be found in the very first experiences of the child, when the primordial Other, the mother, may seem to be complete, self-sufficient, and happy with herself independently of the child.« (Evans, 1999, S. 8-9)

Evans, der Autor des obigen Zitats, merkt an, dass Lacan in keinem Kontext den Begriff *Jouissance* öfter benutzt als in seinen Schriften über die weibliche *Jouissance.* Der mütterliche Körper ist allerdings nicht nur als *Jouissance* des Anderen imaginiert, sondern auch der ›Körper‹, auf den der Säugling all sein Leiden und den Schmerz projiziert, denn er kann noch nicht zwischen Innen und Außen unterscheiden, genauso wenig wie er zwischen Genuss und Schmerz differenzieren kann. Seine Grenzen sind also äußerst unsicher. Die Mutter ist für ihn Projektionsfläche für genüssliche sowie schmerzhafte Empfindungen, sie erscheint ihm als Ursprung für beides. Die Grenzangst, von der hier die ganze Zeit die Rede ist, ist also auch auf die mächtige Ambivalenz zwischen Säugling und Mutter zurückzuführen und die unsichere Grenze zwischen ihnen.

»An outside in the image of the inside, made of pleasure and pain. The non-distinctiveness of inside and outside would thus be unnamable, a border passable in both directions by pleasure and pain. Naming the latter, hence differentiating them, amounts to introducing language, which, just as it distinguishes pleasure from pain as it does all other oppositions, found the separation inside/outside.« (Kristeva, 1982, S. 61)

So gelesen ist der Vater, Repräsentant des Gesellschaftlichen, des Gesetzes und der Sprache, also letztendlich des Symbolischen, die Instanz, welche eine *Jouissance* der amalgamierten Form von Schmerz und Genuss trennt und dem Subjekt dadurch verhilft, das Leiden nach außen zu projizieren und zur Imagination eines »self and clean« zu gelangen. Während bei Kristeva zuvor Abjektion als körperlicher, also präverbaler Prozess beschrieben wurde, haben wir es hier mit einer symbolischen Form von Abjektion zu tun. Die Trennung von Schmerz und Genuß, Innen und Außen durch den Vater – im ›Namen des Vaters‹ –, durch den ›Schnitt des Signifikanten‹ wie es bei Lacan heißt.

Freud notiert in *Totem und Tabu*, dass das Tabu nicht nur in (auch von ihm) sogenannten ›primitiven‹ Gesellschaften immer Gegenstände beinhaltet, die ›genussfähig‹ sind. Tabu ist Heiliges und Gesegnetes, aber auch Unheimliches, Verbotenes, Gefährliches und Verunreinigtes. Kontakt zum Tabuisierten wird vermieden und gleichzeitig wird es Gegenstand ritueller Zwanghaftigkeit und paranoider Projektion. Freud führt all dies auf den Vatermord und die rituelle Abarbeitung des Schuldgefühls zurück. Kristeva fragt nun, warum es ausgerechnet körperliche Abfälle, Menstruationsblut, Exkremente und alles, was mit ihnen zusammenhängt, bis hin zu abgeschnittenen Fingernägeln sind, die wie eine reinkarnierte Metapher die objektive Fragilität der symbolischen Ordnung repräsentieren. Wie kommt das mit dem Körper und dem Mütterlichen Assoziierte dazu, die durch den Vater und die Sprache repräsentierte symbolische Ordnung zu stören? Das Mütterliche, Signifikat des Abjekt – *Jouissance* – in seiner amalgamierten Form von Ekel und Genuss, die Ambivalenz von Begehren und Angst, bleibt die Hülle, die eingrenzende Zone – auch des sprechenden Subjekts, so Kristevas These.

Kristeva sieht in dieser Angst die Begründung für die Geschlechterkonnotationen in religiösen Reinigungsritualen. Ob in der stark hierarchischen indischen Gesellschaft oder bei den Lele in Afrika, so Kristeva, es gehe darum, eine phallische Ordnung zu etablieren, die von weiblichen Mächten und Kräften bedroht würde und deshalb ›beschützt‹ werden müsse. Die

Unterwerfung von Frauen unter männlichen ›Schutz‹ und ihre Behandlung als passive Objekte sei nichts weiter als die Abwehr dieser ›unbenennbaren Anderen‹ – der weiblichen Macht. Das Weibliche wird zum Synonym für das Böse schlechthin (S. 70).

1.3.2 »Incompleteness and dependency on the Other«[15]

Die Unvollständigkeit des Säuglings und seine Abhängigkeit von der Mutter, also das Andere des autonomen Subjekts als ursprüngliche menschliche Erfahrung, betreiben die Codierung des Abjekt als mütterlich, so könnte man Kristevas Resümee der kulturtheoretischen Abhandlung von Abjektion interpretieren. Die Frage, was Henne, was Ei in der kulturgeschichtlichen Konstitution des Abjekt und des Vorgangs der Abjektion ist, mag also mehr als eine symbolische Formulierung, eine Metapher, sein. Die prokreative Potenz des weiblichen/mütterlichen Körpers auf die nicht nur der Säugling, sondern auch jede Gesellschaft in ihrem Fortleben angewiesen ist, kann durchaus als Gründungsmoment für die Etablierung der ›Zivilisation‹, einer phallischen Ordnung, gelesen werden.[16] Die erste Trennung, die der menschliche Organismus und die menschliche Psyche erleben, ist nicht zuletzt, sondern zuerst – begründet in der Geburt – das Ausgestoßenwerden aus der Gebär-Mutter. Dass eben dieser Körper (durch das Inzesttabu) verworfen werden muss und gleichzeitig Objekt des Begehrens ist (*Jouissance* – das Begehren des Genusses und sein Tabu zugleich, Ambivalenz), bestärkt Kristevas These, dass es nicht irgendein Objekt, sondern der weibliche/mütterliche Körper ist, der zum Objekt der Abjektion wird. Dieses erste (Nicht) Andere lehrt uns, wie abhängig und unvollständig wir sind. Statt diese Interdependenz anzuerkennen, wird in der Psychoanalyse (Kristevas) allerdings die Notwendigkeit von Ausschluss und Autonomieillusion postuliert.

Aber nicht nur das Weibliche, der mütterliche Körper, sucht Freuds *Totem und Tabu* ebenso wie seine Schrift *Das Unbehagen in der Kultur* heim. Was die Autor_innen hier als ›primitiv‹ bezeichnen, die ›primitiven Gesellschaften‹, die sie jeweils als Kollektiv wie eine Kontrastfolie für das moderne, westliche und ›zivilisierte‹ Individuum setzen, sind die Anderen des imperialistischen Zeitalters und der europäischen Kolonisation ab dem 15. Jahrhundert. Die Konstruktion von ›primitiv‹ versus ›zivilisiert‹ dient bis heute als Polarität einer Entwicklungsachse, die zwar ein Kontinuum darstellen soll, auf der sich aber tatsächlich eine Einteilung von ›Rassen‹

15 Kristeva, 1982, S. 88.
16 Vgl. hierzu auch Dumont du Voitel, 1994.

abspielt. Wie zuvor bereits angedeutet, steht das Subjekt der Abjektion in einem dichotomen (Innen/Außen, Ich/Nicht-Ich) Verhältnis zu seinen Objekten (auch denen der Abjektion) und gleichzeitig verhält es sich zu ihnen wie das Zentrum eines Sonnensystems, das seine Objekte um sich kreisen lässt. Dies war Kristevas von Platon entlehnte Metapher der ›Chora‹ und was ich am Anfang dieses Kapitels mit der Metapher des Kegels als der hegemonialen Struktur von Whiteness beschrieb. Objekte des Abjekts werden zu Bewohner_innen der Grenzbereiche; der Ränder des Subjekts und der Gesellschaft des ›Abendlandes‹. Objekt des Abjekts ist nicht nur Weiblichkeit, sondern auch Rasse beziehungsweise Nicht-Weißsein, und Abjektion die Rassifizierung aller Nicht-Weißen. Morrisons ›not me‹, das Nicht-Ich der abendländischen Kultur ist das Nicht-Weiße, ein Nicht-Subjekt.

Kristevas Abjektionstheorie ist deshalb so anschlussfähig für Arbeiten über die Verhältnisse des Rassismus und Sexismus, weil sie diese Verhältnisse widerspiegelt. Nur hat sie nichts mit der Subjektgenese zu tun, wie ich mit der Säuglingsforschung noch darstellen werde. Ihre Theorie ist eine hervorragende Darstellung der Ontologisierung von Machtverhältnissen durch die Behauptung von Ausschluss als ontogenetischer Notwendigkeit. Ich habe Kristeva allerdings nicht so ausführlich dargestellt, nur um am Ende mit wenigen Sätzen ihre ganze Theorie zu negieren. Kristevas Abjektionstheorie ist nicht nur deshalb wichtig, weil sie bis heute in sogenannten kritischen Theorien fortlebt. Sie stellt vielmehr eine sorgfältig ausgearbeitete Matrix dar, an der Naturalisierungsmechanismen deutlich gemacht werden können. Judith Butler hat ihre Gendertheorie unter anderem durch eine dekonstruktive Lesart ebendieser Theorie zur Abjektion Kristevas entwickelt und die Performativität der Hervorbringung des Weiblichen/Mütterlichen als Vordiskursives offengelegt. Ich werde in den folgenden Kapiteln mit Butler, Daniel Boyarin und Celia Brickman zeigen, dass dieses ›Vordiskursive‹ als topisch Unbewusstes der Psychoanalyse auch – und vor allem – durch Rasse codiert ist.

Mit dem dynamisch Unbewussten hat die Psychoanalyse revolutionäre Einblicke in die Psychodynamik von Machtverhältnissen ermöglicht. Mit ihrem topisch Unbewussten hat sie das Gegenteil hervorgebracht: Ursprungsmythen, mit denen sie ihr ganzes politisches Potenzial wieder begräbt. Diese Ursprungsmythen des topisch Unbewussten der Psychoanalyse leben auch in sich als postkolonial und poststrukturalistisch definierenden Theorien fort. Im Folgenden möchte ich zwei Ansätze vorstellen, die explizit Rassismus – gar Whiteness – psychoanalytisch bearbeiten: Derek Hooks

(2006) *Pre-discursive‹ Racism* – direkt im Anschluss an Kristevas Abjektion entwickelt – und Kalpana Seshadri-Crooks (2000) *Desiring Whiteness* – eine lacanianische Rassismusanalyse. Beide Ansätze führen genau an die Stellen in der psychoanalytischen Theorie, wo ihr revolutionäres Potenzial für die Rassismusforschung liegt. Indem sie allerdings die Topik und nicht die Dynamik des Unbewussten wählen, begraben auch diese Autor_innen das politische Potenzial.

1.4 ›Prädiskursiver‹ Rassismus als Technologie des Affekts

Derek Hook (2006) plädiert für eine strategische Annäherung diskurstheoretischer und psychoanalytischer Ansätze in der Rassismusforschung, da Erstere die affektiven Momente, den Rassismus, der ›vor der Sprache‹ ist, wie er es formuliert, nicht erfassen könnten. Er meint damit eine Form von Rassismus,

> »that is often less than conscious or intentional in nature, a racism of immediate response and of apparently unmediated affect. This is a racism that need not take verbal form, that is realized in impulses, played out in aversions and reactions of the body; a racism that appears to remain as of yet unconditioned by discourse.« (S. 209)

Die diskurstheoretische Ausrichtung innerhalb der sozialpsychologischen Rassismusforschung (und er verortet sich als kritischer Sozialpsychologe), welche nach Hooks Ansicht eine allzu dominante Rolle eingenommen hat, ist in Reaktion auf eine Sozialpsychologie zu verstehen, die das Phänomen Rassismus in einer – für die Mainstream-Psychologie typischen – individualisierenden, psychologisierenden und pathologisierenden Weise beschreibt. Die diskurstheoretischen Interventionen in der psychologischen Rassismusforschung leisteten insofern einen wichtigen Beitrag dazu, das Individuum beziehungsweise das Subjekt des Rassismus wieder in seinem Kontext zu untersuchen und damit den Zusammenhang von Psychologie und Politik sichtbar zu machen. Hook warnt nun aber vor einer Beschränkung seines Forschungsfeldes – der kritischen (sozial)psychologischen Rassismusforschung – auf die kognitiven und diskursiven Dimensionen. Ein epistemologischer Rahmen, der sich allein auf schriftliche Daten beziehe, könne nicht die ›eingefleischten‹, körperlichen und sinnlichen Bereiche des Rassismus beleuchten. Der Körper sei allerdings omnipräsent im Rassismus.

Dieses ›Körperliche‹ sieht er besonders durch die Texte Frantz Fanons artikuliert: »Fanon's writing mimics the ›bodiliness‹ of racism, reminding that however advanced its forms, racism never loses its localization in the body.« (Hook, S. 208Hook möchte ›Diskursloyalist_innen‹ (S. 209) und an einer politischen Psychologie Interessierte für seinen Ansatz gewinnen und argumentiert:

> »… there is much to be gained from a line of scrutiny that recontextualizes the ostensibly extra-discursive – the body, the domain of emotion, insidious social significations, and so on – through a textual lens, thus demonstrating their historical and ideological locations within the world of representation.« (S. 212)

Politische Strategien blieben allerdings erfolglos, wenn die Analyse ihren Gegenstand verfehle, etwa den Rassismus, der sich dem Diskurs entzieht. Um diese Analyse geht es ihm. Im Zentrum seines Interesses steht die Verzahnung von rassistischen Diskursen mit dem, was er als die Kehrseite des Diskurses betrachtet: der Körper und Affekt als das ›Prädiskursive‹. Kristevas Theorie der Abjektion ermögliche, die Verschränkung von rassistischen Diskursen mit den ›prädiskursiven‹ Prozessen der Individuen ebenso zu verstehen wie die Art und Weise, wie diese affektive Qualität in ihrer Rückwirkung rassistische Diskurse verstärkt und zu einem »personal racism of the ego« (S. 207) führe. Antizipierten Vorwürfen, mit seiner These eines ›prädiskursiven‹ Rassismus universalisierenden und essenzialisierenden Tendenzen der Psychoanalyse Vorschub zu leisten und Rassismus zu naturalisieren, entgegnet Hook: »If the theory of abjection essentializes anything, it essentializes the dynamics of disgust, revulsion and exclusion, the processes of expulsion and division that, admittedly, it views as universal and integral aspects of human experience« (S. 228). Er differenziert: Die *Inhalte* des Rassismus werden diskursiv hergestellt, rassistische Diskurse verwenden jedoch Abjektion – das ›Prädiskursive‹ des Subjekts –, um ihre Wirkmacht zu entfalten. Er nennt diesen Mechanismus *Technologie des Affekts*.

Mit seinem Ansatz hofft er, eine Konzeptualisierung jener Form des Rassismus anzubieten, »that takes hold, and is fixed as a kind of bodily logic that defies rational and discursive logic and that comes to assume a naturalizing bent in the process« (S. 208). Aufgrund dieser affektiven und ›prädiskursiven‹ Elemente des Rassismus schließt Hook für die Analyse-Ebene, dass Methoden, welche sich auf Diskurse beschränken, nicht die Umlenkung sozialer Formen des Hasses auf die affektiven, ›prädiskursiven‹ Dimensionen von Bedrohung und Angst auf der Subjektebene erklären können. Diskurstheoretische Methoden seien nicht nur unfähig, diese ›prädiskursiven Rassismen‹ zu fassen, sondern die ›prädiskursiven Rassismen‹ störten sogar die Ordnung des Diskurses und durchkreuzten diese. Die Grenzen der Diskurstheorie in der Sozialpsychologie des Rassismus liegen Hook zufolge in ihrer Unfähigkeit, Rassismus in seinen »least ›signifiable‹ aspects« (S. 209) zu konzeptualisieren, etwa in Form des irrationalen Hasses, in dem sich Rassismus äußert: »Such a dynamics of fear is too consuming to be grasped merely at the level of representational activity, signification or rhetorical rationality« (S. 223).

Das kulturelle Symbolische[17] versteht Hook als diskursive Sphäre, in deren Zentrum ein ideologischer Kern die Zeichensysteme, Gesetze und Differenzierungen bindet. Gleichzeitig wirkt in diesem Gravitationsfeld von Werten eine Zentripetalkraft analog des Mechanismus auf der Ebene des Ichs, das die inakzeptablen Elemente ausstößt und eine ängstliche Grenzziehung vornimmt.

> »Just as the individual subject asserts and consolidates an ego (and indeed, a bodily schema) on the basis of a variety of repulsions, exclusions and differentiations, so that cultural symbolic would seem to work as an ›excluding machine‹ that produces its structural integrity on the basis of what it ejects and repudiates.« (S. 224)

Die ›Integrität‹ des Subjekts der Abjektion und seines kulturellen Symbolischen basiert also auf dem, was sie ausstoßen und ablehnen.

> »What works on the level of the body, it seems, works also on the level of the ego, and on the level of the social formations: in each case a violent repulsion operating with the immediacy and urgency of a reflex action that consolidates a particular order of structure.« (ebda.)

So potenzieren sich nach Hook prädiskursive und diskursive Momente der Abjektion gegenseitig in der Ausstoßung von Elementen, die nicht ins System passen. Hook schließt daraus:

> »If the discursive sphere of the cultural symbolic needs what it excludes to ensure that it assumes a regular and intact form, if it is exactly this constitutive outside

17 Hook schlägt vor, statt einer abstrakten Beschreibung einer universalen Struktur der Sprache (also Lacans auf Leví-Strauss basierendes linguistisches Modell, auf dem ›das Symbolische‹ lacanianischer Psychoanalyse basiert) Winnubst (2004) zu folgen und von einer historisch spezifischen kulturellen Domäne zu sprechen – dem ›kulturellen Symbolischen‹.

that determines its shape, then any given discursive sphere would seem to be reliant on precisely what it cannot assimilate, namely its abjects.« (ebda.)

Indem Hook Kristevas Abjektion als psychoanalytisches Theorem wählt, um ›persönlichen‹ Rassismus zu erklären, setzt er Mechanismen der Subjektbildung mit Rassismus in Verbindung. Während Seshadri-Crooks, wie ich noch genauer ausführen werde, an der Begehrensökonomie der Psychoanalyse ansetzt, interessiert sich Hook für »the underside of desire« (S. 215), für ihn ist Abjektion »always the flipside of desire« (S. 218) und so fragt er, wie Macht und Angst im Subjektivierungsprozess zusammen- beziehungsweise hervorgebracht werden. Hook versucht eine Verknüpfung von Kristevas Theorie der Abjektion als frühkindliche, prädiskursive und damit körperliche Erfahrung der Individuation mit der Eigenschaft des Rassismus, sich im Körper zu manifestieren.

»One cannot but notice the prevalence of the body in Fanon's (1952) *Black Skin White Masks*, black bodies in particular, as they are contrasted against insignias of disembodied whiteness. ... I, like Fanon, am concerned with the virtual omnipresence of the body in racism, but whereas he focuses on the bodily effects/affects of the victim of racism, I seek to explore racism as a mode of reactivity that has been routed through the dreads, aversions and nausea of the body. My focus, in short, is on an embodied form of racism that is played through, and substantiated by, the body's economy of separations and distinctions.« (S. 227)

Obgleich Hook Whiteness als entkörperlicht beschreibt – » ... black bodies .... as they are contrasted against insignias of disembodied whiteness« –, bezeichnet er die Erfahrung des rassifizierten und damit Körper als Rasse symbolisierten Subjekts und die des als ›weiß‹ bezeichneten und damit entkörperlichten und frei von Rasse symbolisierten Subjekts gleichermaßen als Erfahrung ›prädiskursiven‹ Rassismus; als »lived experience of racism: embodiment, affect, and that experiential domain ... i.e. that which comes before words, that which is not easily contained or assimilated into the symbolic domain of speech, language, identification« (S. 212). Hook zitiert das ›Körperliche‹ bei Fanon als Anschlussstelle für seine eigenen Ausführungen eines ›prädiskursiven Rassismus‹, obgleich es bei Fanon um die *Effekte* des Rassismus als Einschreibung von Rasse in den Körper und im Fall des *schwarzen* Subjekts der Identifikation mit dem Verworfenen – meines Erachtens eine Rassifizierungserfahrung als *Objekt* der Abjektion – geht. Hook sieht das *Subjekt* der Abjektion im selben Modus. Wie stellt sich Hook das Subjekt der Abjektion als Subjekt des Rassimus vor?

Wie bereits ausgeführt wurde, konstituiert sich nach Kristeva das Subjekt durch Ausschluss. Kristevas Verständnis der Abjektion basiert, wie Hook schreibt, »on a constitutive kind of fear, on a form of horror that is at the same time a kind of incoherence and dissolution ... racism ... is based on boundary threats, on threats to the physical, psychological and symbolic integrity of the racist subject« (S. 216). Die Bedrohung hat allerdings zwei Orte. Zum einen droht das Außen, die Grenzobjekte, zum anderen das ›widerwärtige Innen‹, die Elemente des Selbst, die ausgestoßen werden müssen (S. 220). Die existenziellen Ängste, die mit der Abjektion einhergehen, bedrohen das Subjekt in seiner ›Kohärenz‹, seinem ›Ich‹, seiner ›Ganzheit‹ und seiner ›Identität‹.

> The threat the abject embodies is typically that of the subject's dissolution: what is at stake here is the subject's constitution as a coherent and distinctive body, ego and symbolic entity ... Abjection as a force-field ... maintains the coherence of the ego – a coherence doubly supported by symbolic structure and bodily parameters – Kristeva provides an impressive linkage between the registers of the body, the ego and the cultural symbolic. This enables us to think the interconnection of ›bodily‹ racism, the racism of personal identity and the symbolic racism of social and discursive structures.« (S. 227)

Mit Verweis auf Judith Butlers Diskussion von Abjektion als Herstellung ›abjekter Subjekte‹, die in Zonen der Nichtlebbarkeit verortet werden, »zones populated by those who do not qualify as full subjects on that particular social order – whose function is to circumscribe the domain of those who do qualify as full subjects« (Hook, S. 219), betont Hook, dass sein Ansatz nicht als »natural/›pre-discursive‹ basis for the differences that a particular discursive regime comes to treat as primary in its differentiation of subjects« zu verstehen sei (S. 227-228). Die Differenzierung *zwischen* Subjekten ist nach seinem Verständnis sozial und politisch motiviert, also dem Diskursiven zugeordnet, wogegen die subjektkonstituierenden Prozesse der Differenzierung, Teilung und Trennung, wie sie Kristeva als Abjektion beschreibt, universal und natürlich sind, »a series of ›instinctive‹ reactions upon which particular political logics may be transposed« (S. 218). Für Hook ist das ›Natürliche‹ am Körper beziehungsweise der Abjektion – Reaktivität, Scheu, Aversion oder Übelkeit als Impulse für Trennung und Differenzierung im Individuationsprozess – Anschlussstelle für den ›künstlichen‹ Rassismus, der durch Sprache und Diskurs hervorgebracht wird. Durch die körperlichen ›Bahnen‹ ›schleicht‹ sich Rasse in den Körper ein – was Kultur ist, wird zu Natur. Der rassistische Diskurs tut so, als sei sein Gegenstand, Rasse, Teil – wenn nicht gar Motiv – dieser körperlichen Reaktionen von Scheu, Aversion und Übelkeit, ein Grund für ›instinktive‹ Abwehr.

Wie werden diese ›prädiskursiven‹ Prozesse der Abjektion als Individuation und Teilung für den Rassismus des Diskurses anschlussfähig? Was beuten rassistische Diskurse an diesem ›essenziellen‹, Subjekt-bildenden Mechanismus aus? Was genau passiert an der Schnittstelle zwischen Kultur und Natur, Diskurs und Affekt? Diese Fragen bleiben bei Hook unbeantwortet. Die Parallele zwischen rassistischen Konstruktionen von Subjekt und Kultur und Kristevas Abjektionstheorie thematisiert Hook nicht, obgleich sie schwer zu übersehen ist. Das Prinzip von Ausschluss und Trennung sowie das der Reinheit einer ›Identität‹ sind diskursiv wie auch in ihrem Vokabular so dicht an Rassentheorien, dass die Frage gestellt werden muss, wie Theoretiker_innen, die Rassismus erklären wollen, diese Parallelen übergehen können.

Das Irrationale des Rassismus, »the sheer and unswayable irrationality of the fear and of the hatred directed at the ›racial other‹« (S. 218), kann nach Hook nur dadurch erklärt werden, dass der rassistische Diskurs diesen ›natürlichen Ekel‹, die angstauslösenden Grenz-Objekte ausnutzt. Dadurch gewinnt Diskursives – eigentlich dem Bereich des Rationalen und der Sprache zugehörig – die Affektivität des ›Prädiskursiven‹; dessen, was ›vor der Sprache‹ liegt, das ›Irrationale‹. Hier wird für ihn am deutlichsten, wo und warum Diskurstheorie allein nicht die extreme und irrationale Affektivität des Rassismus, die ohne jeden Gewinn sei, greifen kann. (Diskursiver) Rassismus gewinnt also durch die ›prädiskursiven‹ Bahnen des Subjekts – etwa Angst – affektive Qualität und tritt dann als rassistischer Hass in Erscheinung. Rassismus als soziale Differenzierung des kulturellen Symbolischen beutet die Ebene präsymbolischer, affektiv-körperlicher Erfahrung aus (S. 228).

Das Abjekt *ist* Ekel und ruft Abjektion als Ausstoßungsprozess dieses Ekligen hervor, so die Theorie. Der Prozess der Abjektion ist allerdings nie vollständig. Das Eigene – als Abjekt (etwa Kot, Urin, Blut, Erbrochenes) – wird durch den Abjektionsprozess zum Nicht-Eigenen, verbleibt jedoch als Objekt an der Grenze des Subjekts. Dieser Prozess des Ausstoßens ist, wie ich im letzten Abschnitt mit Kristeva verdeutlicht habe, die primäre

Aushandlung des Subjekts zwischen Ich und Nicht-Ich. Die Grenzobjekte stellen insofern die Autonomie des Ichs infrage, denn sie sind ›Nicht-Ich‹, das einmal Ich war. Hook erklärt:

> »The ego's attempt to achieve autonomy through separation-individuation is always a struggle against exactly those borderline ›objects‹ that defy me/not-me categorization and that threaten to dissolve the integrity and separateness of ›self‹ along with the broader social system of identity of which it is part. The notion of abjection always carries with it the element of crisis: ... fragile limit ... abjection remains an impossible process, something that is not lost on the subject. As Kristeva comments, abjection is ›a revolt of the person against an external menace ... a desire for separation, for becoming autonomous and also the feeling of impossibility of doing so‹ (1988, p. 136), hence the desperation, one might suggest, of the incessantly repetitive practices of abjection.« (Hook, S. 217-218)

Hook beschreibt Abjektion als ein Kraft- und Gewaltfeld der Identität, in dem zwei mächtige Affekte gleichzeitig wirken: Hass und Angst. Hier ringt ein ›Ich‹ oder ›Selbst‹ um Autonomie, Integrität und Unabhängigkeit, ein Zustand, der unmöglich zu erreichen ist. Dieses Begehren, ein autonomes, integres, getrenntes Selbst innerhalb eines (bestimmten) sozialen Systems von Identität zu erlangen, scheint von außen bedroht zu werden. Die ›borderline objects‹ bedrohen die Identität dieses (begehrten) autonomen Selbst. Abjektion sei eine gewaltvolle physische, psychische und symbolische Reaktion, eine expulsive Reaktion auf allen Ebenen, eine gewaltvolle Abwehr gegen einen vermeintlichen Angriff auf die Ganzheit des Körpers, der Identität und der sozio-symbolischen Struktur, schreibt Hook (S. 218).

Auch wenn Hook das nicht weiter thematisiert, seine Terminologie verdeutlicht: Hier geht es nicht um die existenzielle Bedrohung eines Menschen oder seines Körpers, sondern die *Autonomie, Unabhängigkeit* und die imaginierte *Ganzheit* desselben: »Abjection is a forceful physical, psychical and symbolic response, an expulsive reaction on all of these levels, a violent attempt at restitution of an apparent affront to wholeness be it of the body, of identity, of socio-symbolic structure« (ebda.). Hook will im Rekurs auf Kristevas ontogenetisches Konstrukt den Rassismus erklären, der bereits Kristevas Konstrukt *präfiguriert*. Das alles passt so schön zusammen, weil eines des anderen Vorbild ist. Hook versäumt, Abjektion als ontogenetisches Moment genauer zu betrachten. Er beschreibt den Prozess der Abjektion beim Kleinkind als ›existenziell‹, ›ontologisch‹, ›natürlich‹, ›essenziell‹ und ›instinktiv‹ im Kampf um ›individuelle Kohärenz‹, ›Ganzheit‹,

›Identität‹. Wir erfahren nichts darüber, warum Kohärenz und Ganzheit so wichtig sind, dass sie ›instinktiv‹ hervorgebracht werden und ontologische Qualität haben. Es scheint selbstverständlich aus der westlichen Perspektive und ihrer Kultur, die Individualität und Autonomie wertschätzt, während sie Kollektivität oder Interdependenz negativ bewertet. Jenseits des westlichen, hegemonialen Standpunktes gelten ›Kohärenz‹, ›Ganzheit‹ und ›Identität‹ jedoch keineswegs als Grundfesten von Kultur und Subjekt.

Das Symbolische, von dem hier immer wieder die Rede ist, oder das ›soziale System‹ existiert *vor* jedem Körper, *vor* jedem Individuum. Letztere werden von Ersterem überhaupt erst hervorgebracht, das macht Butler deutlich. Auch hier rezipiert Hook lediglich das Phänomen Abjektion, das Butler aufgreift, lässt dann aber das Wesentliche – ihre Kritik an Kristevas Prädiskursivem – außer Acht. Das ›Individuum‹, ›Selbst‹, ›Ich‹ oder ›Subjekt‹ entsteht, indem es eine ›Identität‹ in einer gegebenen Ordnung *annimmt*. Diese ›Identität‹ soll offensichtlich *bereinigt* sein von jenen Elementen, welche das ›kulturelle Symbolische‹ beziehungsweise das ›soziale System‹ als inakzeptabel be*zeichnet*. Abjektion versetzt das Subjekt also in die Lage, eine Identität in der vorgegebenen Ordnung einzunehmen. Seine ausgestoßenen Elemente verbleiben jedoch als Objekte an der Grenze und bilden dort das konstitutive Außen dieser Identität sowie ihres sozialen Systems. Die vermeintliche Bedrohung von außen durch die Grenzobjekte entspringt also mehr dem Imaginären als dem Realen und zwar dem Imaginären des *Subjekts* der Abjektion. Wenn das Abjekt primär ausgestoßenes Eigenes ist und uns als ›Grenzobjekt‹ heimsucht, als ausgestoßenes Eigenes unsere vermeintliche Ganzheit bedroht, dann findet Abjektion allein im Imaginären statt: Abjektion ist dann eine imaginierte ›Ver-anderung‹ – Eigenes wird ausgestoßen, vergessen und unheimlich in seiner Wiederkehr. Dass diese ausgestoßenen Objekte die Ganzheit des Subjekts und der Kultur der Abjektion bedrohen, erscheint nur logisch, denn sie sind ja Zeichen einer verlorenen Ganzheit. Sie sind die ausgestoßenen Teile, deretwegen das ›Ganze‹ keins mehr ist und weswegen die ›Illusion der Ganzheit‹ auf diese Grenzobjekte angewiesen bleibt; ein Circulus vitiosus. Es ist (imaginierte) Triebhaftigkeit, die abjektiert wird, und projiziert auf jene, die das ›kulturelle Symbolische‹ als Projektionsfläche bereithält: Frauen, Kinder, Wilde und Verrückte. Unheimlich wird das mitunter für das Subjekt der Abjektion. Unheilvoll ist dieser Komplex aber vor allem für diejenigen, die zu diesen borderline objects werden, Grenzfiguren des Subjekts und der Kultur der Abjektion: Nicht-Weiße und Frauen (unter anderen).

Paul Mecheril (2009) beobachtet in seinem Essay über die Politik der Unreinheit dieselbe Dynamik: »Eine Ordnung, die einen Rest, ein Anderes, ein Drittes nicht dulden kann« (S. 28) und verdeutlicht, dass es um eine Zugehörigkeitsordnung geht. Dieses ›monströse‹ Andere, so argumentiert er mit der Butler‹schen Denkfigur, wird allerdings durch »das Aufeinandertreffen des Geschiedenen, des Inkompatiblen« (ebda.) als ›anderer Körper‹ erst hervorgebracht. Diese Ordnung – die ›natio-ethno-kulturelle‹ Zugehörigkeitsordnung, wie Mecheril sie nennt –, ist eine der Reinheit, der Vollkommenheit – eine Unmöglichkeit. »Nicht Zugehörigkeit, sondern ›Nicht-Zugehörigkeit‹ ist das Prinzip der Moderne« (S. 35).

Hook bezeichnet die Sprache als einen Ort der Signifizierung und als ein Instrument zur Unterscheidung und Grenzziehung; wo Grenzbereiche, Diskriminierung und Differenz stabilisiert werden – sie ist, was Kristeva das Symbolische nennt (Hook, S. 222). Abjektion dagegen beschreibt Hook als ›Grenz-Angst‹ und als einen Zustand, den diese Ordnung nicht erfassen kann. Das Abjekt (Verworfene) ist die Bedrohung jenseits der Worte, es ›plagt‹ die Sprache und ist somit das, was die Ordnungssysteme des Symbolischen nicht integrieren oder regulieren können (ebda.).

Die Sprache sollte eigentlich das Abjekt einschließen, ihm zumindest einen temporären Objekt-Status zuschreiben können, aber die Sprache verfehlt diese Objektifizierung immer wieder. Die endlose Wiederholung rassistischer Stereotype und Kategorien sowie die hasserfüllten rassistischen Verunglimpfungen in der und durch die Sprache sind für Hook Zeichen dafür, wie die Sprache zum Komplizen der Abwehr des Abjekts wird. Sie sind der Versuch, die Erfahrung der Abjektion durch Objektifizierung des Abjekts zu überwinden, eine Abwehr, die nie vollständig gelingt. Wie Hook schreibt, sind »symbolic attempts at containment – in language, in the codifications of a particular discourse, or in reference to the norms and ideals of the cultural symbolic – ... elementary responses to the experience of abjection« (S. 223). Das Abjekt ist, was das gesellschaftliche Symbolische, seine Ordnung und die Identität seiner Subjekte destabilisiert, was die Sicherheit und Stabilität beider infrage stellt. Das Abjekt bedroht die Ordnung des Diskurses. Die Nervosität und Ängstlichkeit der rassitischen Diskurse sieht Hook genau darin begründet, dass der Diskurs einzuschließen versucht, was sich ihm entzieht.

Hook fordert, dass diskursive und ›prädiskursive‹ Faktoren des Rassismus gemeinsam untersucht werden: »for the simple reason that each forms the other's ›constitutive outside‹« (S. 224). Die primäre (infantile) Angst vor Formlosigkeit sei wie ein Schatten eines jeden Diskurses, »shaping and driving the imperatives of discursive production« (ebda.). Die Sprache/der Diskurs wiederum ermöglicht durch seine Fähigkeit zur Differenzierung, Kategorisierung und Beherrschung eine Abwehr gegen die durch das Abjekt hervorgerufenen körperlichen Störungen, die Ich-Ängste und die drohende strukturelle/soziale Desintegration (ebda.). Wenn das Abjekt die Grenzen des Diskurses markiert und das Element darstellt, mit welchem der Diskurs in ständiger Spannung steht und das er nicht einzuvernehmen vermag, dann könnte – so schlägt Hook vor – uns das Abjekt doch an die Stellen des rassistischen Diskurses führen, an denen er am verletzbarsten ist und wo sich Möglichkeiten zur Subversion eröffnen (S. 224). Diese ›Verletzbarkeit‹ des Diskurses bezeichnet Hook als Scheitern: »Points of failure that we need to bring into analytical visibility if we are to adequately grapple with the tenacity of racism« (S. 226).

Die Heimsuchung des Diskurses durch das ›prädiskursive‹ Abjekt erklärt Hook außerdem mit Kristevas Verständnis des Semiotischen, das dem Symbolischen vorausgeht. Abjektion als erste Grenzziehung des Subjekts entspricht nach Kristeva dem Übergang vom semiotischen zum symbolischen Stadium: »If the child is to enter the symbolic, to acquire language and thereby identity, a form of primal differentiation and separation proves imperative« (Hook, S. 221). Das Semiotische ist der Raum der Erfahrung, welcher die Zeit vor dem Spracherwerb prägt, »the semiotic is an element of the pre-verbal and subsequently repressed unconscious«. Das Symbolische dagegen ist »the conscious law-based and language-founded domain of structure and difference« (ebda.). Die Position des sprechenden Subjekts und damit des Diskurses wird immer durch seine vorherige Existenz infrage gestellt, eine Existenz *vor* der Struktur der Differenzierung, die ein bestimmtes ›kulturelles Symbolisches‹ als primär setzt (S. 221). Dass Formen des Rassismus bestehen bleiben, auch nachdem sie auf der expliziten, diskursiven, bewussten Ebene konfrontiert wurden, erklärt Hook damit, dass rassistische Gefühle in unbewussten (präsymbolischen, körperlichen, affektiven) Formen existieren (S. 225). Er schreibt: »It is also possible that once rejected, such discursive sentiments might be rehabilitated at ›prediscursive‹ levels; consolidated via the means of bodily and symptomatic experience; re-enacted and *affected* in modes of aversion and reactivity that motivate for discursive formalization« (ebda.).

Die Verbindung zwischen ›Präsdiskursivem‹ und ›Diskursivem‹ des Subjekts als jenen Bereichen, die auch als ›unbewusst‹ versus ›bewusst‹

oder körperlich versus geistig, affektiv versus kognitiv bezeichnet werden, scheint vertikal strukturiert zu sein. Hook beschreibt sie nicht nur auf einer Zeit-Achse von *vorher – nachher*, sondern auch auf einer vertikalen Achse von *oben – unten*. Das ›Prädiskursive‹ ist nicht nur *vor* der Sprache, sondern die Affekte bedürfen einer »alleviation« (S. 226), also einer Erleichterung beziehungsweise Erhebung – sie müssen aufsteigen, damit sie in der Sprache erfasst werden können. Das Prädiskursive, Affektive liegt wie schwere Materie *unten* – das Symbolische, der Diskurs, die Sprache *oben*. Die Vergeistigung der Materie ist eine Bewegung des Aufstiegs. Gleichzeitig erscheint das ›Semiotische‹, ›Affektive‹ oder ›Prädiskursive‹ aber auch wie ein Fundament, auf dem das Subjekt und die Kultur der Sprache errichtet sind und ohne das sie nicht existieren können.

> »Here then the nub of my argument: although ›pre-discursive‹ symptoms are qualitatively different from their discursive correlates, they remain inseparable from them, an integral part of their mechanics of operation. Such processes make up the ›constitutive outside‹ of discursive formalization; these after all are the factors that discourse struggles to cover over and to contain: the anxieties, visceral and symptomatic reactions that requires the alleviation of being put into words.« (ebda.)

Bei der Beschreibung, die Hook uns von der Struktur und dem Gebilde des Komplexes des Rassismus gibt, der ›prädiskursiven‹ Abjektion und ihrer Einbindung in Diskurse des Rassismus, kristallisieren sich zwei Dimensionen heraus. Zum einen ist die Rede von einer Spannung durch einen Gegensatz – ein Widerspruch zwischen Zentrum und Peripherie: »arrangements of mutual tension and contradiction« (S. 226); »a constant and dynamic relation between tension and incommensurability« (S. 224). Was innen war – Abjektes – wird ausgestoßen, Eigenes zu Anderem, Fremdem und unheimlich. Es lauert an der Grenze des Subjekts der Sprache und seiner Kultur als konstitutives Außen und wird doch als Teil dieser Struktur nicht anerkannt. Zum anderen haben wir es mit einer Art Entwicklungsachse zu tun: Das Semiotische, präverbale Stadium, das Hook beziehungsweise Kristeva dem Unbewussten zuordnen, als *Unten* – eine Art Grund auf dem das Symbolische, Diskursive, das Subjekt der Sprache, aufbaut. Es entsteht, indem es das Semiotische zurücklässt; wird aber von diesem immer wieder heimsucht.

Das ›Prädiskursive‹ – Affekt und Körper als Abjekt – ist das Vor-und-Außerhalb des Subjekts der Kultur und der Sprache. Es gibt ›Regressionen‹

in dieses ›prädiskursive‹ Stadium beziehungsweise *taucht* seine Phänomenologie immer wieder im Bereich des Symbolischen, beim bewussten, sprechenden Subjekt, *auf*, etwa im Rassismus. Im Rassismus gibt es Ängste, eingefleischte und symptomatische Reaktionen (Hook, S. 226), die es aus ihren Tiefen zu befördern gilt und die in die geistige, bewusste Ebene der Sprache *gehoben* werden müssen. Ohne dieses Semiotische, die Basis, der breit angelegte ›Urschlamm‹, aus dem wir emporsteigen, wären wir als sprechende Subjekte – Subjekte der Kultur und des Diskurses – im Kontext der psychoanalytischen Theorie nicht zu denken. Gleichzeitig ist es das, was wir verleugnen. Es ist unsere Herkunft, die wir nicht in die Sprache aufnehmen können, die uns aber immer wieder heimsucht. Das Abjekt, mit Kristeva als das Mütterliche verstanden beziehungsweise assoziiert mit derjenigen, in deren Abhängigkeit die erste subjektbildende Bindung entsteht, beschreibt Judith Butler (2001b) als eine, ohne die sich zwar *in der herrschenden Ordnung* kein Subjekt bilden kann,

> »aber ebensowenig kann irgendein Subjekt sich leisten, dies im Verlauf seiner Formierung vollständig zu ›sehen‹. Das Verhaftetsein in seinen ursprünglichen Formen muß sowohl *entstehen* wie *verleugnet werden*, seine Entstehung muß seine teilweise Verleugnung, sein, soll es überhaupt zur Subjektwerdung kommen. Daraus erklärt sich ein Stück weit die Beschämung des Erwachsenen in der Konfrontation mit seinen frühesten Liebesobjekten – Eltern, Kindermädchen, Geschwistern usw.–, das Gefühl einer nachträglichen Beschämung, wenn man sich sagt: ›Einen solchen Menschen kann ich doch unmöglich geliebt haben!‹ Diese Äußerung räumt genau das ein, was sie verleugnet, indem sie das ›Ich‹ an das Ausgeschlossene bindet, das in nichts als dieser entschlossenen Vorstellung gründet. Das ›Ich‹ wird somit in seinen Grundlagen bedroht vom Gespenst der Wiederkehr dieser (unmöglichen) Liebe und bleibt dazu verurteilt, diese Liebe unbewußt zu wiederholen, den Skandal, diese Unmöglichkeit, immer wieder neu zu durchleben und von sich wegzuschieben, den Skandal, der das ›Ich‹-Gefühl bedroht. ... Die traumatische Wiederholung des aus dem gegenwärtigen Leben Ausgeschlossenen bedroht das ›Ich‹. «(S. 13-14)

Es ist die Verbindung, die mit der Abjektion ausgeschlossen wird, eine Liebe, die erst durch den Diskurs abjekt gemacht wird. Die Bedrohung des Ichs in seinen Grundlagen – diese ursprüngliche, abhängige Liebe – resultiert aus dem Ausschluss derselben *in* der Sprache des *autonomen* Subjekts.

Hook verdeutlicht mit seiner Diskussion des Zusammenwirkens von diskursiven und ›prädiskursiven‹ Rassismen vor allem eines: dass sie nicht zu trennen sind. Meines Erachtens ist es genau diese Trennung, die infrage gestellt werden muss, und nicht nur die Trennung von Diskursivem und Prädiskursivem des Rassismus, sondern die Trennung von Diskursivem und Prädiskursivem an sich. Wenn das Abjekt beziehungsweise Abjektion und der Diskurs jeweils das konstitutive Außen des anderen darstellen, wie Hook beschreibt, und das Abjekt einerseits konstitutiv für den Diskurs ist und andererseits die Ordnung des Diskurses – seine Sicherheit und seine Struktur – destabilisiert, dann scheint es fast, als würden beide sich ihrer Trennung widersetzen und wären permanent mit ihrer Amalgamierung beschäftigt. Im gleichen Maß wie Hook auf den ›prädiskursiven‹ Vorgängen der Subjektbildung, die er als ›instinktiv‹, ›natürlich‹ und ›körperlich‹ versteht, insistiert, während er Rassismus als ausschließlich im Diskurs generiert sieht, ist er mit der Verteidigung gegen Essenzialismusvorwürfe imaginierter Kritiker_innen, also dem Vorwurf der Naturalisierung des Rassismus durch seine Verortung im ›Prädiskursiven‹, Natürlichen, Körperlichen beschäftigt. Diese Abwehr erfolgt in der Form, dass er die Trennung wiederholt und mit anderen *Worten* perpetuiert. Hooks Feststellung: »Fanon's writing mimics the ›bodiliness‹ of racism« (S. 208) wird als Analogie zu Hooks eigenem Text lesbar, in dem er seinen Gegenstand – Rassismus als Abjektion und damit als Trennung von Körper und Text – wiederholt. Fanon *mimt* Körperlichkeit, Hook *beschreibt* das. Hooks Text wiederholt genau diese Trennung – eine Abjektion. Fanons *Text* wird durch Mimesis zum *Körperlichen.*

Sein Vorhaben, eine strategische Annäherung von diskursiven und psychoanalytischen Ansätzen der Rassismusforschung zu versuchen, scheitert an dem Gesetz der Psychoanalyse, an dem Hook festhält. Weil er das ›Prädiskursive‹ in der Psychoanalyse nicht hinterfragt und sich einer Historisierung der Psychoanalyse verweigert, durch die deutlich würde, dass dieses ›Prädiskursive‹ in der Psychoanalyse bereits rassisch codiert ist, liefert sein Ansatz nichts wesentlich Neues. Den Essenzialismusvorwurf, der Hook heimsucht, kann er meines Erachtens nicht entkräften.

Kalpana Seshadri-Crooks hat einen weiteren psychoanalytischen Ansatz zur Rassismusanalyse vorgelegt. Auch in Seshadri-Crooks' Untersuchung von Whiteness steht nicht sein ideologisches Kapital im Vordergrund, vielmehr interessiert sie, welche ›extra-symbolischen‹, ›prädiskursiven‹ Effekte und damit *Affekte* und *sichtbaren Objekte* Whiteness erzeugt und wie das geschieht. Wie Hook argumentiert Seshadri-Crooks, dass, gerade weil Rasse durch die Dekonstruktion ihres Biologismus, ihrer Funktion als Machtinstrument und -formation zwar entlarvt wurde, Rassen-Denken und

-Fühlen jedoch unverändert geblieben sind, die irrationalen und affektiven – die widersprüchlichen und verleugneten – Seiten von Rasse und Rassismus verstanden werden müssen. Auch sie glaubt, dass sich das diskursiv hervorgebrachte Konstrukt Rasse im Körper manifestiert, indem es Momente der Subjektgenese ausnutzt, also ontologische Mechanismen ausbeutet und sich dadurch naturalisiert. Seshadri-Crooks' Formulierung: »scratch the surface of culture or ethnicity, and race will appear underneath it all to found its essence« (S. 4) scheint gerade für die deutschsprachigen Diskurse zutreffend, in denen der Begriff Rasse Tabu ist und durch ›Ethnizität‹ oder ›Kultur‹ ersetzt wird, wie auch der Begriff Rassismus durch ›Fremdenfeindlichkeit‹, während Rassismus omnipräsent bleibt. Während ›Klasse‹, ›Ethnizität‹ oder ›Kultur‹ flexible Kategorien sind, erscheint Rasse dem Körper eingeschrieben; sie ist ›Kultur‹, die sich wie ›Natur‹ verhält, stellt Seshadri-Crooks fest. Seshadri-Crooks' Ansatz wurde einflussreich in sogenannten postkolonialen, poststrukturalistischen, psychoanalytischen Feldern. Ich wurde auf sie aufmerksam, weil sie in ihrer Arbeit zu erklären verspricht, wie Rasse seine Historizität verschleiert, wie ›rassische Objekte‹ entstehen (körperliche Markierungen wie Haut oder Haare, die als Rasse gelesen werden) und warum Whiteness eine Leerstelle ist. Im folgenden Abschnitt werde ich ihren Ansatz darstellen, was aufgrund der Komplexität lacanianischer Psychoanalyse, auf der er gründet, etwas mehr Raum einfordert.

1.5 Whiteness als Phallus – ein Schwindel

Der Ausgangspunkt von Seshadri-Crooks' lacanianischer Analyse der Wirkweise von Whiteness ist die sexuelle Differenz, welche in der Psychoanalyse (Lacans) das konstitutive Moment der Subjektgenese bildet. Die sexuelle Differenz gilt der Autorin im Gegensatz zur rassischen Differenz als ahistorisch, machtfrei und symmetrisch, ihr Hauptsignifikant ist der Phallus – Zeichen einer Leerstelle. Seshadri Crooks glaubt, dass sich Whiteness als Phallus maskiert, aber statt wie der Phallus ein unbestimmtes Begehren auszulösen, ein ›Regime der Sichtbarkeit‹ errichtet. Rasse gewinnt ihr zufolge Zugang zum Affektiven und Körperlichen, dem ›Prädiskursiven‹ des Subjekts sowie zu seiner Begehrensökonomie, indem sein Hauptsignifikant ›Whiteness‹ als Phallus wirkt. *Desiring Whiteness* ist deshalb der Titel ihrer Studie. Whiteness wird hier zum Akteur, weil es als Phallus eine aktive Rolle in der Subjektgenese erlangt. Um seine Geschichtlichkeit zu verschleiern und Rasse zu ontologisieren, erzeugt Whiteness in der Konfrontation mit seiner

Historizität Angst und aus dieser Angst rassische Objekte wie Haut, Haare, Knochen und andere Markierungen, die wir als Rasse lesen. Der Phallus als leerer Signifikant steht für den Mangel, Whiteness füllt diese Leerstelle und bedeutet Ganzheit, so Seshadri-Crooks' These.

Wie haben wir die Funktion des Phallus als ›leerer Signifikant‹ zu verstehen und wie kommt Whiteness – ein Konstrukt und damit ›Kultur‹ – durch diesen ›Phallus-Schwindel‹ zu seiner ontologisierenden Wirkweise? Gehen wir einen Schritt zurück.

1.5.1 Das Subjekt der sexuellen Differenz

Lacans Psychoanalyse und sein Verständnis der sexuellen Differenz bauen auf Sigmund Freuds Psychoanalyse auf. Lacan hat Freuds Psychoanalyse – in Teilen radikal – umgearbeitet. Bei Freud stellt der Ödipuskonflikt mit seiner Kastrationsdrohung das zentrale Moment der Subjektgenese dar. Wenn der kleine Junge, von dem Freuds subjektwissenschaftliche Erkenntnisgewinnung ausgeht, in der sogenannten phallischen oder ödipalen Phase (zwischen dem dritten und fünften Lebensjahr, also zeitgleich zum Spracherwerb) sein Genital als Lustquelle entdeckt, beginnt er, dieser Körperregion seine gesteigerte Aufmerksamkeit zu schenken. Im Zuge der Sittlichkeitserziehung hat er bereits gelernt, dass Masturbation verwerflich ist und sucht nun ängstlich den Beweis für die väterliche Strafe seiner verbotenen Taten. Diesen findet er schließlich in der Entdeckung der nackten Mutter, die er als kastriert begreift, weil sie sich wohl unerlaubter Regungen (Masturbation) schuldig gemacht haben muss und dadurch *das* Genital eingebüßt hat. Bei Freud gilt das Primat des Penis für die psychosexuelle Entwicklung beider Geschlechter. Für ihn ist die Klitoris »der reale kleine Penis des Weibes« (GW, III, S. 388). Sie gilt ihm als minderwertiges Organ und zwar das »einzige ›minderwertige‹ Organ, das ohne Zweideutigkeit diesen Namen verdient« (GW, V, S. 262, Fußnote 1) und als solches sei es der Prototyp minderwertiger Organe. In der englischen Übersetzung heißt es gar, die weiblichen Genitalien seien »more *primitive*« als die des Mannes (zitiert nach McClintock, 1995, S. 42). Freud geht davon aus, dass Kinder in der phallischen/ödipalen Phase den gegengeschlechtlichen Elternteil als Sexualobjekt begehren. Die Masturbation stellt gewissermaßen die Triebabfuhr hierzu dar. Während die Mutter inzestuös begehrt wird, richten sich gegen den Vater als Konkurrenten Vernichtungswünsche. Der Junge gibt schließlich durch die Kastrationsangst das begehrte Objekt (die Mutter) auf, akzeptiert die Vorherrschaft des Vaters (inklusive seines Besitzrechts über die Mutter) und internalisiert die väterliche Autorität, welche zugleich für die gesellschaftlichen Normen und Verbote steht (das Über-Ich). Durch die Internalisierung des väterlichen Gesetztes bildet sich das Ich und damit das wesentliche Merkmal des Subjekts der Kultur (beziehungsweise der Zivilisation) und der Sprache und damit des Bewusstseins.[18]

Aus heutiger Sicht wirkt diese androzentrische Theorie, welche die Machtverhältnisse zwischen den Geschlechtern naturalisiert, reaktionär, und sie ist es natürlich auch. Lacan gilt einigen feministischen Lesarten als anschlussfähiger, weil er den Penis einer Symbolisierung unterzieht – ihn zum Phallus macht, dessen Unabhängigkeit vom Körper betont und behauptet, er hätte nichts mit dem Geschlecht zu tun, sodass Freuds Prämisse, dass Anatomie Schicksal sei, überwunden zu sein scheint. Lacan beharrt auf der Symbolisierung der sexuellen Differenz, indem er zwischen dem Realen (Penis/Vatermord) und dem Symbolischen (Phallus) unterscheidet. Er nennt das Fehlen des Penis (unter Kastrationsdrohung) als Negativ *minus phi*, die Leerstelle selbst bezeichnet er mit *Phallus*. Im Zentrum steht bei Lacan nicht wie bei Freud die Nicht/Existenz des Penis (*minus phi*), sondern sein Mangel konstituiert das Subjekt. Der Signifikant dieses Mangels ist der Phallus. Insofern ist nicht der *reale* Penis bedeutsam, sondern werden beide[19] Geschlechter – alle Subjekte – bei Lacan durch s/einen Mangel konstituiert. Der Vater als Repräsentant dessen, was bei Freud das Über-Ich ist, wird bei Lacan zur ›Funktion‹, zum ›großen Anderen‹, der ›im Namen des Vaters‹ das Subjekt in die Ordnung des Symbolischen eingeführt und damit in die Ordnung der Sprache, des Diskurses, des Sozialen und seiner Normen. Diese ›Funktion‹ ist nicht länger an den (biologischen) Vater gebunden, sondern kann durch andere Autoritätspersonen (genannt werden in der Literatur hier dann Richter, Lehrer oder Ärzte, was den Androzentrismus dieser ›Funktion‹ verdeutlicht) eingenommen werden. Der Penis wird also zum Phallus und die väterliche Autorität zur Funktion. Seshadri-Crooks verdeutlicht zur Untermauerung

18 Diese Elemente von Freuds Psychoanalyse der Subjektgenese sind vor allem in seinen Texten zum Sexualleben im Band V der Gesammelten Werke nachzulesen, darin vor allem »Der Untergang des Ödipuskomplexes« (1924), »Einige psychische Folgen des anatomischen Geschlechtsunterschieds« (1925) sowie die Texte zum Fetischismus: »Fetischismus« (1927) und »Die sexuellen Abirrungen« (ein Abschnitt aus »Drei Abhandlungen zur Sexualtheorie,1905).

19 Ich folge hier der Theorie/Annahme der Zweigeschlechtlichkeit lediglich im Kontext von Lacan und Seshadri-Crooks.

der vermeintlichen ›Nicht-Korrelation‹ des Phallus mit dem Körper, dass es in der lacanianischen Psychoanalyse nicht ›den Mann‹ oder ›die Frau‹ gibt, sondern ›Positionen‹, die eingenommen werden können, und zwar die ›maskuline‹, die nach dem *objet a* (Penis) strebt, und die ›feminine‹, die nach dem Phallus strebt beziehungsweise die Leerstelle ›Phallus‹ im Anderen genießt (S. 40).

Indem Lacan außerdem Claude Lévi-Strauss' (1949/1993) anthropologisch-linguistische Theorie der elementaren Strukturen der Verwandtschaft in seine Psychoanalyse einarbeitet, erfährt der Penis als Phallus eine weitere Abstraktion. Er wird Teil des Gesetzes der Sprache. Lévi-Strauss sieht eine enge Beziehung zwischen der Sprache, d.h. der Linguistik, und der Kultur als Gegenstand der Anthropologie. Für ihn ist die Kultur wie eine Sprache, was eine direkte Anschlussstelle für Lacans berühmte Prämisse darstellt, dass das Unbewusste wie eine Sprache strukturiert sei.

Gerda Pagel (1989/2002) schreibt in ihrer Einführung zu Lacan, man könne den

> »›Signifikant Phallus‹ weder auf eine naturbedingte Realität reduzieren, noch ist er eindeutig als Symbol von Macht und Herrschaft auf das *eine* männliche Geschlecht beziehbar. Das Begehren beider Geschlechter – ob Junge oder Mädchen – zentriert sich auf ein gemeinsames ›Hab und Gut‹: Die Mutter. Ihr Begehren ist es, an der das kindliche Begehren sich erprobt.« (S. 103)

Entscheidend sei weniger, so Pagel, ob das Subjekt die Nicht/Existenz eines eigenen Penis erfährt, sondern die Erfahrung (die alle Geschlechter machen), dass die Mutter keinen Penis hat und sie als ›erste Andere‹ – und bei Lacan ist das Begehren immer das Begehren des Anderen – die Leerstelle erfahren lässt. Pagel erklärt weiter:

> »Der Phallus, der hier die Signifikanz einer Leerstelle bei der Mutter bezeichnet, ist das ›Symbol‹ für den Mangel schlechthin – für den Mangel, der sich in immer neuer Gestalt in jenen Objekten ›klein a‹ verkörpert, die das menschliche Begehren auf seiner Suche nach libidinöser Erfüllung umkreist.« (S. 103-104)

Der ›reale‹ oder imaginierte Verlust ist Bedingung für den Mangel und Letzterer erst »provoziert das Begehren« (Pagel, S. 87). Neben Lacans Bezeichnungen *minus phi* (die Leerstelle) für den Signifikanten Phallus und *objet a* für sein Objekt (das Objekt des Begehrens), gibt es einen dritten Begriff, den Auslöser des Begehrens: *objet petit a*, eine Phantasie.

Für Lacan verweist der Mangel der sexuellen Differenz auf das ›Mehr‹ – mehr, als das Subjekt sein kann. *Minus phi* ist eine Art Restbestand, ein Rudiment eines spekulierten Ganzen.[20]

> »This remainder is the phallus that ›appears in the form of a lack of a (minus phi)‹. … The paradoxical notion that the phallus *appears* as a lack indicates that something of ›the subject‹ does not get imaged or symbolized, and this limit, which is also the mark of castration, is the object of desire.« (Seshadri-Crooks, S. 37)

Der Phallus steht also für das, was dem Subjekt ›fehlt‹, was es in seiner psychosexuellen Entwicklung zurücklassen muss, um ein Subjekt der Kultur und der Sprache zu werden: die Triebhaftigkeit und die *Jouissance*, die mit dem semiotischen Stadium, dem ›Einssein mit der Mutter‹ und der Position des Urhordenvaters assoziiert ist. Was Freud als das Es bezeichnet hat, muss verdrängt und unbewusst werden, damit wir als Subjekte sozial und zivilisiert werden. Es bildet den Inhalt des Begehrens, der nie zur Sprache und zu Bewusstsein kommen darf. Würde er erscheinen, wäre das Angst auslösend.

> »Unlike Freud, Lacan sees castration as not tantamount to anxiety as it makes desire possible. ›What constitutes anxiety, is when something, a mechanism makes there appear … at the place which corresponds to … the object of desire, something … [or] anything at all.‹ In other words, when the place of the absent phallus is taken up by ›something‹ anxiety ensues.« (Seshadri-Crooks, S. 37)

Erscheint das Objekt des Begehrens an der Stelle, wo wir es vermuten, erzeugt dies also nicht Befriedigung, sondern Angst, denn der Phallus signifiziert eine Leerstelle und konstituiert das Subjekt der sexuellen Differenz damit als unbestimmt. Das Subjekt der sexuellen Differenz ist durch einen Mangel konstituiert. Die Existenz eines Objektes an der Leerstelle würde Ganzheit bedeuten, Sein signifizieren und damit das Subjekt bestimmen – es als bestimmt konstituieren. Wie wir später erfahren werden, funktioniert Whiteness genau so.

Die paradoxe Erscheinung des Phallus als Leerstelle bedeutet, dass es etwas am Subjekt gibt, das nicht symbolisiert oder abgebildet wird – die Grenze, welche die Kastration markiert und zugleich das Objekt des Begehrens sperrt.

20 Lacans Spiegelstadium, das hier anklingt und das Frantz Fanon zum Ausgangspunkt seiner Analyse von Rassismus nimmt, ist für Seshadri-Crooks nur von peripherer Bedeutung.

»Everything starts from ... imaginary castration, that there is no image of lack. When something appears there, it is because ... the lack is lacking. I would just like to point out to you that many things can appear which are anomalous, that is not what makes us anxious. But if all of a sudden all norms are lacking, namely what constitutes the lack – because the norm is correlative to the idea of lack – if all of a sudden it is not lacking – and believe me try to apply that to a lot of things – it is at that moment that anxiety begins.« (Lacan, zitiert nach Seshadri-Crooks, S. 37)

Der ›Schnitt des Signifikanten‹ (Vatermord und Kastration/sdrohung) stellt also eine Rekapitulation dar: Der Mord am Vater der Urhorde in der Phylogenese (eine ›Tat‹ und bei Lacan das ›Reale‹) rekapituliert sich ontogenetisch in der psychischen Entwicklung durch die Kastrationsdrohung (das Imaginäre bei Lacan) in der ödipalen (phallischen) Phase, die zugleich das Alter des Spracherwerbs darstellt und in der sich das Bewusstsein etabliert. Das Objekt des Begehrens – Objekt a, der Penis – steht für den vollen Genuss (Jouissance), wie ihn der Urhordenvater aus Freuds *Totem und Tabu* hatte, weil er alle Frauen in Besitz nahm – auch wenn er dafür von den Söhnen ermordet wurde. Objekt a kann verstanden werden als das ›Ding‹ (Penis), von dem sich das Subjekt (in seiner Ontogenese als Kleinkind) trennen muss, um sich als Subjekt zu konstituieren. Das ›Ding‹ ist durch den Schnitt des Signifikanten im Unbewussten. Das Begehren selbst hat also kein Objekt, sondern ist an seiner Stelle *minus phi* ein leerer Ort, in den hinein ein Objekt (*objet a*) imaginiert wird.

Wie im Abschnitt über Kristevas Abjektionstheorie dargestellt, vertritt Freud in *Totem und Tabu* die These, dass die Sozialität der Menschheit auf dieses archaische Ereignis – den Vatermord in der Urhorde – zurückzuführen ist. »Am Anfang war die Tat«, der Mord am Vater, der nach Seshadri-Crooks, Lacan folgend, die volle *Jouissance* genoss, also jenen Zustand, den auch das Kleinkind vor dem Schnitt des Signifikanten erlebt. Seshadri-Crooks bezeichnet den Urhorden-Vater als ›Proto-Ödipus‹ (S. 107). In der späteren Schrift *Das Unbehagen in der Kultur* verdeutlicht Freud dann, dass der Unbehagen verursachende Triebverzicht (Todes- und Liebestrieb als Lust an Mord und Inzest) der Preis für Kultur und Zivilisation sei. ›Im Namen des Vaters‹ werden wir also durch den ›Schnitt des Signifikanten‹ in die Sprache eingeführt und damit ins Symbolische. Das Objekt des Begehrens (der Penis als Zeichen des vollen Genusses – der Jouissance) muss verdrängt werden, es wird zum Inhalt des Unbewussten, bei Lacan konstituiert diese Verdrängung das Unbewusste. An seiner Stelle – eine Leerstelle – erscheint der Phallus als Zeichen, das uns mit dem ›Gesetz‹ (Tötungs- und Inzesttabu) ›vernäht‹, also Garant für das Soziale und die Kultur ist. Würde das Objekt des Begehrens ›erscheinen‹, käme dies der Position des Urhordenvaters gleich – dem Prähistorischen, Prädiskursiven (oder Präverbalen) –, der Zeit vor der Kultur und vor der Sprache.

Lacan sieht das Unbewusste also noch weniger als Freud im Individuellen, sondern im Symbolischen begründet. Das Symbolische, welchem das Reale in Form des Vatermordes und des Inzests zugrunde liegt, tritt mit dem Subjekt durch das Unbewusste in Verbindung und zwar durch die Leerstelle (der konstitutive Mangel des Subjekts), die durch den Phallus signifiziert wird. Damit ist die sexuelle Differenz in Form des Phallus ›Hauptsignifikant‹ beziehungsweise ›Eingangstür-Signifikant‹ (ins Unbewusste) des Subjekts. Lacan schließt damit noch direkter als Freud an die anthropologischen Prämissen (Inzesttabu, Vatermord) an, welche durch die Sprache vermittelt, unser Unbewusstes strukturieren.

Das Unbewusste formiert sich nach Lacan um eine Leerstelle.

> »The essence of castration and the link of sexuality to the unconscious both reside in this factor – that sexual difference is refused to knowledge ..., since it indicates the point where the subject of the unconscious subsists by being the subject of non-knowledge. It is from here that what cannot be spoken of sexual difference gets transposed into the question with which the Other, from the place of its lack, interrogates the subject on *jouissance.*« (Lacan, zitiert nach Seshadri-Crooks, S. 39-40)

Das Begehren, welches durch den Mangel ausgelöst wird, erklärt sich außerdem durch die Erfahrung des Säuglings, der – als Mängelwesen geboren – zum Überleben auf die Hilfe anderer angewiesen ist. Pagel erklärt: »Für den psychischen Apparat bedeutet dies, dass er die endogenen Erregungen nur durch intersubjektive Hilfeleistung bewältigen kann« (S. 56). Das Befriedigungserlebnis aus der Beziehung zur Mutter als Versorgerin und Sexualobjekt bleibt dem Säugling als Erinnerungsbild im Gedächtnis (ebda.). Die »Erfahrung des Seins in seiner primären Undifferenziertheit und Positivität, wie sie nach Freud dem Subjekt im Anfangsstadium eignet« (Pagel, S. 57), entspricht Lacans Begriff des Realen auf der ontogenetischen Ebene (das Reale auf phylogenetischer Ebene ist die Jouissance des Urhordenvaters). Dieses Reale ist ohne ›Riss‹. Innen und Außen, Realität und Phantasie, Ich und Anderer sind eins. Dieses omnipotente Erleben entspricht der puren

Lust, einer Jouissance des Ganzseins und des vollen Genusses. Der Wunsch ist immer mit diesen Erinnerungsspuren verknüpft (Pagel, S. 57). Erst der Schnitt des Signifikanten, also die imaginierte Kastration, die Entdeckung der ›Leerstelle‹ bei der Mutter, erzeugt diesen Riss, der das Subjekt in ein Innen und Außen, Realität und Phantasie, Ich und Anderer trennt und damit das Subjekt als solches erst begründet. Pagel erklärt mit Lacan: »Das menschliche Objekt konstituiert sich immer durch die Vermittlung eines primären Verlusts« (S. 59) – der Penis als Symbol für die ›ursprüngliche‹, lustvolle, genüssliche Befriedigung.
Weil der Mensch als Mangelwesen geboren wird und auf ›den Anderen‹ angewiesen ist, besitzt die Mutter das ›Privileg der Macht‹.

> »Die Mutter gibt *mehr* als Nahrung, nämlich ihre Anwesenheit und Liebe, andererseits aber gibt sie *weniger* als dauerhafte Bedürfnisbefriedigung, nämlich Versagung des Befriedigungsobjekts und Abwesenheit. ... Das primäre *Bedürfnis* schlägt um in den *Anspruch* auf den anderen, in das Verlangen, ›geliebt zu werden, das den Menschen nicht mehr verlassen wird‹ (Freud). Es ist ganz wesentlich dieses Verlangen nach Liebe, das die Unersättlichkeit menschlicher Wünsche ausmacht. Weil jedoch der Anspruch auf Liebe sich nur bedingungslos an den Anderen richten kann, zeigt er sich empfänglich für alle Spiegelungen des Ich (moi). Allerdings um den Preis einer Täuschung, da er dem Anderen komplementär zu erfüllen aufgibt, was man selbst nicht hat.« (Pagel, S. 61-62)

Dieser Anspruch an den Anderen ist es, was zur Dialektik des Begehrens führt, denn nur in der Differenz zum Anderen kann Begehren anerkannt werden. Was begehrt wird, ist nicht im Anderen *erfüllt*, sondern ermöglicht durch die *Leerstelle* im Anderen. Das Begehren des Säuglings erprobt sich an der Mutter beziehungsweise an ihrem Begehren. Indem wir also die Leerstelle im Anderen begehren, begehren wir dessen Begehren, womit das Begehren immer das Begehren des Anderen ist und dadurch unbestimmt.

Seshadri-Crooks benutzt zur Verbildlichung dieser Unbestimmtheit, für die der Phallus als Zeichen einer Leerstelle steht, Lacans kybernetische Metapher einer Tür. Die Tür oszilliert zwischen offen und geschlossen (0-1) und ermöglicht damit eine Serie von Kombinationen: »conjecture, the order of binary oppositions that has an internal logic and does not necessarily convey meaning« (S. 27). Dieses Gesetz binärer Oppositionen verweist wiederum auf das Tötungs- und Inzestverbot in seiner Ambivalenz von Lust und Angst. Dieses Gesetz verbietet jene *Jouissance*, für die der Phallus – Imago des kastrierten Penis – als Signifikant steht.

»The law thus speaks with a forked tongue. By prohibiting *jouissance* it discloses the subject's potential for it. The ego ideal may persuade the subject to the supreme good, but the superego reveals that supreme good of the subject as nothing but the wish for that which is forbidden. ... the law, through its interdiction, makes possible kinship relations by legitimating certain alliances and refusing others as immoral and transgressive. Without the moral law, we would not be able to find our place in the symbolic order as subjects.« (Seshadri-Crooks, S. 41)

Das Gesetz der sexuellen Differenz produziert den vollen Genuss – *Jouissance* –, indem es denselben verbietet. Es ist also vor allem ein Verbot, das nicht bezeichnet, was es verbietet, es bleibt im – ja es produziert – das Imaginäre. Hierin liegt das Produktive des Verbots: es erzeugt Begehren, dessen Inhalt (ursprünglich Inzest und Mord) im Imaginären, unbewusst und unaussprechbar bleibt.

Mit dem Schnitt des Signifikanten in der Ontogenese verknüpft sich durch den Phallus über die Signifikantenkette und damit über das Unbewusste, eine Verbindung zum phylogenetischen ›Schnitt des Signifikanten‹ – dem prähistorischen Mord am Vater der Urhorde, der inzestuös alle Frauen der Familie für sich in Besitz nahm. Die Signifikantenkette leitet Lacan aus dem Prinzip des Frauentausches ab, wie ihn Leví-Strauss in seiner anthropologischen Untersuchung der Verwandtschaftsstrukturen beschreibt. Die elementaren Strukturen der Verwandtschaft basieren auf einem Ausschluss, der das Soziale begründet, und zwar in allen Kulturen gleichermaßen als Verbot der (genital-)sexuellen Beziehung zwischen bestimmten Familienmitgliedern (Inzesttabu). So wechseln die Frauen zum Zweck der Heirat die Familien und werden zu Bindegliedern der sozialen Netze. Die Signifikantenkette verweist also auf den Frauentausch, der wiederum auf das Inzesttabu verweist und damit auf den Inzest. Dieser Zusammenhang soll jenseits des Bewusstseins liegen. Der Frauentausch ist Teil des ›Realen‹ bei Lacan, die von ihm abgeleitete Signifikantenkette als Kette von Objekten, die auf etwas verweisen, an sich aber bedeutungslos sind, liegt im Symbolischen. Die begehrte Position des ›Urvaters‹ – *Jouissance* als voller Genuss – bildet den Kern des Symbolischen, den Inhalt des Begehrens, der Leerstelle, und einen Ausschluss, auf dem unser Subjektstatus beruht.

Der Schnitt des Signifikanten bildet die Grenze zwischen Bewusstem und Unbewusstem als Ort, an dem für Lacan das Reale und das Symbolische aufeinanderstoßen beziehungsweise sich vernähen (*Suture*), der ›point de capture‹. Es ist das Moment des Spracherwerbs in der Subjektgenese (als wenn das ein Moment wäre!). Für Lacan ist das Unbewusste nicht nur strukturiert wie eine Sprache, sondern

> »an entity that bridges the subject to the general economy of signification. In other words, the necessary insertion of the subject into language implies his/her subjection to the general or shared universe of signifiers, which must come to represent one's desire. The important point here is that insofar as language pre-exists each of us, the subject in his or her specificity can come into existence only by borrowing the signifiers of its desire from the Other.« (Seshadri-Crooks, S. 24)

Sprache, (sexuelle) Differenz und das Begehren hängen also, wie Seshadri-Crooks schreibt, Lacan zufolge eng zusammen. Pagel beschreibt das Begehren in seiner Dialektik als ein »eng verschlungenes Netzwerk von Sprache, Wunsch und Intersubjektivität« (S. 61). In der Grammatik werden Zeichen (Objekte) vermittelt, welche auf nichts verweisen, was dem Bewusstsein zugänglich wäre, die jedoch subjektive Effekte erzeugen. Beim Erlernen der Sprache werden wir in die ›universale Bedeutungsmatrix‹ der Zeichen subjektiviert, welche auch unsere Begehrensökonomie strukturiert. ›Sex difference‹ – die sexuelle Differenz ist also vor der Sprache und im Symbolischen, während das Reale, also der Vatermord und Inzest als ›vor der Kultur‹ das Ende des ›kulturellen/zivilisierten‹ Subjekts wäre. Was wir begehren – der volle Genuss wie ihn der Urhordenvater (vor seinem Tod) hat oder Inzest – ist verboten, denn würde unser Begehren erfüllt, wäre das tödlich. Sprache beruht auf dem Verbot beziehungsweise der Logik von Ausschluss, der sich als kulturelle Organisation durch Inzestverbot manifestiert. Hier sieht Seshadri-Crooks Lacans bedeutsame Verknüpfung von Sprache und dem Unbewussten als archaische Begründungsgeschichte des Subjekts: »In establishing the relation between language and its ›subjective pivot‹ ... the incest taboo, Lacan, in effect, identifies a node between signifiers and the law in its interdictory function« (S. 26). Indem das Subjekt (im Namen des Vaters) in die Sprache eingeführt wird, wird es auch in die generelle Ökonomie der Signifizierung (Ordnung) eingebunden, ein geteiltes Universum von Zeichen, welches das eigene Begehren repräsentiert.

Da die Sprache vor jedem Subjekt existiert, können die Zeichen für das eigene Begehren nur vom Anderen entliehen werden. Auch daraus leitet sich ab, dass das Begehren immer das Begehren des Anderen ist. Insofern kann es auch kein atomisiertes Individuum mit einem unbewussten Inneren geben (Seshadri-Crooks, S. 24). Für Lacan liegt das Unbewusste außen und nicht innen, nämlich im Diskurs des Anderen, der zwar subjektive Effekte produziert, aber primär bedeutungslos ist.

> »The subject integrates himself into the order of meanings, which is governed by an abstract non-representational structure of material signifiers. ›Man‹ must find confirmation of his place in the chain of signifiers, but paradoxically he is ›man‹ because it is unavailable to him; he is marked or constituted by the signifier, which remains repressed.« (Seshadri-Crooks, S. 27)

Was es zu erkennen gälte, artikuliert sich also nicht, sondern ist verdrängt, im Unbewussten lokalisiert, wie Freud sagt, und nach Lacan

> »it merely signifies the core, the residue of language which is inexpressible in waking thought. The unconscious is discernible at another level of speech from that of the speech of the ego; it is above all a chain of signifiers that do not mean anything, anymore than that they refer to objects.« (Lacan, zitiert nach Seshadri-Crooks S. 26)

Das Unbewusste macht also den ›Kern‹ (›the core‹) im Inneren des Subjekts aus, es ist eine Leerstelle (auch ›void‹ genannt) und stellt einen ›Rest‹ (des Subjekts) dar, der nicht versprachlicht werden kann. Kristeva las aus der »void« ihrer Patient_innen, deren Schweigen in der Psychoanalyse durch die Übertragung, das, woraus sie ihre Abjektionstheorie formulierte. Das Abjekt ist der Rest der Dialektik von Selbst und Anderem, von Subjekt und Objekt. Das Abjekt ist die Triebhaftigkeit, die zurückgelassen werden muss, und das Subjekt der Sprache – wie Hook mit seiner Rassismustheorie behauptet – heimsucht. Das nennt er ›prädiskursiven‹ Rassismus.

Das Objekt (des Begehrens) – die Beziehung des Subjekts zum Anderen – verbildlicht Seshadri-Crooks in der geometrischen Form eines doppelten Kreises, eines Zentrums mit einer Peripherie, ein »doughnut-shaped circle« (S. 68). Ich habe am Anfang des Kapitels die Struktur von Whiteness so beschrieben; als leeres Zentrum, das seine rassistisch markierte Peripherie re/produziert. Seshadri-Crooks leitet diese Struktur jedoch nicht aus dem ›kulturellen Symbolischen‹ ab, also als diskursiv hergestellte Struktur, sondern als die Struktur, die das Subjekt in seinem Verhältnis zum Anderen ganz allgemein konstituiert. Was Innen sein sollte, spiegelt sich im Außen – im Anderen. ›Extimacy‹ ist ein anderer Begriff Lacans zur Beschreibung dieses ›Intimen‹, das im Anderen und damit außen ist. Das Loch in der Mitte – des Doughnuts –, ›Intimacy‹ geäußert durch den anderen – Ex-timacy. Der Begriff bezeichnet den paradoxen Status von »the ›Real in the symbolic‹«

(Seshadri-Crooks, S. 68) beziehungsweise die Art, wie das Andere der Sprache im Mangel begriffen ist: »The notion of the extimate object as the cause of desire is used to denote that the most intimate and hidden aspect of the subject is also that which is most foreign and other to ourselves« (ebda.). Dieses Fremde als ›Ur-Eigenes‹ existiert also vor-und-außerhalb des Subjekts. Im ›Inneren‹ des Subjekts ist eine prädiskurisve, archaische Vergangenheit, die sich auch in den Objekten außerhalb – als Leerstelle im Anderen – spiegelt.

Whiteness beutet die Begehrensökonomie des Subjekts der sexuellen Differenz aus. Das ist die Kernthese von Seshadri-Crooks lacanianischer Analyse von Rasse. Während ›sex‹ für Seshadri-Crooks *vor* der Sprache ist, wird Rasse rein diskursiv hergestellt. Hier liegt der wesentliche Unterschied für die Autorin. Rasse ist im Gegensatz zu ›Sex‹ Kultur, die sich als Natur maskiert. Sie betont, dass sie nicht die sexuelle mit der rassischen Differenz gleichsetzen will. Während das Gesetz der sexuellen Differenz über das Symbolische mit dem Realen verbunden ist, ist »the law of racial difference ... not attached to the Real« (Seshadri-Crooks, S. 45). Wie also kommt Whiteness – ein Konstrukt und damit ›Kultur‹ – durch den ›Signifikantenschwindel‹ dazu, das Subjekt der sexuellen Differenz mit seinem Hauptsignifikanten Phallus – quasi ›Natur‹ – zu bestimmen und ein ›Desiring Whiteness‹ auszulösen?

1.5.2 Das Subjekt der rassischen Differenz

Ich fasse zu Beginn kurz zusammen: Kalpana Seshadri-Crooks geht in ihrer Analyse davon aus, dass Whiteness als primärer Signifikant von Rasse fungiert und als solcher sämtliche Subjekte (Weiße und Nicht-Weiße) in einer Logik von Differenz strukturiert. Das gelingt Whiteness nur, indem es die Funktion des Phallus – Hauptsignifikant der Subjekt konstituierenden sexuellen Differenz – ausnutzt. Whiteness schleicht sich als »fraudulent signifier« (S. 21) – ein arglistiger Signifikant – in die Leerstelle (den Mangel) ein, von wo aus Begehren produziert wird. Dieses Begehren steht im Zentrum von Seshadri-Crooks Rassismustheorie, was bereits der Titel *Desiring Whiteness* verdeutlicht. ›Desiring Whiteness‹ als Prinzip des Rassismus bedeutet, dass das menschliche Streben ausgebeutet wird. Während der Phallus als Leerstelle jedoch das mit der *Jouissance* assoziierte Begehren – das immer das Begehren des Anderen ist – auslöst, *füllt* Whiteness als ›master signifier‹ diese Leerstelle, bedeutet Ganzheit und erzeugt damit totalisierende Effekte. Um seine Geschichtlichkeit zu verschleiern und

Rasse zu ontologisieren, erzeugt Whiteness in der Konfrontation mit seiner Historizität Angst und aus dieser Angst rassische Objekte wie Haut, Haare, Knochen und andere Marker, die wir als Rasse lesen. In das konstitutive Moment der Subjektgenese eingeschlichen, errichtet Whiteness ein ›Regime der Sichtbarkeit‹. Entwickeln wir das Ganze etwas langsamer. Whiteness am Ort des Phallus füllt die Leerstelle und ist damit als Signifikant paradox. Es fasziniert ebenso wie es terrorisiert. Indem es die Leerstelle füllt, verspricht es dem Subjekt Ganzheit und Sein, denn ein Subjekt ohne Mangel entspricht der allmächtigen Position einer

> »›masculine *jouissance*‹ ... In other words, this is the position of the father of the primal horde who is postulated as a being prior to the institution of the moral law (the prohibition of incest) and who is characterized by his fullness, his ability to know no lack, or prohibition of his desire.« (Seshadri-Crooks, S. 76)

Diese Schließung ist »the lethal core of Whiteness« (S. 71), denn sie entspricht der Situation *vor* der Sprache und *vor* der Kultur. Der Mord am Urvater, der Ganzheit und die volle *Jouissance* genoss, markiert den Anfang von Subjekt und Kultur, rückwärts gelesen, ihr Ende.

Whiteness als Signifikant eröffnet keine unendliche Kette von Signifikanten (Objekten), sondern anstelle der Tür, die zwischen offen und verschlossen oszilliert und damit eine unendliche Kette von Möglichkeiten auslöst, stellt es eine Art Wand dar. Was unbestimmt sein soll, wird bestimmt: Ganzheit, Totalität, Gleichheit. Die Begehrensökonomie von Whiteness wird also nicht durch eine Leerstelle im Anderen motiviert, sondern durch deren Schließung – das Loch im Doughnut wird gefüllt. Das Imaginäre des Subjekts der rassischen Differenz ›läuft vor eine Wand‹: Ende. Die Alteroreferenzialität, welche den Phallus als Signifikanten der sexuellen Differenz kennzeichnet, weicht im Fall von Whiteness als Signifikant einer Autoreferenzialität. ›Desiring Whiteness‹ ist bestimmt: Sein, Ganzheit, Totalität. Nicht das Andere oder sein Begehren werden begehrt, sondern das Begehren endet in der Gleichheit, »Whiteness is the disavowal of ambivalence« (Seshadri-Crooks, S. 98).

1.5.3 Historizität und rassische Objekte

Die sexuelle Differenz ist über das Symbolische mit dem Realen vernäht: über die Signifikantenkette als Symbolisierung des Frauentauschs mit dem Schnitt des Signifikanten (Vatermord) in der Urhorde und dem Inzesttabu. Das Gesetz der rassischen Differenz ist im Gegensatz zur sexuellen Differenz nicht durch das ahistorische, real-symbolische Gesetz begründet. Es ist gänzlich historisch und historisierbar, schreibt Seshadri-Crooks (S. 43). Whiteness bedient sich zur Überwindung seiner Historizität eines Tricks. Whiteness *ist*, wo nichts sein soll; es ist die Leerstelle der Leerstelle. Dieses Fehlen des Mangels, und mit ihm der Möglichkeit des Begehrens, löst Angst und Panik aus. Angst ist bei Lacan ein Affekt, wie bereits beschrieben, der auftaucht wenn die Möglichkeit des Begehrens wegfällt. Wenn der ›Schwindel-Signifikant‹ Whiteness die Signifizierung des Subjekts als unbestimmt verfehlt, weil er ist, wo nichts sein soll, und statt Bedeutung *Sein*, Ganzheit und Totalität hervorbringt, wird die Historizität von Whiteness am deutlichsten, schreibt Seshadri-Crooks:

> »We infer the audacious workings of the signifier from moments when such signifying ambition fails. By focusing on moments of racial anxiety, we can discern that such affect is usually produced in relation to the subject's encounter with the historicity of Whiteness. (S. 21)

Es wurde bereits erläutert, dass der Phallus *anstelle* der Imagination eines Penis als Objekt a – ein phobisches Objekt – steht und damit gewissermaßen die Erscheinung desselben sperrt. Whiteness *anstelle* des Phallus füllt die Leerstelle und ermöglicht dadurch das Erscheinen dieses phobischen Objekts: »Jouissance, as tied to the Thing, the emptiness at the center of the real« (Seshadri-Crooks S. 118). ›Das Ding‹ (*objet petit a* oder Penis) als imaginiertes Objekt des Begehrens der sexuellen Differenz taucht auf – ein Horror. Whiteness als Signifikant der rassischen Differenz bringt in der Konfrontation mit seiner Historizität – das Moment, wo es ist, wo nichts sein soll – als Objekt a jedoch nicht sexuelle (den Penis), sondern rassische Objekte hervor: Haut, Haare, Knochen und andere Marker, die wir als Rasse lesen. Noch einmal in den Worten von Seshadri-Crooks:

> »This anxiety then produces the uncanny object of race, the arbitrary marks on the body, namely hair, skin and bone. These marks then are properly the desiderata of race; they serve the function of the *objet a*. Uncanny and phobic, they make desire possible again by producing lack on another level.« (S. 38)

Während der Phallus Lacan zufolge ohne Referenz zum Körper ist, erzeugt Whiteness als Signifikant ›extra-symbolische‹, also körperliche Effekte. Hierdurch überwindet Whiteness/Rasse seine Historizität und transformiert seine künstliche Herkunft in biologische Notwendigkeit (Seshadri-

Crooks, S. 21). Seshadri-Crooks glaubt, dass dies in Momenten von ›Rassenangst‹ geschieht.

Die Angst, die durch die Konfrontation mit der Historizität von Whiteness ausgelöst wird und durch die erst das, was wir Rasse nennen, entsteht, ist die Angst oder der Horror, wenn *die Norm* – die uns alle konstituiert (die wir aber nicht versprachlichen können und die unbewusst ist) – wegfällt. Um das bereits zitierte zu wiederholen:

> »... if all of a sudden all norms are lacking, namely what constitutes the lack – because the norm is correlative to the idea of lack – if all of a sudden it is not lacking ... it is at that moment that anxiety begins.« (Lacan, zitiert nach Seshadri-Crooks, S. 37)

Die Angst entsteht an der Grenze des Subjekts: Eine Grenzangst ist, was Rasse produziert. ›Rassische‹ Markierungen tauchen also genau an dem Ort auf, wo sexuelle Differenz ›sichtbar‹ würde. Indem Whiteness mit seinem Seins- und Ganzheitsversprechen den Zugang zum Mangel versperrt, bringt es uns dazu, Rasse zu re/produzieren, weil wir im Moment des ›lack of a lack‹ Objekte (des Begehrens) erzeugen: rassische Markierungen. Diskursives wird dadurch zu Prädiskursivem, Kultur zu Natur und Rasse ontologisiert. In der Konfrontation mit seiner Historizität übersetzt Whiteness seine künstliche Herkunft in biologische Notwendigkeit, indem es Objekte produziert, die als körperlich erscheinen. Objekt a ist ein Grenzobjekt, eine Markierung, die im Fall der rassischen Differenz an der Grenze des Körpers auftaucht, wo sie im Fall der sexuellen Differenz Teil des Imaginären bleibt. Die Ambivalenz von Verschwinden und Erscheinen ist hier von Bedeutung.[21] Whiteness löscht diese Ambivalenz aus.

1.5.4 Ein Regime der Sichtbarkeit

Die sexuelle Differenz verweist durch ihren Mangel auf Bedeutung, während Rasse ein Regime der Sichtbarkeit erzeugt, behauptet Seshadri-Crooks: »Racial identity seeks or locates its consistency on a different level – not meaning, but visibility – in order to retain paradoxically a semblance of lack

---

21 Lacan bezeichnet die Spule des Fort-Da-Spiels, welches Freud beschrieben hat, als Objekt klein a (Pagel, S. 65). Das kleine Kind kompensiert den Schmerz beziehungsweise die Angst über die Abwesenheit der Mutter durch ein Spiel, in dem es eine Spule aus dem Bettchen wirft, die es an der Schnur immer wieder herbeizieht und sich so die Imagination verschafft, dass das verschwundene Objekt des Begehrens (die Mutter) wieder zum Erscheinen gebracht werden kann.

or something extra-symbolic (S. 27). Während die sexuelle Differenz im Bereich des Symbolischen operiert, ist Rasse auf dem Terrain des Körpers aktiv. Rasse erscheint auf diese Weise in den Körper eingeschrieben und damit ontologisch.

Der Blick ist bei Lacan Teil der Ordnung des Realen, da er direkt die Leerstelle, den Mangel, adressiert und zwar die Leerstelle im Anderen und darin das Objekt des Begehrens. Dieses zu entdecken oder anzutreffen, wäre allerdings tödlich. Unser Sinn für das Visuelle beziehungsweise die bewusste visuelle Wahrnehmung ist Lacan zufolge generell dem ›Trieb‹, das Objekt des Begehrens zu suchen, zu erkennen und zu entdecken, entgegengesetzt. Whiteness als Regime des Blicks lässt rassische Markierungen genau an dem Ort und in dem Moment produzieren, wo sexuelle Differenz ›sichtbar‹ würde. Aus dem Subjekt des Blicks wird das Objekt desselben. Zeichen wird zu Bezeichnetem.

> »The difference between the visible body as an ego function, and the visible body as a function of Whiteness or racialization, can be understood as the difference between seeing and being seen. The subject of the imaginary is constituted as *seeing* by the signifier, whereas the subject of race is constituted as *seen*, the subject of the gaze through a certain logic of the signifier. (Seshadri-Crooks, S. 38)

Weil die rassischen Markierungen als prädiskursiv erscheinen, verschleiern sie die Historizität des ›Master Signifiers‹ Whiteness sowie seinen Phallus-Schwindel. Diese ›Verschleierung‹ wirkt damit wie eine Blockade gegen das Erkennen. Die phobischen Objekte und ihr Signifikant Whiteness verleihen sich also gegenseitig ›Wahrheit‹.

1.5.5 Whiteness als Phallus – beides ein Fetisch

Seshadri-Crooks' Beschreibung, wie Whiteness seine Historizität überwindet und Rasse durch das Hervorbringen körperlicher Objekte, die als biologische Notwendigkeit erscheinen, ontologisiert, ist hilfreich. Ihre Theorie zum Signifikanten-Schwindel wirft allerdings die Frage auf, ob nicht jedes andere Machtverhältnis einen ›Gesandten‹ schicken könnte, der sich, als Phallus ›verkleidet‹, in die angeblich machtfreie, Subjekt konstituierende Leerstelle einschleicht und dort sein Unwesen treibt, sprich, die Subjekte in sein Herrschaftssystem einbindet, ohne dass es ihnen bewusst wird, und sich damit naturalisiert. Wenn Whiteness so einfach das Begehren der Subjekte ›totalisieren‹ kann, warum nicht jeder andere Signifikant von Machtverhältnissen? Seshadri-Crooks argumentiert, dass Rasse als Differenzsystem anders funktioniere als beispielsweise Ethnizität, Klasse, Religionszugehörigkeit oder Behinderung. Sie erklärt leider nicht, *warum* es Whiteness als Signifikant gelingt, als Phallus zu wirken, während beispielsweise Befähigung als Signifikant für Behinderung, Reichtum als Signifikant für Klassenverhältnisse oder Säkularisiertsein als Signifikant für Religiosität dieser Trick nicht gelingt. Betrachtet man die Geschichte des Antisemitismus, dann wird doch deutlich, dass auch Ethnizität oder Religionszugehörigkeit – je nachdem wie das Jüdischsein gefasst wurde – ontologisiert werden können.

Wer mit Lacans Psychoanalyse die Theoretisierung egal welchen Gegenstandes versucht, wird immer mit der sexuellen Differenz operieren, weil sie so grundlegend für Lacans Theorie ist. Selten allerdings werden die anthropologischen Prämissen dieser sexuellen Differenz als Grundlage ihrer Genealogie so häufig und so konkret herangezogen wie bei Seshadri-Crooks lacanianischer Analyse von Rasse/Rassismus. Dass sie so massiv auf Lévi-Strauss' anthropologisch-linguistische Theorie der Verwandtschaftsordnung und den Urhordenvater aus Freuds *Totem und Tabu* rekurriert, um Rassismus/Whiteness zu erklären, diese Theorien (im Fall von *Totem und Tabu* sogar ein Mythos) dann allerdings so behandelt, als hätten rassistische und kolonialistische Diskurse und Whiteness im Kontext ihrer Entstehung keine Rolle gespielt, verweist auf die Leerstelle Whiteness *in* Seshadri-Crooks Rassismustheorie. Die Nähe zwischen Rasse/Rassismus und den anthropologischen Voraussetzungen der Psychoanalyse ist in der Geschichte der Psychoanalyse selbst begründet. Seshadri-Crooks ›findet‹ Rasse an der Stelle in der Psychoanalyse, wo sie immer war, nämlich an ihrer Leerstelle – sie ist der Ort einer Bemächtigungsgeschichte, deren Inhalt entleert wurde, um dann mit einem anderen (die sexuelle Differenz) gefüllt zu werden – eine Verschiebung. Diesen performativen Vorgang wiederholt Seshadri-Crooks in ihrer Arbeit. Sie ist unentwegt bemüht, die Machtfreiheit, die Symmetrie und die Ahistorizität der sexuellen Differenz mit ihrem Hauptsignifikanten Phallus und deren ›prähistorischer Wahrheit‹ – die Urhorde -- zu betonen, um dann dem System des Rassismus das Gegenteil nachzuweisen. Es scheint, als müsste sie Whiteness immerfort aufführen, um in ihm als System all das unterzubringen, was die sexuelle Differenz in der Psychoanalyse Lacans nicht sein *soll*. Indem Seshadri-Crooks Whiteness als Phallus durch Lacans Subjekttheorie treibt und die Effekte dieses Signifikanten aufzeigt, werden wir allerdings stark an das erinnert, was wir als Effekt des Denkens von Geschlecht in der *Realität* erleben, nämlich Essenzialisierung, Naturalisierung und Ent-historisierung.

Die sexuelle Differenz als Subjekt konstituierend ist dem Strukturalismus Lacans, Leví-Strauss und Freud zufolge, wie wir gesehen haben, im phylogenetischen wie im ontogenetischen Sinn eng mit Verwandtschaft assoziiert (Phallus/Kastration – Signifikantenkette – Frauentausch). Über diese Assoziationskette – es ist Freuds Rekapitulationstheorie – formuliert Seshadri-Crooks den Zusammenhang von sexueller Differenz, Verwandtschaft und rassischer Differenz. Hier ihre Argumentationsfigur: Rassismus als Differenzsystem simuliert das System der Verwandtschaft: »the discourse of race, insofar as it is symbolic, is already intimately related to or even dissimulates kinship and the nature of sexual difference that kinship entails« (Seshadri-Crooks, S. 27-28). Beide Systeme, die rassische und die sexuelle Differenz, seien durch Ausschluss begründet beziehungsweise würden durch ein Verbot unterhalten, stellt Seshadri-Crooks fest: »If we turn to the law that organizes race or the racial symbolic, we discover that it too subsists as a force of interdiction« (S. 41). In Lévi-Strauss' Schrift über die elementaren Strukturen der Verwandtschaft findet sie eine Stelle, wo es heißt: »incest proper ... even combines in some countries with its direct opposite, interracial sexual relations, an extreme form of exogamy, as the two most powerful inducements to horror and collective vengeance« (ebda.). Statt einer Radikalisierung der Exogamie durch ihre Ausweitung auf die rassische Differenz sei also das Gegenteil zu beobachten: Rassenmischung löse denselben Horror aus wie Inzest.

Rassenmischung, so das Argument, sei bereits bei all den verschiedenen post/neo/kolonialen Kulturen, die Lévi-Strauss in den 1940er Jahren untersuchte, ein Tabu gewesen. Die Frage ist allerdings, ob in diesen Kulturen Rasse das Kriterium für die Differenz war, welche die sexuellen Beziehungen beziehungsweise die Verwandtschaftsordnung strukturierte, und selbst wenn, was für einen Begriff von Rasse diese Kulturen hatten. Seshadri-Crooks' Untersuchung liegt der Rasse-Begriff zugrunde, der durch die westlichen Wissenschaften generiert wurde. Die Kulturen, die Lévi-Strauss untersuchte, mögen sich ethnisch, religiös oder in Begriffen definiert haben, die wir noch nicht einmal in westliche Sprachen übersetzen können. Dasselbe gilt für den Begriff des Geschlechts beziehungsweise der sexuellen Differenz.[22]

Dieses Verbot der Rassenmischung, so erklärt Seshadri-Crooks weiter, sei bei genauerem Hinsehen weniger durch die *Ähnlichkeit* zum Verbot der sexuellen Differenz (Inzestverbot) gekennzeichnet als dadurch, dass es

22 Vgl. die Studien von Oyewùmí, O. (1997) und Amadiume, I. (1987).

dieses Gesetz gefährdet – es sei parasitär auf das Gesetz der sexuellen Differenz angewiesen und löse dieses durch seine Besetzung auf: »The law of race undoes the moral law« (S. 42). Das ›rassische Gesetz‹ kann in seiner Substanzlosigkeit nur funktionieren, indem es *die* ›Wahrheit‹ der sexuellen Differenz ausbeutet »the law of race is groundless, without a foundation of truth« (ebda.), also Urhorde, Inzesttabu und sexuelle Differenz. Um den Mechanismus des Aushebelns des Gesetzes der sexuellen Differenz durch Whiteness zu verdeutlichen und zu demonstrieren, dass dadurch ›Wahrheit‹ verschwindet und ›Künstlichkeit/Schwindel‹ hervorgebracht wird, zieht Seshadri-Crooks einige Beispiele heran.

In der amerikanischen Sklavenhaltergesellschaft etwa, sei es ein einfaches Spiel für weiße Männer gewesen, sexuelle Beziehungen zu ihren Sklavinnen zu unterhalten. Es ging völlig straffrei: »The slave owner could play out his fantasy of the primal father of the original horde whose murder Freud posits at the origin of the moral law« (ebda.). Dieser weiße Sklavenhalter kann dann also seine Kinder anerkennen oder auch nicht, sich zu der Beziehung zu den schwarzen Müttern seiner Kinder (oder der Tatsache, dass er diese Frauen vergewaltigt hat) bekennen oder auch nicht. Ganz anders sähe es nun wieder im Fall der Verbindung einer weißen Frau mit einem schwarzen Mann aus. Solch eine Verbindung würde (in der weißen Sklavengesellschaft) Angst und Schrecken hervorrufen.

> »This ferocious defense is best disclosed in the anxiety generated by the white woman who cohabits with a black man, for it will not be so easy to deny legitimacy to the children of such a union. Such a child already marks its presence in the family, and demands symbolic status, thus rendering the expulsion of the mother as the only viable and melodramatic solution.« (S. 43)

Weil das rassische Gesetz das moralische Gesetz der sexuellen Differenz auslöscht, können also weiße Männer ungestraft die Jouissance des Urhordenvaters genießen beziehungsweise ihre *Phantasie* davon, wie Seshadri-Crooks schreibt. Sie verlassen kurzerhand die Zivilisation als den Raum des Sozialen und der Kultur, vergnügen sich in der Wildnis – eine Art prähistorische Vergangenheit – und kehren wieder zurück, wie es ihnen beliebt. Ihnen steht dieser gesetzlose Zustand der Vergangenheit auch in der Gegenwart zur Verfügung. Weiße Frauen hingegen werden für die Überschreitung der rassischen Grenzen bestraft. Warum gibt es diese Geschlechterdifferenz? Wenn es nach Lacan keinen ›Mann‹ und keine ›Frau‹ gibt, sondern nur Positionen, die eingenommen werden können, und der Phallus keinen Bezug zum Körper hat, warum kann dann Rasse anstelle von ›sex‹ solche rigiden Geschlechter-Effekte hervorbringen? Wenn Whiteness als Signifkant die Subjekte genealogisch hinter den Schnitt des Signifikanten führt, also ins Extrasymbolische, Reale, gibt es dann in diesem Realen den ›Mann‹ und die ›Frau‹, die durch Lacans Schnitt des Signifikanten ›Positionen‹ im Symbolischen weichen? Wenn die Reproduktion und ihre *reale* Funktion, nämlich die Nachweisbarkeit der Mutterschaft im Gegensatz zur Nachweisbarkeit der Vaterschaft[23], im Fall der Rassenmischung solche Bedeutung gewinnt, zu welchem Preis und unter welchen Bedingungen wird sie dann in der sexuellen Differenz unbewusst, ›prädiskursiv‹ und »unknowable«?

Zeigt Rasse nicht vielmehr am Ort von ›Sex‹, wie brüchig der vermeintliche Schnitt des Signifikanten ist? Die Trennung zwischen dem Realen und dem Symbolischen bei Lacan scheint gerade an der Schnittstelle Sex/Rasse am brüchigsten. Dass der Rassismus weißen Männern ungestraft die ›volle Jouissance‹ zubilligt, eine weiße Frau jedoch aus der weißen Gemeinschaft ausgestoßen wird, wenn sie einen schwarzen Mann liebt, und schwarzen Frauen und Männern keinerlei Rechte zubilligt, verdeutlicht, dass Frauen und Rassifizierte bereits mit dem Ausgeschlossenen, dem ›Jenseits der Sprache‹ und der Jouissance assoziiert sind: dem Realen – Primitivität als Ursprung. Das Reale als Vor-oder-Außerhalb des Symbolischen ist die nicht erzählbare *Ur*geschichte und das konstitutive Außen des Symbolischen. Weiblichkeit und Rasse sind mit diesem Realen assoziiert, und derart

---

23 Die Nachweisbarkeit der Vaterschaft ist erst durch genetische Tests möglich geworden. Jochen Hörisch (2007) sieht in der Unsicherheit über die Vaterschaft den Anfang des abstrakten Denkens: »Dass ein neugeborenes Kind das Kind dieser Mutter ist, die da unter Schmerzen gebärt, ist ein nicht zu bestreitendes Datum. Dagegen steht (bis in die jüngsten Zeiten der Gen-Analyse, die der Geltung dieses Motivs ein nüchternes Ende bereitet) die Unsicherheit der Vaterschaft, die schon das römische Recht festhält: *pater semper incertus est.* Weshalb Männer, also potenzielle Väter dazu verdammt sind ... bei logischen und abstrakten Geltungsansprüchen Zuflucht zu suchen. Die Geschichte der männlichen Wissenschaft beginnt, so Bachofen, mit der Aufklärung und also mit der Aufstellung und Überprüfung der ersten gewaltigen wissenschaftlichen Hypothese, die da lautet: Zwischen Ereignissen, die in der Regel neun Monate auseinander liegen, nämlich zwischen dem Liebesakt und der Geburt eines Kindes besteht ein nicht-beobachbarer, wohl aber analytisch erschließbarer Kausalnexus. Incipit Logik und Abstraktion, so beginnt die Urgeschichte der *Alma mater* – als Geschichte des Matriarchatssturzes aus dem Geist logisch-männlicher Geltungsansprüche, die sich gegen die mütterliche Welt sinnlicher Gewissheiten erheben. Die diesem Prozess zugrunde liegende totemistische Grundfigur ist dabei gut zu erkennen. Die im Namen des Vater-Logos überwundene Muttersphäre wird in Gestalt der *Alma mater* kultisch verehrt« (S. 160-161).

markierte Subjektpositionen bleiben auch im System und durch das Gesetz der sexuellen Differenz *aufgrund* ihrer körperlichen Markierungen Teil des Realen.

Das von Seshadri-Crooks aufgeführte Beispiel beschreibt die *realen* gesellschaftlichen Verhältnisse in ihrem Extrem. Rassismus und Sexismus existier(t)en gleichermaßen im ›kulturellen Symbolischen‹ der amerikanischen Sklavengesellschaft wie in den gesellschaftlichen Verhältnissen in denen Freud, Lévi-Strauss, Lacan und Seshadri-Crooks arbeit(et)en. Die Subjekttheorie, mit der Seshadri-Crooks operiert, ist eine, die weder den Sexismus noch den Rassismus ihres kulturellen Symbolischen als konstitutive Momente ihres Subjekts theoretisiert hat, beides sind ›weiße (Whiteness als Signifikant) und männliche (Phallus als Signifikant) Flecken‹ in diesen Theorien. Seshadri-Crooks zeigt mit ihrer Argumentationsfigur allerdings auf, wie kulturelles Symbolisches – etwa Sexismus oder Rassismus – durch die Subjekttheorie Lacans naturalisiert werden.

Ein zeitgenössisches Beispiel von Seshadri-Crooks zur Wirkweise von Whiteness anstelle des Phallus ist das eines weißen, heterosexuellen, holländisches Paares, das durch eine in vitro-Befruchtung, bei der versehentlich das Sperma eines schwarzen Mannes an der Pipette war, einen schwarzen und einen weißen Zwillingssohn bekam. Seshadri-Crooks liest in der *New York Times* von diesem Fall. Als Koen einige Wochen nach der Geburt immer dunkler wurde, ließen die Eltern, die zunächst nichts bemerkt hatten, eine DNA-Analyse erstellen und erfuhren dadurch, dass Koens ›Vater‹ ein schwarzer Mann aus Aruba war. Bei den Eltern löste das, wie die Zeitung schreibt, »Angst und Panik« aus, und um ihre »Verwirrung und den Schmerz« zu überwinden, gingen die Eltern in Psychotherapie. Sie werden damit zitiert, dass sie die Diskriminierung von Koen befürchteten; dass er weniger Chancen als sein Bruder haben würde. »Lasst uns doch ehrlich sein«, sagt der Vater, »dunkle Menschen haben weniger Möglichkeiten, einen guten Job in unserer Gesellschaft zu kriegen. Sie haben weniger Chancen, einen Kredit bei einer Bank zu bekommen« (Seshadri-Crooks S. 12).

Eine mögliche und nahe liegende Interpretation des Verhaltens der Eltern wäre: Sie haben ihr ganzes Leben lang die Privilegien des Weißseins genossen, ohne sich dessen bewusst geworden zu sein. Diese Privilegierung war für sie Selbstverständlichkeit – Normalität. Menschen aus Aruba – eine (ehemalige) Kolonie der Niederlande – gehören zwar zum Königreich, in der ›mentalen Kartographie‹ dieser beiden Weißen leben sie allerdings *außerhalb* ihrer Kultur und ihrer Gemeinschaft. Die Eltern hatten wahrscheinlich wenig mit schwarzen Menschen zu tun. Entgegen ihrer unbewussten Erwartungen wurde diese Rassentrennung allerdings (un)glücklicherweise im Labor nicht fortgeführt. Wäre versehentlich das Sperma eines anderen weißen Mannes an der Pipette gewesen, wäre den Eltern gar nicht aufgefallen, dass Koen ›nur zur Hälfte‹ von ihnen ›stammt‹, erzählen sie. Nun aber sehen sie mit dem ›schwarzen‹ Koen den Rassismus ihrer Gesellschaft, durch den sie bisher privilegiert waren, *in* ihre Familie einkehren – sie fürchten, seine *Kehrseite* zu erleben. Offensichtlich wollen sie Koen loswerden – soll sich doch eine schwarze Familie um ihn kümmern.

Bei Seshadri-Crooks scheint das Politische hier keine Rolle zu spielen. Dass den Eltern *un-heim-lich* wird, ist für sie allein mit dem Effekt des Fehlschlagens der Signifizierung als unbestimmt zu erklären. Sie erläutert, dass die Reaktion der Eltern, ihre Angst und Panik, durch die Konfrontation mit der Historizität des master signifier Whiteness ausgelöst wird. Diese Angst und Panik nehmen ihren Ursprung im Auftauchen eines Objekts a an der Leerstelle – die Erfahrung von ›lack of a lack‹ in der sexuellen Differenz, hier: rassische Objekte: Koens ›Schwarz-Werden‹. Das Objekt des Begehrens, das der Logik des Blicks bei Lacan zufolge die Leerstelle – den Mangel – im Anderen adressiert, taucht durch das Regime der Sichtbarkeit, das Whiteness als Signifikant errichtet, auf. Im Fall von Koens weißen ›Eltern‹ bedeutet dies: »what should have been outside is inside, the excluded other is within the self, and it is the self itself that has given birth to the other« (Seshadri-Crooks, S. 18).

Noch erstaunlicher ist, wie Seshadri-Crooks den Namen des Vaters – angeblich eine Funktion – im Koen-Beispiel wieder direkt an das Geschlecht und die rassischen Markierungen der Person des Samenspenders bindet:

> »Koen's father is a ›black man‹ from Aruba. It is a question, it seems of the signifier, of the Name of the Father, which imparts not only sexual and familial identity, but also racial. Thus the signifier establishes race at the same moment that genetics establishes kinship, and it is this synchrony that enables the simultaneous articulation of genes and identity/destiny, though not causally.« (S. 17)

Weil Koens biologischer Vater schwarz ist, scheint nun also auch der ins Symbolische einführende ›Name des Vaters‹ schwarz zu sein. Er stiftet im Fall von Koen nicht nur sexuelle und familiäre ›Identität‹, sondern auch rassische.

Führt uns Seshadri-Crooks hier nicht vor, welchen Diskursen die weißen ›Eltern‹ von Koen folgen – nämlich denen von Genetik, Rasse und Verwandtschaft – und wie diese mit denen in Lacans – Lévi-Strauss folgender – Theorie kompatibel beziehungsweise identisch sind? Hier wird deutlich, dass das Geschlecht und die Rasse der Personen, die vermeintlich lediglich Positionen einnehmen, auch in Lacans Psychoanalyse von Bedeutung sind. Seshadri-Crooks betont immer wieder, dass die Dehiszenz zwischen Körper und sexueller Differenz durch die Funktion der Kastration hervorgebracht wird – der Name des Vaters; das Inzesttabu. Warum scheitert der ›Schnitt des Signifikanten‹ – die Trennung zwischen dem Körper und sexueller Differenz – im Fall eines ›schwarzen‹ ›Namen des Vaters‹? Seshadri-Crooks Behauptungen von Whiteness, das Phallus – das Gesetz der sexuellen Differenz – aushebelt und Sein, statt Bedeutung generiert, verschleiert, dass schwarze Männer auch *in* der Psychoanalyse keinen Phallus haben. Das ist der Grund, warum die Signifizierung scheitert. Ich werde das später noch genauer ausführen.

Die falsche Vorstellung der genetischen Vererbbarkeit von Rasse werde über die Vermittlung durch Verwandtschaftsbeziehungen weiter unterhalten, argumentiert Seshadri-Crooks (S. 17). Soziale und politische Elemente des Gesellschaftlichen naturalisieren sich über die Logik der Verwandtschaft. Gene, Identität und Schicksal geraten in einen kausalen Zusammenhang und so vermischt sich Koens Hautfarbe mit der ›Eigenschaft‹, keinen Kredit zu bekommen und allgemein gesellschaftlich benachteiligt zu werden.

Wie müssen wir dann die anhaltende strukturelle Benachteiligung von Frauen in derselben Gesellschaft verstehen? Meiner Ansicht nach verdeutlicht ihr Beispiel beziehungsweise ihre Interpretation dieses Beispiels weniger die Gültigkeit von Lacans Theorie der Subjektgenese, als dass sie sichtbar macht, wie sehr Lacans Theorie der sexuellen Differenz genau die Naturalisierungs- und Ontologisierungseffekte erzeugt, die wir im Rassismus und in Diskursen über Genetik und Identität beobachten können. Nicht die Eltern, sondern Seshadri-Crooks ist diejenige, die Kultur in Natur übersetzt, Diskursivem ›Prädiskursives‹, Natur, Genetik und Verwandtschaft einschreibt. Der Vater beschreibt die gesellschaftlichen Verhältnisse und wirbt bei seinen Zuhörer_innen um Verständnis dafür, dass man ihm als Weißem nicht zumuten könne, ein schwarzes Kind aufzuziehen. Er reproduziert einen dominanten Diskurs und kann deshalb darauf hoffen, dass viele seiner Adressat_innen seine Einstellung teilen. Der Rassismus in seiner Argumentation bleibt offensichtlich und dekonstruierbar. Seshadri-Crooks ist diejenige, die diesem Diskurs ein Naturgesetz zugrunde legt, auch wenn sie argumentiert, dass in diesem Gesetz ›Natur‹ nur vorgeschwindelt wird. An dieser Stelle wird deutlich, dass Diskurs(theorie) und Psychoanalyse zusammengedacht und und in ihrer Interdependenz verstanden werden müssen. Es wird auch deutlich, wie sich die Psychoanalyse durch ihr Gesetz vor der Erkenntnis der Bedeutung des Diskursiven und des Sozialen immunisiert.

Für Seshadri-Crooks wird im Beispiel von Koens in-vitro-Eltern statt der Unendlichkeit und Undeterminierbarkeit durch die Signifikantenkette im Symbolischen, die mit dem Frauentausch im Realen verbunden ist, also das Kernelement der Lévi-Strauss'schen Verwandtschaftsordnung, die Totalität des Signifikanten Whiteness beobachtbar. Die Leerstelle im Inneren und im Anderen ist besetzt, und es ist das Eigene – das Selbst –, welches das Andere gebiert. Wäre Koen weiß (geblieben), dann wäre den Eltern in Koen scheinbar die Norm-gerechte Leerstelle ›begegnet‹. Da Koen schwarz ›wurde‹, durch die ›rassischen Objekte‹, die an seinem Körper auftauchen, erleben die Eltern die Konfrontation mit der Historizität von Whiteness und geraten Lacans Lehre zufolge in Angst und Panik. In Seshadri-Crooks zeitgenössischem Beispiel von ›Rassenmischung‹ scheinen die rassischen Markierungen Whiteness generiert zu haben und nicht umgekehrt, so wie wir bisher ihre Rassismustheorie verstanden haben. Die Konfrontation mit der Historizität von Whiteness wird in diesem Fall ja durch die rassische Markierung am Körper Koens ausgelöst, was im Widerspruch zu der Aussage steht, dass die Leerstelle der Leerstelle Angst und Panik auslöst und aus dieser Panik dann erst rassische Objekte ›produziert‹ werden. Seshadri-Crooks hält dagegen, dass das System Whiteness zirkulär und in einem endlosen Kreis von Angst, Sichtbarkeit und dem Signifikanten zu verstehen sei: »A certain perception of racial difference leads to anxiety, that leads to encountering the historicity of the signifier, and that leads to cathecting the marks, etc.« (S. 95).

Die Zirkularität, die Seshadri-Crooks hier beschreibt, wirft allerdings die Frage auf, was Henne, was Ei in ihrem Whitenesssystem ist. Wenn ›gewisse Angst auslösende Wahrnehmungen rassischer Differenz‹ bereits vorhanden sind und diese dann zur Konfrontation mit der Historizität von Whiteness führen und das wiederum zur emotionalen Investition in diese Markierungen, wo kommen dann die Angst auslösenden rassischen Wahrnehmungen her? Wie haben wir uns die Genealogie von Whiteness vorzustellen und wie kommt es zur Auswahl bestimmter Objekte als rassische Markierungen? Wie wird Whiteness zum Phallus?

Auf der diskursiven Ebene sieht Seshadri-Crooks Rasse als Artefakt – eine historische Erfindung. Seshadri-Crooks versteht sie im Rekurs auf

Teresa Brennan als unbewussten Kern des Eurozentrismus (S. 47), der eine Formation der Moderne ist und im Wesentlichen begründet im Übergang von biologischen zu philologischen Sichten auf Rasse im 19. Jahrhundert. Hannah Arendts These in *Elemente und Ursprünge totaler Herrschaft*, dass Rasse keine deutsche Erfindung sei (sondern mit der französischen Revolution assoziiert) und der deutsche Nationalismus nicht über Rasse, sondern über Sprache formuliert wurde – in ihren Worten: »As long as common origin was defined by common language, one can hardly speak of race-thinking« (Arendt zitiert bei Seshadri-Crooks S. 52) – liest Seshadri-Crooks gegen den Strich und argumentiert, dass Rasse ja durch Sprache vermittelt wird. »What Arendt misreads here as mere linguistic patriotism is, of course, the moment of the naturalization of language as race and territory« (S. 50). Seshadri-Crooks sucht ihr Argument mit einer Fußnote Arendts zu untermauern, in der diese anmerkt, dass selbst J. G. Fichte, der als ein wichtiger ›Rassen-Vordenker‹ der Deutschen gilt, in seinen Reden an die deutsche Nation nicht Rasse, sondern (an Herders Sprachgeist angelehnt) die gemeinsame Sprache als konstitutiv für das Deutschsein begriff.

> »In locating the emergence of Aryanism in an intra-European rivalry of hegemony over Europe, I suggest that there are at least two consequences for our understanding of the structure of race: First, contrary to the popular notion in critical race theory and postcolonial studies, racial thinking does not emerge in the simple binary opposition between White and Black, or Occidental and Oriental. Rather, what we see is the autochthonous emergence of a notion of ›the original people‹ grounded in a *linguistic* [Hervorhebung v. Verf.] theory, which begins by making subtle distinctions among the Teutons, which properly inaugurates the hierarchical thinking about ›races‹ within Europe. Whiteness, as the transcendental signifier, or standard of a system of differences, makes every term within the chain refer back to it, and it is in the race to approximate and appropriate Whiteness that racial practice is born.« (Seshadri-Crooks, S. 54-55)

Seshadri-Crooks findet hier also wiederum einen ›Beweis‹ für ihre (den Theorien von Lévi-Strauss und Lacan folgende) These, dass alles – über die Signifikantenkette vermittelt – seinen Ursprung in der Urhorde nimmt. Innereuropäische Aushandlungen darüber, wer die Macht in Europa hat, fanden nach Seshadri-Crooks bereits in einer Form statt, die durch die Logik der Linguistik strukturiert ist. Die Vorstellung einer Art ›Ur-Europäertums‹ über die Sprachtheorie vermittelt, verknüpft sie mit Lacans linguistischer

Theorie über die Subjektkonstitution durch die sexuelle Differenz. Letztere gilt ihr ja bekanntlich als machtfrei. Indem jeder Begriff dieser Organisation auf Whiteness als transzendenten Signifikanten zurückverweist, entsteht allerdings nicht nur eine Kette, wie es Seshadri-Crooks formuliert, sondern eine Art Kegel. Wir haben es hier mit einer hegemonialer Struktur zu tun, welche nicht nur in einer linearen Zeitachse (in Form einer horizontalen Signifikantenkette, die zu Ursprungs-Ereignissen wie Vatermord und Inzest/Tabu zurückführt), sondern vertikal organisiert ist. Vormachtstellung heißt nichts anderes als im Zentrum der Macht lokalisiert zu sein; ein Zentrum, das sich von einer Peripherie als konstitutivem Außen abhebt. Ein hierarchisches Rassendenken unter den Europäern entspricht nicht (nur) der Form einer Vererbungslinie, die mehr oder weniger ›rein‹ auf die Teutonen als Ursprung zurückgeht, sondern auch einer kegelförmigen Struktur von Weiß im Zentrum und an der Spitze, das sich durch unterschiedliche Stufen von Schattierungen weg von Weiß hin zu Schwarz gestaltet.

Wird mit der Interpretation dieses Beispiels von Seshadri-Crooks nicht deutlich, wie der Rekurs in die lacanianische Theorie der sexuellen Differenz Seshadri-Crooks Gegenstand, Rassismus, entpolitisiert? Und geht diese Entpolitisierung nicht auf das Theorem der sexuellen Differenz selbst zurück? Seshadri-Crooks Begründung für die Reaktion der Eltern von Koen entledigt diese jeglicher Verantwortung und auch jeglicher Handlungsfähigkeit. Was können wir von ihnen erwarten, wenn sich ihr Rassismus allein im Unbewussten manifestiert, wo er nicht aufklärbar ist? Phallus und Whiteness sind beides Fetische in der psychoanalytischen Theorie, die das Soziale und Politische von Rassismus und Sexismus – die Ontologisierung körperlicher (rassische wie geschlechtliche gleichermaßen) Merkmale – verschleiern. Seshadri-Crooks' beeindruckende psychoanalytische Theorie-Akrobatik bewirkt nichts anderes als die Eliminierung des Politischen und Sozialen von Rassismus und Sexismus. Während Hook in seinem sozialpsychologischen Ansatz des ›prädiskursiven Rassismus‹ noch versucht, ›Diskursloyalist_innen‹ mit ins Boot zu bekommen, indem er argumentiert, dass an einer politischen Psychologie Interessierte viel gewinnen könnten, wenn sie das ›Extra-Diskursive‹, den Körper, die Domäne der Emotionen und ›heimtückische soziale Bedeutungen‹ in ihre Analyse mit einbeziehen (Hook, S. 212), erteilt Seshadri-Crooks' politischen Strategien gegen Rassismus eine klare Absage. Ihr zufolge machen antirassistische, sozialpolitische Interventionen keinen Sinn, weil Rasse als symbolisches System, das durch ein Regime des Blicks herrscht, nur durch repräsentative Praktiken destabilisiert oder aufgelöst werden kann: »adversarial aesthetics that will destabilize racial looking so that racial identity will always be uncertain and unstable« (S. 159).

1.5.6 Auflösen und Vernähen

Ein Beispiel für solch eine Destabilisierung der Blickverhältnisse ist für sie »Suture«, ein 1993 in den USA gedrehter Film von Scott McGehee und David Siegel, »a couple of academics with no film industry contacts whatsoever« (Seshadri-Crooks, S. 103). Seshadri-Crooks bedauert, dass dieses Werk von der Filmkritik größtenteils ignoriert und wo rezipiert, feindselig, mit Befremden oder Unverständnis besprochen wurde. Selbst jene Filmkritiker_innen, welche die Visualität des Films lobten, brachten Verunsicherung zum Ausdruck, was ihre Position als Zuschauer_innen anging, beklagt Seshadri-Crooks und schlägt vor: »The fact that it generated much aggravation should be read as one of the effects that the film produces through its technique of suturing« (S. 103). Der Film löse die rassischen Sehgewohnheiten auf und ›vernähe‹ die Zuschauer_innen in eine Struktur des Sehens, die diesen rassischen Sehgewohnheiten widerspricht, meint Seshadri-Crooks. Das Vernähen – ›Suturing‹ – verbindet bereits Lacans Psychoanalyse mit Filmtheorie. Gemeint ist der Identifikationsprozess, der zwischen Zuschauer_innen und den Personen und Vorgängen im Film stattfindet. Für Lacan steht ›suture‹ für das ›Vernähen‹ der Subjekte mit dem Symbolischen; Suture ist die Verbindung zwischen dem Imaginären und dem Symbolischen.

Verständlich, dass Seshadri-Crooks enttäuscht ist über den mangelnden Erfolg des Films beim Publikum: Rasse und Psychoanalyse – ihr Thema – ist auch das Thema im Film. Einen wesentlichen Teil des Films bilden die Szenen einer psychoanalytischen Behandlung, in denen der Psychiater (der einzige ›Asiate‹/ asiatische Amerikaner im Film) durch seine Konversation mit dem Patienten (der einzige Schwarze im Film unter ansonsten ausschließlich weißen Personen) indirekt dem Publikum die psychoanalytische Methode erklärt. Ideen, die Seshadri-Crooks für die Analyse des Films hat, scheinen bereits im Filmskript angelegt zu sein und vermutlich auch ihre Hoffnung, rassistische Sehgewohnheiten zu durchbrechen. Die Frage ist, warum Seshadri-Crooks glaubt, dass die Strategie des Films die richtige sei, um das Regime Whiteness loszuwerden, wenn der Film doch erfolglos blieb. Bei meinem Studium des Films gewann ich den Eindruck, dass hier eher die Erlösungsphantasien und Sehnsüchte eines gebildeten, liberalen und an Psychoanalyse interessierten Publikums bedient werden, als dass der Film rassistische Sehgewohnheiten durchkreuzt und das Publikum in ein alternatives Narrativ ›vernäht‹. Seshadri-Crooks schreibt, dass wir im Film das Gegenteil von Fetischismus (eine Befriedigung) durch die Diskontinuität und Verwirrung, die im Film gestiftet wird, erlebten. Die visuelle Inszenierung des Schwarzseins des Hauptdarstellers in diesem ansonsten durch und durch weißen Film, was diskursiv eine Leerstelle bleibt, ist meines Erachtens allerdings nichts anderes als die Fetischisierung von Rasse. Indem Clay als Schwarzer weißen Sehnsüchten einer Gesellschaft ohne Rasse dient, wird sein Schwarzsein zu einem Fetisch, der Rassismus verdeckt. Die rassistischen Verhältnisse, in denen er zu leben gezwungen ist, werden dethematisiert.

Die Handlung ist ein typischer Hollywood-Plot. Es geht um Vincent, einen kühlen, unsympathischen Mann, der verdächtigt wird, seinen Vater – reich, beliebt und politisch einflussreich – ermordet zu haben, um dessen Erbe anzutreten. Auf der Beerdigung des Vaters trifft Vincent seinen Halbbruder Clay wieder, den er lange Zeit nicht gesehen hatte. Vincent ist weiß – wie alle anderen Personen im Film mit Ausnahme von Max Shinoda, dem Psychiater –, Clay ist schwarz. Während die rassische Differenz zwischen den ›Halbbrüdern‹ im visuellen Zentrum des Films steht und dadurch verstärkt wird, dass der Film in Schwarz-Weiß gedreht ist, Vincent und Clay immer in Schwarz oder Weiß gekleidet sind und die Interieurs im Schwarz-Weiß-Kontrast gestaltet sind, stellt sie im Diskurs des Films eine Leerstelle dar. Statt der erwarteten Thematisierung der äußerlichen Differenz zwischen den ›Halbbrüdern‹ (Vincent sieht nicht so aus, als hätte er einen schwarzen Elternteil, und Clay nicht so, als hätte er einen weißen) wird im Film von verschiedenen Personen immer wieder deren angeblich verblüffende äußerliche Ähnlichkeit betont. Seshadri-Crooks erklärt: »While on one hand the narrative movement of the film and its conventional focalization inerpellates us as consumers of visual pleasure, the film's deliberate, seemingly perverse disavowal of this shared racial knowledge threatens to unravel the process of suturing« (S. 106). Die ›Vernähung‹ in rassistische Narrative und ihre Visualisierung wird durch die Strategie des Films, Rasse zu leugnen, aufgelöst, glaubt Seshadri-Crooks. Eine typische Filmgeschichte wird also ihrer Meinung nach durch die Besetzung einer ›weißen Rolle‹ durch einen schwarzen Schauspieler (ohne dass dieser ›Irrtum‹ an irgendeiner Stelle des Films zur Sprache kommt) zu einer strategischen Geschichte, die bei den Zuschauer_innen das ›Regime der Sichtbarkeit‹, welches Whiteness als Phallus auslöst, demontiert.

Clay lebt in armen Verhältnissen, ist Arbeiter auf einem Schrottplatz, Vincent lebt im Wohlstand, ohne zu arbeiten, und beschäftigt sich mit der Oper, dem Golfspielen und Sportschießen. Clay besucht Vincent weil sie doch Brüder sind und er Vincent näher kennenlernen will. Vincent kann sich allerdings nur ein Motiv für Clays Besuch vorstellen: dass er Geld von ihm haben will – (s)einen Teil des Erbes – und er gibt Clay zu verstehen:

> »I am a very wealthy man, with expensive things all around me, and I am forced to protect what's mine against people who might feed off my privilege, feed off what doesn't belong to them. It's the most simple and basic of lessons. It's the law our father lived by.« (Seshadri-Crooks, S. 108)

Auf einem Videoband des letzten Geburtstags des Vaters sieht man diesen im Rollstuhl sitzend von vielen Menschen umgeben, die ihn feiern, und eine der Familie nahestehende Person kommentiert, dass das die politisch erfolgreichste Geburtstagsparty des Vaters gewesen sei. Für Seshadri-Crooks sind diese beiden Indizien genug, um ein ödipales Drama zu sehen, und zwar nicht nur das ödipale Drama des Vatermordes, sondern das Drama des ›Proto-Ödipus‹ der Urhorde aus Freuds *Totem und Tabu*. Für Seshadri-Crooks wird hier der Vater der Urhorde als »posessing everything« (S. 107) angerufen. Im Besitz von Geld, Macht und Frauen im Überfluss löst er den Neid der Söhne aus – eine Assoziation, die sich nicht gerade aufdrängt und welche die Filmemacher vermutlich nicht beabsichtigten. Seshadri-Crooks braucht sie jedoch für ihre Analyse – das, wozu *sie* den Film ›vernähen‹ möchte. Sie ist diejenige, die sämtliche mit Rasse assoziierten Phänomene in ihren Beispielen mit dem Urhordenmythos, der ›prähistorischen Wahrheit‹ ›vernäht‹.

Vincent nutzt den Besuch von Clay zu einem Identitätstausch. Er fabriziert eine Situation, die Clay dazu bringt, in seinen (Vincents) Kleidern mit seinen Papieren in der Brieftasche alleine in Vincents Auto zu fahren, an dem eine Bombe angebracht ist. Vincent taucht unter. Clay fliegt in die Luft. Es scheint, als sei Vincent – der des Vatermords Verdächtige – einem Attentat zum Opfer gefallen, aber Clay als Vincent stirbt nicht. Sein Gesicht ist zwar weitgehend zerstört, eine Expertin der plastischen Chirurgie näht ihn jedoch nach dem Modell von Vincent (unter anderem auf diesem Geburtstagsvideo zu sehen) im Krankenhaus ›wieder‹ zusammen. Ein Psychiater hilft Clay, den nun alle für Vincent halten, mittels psychoanalytischer Methode, seine durch die Explosion hervorgerufene Amnesie zu überwinden und sich zu ›erinnern‹, wer er ›ist‹. Die Chirurgin und der

Psychiater ›nähen‹ also Clay – sie physisch, er psychisch – zu Vincent ›zusammen‹ und im Prozess dieses ›Zusammennähens‹ beobachten wir Clays Transformation zu Vincent. Clay sieht nach wie vor ganz genau so aus wie Clay: schwarz, und sein Gesicht ist wiederhergestellt, nur verhalten sich alle Beteiligten so, als sähe Clay nun nicht mehr nur Vincent ähnlich, sondern genauso aus wie Vincent. Der vermeintlich minimale Unterschied zwischen den Halbbrüdern ist gewichen und Clay ist nun angeblich mit Vincent identisch.

Clay – ein ehemals sympathischer Mensch – wird nach dem Attentat mehr und mehr zu Vincent, für Seshadri-Crooks jemand, der nicht dem Gesetz folgt, sondern »the evil that is jouissance« (Lacan, zitiert nach Seshadri-Crooks, S. 109); und damit sei Vincent als Todestrieb situiert. Vincent folge dem Gesetz, nach dem angeblich auch der Vater gelebt hat. Nachdem Clay als Vincent von verschiedenen Seiten gehört hat, dass er des Mordes verdächtigt wird, träumt er schließlich, seinen Vater erschossen zu haben. Er übe im Unbewussten das Verbrechen aus, welches das Gesetz möglich mache – das Verbrechen, das mit Vincents Todestrieb assoziiert sei, erklärt Seshadri-Crooks (S.127). Damit bewegt sich Clay »towards his excluded center – ›the prehistoric Other,‹ the ›something strange to me, although it is at the heart of me,‹ what Lacan calls the extimate core, the *das Ding*« (ebda.). Lacan spiele hier auf Freuds Kommentar zum Gebot der Nächstenliebe in *Das Unbehagen in der Kultur* an, das Freud ein »credo quia absurdum« nannte, denn:

> »Das gern verleugnete Stück Wirklichkeit hinter alledem ist, dass der Mensch nicht ein sanftes, liebebedürftiges Wesen ist, das sich höchstens, wenn angegriffen, auch zu verteidigen vermag, sondern dass er zu seinen Triebbegabungen auch einen mächtigen Anteil von Aggressionsneigung rechnen darf. Infolgedessen ist ihm der Nächste nicht nur möglicher Helfer und Sexualobjekt, sondern auch eine Versuchung, seine Aggression an ihm zu befriedigen, seine Arbeitskraft ohne Entschädigung auszunützen, ihn ohne seine Einwilligung sexuell zu gebrauchen, sich in den Besitz seiner Habe zu setzen, ihn zu demütigen, ihm Schmerzen zu bereiten, zu martern und zu töten.« (Freud, GW, IX, S. 240)

»He must kill or be killed« (Seshadri-Crooks, S. 127), kommentiert Seshadri-Crooks das Ende des Films. »Am Anfang war die Tat«, schreibt Freud als letzte Worte von *Totem und Tabu*. Eines Nachts kehrt Vincent ›heim‹, um sein Werk zu vollenden – er will Clay erschießen. Clay aber ist klüger – und schneller.

Indem »Suture« nicht Laius aus der Ödipussaga, sondern den Vater der Urhorde anrufe, erlaube der Film, die ›Funktion des Begehrens‹ und den *Rest* des Gesetzes in seiner Beziehung zu Rasse zu verstehen (S. 107). Was aber ist der Rest des Gesetzes? Was lässt der Schnitt des Signifikanten zurück, das in seiner Beziehung zu Rasse verstanden werden kann? Was lässt Clay von sich – als Rest – zurück, um dem Gesetz entsprechend in das Begehren der Psychoanalyse vernäht zu werden? Anders gefragt, was bleibt vom schwarzen Clay auf der Strecke in seiner Transformation zum Weißsein?

In seiner Transformation entwickelt Clay als Vincent eine Abscheu gegen seine Vergangenheit – die herablassende Haltung, die Vincent gegenüber Clay hatte. Er träumt von seiner Heimatstadt, »Needles«, in der Clay – der Arbeiter – wohnte. Mit seiner Chirurgin – zwischenzeitlich sind die beiden ein Liebespaar – sucht er den Ort auf und empfindet nichts als Befremden in diesem ›schmutzigen Nest‹ in ›the middle of nowhere‹. Seshadri-Crooks erklärt: »He experiences nothing but severe alienation. Oddly enough, what should have been familiar, homely, is on the contrary uncanny, and only aggravates Clay's repression« (S. 127). Dieses Un-heimliche, Eigene, das nicht wiedererkannt wird, hat Kristeva als Effekt der Abjektion beschrieben – ihr zufolge immer mit dem Mütterlichen, Weiblichen assoziiert. Hier beschreibt genau derselbe Mechanismus das ›Abreagieren‹ der schwarzen Vergangenheit – Rasse als Primitivität und Triebhaftigkeit – in Clays Prozess des Weißwerdens. Wir haben hier also die gleiche Figur wie bei Koens Eltern mit ihrer Entfremdungserfahrung, die Sehsadri-Crooks so erklärte: «what should have been outside is inside, the excluded other is within the self, and it is the self itself that has given birth to the other« (S. 18). Auch Clay verdammt seine arme, schwarze Vergangenheit in seinem Transformationsprozess zu Vincent. In beiden Fällen geht es um die Konsequenz des Schwarzseins in weißen Dominanzgesellschaften: man ist zur Armut verdammt, die Möglichkeiten und Privilegien der weißen Gesellschaftsmitglieder bleiben einem versperrt. Dieser Zusammenhang wird aus der Analyse von Seshadri-Crooks zugunsten des immer gleichen Ursprungsnarrativs ausgeblendet. Nicht die gesellschaftlichen Verhältnisse, die von Subjekten geschaffen werden, sind der Stoff, auf den sich die Analyse konzentriert, sondern die Verhältnisse und das Handeln der Subjekte scheinen durch archaische Gesetze bestimmt zu werden. Durch das Gesetz werden das Politische und Soziale naturalisiert.

Seshadri-Crooks versteht diese Entfremdung – diese Verkehrung von Innen und Außen – als das, wofür Lacan die topologische Metapher des

Möbiusbands verwandte, die »sexual reality of the unconscious« (S. 123).[24] Während Affirmation Körper als opake Objekte produziere, die sichtbar sind und das blockieren, was hinter beziehungsweise unter ihnen liegt, habe Ähnlichkeit gegenüber der Affirmation den Vorteil, das Verborgene aufzudecken und das Innere nach außen zu bringen: »Clays body is seemingly both transparent and opaque, but what makes it singular, gives it its specificity, is its distinguishing mark. ... The implicit opposition of surface and depth or outside and inside that prevails in the similitude vs. resemblance binary is recast as a continuum. Clay's body is akin to the Moebius strip invoked by Lacan« (S. 123). Und weiter:

> »By refusing our demand that black and white be recognized, the film radically subverts our suture as subjects of race. It does so by presenting the body not as gestalt (an imaginary construct) but as an impossible Moebius strip, or what Lacan terms the ›interior 8‹. ... What the film introduces into the symbolic of race, or more properly *against* it, is the question of the *jouissance* of the body, the truth that subjects are not determined wholly by signifiers (as the regime of Whiteness suggests), but that there is a ›sexual reality‹ to the unconscious that race can never address.« (Seshadri-Crooks, S. 125)

Seshadri-Crooks' Beispiele verdeutlichen, wie die soziopolitischen Zusammenhänge des Rassismus immer wieder performativ – also von den Subjekten – hervorgebracht werden. Koens weißer Vater konstruiert sie – angeblich nur eine Zitation – und die weißen Filmemacher von »Suture« konstruieren sie, aber Seshadri-Crooks behandelt diese Narrationen so, als würde sich in ihnen ein Naturgesetz verwirklichen. Bei Lacan ist das Subjekt immer mit dem ›Realen‹ ›vernäht‹. Eine ganz andere Interpretation bietet Stuart Halls Verwendung des ›Vernähens‹ im Sinne Althussers. Im Zusammenspiel von Diskursen, Praktiken und Anrufungen konstituieren sich Subjekte und bilden temporäre ›Identitäten‹. Dies geschieht jedoch in einem Wechselspiel, einer Interdependenz zwischen Subjekten, Diskursen

24 Michaela Wünsch (2010) generiert in ihrer Studie über Hollywood-Horrorfilme im Anschluss an Seshadri-Crooks die These, dass der »Serienkiller als Medium des Unbewussten« fungiert. Als »unbewusster Kern weißer Männlichkeit« (S. 192) verkörpert der Serienkiller den »schrecklichen inneren Kern«, besetzt also die Position des »Herrensignifikanten« (S. 59); das ausgeschlossene Innen der rassistischen, weißen Community (ebda.). Auch in ihrer Studie – eine über Rassismus – werden die rassistischen Konstruktionen des lacanianischen *Realen* »Im inneren Außen« (so der Titel ihrer Studie) ignoriert und Whiteness dort neu hineingelesen, wo es immer war, aber aus dem Diskurs der Psychoanalyse ausgeschlossen wurde.

und Praktiken. Subjekte werden nicht nur angerufen, sondern sie rufen auch an; sie re/produzieren auch rassistische Diskurse und Praktiken (Hall, 1996, S. 5f).

Neben den Personen in seinem Umfeld, die Clay permanent spiegeln, er sei Vincent (beispielsweise die Chirurgin/seine Freundin oder jene der Familie nahestehende Person, die den Geburtstag des Vaters kommentiert hatte und die Vincent sehr nahe stand), ist es vor allem sein Psychoanalytiker/Psychiater, der Clay über die Bewusstmachung ›seines‹ Unbewussten zu Vincent ›vernäht‹. In den vielen Szenen der psychoanalytischen Behandlung von Clay durch Max Shinoda liegt Clay – die formbare Materie – in dessen luxuriöser Praxis auf der Couch, ein riesiges Rorschach-Transparent im Hintergrund. Genau hier wird deutlich, welche Funktion die Psychoanalyse einnehmen kann. Auch der Psychoanalytiker glaubt den äußeren Begebenheiten und versucht, Fragmente von Clays Unbewusstem mit der ›Realität‹ zu ›vernähen‹. Es wird also deutlich, dass Psychoanalytiker_innen alles andere als ›leere Blätter‹ sind, mit deren Hilfe durch Übertragung das Unbewusste der Patient_innen zur Sprache kommt. Auch der Psychoanalytiker schreibt ›sein Skript‹ in Clay als Vincent, ›formt‹ und ›vernäht‹ ihn. Hier wird nicht Unbewusstes bewusst gemacht, sondern das Bewusste *kreiert* in diesem Fall das Unbewusste. Seshadri-Crooks schreibt: Clay »is recreated physically by Renée [die Chirurgin] as Vincent, and psychically by the law« (S. 130), für sie *repräsentiert* die Psychoanalyse hier also das Gesetz. Als Max Shinoda im späteren Verlauf der Analyse noch auf das ›wahre Unbewusste‹ von Clay stößt – Clay als Vincents Erinnerungen an Clay – gelingt es ihm nicht mehr, Clay als Vincent dazu zu bewegen, auch diese Inhalte in sein Leben/sein Bewusstsein zu integrieren. Clay als Vincent will nicht zurück in sein altes Leben als Clay. Warum wohl? Für Seshadri-Crooks wurde Clays Verhältnis zum Signifikanten in seiner Transformation zu Vincent redefiniert.

> »In choosing to remain Vincent, Clay affirms himself as a being for death, and more significantly, redefines his position in relation to the Other. To bear the gift of the signifying cut does not mean a meek submission to the law; rather, it means that one is no longer duped by the Other.« (S. 129)

Clay als Clay war demnach ein naiver Kerl, mit seinem Besuch bei Vincent brüderlichen Gefühlen zu folgen. Erst der ›Schnitt‹ in seinem Bewusstsein durch den Unfall – sein Beinahe-Tod – verhalf ihm dazu, ein Subjekt der Gesellschaft zu werden, der Vincent und nun Clay als Vincent angehören.

Er lebt in Vincents luxuriösem Haus, muss nicht mehr arbeiten, hat eine schöne weiße Freundin und ist in der Gesellschaft der Weißen angekommen.

Im Plot des Films sehen wir nichts anderes als das Begehren und das Streben, in welches uns die real existierenden gesellschaftlichen Verhältnisse ›vernähen‹ – Verhältnisse, wie sie die westliche ›Zivilisation‹ hervorgebracht hat. Der Ursprungsmythos aus Freuds *Totem und Tabu* ist nichts anderes als die Projektion dieser Verhältnisse in eine prähistorische Vergangenheit, um dann zu behaupten, dass der zivilisierte Mensch in einer anderen Realität lebe. Mit der von Seshadri-Crooks aufgestellten These, dass Clay sich im Annähern an Vincents Jouissance/Todestrieb zu seinem eigenen ausgeschlossenen Zentrum hinbewegt, »›the prehistoric Other‹, the ›something strange to me, although it is at the heart of me‹. what Lacan calls the extimate core, the *das Ding*« (S. 127), ist demnach eine Konstruktion von Vergangenheit, die mit Wildnis und Rasse gleichermaßen verknüpft ist. Dem eingangs Zitierten von Vincent über das Gesetz, nach dem er und sein Vater leb(t)en, vorangestellt, sind folgende Sätze: »Crime isn't so much a problem here as a fact. Each man has his own jungle. It's just a matter of understanding it and knowing where one fits in« (S. 108). Es geht darum, eine Rolle zu spielen – die des weißen Vincent – und das an sich selbst zu verleugnen, was in der ›zivilisierten Gesellschaft‹ nicht sein soll: Armut und Schwarzsein als Primitivität. Der Dschungel der Urhorde als das Reale bei Lacan, das mit dem Schnitt des Signifikanten zurückgelassen und Teil des Unbewussten werden soll, wird hier als privilegierte Spielwiese weißer Männlichkeit verdeutlicht. Wie bei Seshadri-Crooks' Beispiel der weißen Sklavenhalter, die schwarze Sklavinnen ungestraft vergewaltigen konnten, werden von ihr auch im Beispiel von »Suture« die Verstöße weißer Männer gegen das angebliche Gesetz der Zivilisation mit ihrer Triebhaftigkeit begründet und zwar durch die Verknüpfung ihres Unbewussten mit der ›archaischen Wahrheit‹.

1.6 Die unerreichbare Leere verdeckt durch den Fetisch der Psychoanalyse: Rasse und Weiblichkeit

Hook und Seshadri-Crooks führen uns mit ihren psychoanalytischen Erklärungsversuchen zum Rassismus an genau die Stellen in der Psychoanalyse, wo gesellschaftliche Machtverhältnisse über den Weg der Psyche und den Körper ontologisiert werden. Wie ich im Kapitel vier darlegen werde, ist der Anfang aller Differenzkonstruktion in der Psychoanalyse nicht die Urhorde,

Vatermord, Kastration, weiblicher Mangel oder sexuelle Differenz, sondern die konkrethistorische Antisemitismuserfahrung von Freud. Beschneidung ist das »Leitfossil« (GW, IX, S. 489) – der dritte Begriff zwischen Phallus und Kastration, der zum ›Ursprung‹ führt: die Realität des antisemitischen Rassismus und nicht das *Reale*. Statt den Antisemitismus zu politisieren, naturalisierte ihn bereits Freud, indem er ihn über Kastrationsdrohung, sexuelle Differenz und Urhorde vom Politischen über das Kulturelle ins Körperliche und Psychische *verschob*. Am Anfang stand Freuds ›Desiring Whiteness‹, das er durch den Fetisch ›Phallus‹ verdeckte. Der Phallus ist der Fetisch der Psychoanalyse und alles, was an seine Stelle tritt, ebenso Realität verdeckend. Phallus und Whiteness sind gleichermaßen Fetische, die Rasse und Weiblichkeit als Ursprung verdecken. Der Fetisch als Wechselbegriff (McClintock, 1995) wandelt Kultur in Natur, Diskursives in Prädiskursives, Bewusstes in Unbewusstes und Realität ins *Reale* – die ›Wahrheit‹ (ein Mythos), die nicht mehr politisiert werden kann. Der Fetisch entleert das politische Potenzial der Psychoanalyse. Die unerreichbare Leere, welche die Psychoanalyse durch die Beschreibung der Bedeutung des Unbewussten für die Psychodynamik und das Verständnis des Subjekts dargestellt hat und die Spivak im postkolonialen Verhältnis als bedeutsam hervorhebt, weil sie die Grenzen des (westlichen) Wissens aufzeigt, beinhaltet das politische Potenzial der Psychoanalyse. Das topisch Unbewusste – formuliert durch die Urhorde mit ihrer durch Rasse und Weiblichkeit codierten Primitivität – in diese unerreichbare Leere geschoben, entleert das politische Potenzial der Psychoanalyse ihres politischen Potenzials.

Ich werde im nächsten Kapitel mit der Säuglingsforschung darlegen, dass es keine ontogenetische Grundlage für Ausschluss – weder in Form von Abjektion noch von Inzesttabu o.ä. – gibt. Die Triebhaftigkeit, die bei Hook mit Abjektion und bei Seshadri-Crooks mit dem Signifikantenschnitt *verdammt* wird und *heimsucht* – ›Das Unbehagen in der Kultur‹ auslöst; was bei Seshadri-Crooks rassische Objekte hervorruft und bei Hook den rassistischen Diskurs nervös macht –, hat nichts mit dem Säugling beziehungsweise der frühkindlichen Subjektgenese zu tun, sondern ist eine wirkmächtige Erfindung der Psychoanalyse – ein Vorher im Dienst des Nachher. Mit dieser Triebhaftigkeit sind gleichermaßen Weiblichkeit und Rasse als Primitivität verknüpft. Deshalb landen Analysen zum Sexismus und Rassismus, die mit der Psychoanalyse arbeiten, immer bei dieser Triebhaftigkeit. Die Dialektik von Subjekt und Objekt produziert einen Rest: das Abjekt. In der Dialektik psychoanalytischer Subjektgenese sind Frauen, Wilde, Kinder und Verrückte bereits als Vor-oder-Außerhalb figuriert. Statt das Reaktionäre der Psychoanalyse – ihre Topik – zu reproduzieren, sollte genau an den Stellen, wo uns Seshadri-Crooks und Hook hingeführt haben, das psychoanalytische Verständnis des dynamisch Unbewussten zur Anwendung kommen, um zu erklären, wie gesellschaftliche Machtverhältnisse *subjektiviert* werden. An die Stelle des *Realen* muss wieder die Realität treten. Statt Rassismus im Rekurs auf eine Urhorde zu *erklären* oder mit ›Prädiskursivem‹, das gleichermaßen mit der Urhorde assoziiert ist, muss herausgearbeitet werden, wodurch solche Assoziationen von Weiblichkeit und Rasse als Code für Primitivität mit *Ur*horde und *Prä*diskursivem aufrechterhalten werden. Ich werde im nächsten Kapitel vor allem mitilfe Judith Butlers *Episteme* Antworten darauf suchen.

Die diskutierten Arbeiten von Seshadri-Crooks und Hook gehören nicht mehr zu der Generation von Arbeiten, die Rassismus als individuelle Problemlage pathologisieren, wie frühere psychoanalytische Erklärungsversuche zum Rassismus.[25] Sie sind viel anspruchsvoller und rekurrieren nur indirekt auf die oben benannten reaktionären Elemente der Psychoanalyse. Sie versprechen, durch den ›leeren Signifikanten‹ der Psychoanalyse das politische Potenzial derselben für gesellschaftliche Ein- und Ausschlüsse nutzbar zu machen. Die Konstruktion des Phallus als Leerstelle oder Mangel steht für das ›Mehr‹ – mehr als das Subjekt sein kann. Das Subjekt der sexuellen Differenz ist angeblich einerseits abhängig vom Anderen, aber durch die Unbestimmtheit des Signifikanten wiederum frei. Eine konstitutive Interdependenz wäre Garant für die Egalität der Gesellschaftsmitglieder. Genau das erleben wir jedoch nicht, sondern es werden soziale Ungleichheiten vor allem durch die Differenz hergestellt, die Ausgangspunkt für die sexuelle Differenz in der Psychoanalyse Lacans ist: die Geschlechterkonstruktion. Gayle Rubin hat in ihrem einflussreichen Aufsatz »The Traffic in Women:

25 Exemplarisch für diese psychoanalytischen Ansätze im deutschsprachigen Raum sind die Aufsätze zu »Fremdenfeindlichkeit, Rassismus und Nationalismus« in der Zeitschrift *Psyche* von 1992. Der Ethnopsychoanalytiker Mario Erdheim schreibt dort beispielsweise über »Das Eigene und das Fremde« (1992), dass das Fremde ›psychohygienische Funktion‹ für das Eigene habe, eine These die er aus Freuds Kulturtheorie in *Das Unbehagen in der Kultur* (1930) heraus entwickelt. Er naturalisiert diese ›Funktion‹, d.h. er bezeichnet es als natürlichen und universalen psychischen Mechanismus, am Fremden das zu ›erkennen‹, was man am Eigenen ›verpönt‹. Damit geht er über die Individualisierung und Pathologisierung gesellschaftlich verursachter Probleme hinaus; er bezeichnet die individuelle Inanspruchnahme spezifischer gesellschaftlich und diskursiv angelegter Möglichkeiten der Schuldabwehr als universalen Mechanismus.

Notes on the ›Political Economy‹ of Sex« bereits 1975 eine grundlegende Kritik an Lévi-Strauss' Verwandtschaftsordnung vorgelegt und problematisiert vor allem jene Ahistorizität, Undeterminiertheit und Machtfreiheit, die Seshadri-Crooks vom Phallus behauptet. Dieser Hauptsignifikant in Lacans Psychoanalyse soll über die Signifikantenkette als Symbolisierung des Frauentausches mit dem Realen, etwa der Jouissance des Urhordenvaters, verbunden sein. Das ›Reale‹ ist das *Ding* in der Psychoanalyse, das mit Rubin als Effekt der Fetischisierung der Anatomie in der Psychoanalyse verstanden werden kann. Dieses *Ding* ist ihr Fetisch und der hängt eng zusammen mit »Psychoanalysis and Its Discontents« (S. 184). Der Phallus als Zeichen dafür, dass es mehr am Subjekt gibt, als symbolisiert werden kann, ist vom Mehrwert des von Rubin beschriebenen Sex/Gender-Systems im Kapitalismus nicht zu trennen.

2. Das Unbehagen und sein Ding

2.1 Zur politischen Ökonomie der Geschlechterdifferenz: Gayle Rubins feministische Kritik am Sex/Gender-System von Freud, Lévi-Strauss und Lacan

Gayle Rubin zieht eine enge Verbindung zwischen Sigmund Freud und Claude Lévi-Strauss, denen sie beiden vorwirft, die Geschlechterverhältnisse des Kapitalismus zu naturalisieren. Während Marx in seiner Analyse der kapitalistischen Verhältnisse die Geschlechterverhältnisse und die sexuellen Verhältnisse unberücksichtigt gelassen habe, gründeten Freud und Lévi-Strauss ihre Analysen ausschließlich auf Letztere und blendeten die materielle Ökonomie aus. Im Effekt, so Rubins Argument, naturalisieren sie dadurch die Frauenunterdrückung als Grundstein der politischen Ökonomie des Kapitalismus.

2.1.1 Inzesttabu und Frauentausch als Grundstein von Kultur

Der Frauentausch gilt Lévi-Strauss als Grundstein menschlicher Sozialbeziehungen. In ihm artikulieren sich zwei universale Prinzipien: das Inzesttabu und die Gabe als Prinzip der Gegenseitigkeit. Das Verbot sexueller Beziehungen mit Schwestern, Töchtern oder Müttern ist für Lévi-Strauss der erste Schritt zur Organisation, denn es zwingt zum Austausch zwischen Gruppen und schafft auf diese Weise soziale Netzwerke, die über eine biologische Familie hinausgehen. Kommentarlos wird hier also die Menschheit auf Männer reduziert. Frauen sind Objekte zum Tausch. Die beiden Prinzipien, Inzesttabu und Tausch (Exogamie), stehen für Lévi-Strauss nicht nebeneinander, sondern gehören zusammen; sie sind untrennbar: »Das Inzestverbot ist weniger eine Regel, die es untersagt, die Mutter, Schwester oder Tochter zu heiraten, als vielmehr eine Regel, die dazu zwingt, die Mutter, Schwester oder Tochter anderen zu geben« (Lévi-Strauss, 1949/1993, S. 641).

Lévi-Strauss' 1949 erstmals veröffentlichte Untersuchung über *Die elementaren Strukturen der Verwandtschaft*, die etwa ein Drittel des ethnographischen Globus abdeckt, durchzieht die Frage nach dem Übergang von Natur zu Kultur. Die Studie stellt Fragen der Soziologie und der Linguistik, bedient sich dafür jedoch anthropologischen Materials. Lévi-Strauss' Arbeit ist eine horizontale geographische Achse und eine vertikale Zeitachse immanent. Er vergleicht außereuropäische zeitgenössische Subjekte und ihre Verwandtschaftsorganisation, die er ›primitiv‹ nennt, mit Kindern

›zivilisierter‹ Kulturen. Aus diesem ›Datenmaterial‹ generiert er universale Prinzipien der Kultur und der Sprache durch Verwandtschaftsordnung. Zwar geht er nicht von einer unilinearen Entwicklung aus und argumentiert auch nicht wie Freud rekapitulationistisch, dass in den ›Primitiven‹ die europäische Vergangenheit zu beobachten sei. Vielmehr hebt er die Diversität unter den ›primitiven‹ Gruppen hervor. Er geht jedoch davon aus, dass bei den außereuropäischen Kulturen, die er ›primitiv‹ nennt, Gesellschaftsstrukturen untersucht werden können, die auch europäischen Kulturen zugrunde liegen, dort jedoch aufgrund der Komplexität, welche europäische – genauer: Weiße – Kulturen durch ihren Fortschritt und ihre Entwicklung erlangt haben, nicht mehr zu beobachten sind. Die untersuchten Gruppen werden von Lévi-Strauss aus einem Blickwinkel panoptischer Zeit in einen anachronistischen Raum (McClintock, 1995) verwiesen.

Wie Freud sieht Lévi-Strauss das Inzesttabu als Auslöser für die Kulturentwicklung.

> »Das Inzestverbot hat weder einen rein kulturellen noch einen rein natürlichen Ursprung; es ist auch keine bunte Mischung von Elementen, die teils der Natur, teils der Kultur entlehnt sind. Es ist der grundlegende Schritt, dank dem, durch den und vor allem in dem sich der Übergang von der Natur zur Kultur vollzieht.« (Lévi-Strauss, 1949/1993, S. 73)

Somit beschäftigt sich diese Untersuchung mit demselben Gegenstand wie Freud in *Totem und Tabu* etwa vierzig Jahre zuvor. Freud und Lévi-Strauss stellen beide die These auf, dass Inzesttabus und damit Frauentausch den Grundstein von Kultur und Sozialität im menschlichen Dasein bilden. Lévi-Strauss beschreibt Frauen als

> »...das kostbarste Gut ... weil die Frauen nicht in erster Linie ein Zeichen für gesellschaftlichen Wert sind, sondern ein natürlicher Stimulus; und zwar der Stimulus des einzigen Triebs, dessen Befriedigung aufgeschoben werden kann. Der einzige folglich, bei dem sich, im Akt des Austauschs und durch die Wahrnehmung der Gegenseitigkeit, die Veränderung vom Reiz zum Zeichen vollziehen und, durch diesen grundlegenden Schritt den Übergang von der Natur zur Kultur definierend, zu einer Institution werden kann.« (S. 121)

Und ein weiterer ›triebtheoretischer‹ Aspekt kommt hinzu, die Aggression: »Die Tauschhandlungen sind friedlich beigelegte Kriege, die Kriege sind das Ergebnis unglücklicher Transaktionen« (S. 127). Die Heirat bezeichnet Lévi-Strauss als einfachste Form des (Geschenk)Tausches, dessen

Reziprozität in Abwesenheit eines Staatssystems Sicherheit in den sozialen Beziehungen zwischen Gruppen – Clans, Familien oder Ethnien – schafft. Anders als andere – materielle – Geschenke ist das der Braut jedoch eines, das zwei Clans im Anschluss an die Gabe miteinander für immer verbindet.

> »The marriage ceremonies recorded in the ethnographic literature are moments in a ceaseless and ordered procession in which women, children, shells, words, cattle names, fish, ancestors, whale's teeth, pigs, yams, spells, dances, mats, etc., pass from hand to hand, leaving as their tracks the ties that bind. Kinship is organization, and organization gives power. But who is organized?« (Rubin, S. 174)

2.1.2 Frauen sind Objekt, Männer Subjekt (im Tausch)

Frauen werden getauscht, Männer tauschen. Frauen und Männer sind nicht Partner in diesem Tausch, sondern Subjekt und Objekt des Tausches. Frauen haben keine ›Triebe‹, die es zu befriedigen gilt oder die sublimiert werden können, sondern Lévi-Strauss verhandelt sie synonym mit dem ›Trieb‹. Sie sind der Stimulus für die Sexualität von Männern. Frauen *sind* mit den ›Trieben‹ assoziiert, die Männer *haben*: Sexualität und Aggression. Frauen haben in Lévi-Strauss' Beschreibung weder Sexualität noch irgendeinen Profit aus der Zirkulation ihrer selbst. Auch als Mütter profitieren sie nicht von der ›Gabe‹ ihrer Töchter als Tauschobjekt oder dem ›Geschenk‹ einer Schwiegertochter als Frau für ihre Söhne. In Lévi-Strauss' Darstellung des sozialen Apparates sind Frauen Güter. Sie unterscheiden sich zwar von anderen – materiellen – Gütern, aber sie bleiben Materie; sie erscheinen als Rohmaterial, das durch seine Domestizierung zu einem Produkt wird. Lévi-Strauss hebt den Funktionalismus seiner Geschlechterverhältnisse sogar hervor beziehungsweise die Funktion von Frauen als Objekte in den sozialen Netzwerken, welche tatsächlich homosozial sind: »Das Band der Gegenseitigkeit, das die Heirat knüpft, besteht nicht zwischen Männern und Frauen, sondern zwischen Männern mittels Frauen, die lediglich den Hauptanlass dieser Beziehung bilden« (S. 190). Mit anderen Worten:

> »Die globale Tauschbeziehung, welche die Heirat bildet, stellt sich nicht zwischen einem Mann und einer Frau her, die beide etwas schulden und etwas erhalten, sondern zwischen zwei Gruppen von Männern, und die Frau spielt dabei die Rolle eines der Tauschobjekte und nicht die eines der Partner, zwischen denen der Tausch stattfindet.« (S. 189)

Frauen sind nicht nur Tauschmittel infolge der Exogamie-Regel, sondern »diese Tauschformen scheinen selbst austauschbar zu sein: Eine Frau ersetzt die Zahlung einer ausstehenden Schuld, die ursprünglich ganz anderer Art war, z.B. ein Mord oder ein rituelles Privileg; die Nichtlieferung einer Frau ersetzt einen Racheakt usw.« (S. 187).

Lévi-Strauss betont, dass »die Beziehung zwischen den Geschlechtern niemals symmetrisch ist« (S. 188), vielmehr erzwinge die Dialektik des dualen Systems, welches er seiner Verwandtschaftsordnung zugrunde legt, dass Frauen, die *»selbe«* sind, *»andere«* werden (S. 187). Sie stiften also diesen Dualismus. Das Geschlechterverhältnis in dieser Ordnung ist zwangsweise asymmetrisch. Kritische Anthropolog_innen haben Lévi-Strauss – und im Anschluss an ihn auch Rubin – dafür kritisiert, die Viktimisierung von Frauen in den sogenannten Stammesgesellschaften sowie die Homogenisierung afrikanischer Kulturen zu betreiben. Sie versäumten es, die untersuchten Kulturen in ihrem eigenen Verständnis zu sehen, beispielsweise welchen Gewinn auch Frauen aus den Verwandtschaftspraktiken ziehen und dass auch sie von der Reziprozität profitieren, schreibt Oyèrónkẹ́ (1997, S. 59). Verwandtschaftssysteme beruhen auf der Ehe und machen Frauen und Männer zu Ehegatten, argumentiert Rubin (S. 179). Als solche seien sie jeweils unvollständige Hälften, die Ganzheit nur durch die Verbindung mit dem anderen finden können (ebda.). Genau hierzu finden sich in der kritischen anthropologischen Literatur jedoch Gegenbeispiele. In vielen außereuropäischen Kulturen unterliegt ›Geschlecht‹ längst nicht der Fetischisierung der Anatomie wie in weißen/europäischen Kulturen. Ifi Amadiumes »Male Daughters, Female Husbands« (1987) etwa widmet sich genau diesem Missverständnis. In vielen Kulturen können Töchter die Rolle von Söhnen einnehmen und durch Heirat mit einer Frau beispielsweise ein patrilineares Familienerbe sichern. Zudem sind die sexuellen Freiheiten von Frauen, etwa vor- oder außereheliche Sexualität, vielerorts schon immer legitim gewesen. Derartige Sexualitätstabus charakterisieren vielmehr christliche Kulturen mit ihrem Jungfräulichkeitskult und Monogamie/Monoandrie-Gebot. Die Darstellung der Ehe als Versklavung von Frauen, wie sie viele traditionelle (feministische) anthropologische Studien nahelegen, bildet den Hintergrund, vor dem sich der westliche Feminismus entwickelte (vgl. Oyèrónkẹ́, S. 60). In der Analogiebildung zwischen Frauenunterdrückung und Sklaverei findet eine Projektion statt. Den Subjekten der Anthropologie, die als ›Primitive‹ bezeichnet werden, wird unterstellt, was vor allem Praktiken der ›zivilisierten‹ Europäer kennzeichnet – der transatlantische Sklavenhandel kann wohl als die historisch gewaltvollste und ›unmenschlichste‹ Form der Sklaverei bezeichnet werden.

Die geschlechtsspezifische Arbeitsteilung, welche die meisten westlichen Kulturen traditionell prägt, in denen Frauen unentgeltlich Hausarbeit und Kindererziehung leisten, ist in vielen außereuropäischen Kulturen nicht zu finden. ›Hausfrauisierung‹ ist vielmehr ein Effekt der Kolonisation, so wie auch Patrilinearität in vielen Kulturen erst durch die juristischen Systeme europäischer Kolonialmächte eingeführt wurde und die matrilineare Vererbungspraxis verdrängte. Zwar findet man oft geschlechtsspezifische Arbeitsteilung, diese ist jedoch durch eine symmetrische Interdependenz charakterisiert (vgl. Lenz & Luig, 1997). Männer sind hier in derselben Weise von Frauen abhängig wie umgekehrt und sie sind sich dieser Abhängigkeit bewusst. In einigen westafrikanischen Ländern dominieren Frauen die Märkte und auch andere Bereiche der Ökonomie sind in Frauenhand. Matrilineare Vererbungspraxis, die in etwa der Hälfte aller außereuropäischen Ethnien traditionell praktiziert wurde, bedeutet auch, dass das Geschäft einer Frau an die Tochter und Enkelin vererbt wird, egal, ob es sich um einen Marktstand, ein Import/Export-Unternehmen oder eine Textilfabrik handelt. Es ist die *Interdependenz* in den sozialen- beziehungsweise Geschlechterverhältnissen, die von den westlichen Anthropolog_innen oft unerkannt geblieben ist.[26]

Die Kritik am Eurozentrismus bei Lévi-Strauss und Rubin ist vollkommen berechtigt. Sie berührt allerdings nicht den Kritikpunkt von Rubin an Lévi-Strauss, der für die Formulierung der (lacanianischen) Psychoanalyse wesentlich ist, nämlich, dass Lévi-Strauss' strukturalistisches System und die Psychoanalyse im Effekt die Frauenunterdrückung *naturalisieren*. Rubin argumentiert ähnlich wie Oyèrónké gegen Lévi-Strauss' Vereinheitlichung des Sex/Gender-Systems verschiedener Kulturen auf einen gemeinsamen Nenner: »The exchange of women becomes an obfuscation if it is seen as a cultural necessity, and when it is used as the single tool with which an analysis of a particular kinship system is approached« (Rubin, S. 177). Lévi-Strauss' Beschreibung des Prinzips des Frauentausches als Grundstein menschlicher sozialer Beziehungen bedeutet nichts anderes, als dass die Unterwerfung von Frauen notwendig ist, damit Kultur statthat. Der Frauentausch zum Kernelement der Kultur erklärt, bedeutet, es gäbe keine Kultur ohne die Objektifizierung von Frauen.

Lévi-Strauss' radikale Trennung von Frauen und Männern und ihre Darstellung als natürliche Opposition bezeichnet Rubin als eine Konst-

26 Vgl. hierzu beispielsweise Palriwala & Risseeuw, 1996; Rippl, 1993; Boserup, 1970; Bennholdt-Thomsen, Mies und Werlhof, 1992; Arbeitsgruppe Ethnologie Wien, 1989.

ruktion, die aus Gender Sex/Geschlecht macht. Zwar unterscheiden sich Frauen von Männern, jedoch nicht so sehr, dass diese Differenz als natürliche Opposition verstanden werden könne (Rubin, S. 179-180). Frauen und Männer sind sich ähnlicher als alles andere in der Natur, etwa Tiere, Pflanzen oder Felsen. Eine ausschließende Geschlechtsidentität (eine Frau ist eine Frau, weil sie kein Mann ist, und ein Mann ist ein Mann, weil er keine Frau ist) verdränge die natürlichen Gemeinsamkeiten (Rubin, S. 180). Wie Rubin feststellt, verdeutlicht die logische Struktur von Lévi-Strauss' Verwandtschaftsordnung bereits selbst, dass die Grundlegung der sozialen Organisation von Sex (Geschlecht) auf Gender basiert (und nicht umgekehrt) und obligatorisch mit Heterosexualität und der Einschränkung weiblicher Sexualität verknüpft ist (S. 179): »The same social system which oppresses women in its relations of exchange, oppresses everyone in its insistence upon a rigid division of personality« (S. 180). In Lévi-Strauss' System werden Menschen gegendert, um Heirat zu garantieren. Gender ist das Produkt der sozialen Trennung der Geschlechter und der sozialen Beziehungen von Sexualität (ebda.). Auch die geschlechtliche Arbeitsteilung, als Institutionalisierung des Tabus der Gleichheit von Frauen und Männern verstanden, kreiert aus Gender Sex/Geschlecht und macht aus Kultur Biologie (S. 178). Das System des Frauentausches impliziert zudem, dass weibliches sexuelles Begehren nicht aktiv ist, sondern nur das Begehren von Anderen erwidert. Die Asymmetrie von Gender – der Unterschied zwischen Tauschendem und Getauschtem – bedingt die Einschränkung weiblicher Sexualität.

2.1.3 Phallus und Mehrwert

Im 19. Jh. versuchten sich viele Denker an umfassenden Darlegungen zur Natur und Geschichte sexueller Systeme beziehungsweise der Geschlechterverhältnisse. Rubin bezeichnet Lévi-Strauss' *Elementare Strukturen* als die gewagteste 20. Jh.-Version des 19. Jh.-Projektes, die Ursprünge und die Natur der menschlichen Gesellschaft zu verstehen (Rubin, S. 170). Lévi-Strauss widmet seine *Elementaren Strukturen* Lewis Henry Morgan, dessen *Anchient Society* bereits Friedrich Engels *Der Ursprung der Familie, des Privateigentums und des Staats* inspirierte – kein Zufall, wie Rubin anmerkt. Alle diese Autoren verstehen die Unterdrückung von Frauen im Kapitalismus als Erbe vorgängiger sozialer Strukturen und hinterfragen sie nicht. Die ökonomische Unterdrückung von Frauen erscheint, da sie vom Frauentausch als primärem Prinzip abgeleitet ist, zweitrangig. Der Kapitalismus tritt demnach das Erbe einer langen Tradition an, in welcher Frauen nicht erben, nicht führen und nicht mit Gott sprechen (Rubin, S. 164).

Lévi-Strauss versteht Verwandtschaft explizit als kulturelle Organisation von Sexualität, deren Essenz der Frauentausch unter Männern ist. Verwandtschaft und Heirat sind allerdings Teile eines sozialen Systems, zu dessen Ganzem ökonomische und politische Arrangements gehören (Rubin, S. 207). Lévi-Strauss' Konzept des Frauentausches (und mit ihm das der [lacanianischen] Psychoanalyse) verschleiert die politische Ökonomie von Sex (den Geschlechterverhältnissen). Auch bei Marx ist die geschlechtliche Arbeitsteilung (Frauen befriedigen die Bedürfnisse derer, die ihre Arbeitskraft gegen Lohn verkaufen) ein ›historisches und moralisches Element‹, welchem er keine weitere Analyse widmet. Dieses ›historische und moralische Element‹ sieht er als wesentliches Unterscheidungsmerkmal zwischen der Arbeitskraft und anderen Gütern (Rubin, S. 164). Genau dieses ›historische und moralische Element‹ determiniert, dass die ›Ehefrau‹ eine Notwendigkeit für einen Arbeiter ist und dass Frauen, nicht Männer, Hausarbeit machen (ebda.).

Das Mehrwert-Prinzip kapitalistischer Produktionsbedingungen gründet letztendlich auf der unbezahlten Reproduktionsarbeit von Frauen: Hausarbeit und Kindererziehung. Während die Lohnarbeiter dem Kapitalisten den Mehrwert aus der Differenz zwischen ihrem Lohn und dem Wert ihrer Arbeit beziehungsweise dem Gewinn aus dem Verkauf des Produktes einspielen, kostet die Reproduktion dieser Arbeitskraft durch die ›Hausfrauen‹ nichts. Der Phallus als Zeichen dafür, dass es mehr am Subjekt gibt, als symbolisiert werden kann, ist also vom Mehrwert des von Rubin beschriebenen Sex/Gender-Systems im Kapitalismus nicht zu trennen. Er hat nicht nur symbolische Bedeutung, sondern eine reale – er steht für den Gewinn, der aus der Objektifizierung von Frauen, der Enteignung ihrer Arbeitskraft und ihrer ›Verwendung‹ als Tauschobjekte gezogen wird. Der Phallus gründet auf einer Bemächtigungsgeschichte.

Mit Ödipus führt Freud ein Konstrukt in seine Subjektgenese ein, das diese kontingenten[27] gesellschaftlichen Machtverhältnisse zu einem Naturgesetz kondensiert, dessen Kern die Leerstelle Phallus bildet, die das Subjekt mit einem *Realen* – der Urhorde (eine Phantasie!) – vernäht. Im Zirkel des Austausches, der sich im Ödipuskomplex manifestiert, wird der Phallus

27 In dieser Arbeit wird mit dem philosophischen Verständnis des Kontingenz-Begriffs gearbeitet. Es geht also um die Zufälligkeit und nicht, wie in der Psychologie, um die Notwendigkeit des Zusammenfalls zweier Ereignisse oder Merkmale.

durch das Medium Frau von einem Mann zu einem anderen – von Vater zu Sohn, vom Mutterbruder zum Schwestersohn und so weiter – gereicht. Frauen gehen in die eine Richtung, der Phallus in die andere. Der Phallus ist, wo Frauen nicht sind. In diesem Sinne ist der Phallus mehr als ein Merkmal, welches die Geschlechter unterscheidet: Er ist die Verkörperung des männlichen Status; des Status, den Männer einnehmen und zu dem bestimmte Rechte gehören – unter anderen, das Recht auf eine Frau. Er ist Ausdruck der Übertragung männlicher Dominanz (S. 192).

Ödipus als der ›Fels‹ bildet den unverrückbaren Grundstein von Subjekt und Gesellschaft in der Psychoanalyse. Statt also die Bedeutung der *realen* Verhältnisse für das Leben von Frauen als gewaltsame Enteignung ihres Subjektstatus zu thematisieren, wird in der Psychoanalyse ein prähistorisches ›Reales‹ konstruiert und aus ihm als Naturgesetz die Minderwertigkeit von Frauen abgeleitet. Der Phallus als Symbol für das Mehr am Subjekt, das Jenseits des Bewusstseins – das Unbewusste – verschleiert die gewaltsame Vereinnahmung von Frauen in der politischen Ökonomie einer phallogozentrischen Gesellschaft von Männern. Mit der Verortung dieser Tatsache im Unbewussten – dem ›Prädiskursiven/Präsymbolischen‹ – sorgt die Psychoanalyse dafür, dass diese Bemächtigungsgeschichte nicht zur Sprache kommt. Der Phallus ist der Fetisch der Psychoanalyse – mit ihm fetischisiert sie die Anatomie und verdrängt das Politische, Historische und die Ökonomie der Verhältnisse, deren Subjekt sie analysiert. Er steht für das Körperteil, das die Menschen in Zwei teilt, von denen der eine hat, was der andere ist, beziehungsweise von denen einer den Phallus *hat* und die andere im Tausch für den Phallus *sein* soll.

2.1.4 Zur Anatomi(si)e(rung) der Machtverhältnisse in der Psychoanalyse

Freud kann so gelesen werden, als verstünde er Gender als Konsequenz aus der anatomischen Geschlechterdifferenz, und er wurde deshalb des biologischen Determinismus beschuldigt. Allerdings schreibt Freud selbst in den anatomischsten Versionen des weiblichen Kastrationskomplexes, dass die ›Unterlegenheit‹ der weiblichen Genitalien ein Produkt des situationsbedingten Kontextes sei: »The girl feels less ›equipped‹ to possess and satisfy the mother« (Rubin, S. 187). Die Psychoanalyse Freuds hatte bereits erkannt, dass Geschlecht nicht angeboren ist, sondern angeeignet wird – zur Zeit Freuds (und für viele auch heute noch) eine provokative und innovative These. Freud betont, dass die erwachsene Sexualität aus der psychischen, nicht aus der biologischen Entwicklung resultiert. Die ›psychischen‹ Positionen von Weiblichkeit, Männlichkeit und Heterosexualität sind dem Säugling und Kleinkind nicht zueigen. Weder Geschlecht noch Sexualität sind determiniert. Das präödipale Kind ist polymorph pervers, wie Freud schreibt. Dieses präödipale, androgyne Individuum wird in der Psychoanalyse allerdings an der Grenze zwischen Biologie und Kultur verortet, also genau dort, wo Lévi-Strauss das Inzesttabu sieht, das den Übergang zwischen Kultur und Natur begründet und den Frauentausch initiiert. Vor dem ›Schnitt des Signifikanten‹, der eine Trennung einführt, die Menschen in Zwei teilt, existiert weder Differenzierung noch Tausch. Dieses prädödipale Stadium ist mit Natur, Weiblichkeit und Primitivität assoziiert. An diesem Übergang von Natur zu Kultur in der Ontogenese wird mit Ödipus – der ›Leerstelle Phallus‹ – in Form von Geschlecht/errollen Kultur angeeignet. In diesem Prozess – der Dialektik von Subjekt und Objekt (des Begehrens) – bleibt ein Rest zurück: das mit Triebhaftigkeit und Primitivität assoziierte Abjekt und alle mit ihm assoziierten Attribute – Weiblichkeit, Nicht-Weißsein, Homosexualität. Dieser ›Rest‹ wird zum topisch formulierten Unbewussten.

Vor der ödipalen Phase ist die kindliche Sexualität unstrukturiert. Jedes Kind verfügt über alle sexuellen Möglichkeiten, die dem menschlichen Ausdruck zur Verfügung stehen. In jeder Gesellschaft werden allerdings nur bestimmte Möglichkeiten erlaubt und andere verboten. Wenn das Kind die ödipale Phase verlässt, ist seine Libido und Genderidentität entsprechend der Kultur, welche sie domestiziert, konform. Der Ödipuskomplex beschreibt also die Sozialisation von Individuen in die sexuellen- und Gender-Regeln einer jeweiligen Gesellschaft. Der Psychoanalyse zufolge werden Kleinkinder mit der ›Entdeckung‹ der unterschiedlichen Genitalien in die Logik von Kultur, Sprache und Verwandtschaft eingeführt. Tatsächlich lernen Kinder viel früher die Bedeutung von Sexismus und Phallogozentrismus (wie auch Rassismus und anderen Machtverhältnissen) als Bestandteile der Kultur für ihr eigenes Leben und das ihrer Bezugspersonen kennen. Der Prozess der Enkulturation dauert zudem an und kann gewiss nicht auf ein bestimmtes Moment beschränkt werden. Die Psychoanalyse will jedoch all diese vielfältigen Erfahrungen auf ein bestimmtes Moment kondensiert wissen und manifestiert an der Oberfläche des Körpers – die Genitalien – genauer: das eine Genital, der Penis oder sein Mangel. Was in der Psychoanalyse im Ödipuskomplex naturalisiert wird, ist nach Rubin der *reale* Sexismus und die Heteronormativität der Gesellschaft.

Kinder ›entdecken‹ der Psychoanalyse zufolge mit der Geschlechterdifferenz das Inzesttabu und die Tatsache, dass manche Sexualität verboten ist, dass beispielsweise die Mutter hierfür – beiden Geschlechtern – nicht zur Verfügung steht, weil sie dem Vater ›gehört‹. Außerdem lernen die Kinder in der ödipalen Krise, dass die beiden Geschlechter nicht dieselben sexuellen Rechte oder Zukunft haben werden. Die Kastrationsdrohung durch den Vater, die den Jungen dazu bewegt, die Mutter als Liebesobjekt aufzugeben, bedeutet auch die Drohung des Vaters, den Phallus, der nichts anderes ist, als das vom Penis abgeleitete Symbol für Macht, nicht an den Sohn weiterzugeben und ihn damit zum Mädchen zu machen. Im Akt der Verwerfung der- beziehungsweise des Verzichts auf die Mutter bestätigt der Junge die Verhältnisse, welche die Mutter dem Vater gegeben haben und die ihm – wenn er ein Mann wird – eine eigene Frau geben werden. Im Tausch für seine Bestätigung des Besitzrechtes seines Vaters über seine Mutter gibt ihm der Vater den Phallus (kastriert ihn nicht). Der Phallus ist der symbolische Gutschein, der später für eine Frau eingetauscht werden kann. Alles, was von dem Jungen verlangt wird, ist ein wenig Geduld. Er behält seine ursprüngliche libidinöse Organisation bei und das Geschlecht seines ursprünglichen Liebesobjektes (Rubin, S. 192 ff.).

Was dem Mädchen widerfährt, ist komplexer. Sie muss im Verlauf des Ödipuskomplexes (beziehungsweise Elektrakomplexes) ihre Kastriertheit und damit Unterlegenheit anerkennen. Für den Jungen ist das Inzesttabu eines gegen bestimmte Frauen, für das Mädchen gegen alle. Da das Mädchen in ihrer Mutterliebe in einer homosexuellen Position ist, macht das Gesetz der Heterosexualität, welches das Szenario dominiert, ihre Position entsetzlich unhaltbar. Die Mutter und alle anderen Frauen können nur von jemandem mit einem Penis/Phallus geliebt werden. Da das Mädchen keinen Phallus hat, hat es kein *Recht*, die Mutter zu lieben oder eine andere Frau. Es ist dazu bestimmt, selbst einem Mann gegeben zu werden (Rubin, S. 193-194). Es ist nicht im Besitz des symbolischen Zeichens, das für eine Frau eingetauscht werden kann. Das sächliche Personalpronomen, welches die Grammatik für das weibliche Kind diktiert (nicht für das männliche), nötigt im Prinzip auch mich als Autorin, dem ›Gesetz der Sprache/der Grammatik‹ zu folgen und ihren rechtlosen Status im Tauschsystem zu wiederholen.

Das Mädchen wendet sich von der Mutter nicht nur ab, weil es in Ermangelung eines Penis keinen Phallus als Tauschmittel für sie hat, sondern auch aus Enttäuschung und Verärgerung, weil ihr die Mutter keinen Penis ›gegeben‹ hat. Die Mutter hat in einer phallischen Kultur selbst keinen

Phallus zu vergeben. Das Mädchen muss sich dem Vater zuwenden, denn nur er kann ihr ›den Phallus geben‹ und nur durch ihn kann sie in das symbolische Tauschsystem eintreten, in welchem der Phallus zirkuliert (Rubin, S. 194-195). Aber der Vater gibt ihr den Phallus nicht in derselben Weise, wie er ihn dem Jungen gibt. Der Phallus, den der Junge dann herzugeben hat, muss in ihm lediglich bestätigt werden. Das Mädchen bekommt den Phallus nie, er wird durch sie hindurchgereicht und in seiner Passage zu einem Kind transformiert. Wenn sie ihre ›Kastration an/erkennt‹, nimmt sie den Platz einer Frau in einer phallischen Tauschordnung ein. Sie kann den Phallus im Geschlechtsverkehr ›bekommen‹ oder durch ein Kind – aber nur als ›Geschenk‹ von einem Mann. Sie kommt niemals in die Position, den Phallus (weiter) zu geben.

Wenn sich das Mädchen dem Vater zuwendet, verdrängt sie den aktiven Teil ihrer Libido und entwickelt den passiven. Damit geht sie Freud zufolge einer Katastrophe aus dem Weg. Freud benennt drei mögliche Ausgänge des Ödipuskomplexes beim Mädchen: Entweder sie dreht durch, verdrängt Sexualität insgesamt und wird asexuell; sie protestiert, hält an ihrem Narzissmus und Begehren fest und wird entweder ›männlich‹ oder homosexuell oder sie akzeptiert die Situation, ›unterschreibt‹ den sozialen Vertrag und erlangt ›Normalität‹ (Rubin, S. 196). Im Erkennen der Vergeblichkeit ihres aktiven Begehrens aufgrund der Ungleichheit, die das Mädchen erfährt, vernachlässigt sie dieses Begehren zugunsten von Passivität.

Freud verortet aktive weibliche Erotik in der Klitoris und die passive in der Vagina. Diese Verlagerung erlebt das Mädchen in der ödipalen Krise – sie stellt die weibliche Überwindung derselben dar. Das Mädchen wendet sich dem Vater zu weil sie ›kastriert‹ und damit hilflos und hilfsbedürftig ist. Sie entdeckt, dass Kastration die Bedingung ist, um vom Vater geliebt zu werden, also beginnt sie, die Kastration zu begehren – was zuvor ein Desaster war, wird nun ein Wunsch (S. 197). In Freuds Geographie des Begehrens stellt der Masochismus die weibliche Normalität dar. Rubin schließt die Diskussion mit der Feststellung, es bedürfe »some fancy footwork, to explain why anyone ought to enjoy being a woman« (ebda.). In der psychoanalytischen Darstellung der psychosexuellen Entwicklung finden eine Enteignung und eine Bemächtigung statt. Die weibliche Prokreativität – die Tatsache, dass jede Gesellschaft in ihrem Fortleben auf die Gebärfähigkeit von Frauen angewiesen ist – wird neutralisiert und an ihrer Stelle ein Narrativ generiert, das Männlichkeit Omnipotenz zuordnet. Die Interdependenz weiblicher und männlicher Anatomie im Kontext der Prokreativität wird in der Theorie der psychosexuellen Entwicklung aufgelöst und zugunsten der Allmacht von Männern und der Ohnmacht von Frauen umgeschrieben.

Die französische Psychoanalyse in der Tradition Lacans leugnet Freuds biologistische Nahelegungen gänzlich und will die Psychoanalyse als eine Theorie der Information statt der Organe verstehen (Rubin, S. 188). Lacan macht einen radikalen Unterschied zwischen dem Penis und dem Phallus, zwischen Organ und Information. Für Lacan geht es in der Psychoanalyse Freuds um die Sprache und kulturelle Bedeutungen, welche der Anatomie übergestülpt werden. Die Psychoanalyse ist für Lacan die Wissenschaft, welche die Spuren in der Psyche von Individuen untersucht, die aus ihrer Einschreibung in das System der Verwandtschaft resultieren (ebda.). In der lacanianischen Psychoanalyse sind es die Verwandtschaftsbegriffe, welche die Position eines Subjekts in einer jeweiligen Gesellschaft determinieren.

Dass das Unbewusste wie eine Sprache strukturiert ist, bedeutet, dass sich durch sie die sozialen Gesetze vermitteln. Die Terminologie der Verwandtschaft enthält Informationen über das System und zeigt an, welche Personen begehrt und geheiratet werden können und welche Tabu sind. Durch die Bezeichnungen von Frauen, welche zur Gruppe der heiratsfähigen Frauen gehören und welche nicht (Schwester, Tochter, Mutter, Cousine, Kreuzcousine, Tante etc.) – Zeichen also, die das Begehren strukturieren –, wird das heranwachsende Subjekt über die Sprache in die soziale Ordnung eingewiesen. Für Lévi-Strauss sind Frauen wie Worte, die missbraucht werden, wenn sie nicht ›kommuniziert‹ und getauscht werden (Rubin, S. 201). Erst auf der letzten Seite seines fast siebenhundert Seiten langen Buches fällt Lévi-Strauss dann plötzlich ein Widerspruch in seiner Konzeption von Frauen auf, da sie gleichzeitig Sprecherinnen und Gesprochenes sind (ebda.). Die Signifikantenkette bei Lacan als Kette von Objekten, die auf etwas verweisen, an sich aber bedeutungslos sind, ist vom Frauentausch bei Lévi-Strauss abgeleitet, dessen Objekt – die Frau – bedeutungslos ist; sie ist lediglich ein Tauschobjekt, ein Hilfsmittel für die Organisation der Gemeinschaft der Männer. Lacans viel zitierter Satz: »Die Frau existiert nicht« bringt das zum Ausdruck. Sie ist lediglich das fiktive Objekt des Begehrens des Mannes. Der Phallus – Eingangstor zum Unbewussten – als Zeichen für die Leerstelle (Kastration) ist Auslöser der Signifikantenkette (Frauentausch). Lacan schreibt:

> »For where on earth would one situate the determinations of the unconsciousness if it is not in those nominal cadres in which marriage ties and kinship are always grounded. ... And how would one apprehend the analytical conflicts and

their Oedipean prototype outside the engagements which have fixed, long before the subject came into the world, not only his destiny, but his identity itself?« (Lacan, zitiert nach Rubin, S. 188)

Mit dem Spracherwerb lernen die Subjekte diese Ordnung. In Lacans Schema stellt die ödipale Krise das Moment dar, wo ein Kind die sexuellen Regeln von Familie und Verwandtschaft sowie seinen Platz darin lernt. Die Krise ist überwunden, wenn das Kind seinen Platz angenommen hat, und selbst wenn nicht, kann es dem Wissen darum nicht mehr entkommen. Während es in der Freud'schen Psychoanalyse die ödipale Unterscheidung: Penis/ Kastration gibt, lässt die lacanianische Psychoanalyse jegliche Referenz zur anatomischen Realität zurück. Das männliche Organ soll im lacanianischen Ödipuskomplex nur eine symbolische Rolle spielen. Seine Anwesenheit oder Abwesenheit (1/0 der Kybernetik) transformiert die anatomische Differenz einer Hauptklassifikation der Menschen. Kein Subjekt kann sich der Abwesenheit oder Anwesenheit gewiss sein. Vielmehr bleibt es eine inter- und intrasubjektive Ungewissheit (Rubin mit Laplanche und Pontalis, S. 190-191) – die Undeterminierbarkeit des Subjekts der sexuellen Differenz, an der Seshadri-Crooks so vehement festhält. Kastration wird durch die Abwesenheit eines Penis bei Frauen im Realen unterstützt, schreibt Lacan (Rubin, S. 191). Aber selbst das, so Lacan weiter, setzt eine Symbolisierung des Objektes voraus, weil das Reale voll ist und es ihm an nichts *mangelt.* Die Anwesenheit oder Abwesenheit des Phallus symbolisiert allerdings weiterhin die Differenz zwischen zwei sexuellen Status: Mann oder Frau. Da diese nicht ebenbürtig sind, trägt der Phallus auch die Bedeutung der Dominanz von Männern über Frauen. Unter diesen Bedingungen ist der ›Penisneid‹ obligatorisch, er ist die Anerkennung dieser Tatsache (Rubin, S. 191). Freud versteht ihn allerdings als die Unfähigkeit von ›phallischen‹ Frauen, sich in ihre gesellschaftliche Position zu fügen, die er durch seine Theorie der sexuellen Entwicklung als Subjektgenese naturalisiert. Dieser Naturalisierungsmechanismus ist Rubins Hauptkritikpunkt an der Psychoanalyse.

Die Unabhängigkeit des Phallus vom Penis/der Anatomie ist nicht mehr als eine Behauptung in der lacanianischen Psychoanalyse. Lacans Rekurs auf Lévi-Strauss' Verwandtschaftsordnung vermag Freuds Diktum, dass Anatomie Schicksal sei, nicht zu überwinden – im Gegenteil. Lacans Phallus als Symbol, das innerhalb und zwischen Familien getauscht wird, zirkuliert nur unter Männern. Auch Lacans Psychoanalyse betreibt die Einschreibung gesellschaftlicher Machtverhältnisse in den Körper – die Genitalien – und macht damit aus Gender Geschlecht – aus Performativität Anatomie. Sie stellt – performativ – Geschlecht her. Der Phallus als Zeichen für den Ort am Körper, wo dieser in Zwei geteilt wird: Phallus/Kastration und damit das Subjekt zwingt, eine männliche oder weibliche Position einzunehmen, ist vom Penis, den er symbolisiert, nicht zu trennen. Der Phallus bleibt das Symbol für die Dominanz von Männern über Frauen.

Es wird deutlich, wie unhaltbar Seshadri-Crooks' Behauptung der Undeterminiertheit, Alteroreferenzialität, Ahistorizität und Machtfreiheit des Phallus ist. Wie Deleuze und Guattari (2000/1972) für die psychoanalytische Therapeutik übersetzt schreiben, ist der Ausgang der Therapie immer schon klar, ehe sich der Patient oder die Patientin auf die Couch legen. Ödipus ist ein Labyrinth, aus dem man nur raus kommt, indem man rein geht (S. 113 ff.).

Mit der Einschreibung der kulturellen Stereotype in die Genitalien bildet das psychoanalytische Schema einen Fetisch, der Kultur in Natur wandelt. Durch ihn wird Bewusstes in Unbewusstes, Diskurs in Materie und Kultur in Biologie gewandelt. Kontingente soziale Verhältnisse manifestieren sich so im Körper und erscheinen als Natur, die sich der Sprache, der Diskursivierung und der Dekonstruktion entziehen. Hooks und Seshadri-Crooks' Arbeiten sind Beispiele dafür. Sie positionieren sich post-strukturalistisch, post-diskursanalytisch und post-dekonstruktivistisch, bleiben in ihren Denkbewegungen jedoch hinter diesen kritischen Ansätzen zurück. Hooks ›Entdeckung‹, dass das Körperliche des Rassismus psychoanalytisch verstanden werden kann und Seshadri-Crooks' fester Glaube an die Ahistorizität, Machtfreiheit und Undeterminiertheit des Phallus können vor diesem Hintergrund nur als Wirkung des Phallus als Fetisch verstanden werden. Der Fetisch, das *Ding*, verschleiert, wofür er steht.

2.1.5 Das Unbehagen (in) der Psychoanalyse

Die Psychoanalyse behauptet, dass Weiblichkeit aus Masochismus, Selbsthass und Passivität besteht, ohne dass sie das bewertet. So wie Lévi-Strauss in seiner Vorstellung, dass Frauen (wie) Worte seien, über fast siebenhundert Seiten hinweg den Widerspruch ignorieren kann, dass sie sprechen und gesprochen werden, also nicht nur passiv sein können, ist auch bei Freud eine beeindruckende Insistenz zu beobachten, mit der er kritische Implikationen seiner eigenen Theorie assimiliert. Der moralische Kodex der Sexualität fordert mehr Opfer, als er wert ist – er ist weder durch Ehrlichkeit noch durch Weisheit instituiert (Rubin, S. 201). Wenn Frauen, um ihren Platz in einem sexuellen System zu finden, ihrer Libido beraubt und in eine masochistische

Erotik gezwungen werden, warum hat Freud nicht für neue Arrangements plädiert, statt die alten zu rationalisieren, fragt Rubin (S. 197). Anstatt die gesellschaftliche ›Kastration‹ von Frauen zu problematisieren, schreibt sie Freud in den Körper ein.

Die Psychoanalyse und die strukturelle Anthropologie seien auf eine Art die durchdachtesten Ideologien des Sexismus überhaupt, schreibt Rubin (S. 200). Wie für so viele andere Gender- und postkoloniale Theoretiker_innen ist das jedoch auch für Rubin kein Grund, die Psychoanalyse zu verwerfen. Im Gegenteil – als Beschreibung, wie die phallische Kultur Frauen domestiziert, und als Erklärung der Auswirkung dieser Unterdrückung auf die Psyche von Frauen sei die Psychoanalyse beispiellos (S. 197-198). Rubin nennt die Psychoanalyse Freuds sogar eine knapp verfehlte feministische Theorie:

> »Psychoanalysis contains a unique set of concepts for understanding men, women, and sexuality. It is a theory of sexuality in human society. Most importantly, psychoanalysis provides a description of the mechanisms by which the sexes are divided and deformed, of how bisexual, androgynous infants are transformed into boys and girls. Psychoanalysis is a feminist theory manqué.« (S. 184-185)

Wie ich im Kapitel vier mit Daniel Boyarin ausführen werde, gilt dasselbe für Rassismus. Boyarin argumentiert, dass Freuds Psychoanalyse eine zum Greifen nahe Rassismusanalyse immanent ist. Freuds ›Dark Continent‹ muss allerdings zunächst selbst einer (Psycho)Analyse unterzogen werden, ehe die Psychoanalyse auf Sexismus und Rassismus angewendet werden kann. Freud und Lévi-Strauss haben beleuchtet, was ansonsten nur schwach wahrgenommene Teile der tiefen Struktur geschlechtlicher Unterdrückung sind. Beider Theorien sind wichtige Schaubilder, die helfen, die vielschichtige Dimension des Sexismus zu erkennen, zu analysieren und zu bekämpfen: »One can read Freud's essay on femininity as descriptions of how a group is prepared psychologically, at a tender age, to live with its oppression« (Rubin, S. 196).

Freuds Theorie der Annahme von Geschlecht hätte also die Basis einer Kritik an den Geschlechterrollen sein können, stattdessen wurden die radikalen Einsichten von Freuds Theorie in der Psychoanalyse verdrängt (Rubin, S. 184). Für Rubin konstituiert diese Verdrängung das Unbehagen in der Psychoanalyse, sie ist ihr Unbewusstes. Freuds Theorie der Weiblichkeit als Rationalisierung weiblicher Unterdrückung geht gegen den Strich psychoanalytischer Logik. Genau in den Momenten, wo die Implikationen der psychoanalytischen Theorie deutlich werden könnten, werden sie ignoriert und durch Formulierungen ersetzt, deren Zweck es ist, diese Implikationen fest im theoretischen Unbewussten verschlossen zu halten (S. 202-203). Diese Substitutionen nennt Rubin die Symptome der theoretischen Verdrängung (S. 203), denn sie sind nicht konsistent mit dem üblichen Kanon psychoanalytischer Argumentation. Diese Verdrängung ginge so weit, schreibt Rubin, dass das Potenzial für eine kritische psychoanalytische Theorie von Gender nur noch in der Symptomatik ihrer Verleugnung sichtbar würde.

Was Seshadri-Crooks und andere in Anwendung der psychoanalytischen Theorie der sexuellen Differenz als Subjekt konstituierend reproduzieren, ist also das Unbewusste (in) der Psychoanalyse – der Phallus, ein Fetisch – das *Ding*. Warum lebt ›das Unbewusste der Psychoanalyse‹ selbst in ›postkolonialen, poststrukturalistischen‹ Rassismusanalysen fort? Wie können Hook und Seshadri-Crooks – gleichermaßen mit Postkolonialer Theorie, Butlers dekonstruktivistischer Gender-Theorie und anderen kritischen Theorien vertraut – weiterhin die essenzialistischen und reaktionären Elemente der Psychoanalyse reproduzieren? Der Sexismus und Rassismus in der Psychoanalyse – vor allem in den kulturtheoretischen Texten Freuds – ist unübersehbar. Es kostet Anstrengung, sie nicht zu sehen. Wie reproduziert sich der ›weiße Fleck‹ von Freud selbst in Arbeiten, die explizit das ›Unbewusste des Rassismus‹ – Whiteness – in den Blick nehmen wollen? Die Philosophin Judith Butler, die für einen Paradigmenwechsel in der feministischen Theoriebildung – für den Wandel von Geschlecht zu Gender – steht, beginnt ihre Untersuchung mit einem Versuch über das Unbehagen, und sie wählt keine andere als die psychoanalytische Subjekt- als Gendertheorie für dieses Unternehmen. Sie untersucht dieses Symptom der Psychoanalyse und legt sich mit ihrem *Realen* an. Ihre Lesart der Psychoanalyse hilft über die Erkenntnisse, die Rubin bereits gewonnen hat, hinaus zu verstehen, wie der ›Phallus-Schwindel‹ funktioniert. Durch Butlers scharfsinnige, differenzierte Lesart der psychoanalytischen Subjektgenese legt sie die Performativität ihrer Genealogie bloß. Der folgende Abschnitt mag in Teilen wie eine Wiederholung der bereits ausgeführten Argumentation zu lesen sein. Worauf es jedoch ankommt ist, *wie* in der Psychoanalyse ›Ursprünglichkeit‹, ›Ahistorizität‹ oder andere Elemente, die für die Naturalisierungs- und Ontologisierungseffekte verantwortlich sind, hervorgebracht werden. Butler konzentriert sich auf Gender und Sexualität als Kernelemente der Psychoanalyse. Meine These, dass ›unter‹ diesen ›Grundlagen‹ der Subjektgenese in der Psychoanalyse Rasse liegt, lässt sich durch eine Verlängerung von Butlers dekonstruktiver Lesart über Gender und Sexualität hinaus ausarbeiten, was ich dann im Kapitel vier unternehmen werde.

2.2 Das Unbehagen der Geschlechter: Judith Butlers Machtanalytik

Judith Butler beginnt *Gender Trouble* (1990), jenes prominente Buch, welches (schließlich auch in Deutschland) die Geschlecht/Gender-Debatte ausgelöst hatte, mit einem Versuch über das Unbehagen. Es wird in: *Das Unbehagen der Geschlechter* (1991) übersetzt. Unbehagen stellt sich ein, so schreibt Butler, wenn man Grenzen überschritten hat, und zwar die der anderen. Wer Schwierigkeiten[28] macht, bekommt Schwierigkeiten, so lernt es jedes Kind. Rebellion und ihre Unterdrückung sind also in denselben Begriffen verfangen. Das ist die subtile List der Macht (S. 7). Butler sieht das Unbehagen unmittelbar mit Machtverhältnissen verknüpft und sie stellt fest, dass es oft ein zutiefst geheimnisvolles Problem verhüllt, »das für gewöhnlich mit dem angeblichen Mysterium der weiblichen Seite der Dinge verbunden« (ebda.) wird. Bezug nehmend auf Simone de Beauvoirs existenzialistischen Ansatz schreibt sie,

> »dass eine Frau sein, unter den Bedingungen der maskulinen Kultur, bedeutet, für die Männer eine Quelle des Mysteriums und des Unerkennbaren darzustellen. Diese These [scheint] sich irgendwie auch bei Sartre zu bestätigen, für den jedes Begehren – das er problematischerweise als heterosexuell und männlich bestimmtes voraussetzt – als *Unbehagen* definiert ist. Dieses Unbehagen [wird] für das männliche Subjekt des Begehrens durch die plötzliche Störung, die unerwartete Aktivität eines weiblichen ›Objekts‹, zum Skandal, sobald dieses Objekt unerklärlicherweise den Blick erwidert, das Blickverhältnis umkehrt und die Stelle und Autorität der männlichen Position anficht. Durch die grundlegende Abhängigkeit des männlichen Subjekts von der weiblichen ›Anderen‹ enthüllt sich plötzlich der illusorische Charakter ›seiner‹ Autonomie.« (S. 7-8)

Wie hängen diese Überlegungen zum Unbehagen mit denen Sigmund Freuds zusammen, der »Das Unbehagen in der Kultur« als Preis für die Zivilisation begreift und für den dieses Unbehagen durch ›Triebverzicht‹ begründet ist? Wie hängt dieses Unbehagen mit der These von Rubin über das Unbehagen *in* der Psychoanalyse selbst zusammen; wie mit der Heimsuchung durch das Abjekt, das Hook mit dem Affektiven, Materi-

28 Im Englischen verwendet Butler »trouble«, was sich in der deutschen Übersetzung je nach Kontext in »Schwierigkeit«, »Unbehagen«, »Ärger«, »Beunruhigung« oder »Verstörung« auffächert. Butlers »trouble« ist allerdings semantisch eng mit dem verknüpft, was Freud mit seinem »Unbehagen« in der Kultur meint.

ellen und Körperlichen assoziiert, und das er als konstitutives Außen des (rassistischen) Diskurses beschreibt? Wie ist dieses Unbehagen im Zusammenhang mit Kristevas Mütterlichem/Weiblichem zu verstehen, das durch das Abjekt codiert ist, oder mit Seshadri-Crooks' Un/Heimlichkeit und dem Auftauchen phobischer Objekte bei der Konfrontation des Signifikanten Whiteness (als Phallus) mit seiner Historizität? Die Themen der Un/Heimlichkeit und Heimsuchung ziehen sich durch die Texte aller drei Autor_innen (Seshadri-Crooks, Kristeva und Hook) und scheinen eine Art Bindeglied zwischen dem »kulturellen Symbolischen«, Geschlecht und Rasse darzustellen. Freuds *Totem und Tabu* und *Das Unbehagen in der Kultur* sind die kulturtheoretischen Schriften, auf denen die Thesen von Seshadri-Crooks, Kristeva und Hook gründen. Dort wird das *Reale* der Psychoanalyse ausgearbeitet, ihre anthropologischen Grundlagen.

Seshadri-Crooks behauptet:

> »It would be a serious error to assimilate Lacan's notion of the organism to the ›sex‹ of the sex-gender nexus that preoccupies feminism and queer theory. ... The simple binary between sex and gender in these discourses that plays out as nature vs. culture, essence vs. construct, pre-discursive vs. symbolic, etc. does not hold in Lacan's theory, where ›sex‹ is neither nature nor culture. To ›deconstruct‹ the sex-gender nexus as Judith Butler does, would be, in the realm of psychoanalysis, to misunderstand ›sex‹. For Lacan, ›sex‹ is neither prediscursive nor symbolic. It is ›the point of failing that the subject encounters in the signifying chain‹. «(Seshadri-Crooks, S. 39)

Butler betreibt allerdings keine Dekonstruktion von Binaritäten, die den Gegenstand der Psychoanalyse verfehlen, sondern einer ihrer zentralen Gegenstände *ist* die Psychoanalyse als Erkenntnistheorie – ein Gegenstand, der sich durch einen großen Teil ihres bisherigen Werkes zieht. Sie untersucht die sexuelle Differenz als zentrales Moment der Subjektgenese in der Psychoanalyse und verdeutlicht, dass der Phallus als Signifikant weder ahistorisch noch alteroreferenziell, noch machtfrei ist. Sie greift eben diesen ›sex‹ auf und fragt, ob

> »die Psychoanalyse eine anti-fundamentalistische Theorie [ist], die jene sexuelle Vielschichtigkeit bejaht, die die starren, hierarchischen sexuellen Codes wirksam de-reguliert? Oder hält die Psychoanalyse einen Komplex von Voraussetzungen über die Grundlagen der Identität aufrecht, die gerade zugunsten dieser Hierarchien arbeiten?« (1991, S. 11)

Das Inzesttabu und das vorgängige Tabu gegen die Homosexualität sind nach Butler als generative Momente der Geschlechtsidentität in der Psychoanalyse zu verstehen, wobei die Konstruktion der Kohärenz die *reale* Diskontinuität der Geschlechtsidentität verschleiert (1991, S. 199). Zentral ist für Butler nicht nur das Verhältnis von sex/gender, sondern die Frage nach dem Begehren als unmittelbar mit Machtverhältnissen Verknüpftem. Scheitert die Signifizierung des Subjekts – die sexuelle Beziehung – in der Signifikantenkette oder wird sie nicht vielmehr genau dadurch determiniert? Wichtiger noch als die Dekonstruktion von Geschlecht (sex) als Gender, also seiner De-essenzialisierung und ihrer Erklärung, wie die ›Kultur‹ der Geschlechtsidentität naturalisiert wird, ist mir in Butlers Arbeit das von ihr entwickelte Verständnis über die Produktion von Macht aufgrund dessen, was als das Biologische des (Geschlechts-)Körpers verstanden und von der Psychoanalyse in die Psyche eingeschrieben wird. Butler untersucht, wie ›Ursächlichkeit‹ und ›Ursprünglichkeit‹ als Effekte von Institutionen, Verfahrensweisen und Diskursen entstehen (1991, S. 9). Bedeutend ist nicht nur, was Essenz, was Konstrukt ist, sondern, wie durch die diskursive Hervorbringung von Materie/Essenz Machverhältnisse entstehen.

2.2.1 Verwandtschaft im Namen des Vaters

Die anthropologischen Grundlagen der Psychoanalyse erlauben ihr, ein Symbolisches zu formulieren, das mit einer ›Ursprünglichkeit‹, ›Ursächlichkeit‹ und ›Gesetzmäßigkeit‹ des Subjekts ausgestattet ist. Lacan übernimmt den Begriff des Symbolischen von Lévi-Strauss und macht ihn zu einem technischen Begriff,

> »definiert als das Reich des Gesetzes, das das Begehren im Ödipuskomplex regelt. Dieser Komplex soll sich herleiten aus einem primären oder symbolischen Inzestverbot, einem Verbot, das nur in Begriffen der Verwandtschaftsbeziehungen überhaupt sinnvoll ist, in deren Rahmen verschiedene ›Positionen‹ in der Familie nach exogamischen Vorschriften besetzt werden.« (Butler, 2001a, S. 39)

Indem Lacan Lévi-Strauss' Annahme eines singulären, universellen Gesetzes und einer bestimmten Struktur des regulierenden Austauschs als Verwandtschaftssystem folgt, wird der Diskurs der Psychoanalyse Lacans nicht nur strukturalistisch, sondern er bekommt dadurch auch einen theologischen Impuls. Das Gesetz der Psychoanalyse wird ›im Namen des Vaters‹ unantastbar – immun gegen alle Kritik –, quasi zum Naturgesetz. Nicht umsonst nennt Lacan seinen *Grund* das ›Reale‹, den Signifikanten Phallus ›Herrensignifikant‹.

Seshadri-Crooks behauptet, Lacan folgend, die Signifizierung durch den Phallus als Hauptsignifikant dieses Gesetzes sei undeterminiert, während Whiteness als Signifikant anstelle des Phallus determiniere. Der Phallus hat angeblich nichts mit dem männlichen Genital zu tun und Weiblichkeit und Männlichkeit seien lediglich Positionen im Symbolischen, die eingenommen werden können. Butler macht dagegen deutlich, dass in dieser symbolischen Natur des Austausches als universell menschlichem Charakter Männern ›Identität‹ zugewiesen wird, Frauen dagegen eine untergeordnete, relationale ›Negation‹ beziehungsweise ein Mangel. Die Struktur dieses Austauschs produziert eine hierarchische Ordnung. Als Tauschobjekte zwischen Männergruppen haben Frauen in diesem System weder eine Identität, noch tauschen sie eine Identität gegen eine andere. Die Frau

> »reflektiert lediglich die männliche Identität, gerade indem sie den Schauplatz ihrer Abwesenheit darstellt. Durch die Ehe, einen wiederholten Akt symbolischer Differenzierung, nehmen die Mitglieder der Sippe, stets Männer, das Vorrecht der Identität in Anspruch. ... Die patrilineare Struktur wird ebenso durch die rituelle Austreibung wie durch die rituelle Einfuhr von Frauen gesichert.« (Butler, 1991, S. 68)

Der Phallus ›sein‹ heißt, das Zeichen und damit das Versprechen der Macht des Symbolischen zu sein – ein Tauschobjekt »durch das das Gesetz des Vaters seine Macht und die Form seiner Erscheinung erweitert«. Die Frauen sind das Sinnbild einer fortgesetzten Zirkulation des Phallus (Butler, 1991, S. 78). Sie sind Phallus, während die männliche Position bedeutet, den Phallus zu haben. Das heißt, das Begehren, das Seshadri-Crooks zum Ausgangspunkt ihrer Rassismusuntersuchung nimmt, ist bereits androzentrisch. Es ist nicht altero-, sondern – genauso wie sie es für Whiteness beschreibt – autoreferenziell. In Lacans Sprachtheorie bedeutet die weibliche Position – Phallus sein –,

> »der Signifikant des Begehrens des Anderen zu sein beziehungsweise als dieser Signifikant zu *erscheinen*. Der Phallus sein bedeutet, das Objekt, der/die Andere eines heterosexualisierten männlichen Begehrens zu sein und zugleich dieses Begehren zu repräsentieren oder zu reflektieren. Diese/r Andere bildet also nicht die Grenze der Männlichkeit in einer weiblichen Andersheit, sondern lediglich den Schauplatz einer männlichen Selbst-Ausarbeitung.« (Butler, 1991, S. 75)

Die Position der Frauen ist, anstelle des Habens als Sein zu er-scheinen, ein Schein, der das Haben schützt und gleichzeitig den Mangel im anderen maskiert. Diese Situation hat zur Folge, dass der Schein »die idealen oder typischen Erscheinungsformen des Verhaltens beider Geschlechter, bis zur äußersten Grenze im Akt der Kopulation, ganz ins Komödienhafte projiziert« (Lacan, zitiert nach Butler, 1991, S. 79). Das Sein (statt Bedeutung) ist also nicht nur Effekt von Whiteness als Signifikant, sondern bereits von Phallus – für Frauen! Die Frauen *sind* die dialektische Bestätigung der Identität des Mannes. Die Macht des Phallus ist durch die weibliche Position des Nicht-Habens *bedingt*. Der Anschein oder der Effekt des Seins wird durch die Bezeichnungsstrukturen hervorgebracht, eine wechselseitige Abhängigkeit, die Butler mit der Hegelschen Struktur der fehlenden Wechselseitigkeit zwischen Herr und Knecht vergleicht. Georg Friedrich Wilhelm Hegels Herr benötigt den Knecht, »um reflexiv seine eigene Identität zu begründen« (Butler, 1991, S. 76), wobei die »binäre Disjunktion von ›Haben‹ und ›Sein‹« unweigerlich auf ›Mangel‹ und ›Verlust‹ hinausläuft – die Unvereinbarkeit des Realen und des Symbolischen (ebda.).

Der Name, mit dem das ›Ich‹ angerufen wird, ist Teil eines sozialen Paktes oder Zeichensystems, er ist die Zeit des Objektes, welche den Namen über eine Zeit hinweg absichert. Die Beständigkeit eines benannten Subjekts ist keine Funktion des Eigennamens, sondern Funktion eines Patronymikons. Das Wort (der Name) ist daher das Identische. Frauen sind als Nicht-Ich – als Nicht-selbst-Identisches – notwendige Voraussetzung für diese Dialektik. Diese patrilineare Organisation beinhaltet,

> »dass es *patronymische* Namen sind, die über die Zeit hinweg Bestand haben, als nominale Zonen der phallischen Kontrolle. Die durchgehaltene und lebensfähige Identität wird demnach mit der Unterwerfung unter das und der Subjektivierung durch das Patronymikon erkauft. Weil aber diese patronymische Linie nur durch den rituellen Tausch von Frauen gesichert werden kann, wird für die Frauen ein bestimmter Wechsel der patronymischen Verwandtschaft und deshalb eine Änderung des Namens erforderlich. Die Frauen werden dadurch schicklich, dass sie durch den Tausch von Namen einen änderbaren Namen haben, was bedeutet, dass der Name nie beständig ist und dass die vom Namen gesicherte Identität immer von den sozialen Erfordernissen der Paternität und der Verheiratung abhängt. *Demzufolge ist die Enteignung die Bedingung der Identität für Frauen* [Hervorhebung v. Verf.]. Identität wird geradezu in der und durch die Übertragung des Namens gesichert, durch den Namen als einen Ort der Übertragung oder Ersetzung, durch den Namen also als genau das, was immer unbeständig ist,

eher different zu sich selbst, als es selbst, das Nicht-selbst-Identische.« (Butler 1997, S. 213-214)[29]

Der Phallus ist nicht nur – genauso wie Whiteness – autoreferenziell, er produziert auch einen Autonomie-Effekt, und seine vermeintliche Ahistorizität ist darauf angewiesen, dass Frauen als Worte, die getauscht werden – als Temporalität – ihren Namen aufgeben und so die Ahistorizität der durch den Phallus generierten Signifizierung ermöglichen. Diese patronymische Verfahrensweise sichert ihren dauerhaften Bestand, indem sie verlangt,

> »dass Frauen in ihren Rollen als verheiratete Frauen und Töchter ihren Namen aufgeben und das unaufhörliche Bestehen und die Starrheit für irgendein anderes Patronymikon sichern, und Schwiegertöchter werden importiert, um diesem Patronymikon die Ewigkeit zu sichern. Der Frauentausch ist deswegen eine unverzichtbare Voraussetzung für die starre Bezeichnung des Patronymikons. ... Diese performative Macht des Namens kann deshalb nicht von der väterlichen Ökonomie, innerhalb derer sie operiert, und dem Machtdifferential zwischen den Geschlechtern, das sie instituiert und dem sie dienlich ist, isoliert werden.« (Butler, 1997, S. 295)

Der Phallus als Signifikant ist nicht Garant für Machtfreiheit, sondern er instituiert und garantiert ein hierarchisches Verhältnis zwischen den Geschlechtern. Der Name und das Wort basieren auf dem Gesetz des Vaters, ein quasi göttliches Gesetz, das seinen Anfang in vermeintlich prähistorischen Ereignissen nimmt, womit dem Namen als das *Reale* in der Psychoanalyse ein ahistorischer Status zukommt. Es ist jedoch in der *Realität* lediglich eine Verfahrensweise, die die Selbstverewigung patronymischer Autorität garantiert. Die performative Macht des Namens festigt ihr Signifikat durch eine Reihe differenzieller Beziehungen zu anderen Signifikanten, woraus eine hierarchisierende Subjektivierung in der Theorie Lacans entsteht und nicht, wie Seshadri-Crooks und andere Lacanianer_innen behaupten, eine machtfreie. Das Patronymikon ist die »abgekürzte ... Instanz eines hierarchischen

---

29 Die Enteignung eines Namens und die zwangsweise Übernahme eines anderen ist auch Charakteristikum der transatlantischen Sklaverei; eine Strategie, mit der systematisch die verwandtschaftlichen Identifikationen der Verschleppten aus Afrika zerstört und vernichtet wurden. Morrisons Hinweis darauf, dass das ›Ich‹ des weißen Subjekts auf das schwarze Subjekt (gar Objekt) als Nicht-Ich angewiesen ist, verdeutlicht die Interdependenz von ›Rasse‹ und ›Geschlecht‹ im verhandelten Subjektverständnis. Ich werde auf den Zusammenhang von Verwandtschaft und Rassismus zurückkommen.

Verwandtschaftsregimes« (Butler, 1997, S. 214) und als dessen Funktion ist die Signifikation durch den Namen des Vaters in der lacanianischen Psychoanalyse nicht für alle Subjekte gleich. Der Name hat eine ähnliche Funktion wie die zitierende Rede vom Gesetz – Letzteres wird durch ihn nicht nur getragen, sondern instituiert. Indem der Name das Subjekt absichert, strukturiert er es auch und übt die Macht der Subjektivierung aus. Der Name «produziert ein Subjekt auf der Basis eines Verbots, einer Reihe von Gesetzen, die die Subjekte durch die Zwangsgesetzgebung sexuierter sozialer Positionalitäten differenziert« (ebda.).

Am Ende ihres Buches kommt Seshadri-Crooks nochmals auf Butlers Diskussion der Identität zurück und kritisiert, dass man aus der Perspektive der Psychoanalyse (die einzunehmen sie scheinbar imstande ist und Butler nicht, so die Unterstellung) Identität und Identifikation nicht zusammenwerfen und als Effekte von Macht betrachten könne; »for if we posit the unconscious (the locus of the symbolic and of its limits) as the cause of the subject, then the task of interrogating identiy cannot rest content with the exposure of power's symbolic foundations« (S. 136). Dieses Unbewusste als Subjekt konstituierend, wie es bei Lacan formuliert ist, nämlich als durch die Sprache strukturiert, die wiederum durch die Verwandtschaftsordnung begründet ist, ist – wie mit Rubin und Butler deutlich gemacht werden kann – allerdings gerade nicht Garant für die Kontingenz von ›Identität‹. Das Reale als Inhalt des Unbewussten eingesetzt, entleert die »›Kontingenz‹ ihrer Kontingenz« (Butler, 1997, S. 270). Seshadri-Crooks' Forderung: »analyzing *identity*, then, requires an approach that will not presume to know fully its contents or its cause« (S. 136), wird durch die anthropologischen Prämissen der Psychoanalyse vereitelt und das ist der Grund für Butlers kritische Auseinandersetzung mit diesen Grundlagen der Psychoanalyse (Lacans). Seshadri-Crooks kann schreiben: »the letter leads to the discourse of the real; and second, to the proposition about sexual difference and woman, as entailed by the real« (S. 139) und dennoch darauf bestehen, dass sex in der Psychoanalyse Lacans nichts mit Geschlechtern zu tun habe – ein Effekt des Phallus als Fetisch und seiner immunisierenden Wirkung!

Anstatt die Hierarchisierung der Subjekte durch das von Lévi-Strauss beschriebene Verwandtschaftssystem und seine Starrheit zu kritisieren, festigt Lacan diese Struktur, indem er sie in die Subjektkonstitution einschreibt. Die von Lacan beschriebene Leerstelle (Frau als Mangel oder der Schnitt des Signifikanten) scheint ein Moment in der Theoriebildung Lacans zu sein, in dem die *realen* Verhältnisse ins theoretische Unbewusste verschwinden, also genau das, was Rubin der Psychoanalyse vorwirft. Wir hören vor dieser Leerstelle von Frauen als Tauschobjekte im Verwandtschaftssystem und von einer patriarchalen Urhorde, in der Männer Anrechte auf Frauen zur Befriedigung ihrer Sexualität haben, während Frauen als Subjekte erst gar nicht auftauchen, geschweige denn über Sexualität verfügen. Nach der Leerstelle dann scheint sich diese rigide Geschlechtertrennung in geschlechtsneutrale Positionen und der Frauentausch in eine Signifikantenkette aufgelöst zu haben. Aus der hierarchischen, starren Realität ist ein Signifikant Phallus hervorgegangen, der in seiner Wirkung machtfrei, ahistorisch und undeterminiert sein soll. Damit verschwinden die Gewalt, die Bemächtigungsgeschichte und die Tatsache, dass in diesem System für Frauen Enteignung Bedingung ihrer Identität ist, aus dem Blickfeld. Das *Reale* der Psychoanalyse am Ort der *Realität* verschleiert die Bemächtigungsgeschichte.

2.2.2 Der Fetisch als Bindeglied zwischen Kultur und Natur

Wie bereits ausgeführt wurde, beschäftigt sich Lévi-Strauss in *Die elementaren Strukturen der Verwandtschaft* mit dem Übergang von Natur zu Kultur in der Menschheitsgeschichte. Dieser Übergang bildet den Knotenpunkt in der psychoanalytischen Subjektgenese, aber auch das Moment, wo Psychisches in den Körper eingeschrieben wird und umgekehrt. Dieser Knotenpunkt ist das Tötungs- und Inzestverbot, wie im Ödipuskonflikt rekapituliert und manifestiert in der Nicht/Existenz *eines* Organs, dem Penis.

> »Lévi-Strauss betont zwar, dass das Verbot weder das eine (Natur) noch das andere (Kultur) sei, aber er schlägt auch vor, sich dieses Verbot als ›Bindeglied‹ zwischen beiden zu denken. Handelt es sich hier jedoch um eine Beziehung des wechselseitigen Ausschlusses, so lässt sich das Inzestverbot nur schwer als Bindeglied oder Übergang verstehen« (Butler, 2001a, S. 36).

Vielmehr ist dieses Bindeglied eine Leerstelle, ein Fetisch – ein Wechselbegriff – der das eine ins andere wandelt. Der Fetisch wandelt die Kultur der Geschlechterverhältnisse in Natur, wo keine Ambivalenz mehr besteht, sondern Weibliches durch Ausschluss des Männlichen, Männliches durch Ausschluss des Weiblichen und Begehren nur als heterosexuelles, männliches gedacht wird. Die *Begründung* für diesen Wandel wird suspendiert, indem dieser *Grund* dem Register des Unbewussten und des Ahistorischen zugeordnet wird – dem Realen.

Dass Seshadri-Crooks mit Lacan so gut das Regime von Whiteness zu beschreiben vermag, resultiert daraus, dass sie, indem sie Whiteness anstelle des Signifikanten Phallus durch Lacans Theorie treibt, die *reale* Wirkweise des Phallus offenlegt: er ist autoreferenziell, hierarchisierend und seine vermeintliche Ahistorizität wird allein durch die zitierende Rede vom Gesetz hervorgebracht. Die Effekte des Signifikanten Phallus sind Sexismus (analog zum Rassismus als Effekt des Signifikanten Whiteness), Hierarchie und Totalität – das Sein. Der Phallus verspricht Ganzheit und ist dazu auf die Leerstelle Frau als Mangel angewiesen. Der ›Mangel‹ als weibliche Position ist nur im Verhältnis zum ›Phallus haben‹ als imaginierter Ganzheit zu verstehen. Durch die verschleiernde Wirkung des Fetisches, der das theoretische Unbewusste in Lacans Psychoanalyse verdeckt, macht Seshadri-Crooks *das Ding* kein *Unbehagen* mehr. Das phobische Objekt, das der Phallus generiert, fällt ins Unbewusste von Seshadri-Crooks' Analyse und doch kann sie es aufdecken, indem sie genau dasselbe System nimmt und den Phallus durch Whiteness ersetzt – eine Verschiebung.

Zwar ist das Symbolische weder für Lévi-Strauss noch für Lacan die Natur, dennoch instituiert es die Struktur der Verwandtschaft auf recht starre Weise (Butler, 2001a, S. 29). Verwandtschaft liegt in der Psychoanalyse an der Schnittstelle von Natur und Kultur. Über Lévi-Strauss wird bei Lacan die biologisch verstandene Blutsverwandtschaft zum Effekt sprachlicher Beziehungen, Lacan trennt die Verwandtschaft als Funktion des Symbolischen radikal vom Sozialen. Mit Lacans Übernahme von Lévi-Strauss' Gleichsetzung von Frauen und Worten, die getauscht werden, wird die Verwandtschaft vom sprachlichen Kreislauf

> »auf der Grundlage sprachlicher Strukturen neu durchdacht, deren Gesamtheit ›das Symbolische‹ genannt wird. Im Rahmen dieser strukturalistischen Auffassung des Symbolischen verweist jedes einzelne Zeichen auf die Gesamtheit der symbolischen Ordnung, in der es seine Funktion erfüllt. Verwandtschaft wird nicht länger in Begriffen von Blutsbeziehungen oder naturalisierten sozialen Festlegungen gedacht, sondern wird zum Effekt sprachlicher Beziehungen, in denen jeder Ausdruck Bedeutung ausschließlich und jederzeit nur in Beziehungen zu anderen Ausdrücken hat.« (2001a, S. 71-72)

Dies könnte eine Garantie für die Kontingenz des Signifikanten sein. Wir sprechen als ein Kettenglied. Die Worte, Zeichen, die wir sprechen, werden nicht von uns erzeugt, sondern sie kommen von anderen – als ›Diskurs des anderen‹, ein Diskurs des Kreislaufs, in den ich integriert bin‹ (Butler 2001a, S. 73). Wir sind damit allerdings auch die Richterin in der Mitte (Butler 1997, S. 155) und entscheiden, ob wir eine Bedeutung reifizieren oder verschieben. Mit der Kombination von Verwandtschaft und strukturaler Linguistik wurden jedoch »Verwandtschaftspositionen in den Rang einer gewissen Ordnung sprachlicher Positionen erhoben« und damit »bestimmte Konzeptionen der Verwandtschaft zu zeitlosen gemacht und anschließend in den Stand elementarer Strukturen der Intelligibilität erhoben« (Butler 2001a, S. 42-43). Die reale Veränderbarkeit und der reale Wandel von Verwandtschaft – ihre soziale Praxis – können mit diesem System nicht mehr gedacht werden. Wie Deleuze und Guattari (1972/2000) schreiben: »Castration designates the operation by which psychoanalysis castrates the unconscious, injects castration into the unconscious« (S. 60).

2.2.3 Das Soziale und das symbolische Gesetz

In der lacanianischen Psychoanalyse wird Verwandtschaft als Funktion des Symbolischen rigoros von der Sphäre des Gesellschaftlichen und den sozialen Festlegungen der Verwandtschaftsbeziehungen unter drei Voraussetzungen getrennt:

> »a) wird angenommen, dass Verwandtschaft in dem Moment gestiftet wird, in dem das Kind Zugang zur Sprache gewinnt; b) geht man davon aus, dass Verwandtschaft eher eine Funktion der Sprache als eine gesellschaftlich veränderbare Institution ist; und c) hält man Sprache und Verwandtschaft nicht für Institutionen, die sich sozial verändern lassen, jedenfalls nicht ohne weiteres.« (Butler, 2001a, S. 34)

Gleichzeitig bildet das Symbolische das strukturelle Feld der Intelligibilität, innerhalb dessen das Soziale entsteht. Butler zufolge ist die Unterscheidung »zwischen symbolischem und sozialem Gesetz letzten Endes nicht haltbar ... das Symbolische selbst ist ... die Ablagerung gesellschaftlicher Praktiken« (2001a, S. 40).

Dem psychoanalytischen Ich, das wir gemeinhin ›Identität‹ nennen, ist eine Reihe von Identifizierungen vorgängig. Es »ist keine mit sich selbst identische Substanz, sondern eine abgelagerte Geschichte imaginärer Beziehungen, die das Zentrum des Ichs außerhalb seiner selbst, in der externalisierten *Imago* lokalisieren, die Körperumrisse verleiht und herstellt« (Butler 1997, S. 112). Butler geht hier über Rubin mit ihrer Unterscheidung von sex/gender hinaus und argumentiert mit Foucault, dass es nichts Vordiskursives am Körper, also ›sex‹, gibt. Die Objekte, die an der Oberfläche von Körpern auftreten, sind Effekte einer Signifizierung, wie sie nicht nur Whiteness auslöst, sondern bereits der Phallus. Whiteness und Phallus können daher als Signifikanten eines spezifischen kulturellen Symbolischen verstanden werden – abgelagerte Geschichten imaginärer Beziehungen. Wie Butler schreibt, »muss das Drama des Symbolischen, des Begehrens und der Instituierung der sexuellen Differenz als gleichsam ›freitragende‹ Bedeutungs-Ökonomie gelesen werden, die ihre Macht ausübt, indem sie zwischen dem trennt, was innerhalb der kulturellen Intelligibilität gedacht werden kann oder gerade nicht gedacht werden kann« (1997, S. 122). Auch das Ich ist daher durch eine Reihe von Ausschlüssen und als Sedimentierung von Erfahrungen zu verstehen und nicht durch ein Symbolisches, dem ein ahistorisch *Reales* zugrunde liegt und das einen vermeintlich ›leeren‹ Signifikanten Phallus konstituiert.

> »Lacan glaubt, dass symbolische Kräfte nicht vor Unterschieden zwischen Gesellschaften haltmachen, denn sie bilden die Struktur eines Unbewussten, das sich absolut nicht auf das gesellschaftliche Leben zurückführen lässt. Ganz ähnlich wird Lacan dann auch sagen, dass der Ödipuskomplex, eine Struktur des Symbolischen, zugleich universell und kontingent ist, eben ›weil er ausschließlich und rein symbolisch ist‹: Er repräsentiert, was im strengen Sinne nicht sein kann, das, worum das Sein in seinem Status als sprachlicher Ersatz für das ontologisch Gegebene gleichsam gemildert wurde.« (Butler, 2001a, S. 75-76)

Woher kommt jedoch dieses ›göttliche‹ Gesetz? Butler holt die Person Lacan in die Szene seiner Theoriebildung zurück und fragt: »Wer oder was bezeichnet in dieser scheinbar transkulturellen Ordnung wen oder was«, wenn »das Symbolische als kulturell universale Bezeichnungsstruktur, die nirgendwo vollständig im Realen installiert ist, verstanden werden muß« (1991, S. 76)? Es ist Lacan selbst, der das Reale bezeichnet und eine Struktur formuliert, in der Symbolisches und Reales als getrennte Bereiche aufgeführt werden. Die Versuche in der lacanianischen Psychoanalyse, die Universalität ihres Gesetzes zu produzieren, zwingt sie, das Symbolische » sowohl vom Bereich der Biologie wie von dem der Gesellschaft zu trennen« (Butler, 2001a, S. 41). Daher das Insistieren auf der Unterscheidung zwischen symbolischen Positionen, etwa der des Vaters, und realen (sozialen) Vätern (Butler, 2001a, S. 42). Durch die Unveränderbarkeit des Gesetzes wird allerdings jeder soziale Wandel in den Verwandtschaftsbeziehungen ausgeschlossen. Wenn die soziale Praxis der Verwandtschaft die heterosexuelle Organisation überwindet, etwa durch gleichgeschlechtliche Elternschaft oder Familien, in denen es mehrere Mütter oder Väter gibt, führt die Psychoanalyse auf der psychischen/symbolischen Ebene die ödipale Ordnung durch die Positionen von Vater und Mutter wieder ein. Hier scheint also »genau die Teilung zwischen Psychischem oder Symbolischem einerseits und Gesellschaftlichem andererseits diese präventive Normalisierung des sozialen Feldes zu bewirken« (Butler, 2001a, S. 112).

Zwar kann man

> »durchaus lacanianisch argumentieren, dass sich der symbolische Platz der Mutter mehrfach besetzen lässt, dass er nie mit einer einzelnen Person identifiziert oder zu identifizieren ist und dass eben dies ihn als symbolisch auszeichnet. Weshalb aber ist der symbolische Platz singulär, seine Besetzung dagegen multipel?« (2001a, S. 114)

Wenn die ›falschen‹ Bewohner_innen die Form in die Krise stürzen können, dann ist die Beziehung zwischen Form und Bewohner_innen nicht – wie die lacanianische Psychoanalyse behauptet – arbiträr (Butler, 2001a, S. 115). Dieser Widerspruch verdeutlicht den theologischen Status des Gesetzes in der Psychoanalyse.

Die durch den Strukturalismus bedingte Starrheit des Gesetzes der Psychoanalyse führt viele Psychoanalytiker_innen zur praktischen Umsetzung ihrer reaktionären Seite. Es findet keine Bejahung der Vielgestaltigkeit statt, sondern eine strenge Verurteilung von allem, was nicht ins ödipale Format passt.

> »So hört man etwa, wie sich Pariser Psychoanalytiker in jüngster Zeit auf dieses psychoanalytische Erbe berufen, um sich gegen ›Partnerschaftsverträge‹ zu wenden, mit denen die Konservativen künftig schwule Ehen definiert wissen wollen. ... und sie vertraten die Auffassung, jedes in einer schwulen Familie groß gewordene Kind sei der immanenten Drohung der Psychose ausgesetzt, als ob eine Struktur namens ›Mutter‹ und dann notwendig auch ›Vater‹ auf der Ebene des Symbolischen die unabdingbare psychische Barriere gegen den Einbruch des Realen bildete. ... Andere lacanianische Analytiker, die die Quelle für den Autismus im ›Elternmangel‹ oder in der ›Abwesenheit‹ von Eltern suchen, sagen gleichfalls psychotische Folgen für Kinder mit schwulen oder lesbischen Eltern voraus. ... Machen wir uns nur klar, dass das Grauen und das moralische Entsetzen, das der Inzest in vielen hervorruft, sich gar nicht so sehr vom Grauen und Entsetzen unterscheidet, die mancher vor gleichgeschlechtlichem Sex empfindet. (Butler, 2001a, S. 112-113)

Die Psychoanalyse, wie Psychotherapie überhaupt, birgt hier ein großes Potenzial an psychischer Gewalt gegenüber allen, die vom ödipalen Pfad abweichen.

2.2.4 Verwandtschaft und Rassismus

Auch vaterlose schwarze Familien wurden in den USA in den 1970er Jahren als nicht funktionsfähig eingeschätzt, was den »schwarzen städtischen Verwandtschaftsarrangements, bei denen Mütter, Großmütter, Tanten, Schwestern und Freunde gemeinsam Kinder aufzogen und ihr Leben materiell absicherten« (Butler, 2001a, S. 117-118) ganz und gar nicht gerecht wurde. Das nukleare Kleinfamilienmodell der griechischen Familienromanze in Freuds Ödipuskonstrukt verfehlt in diesem Fall die *realen* Verwandtschaftsbeziehungen von Schwarzen (in den USA) nicht nur aufgrund von Sklaverei und Rassismus, sondern es verfehlt auch generell viele der nicht-europäischen (beziehungsweise nicht-weißen) kulturellen Verwandtschaftsarrangements. Patricia Hill-Collins (1991) verdeutlicht, dass ›die Position der Mutter‹ in afrikanischen und afro-amerikanischen Kulturen genau so wie von Lacans Psychoanalyse behauptet, praktiziert wird – eine Praxis, die allerdings von Psychoanalytiker_innen dann pathologisiert wird.

> »In African-American communities, fluid and changing boundaries often distinguish biological mothers from other women who care for children. Biological mothers, or bloodmothers, are expected to care for their children. But African and African-American communities have also recognized that vesting one person with full responsibility for mothering a child may not be wise or possible. As a result, othermothers – women who assist bloodmothers by sharing mothering responsibilities – traditionally have been central to the institution of Black motherhood.« (S.119)

Nicht-Weiße ebenso wie homosexuelle Familienarrangements haben innerhalb der symbolischen Ordnung der Psychoanalyse keinen Platz. Sie bilden bereits das konstitutive Außen dieser Ordnung – eine Ordnung, die unmittelbar mit Reproduktionsverhältnissen zusammenhängt. Sexualität wird zum Ort, an dem die Reinheit einer Rasse und der heterosexuellen Geschlechterordnung gefährdet wird. Rassistisch Markierte ebenso wie Homosexuelle sind allesamt unartikulierte aber organisierende Höllenfiguren des lacanianischen Symbolischen. Dieses Symbolische schließt »genau die Art komplexer Verschränkungen von Identifikation und Begehren vorab aus, die über den binären Rahmen [Phallus/Kastration] selbst hinausgehen und ihn in Frage stellen könnten« (Butler 1997, S. 150). Die gespenstischen Grenzfiguren (Hooks abjekte Objekte, Seshadri-Crooks' phobische Objekte, *objet petit a* werden vom Symbolischen als »bedrohliches Außen zur Absicherung seiner ungebrochenen Vorherrschaft hervorgebracht« (Butler 1997, S. 151).

Butler beobachtet im Werk von Lévi-Strauss ein »implizites Changieren« zwischen seiner Untersuchung von Verwandtschaftsgruppen, die er meist als ›Clans‹ bezeichnet, und seinen späteren Arbeiten über »Rasse und Geschichte, wo die Gesetze, die die Reproduktion einer ›Rasse‹ regeln, sich unlösbar mit der Reproduktion der Nation verschränken« (2001a, S. 119). Seshadri-Crooks beobachtete das ja bereits innerhalb von Lévi-Strauss' *Elementaren Strukturen* und führt in ihrer Argumentation gegen Rassismus das von Lévi-Strauss beobachtete ›Rassenmischungstabu‹ in den von ihm untersuchten ›primitiven‹ Kulturen perverserweise als Bestätigung für das Inzesttabu beziehungsweise das Gesetz der sexuellen Differenz an. Butler dagegen beobachtet, dass Lévi-Strauss in diesen späteren Schriften die Auffassung vertritt,

> »dass Kulturen ihren inneren Zusammenhang eben durch jene Regeln sichern, die ihre Reproduktion garantieren, und wenn er sich auch nicht mit dem Verbot der Rassenmischung befasst, so scheint dieses Verbot doch eine Voraussetzung seiner Beschreibung sich selbst reproduzierender Kulturen zu sein.« (ebda.)

Um die Reproduktion von Kultur – die Regeln, welche die Reproduktion garantieren – geht es Lacan als Voraussetzung für seine Übersetzung von Verwandtschaft in Sprache und damit ins Unbewusste als konstitutives Moment des ›universalen‹ Subjekts. Bei Lacan machen die symbolischen Kräfte angeblich keinen Unterschied zwischen Gesellschaften, gleichzeitig sind sie jedoch scheinbar auch verantwortlich dafür, dass sich verschiedene Gesellschaften nicht mischen. So wird mit dem Inzesttabu auch ein Rassenmischungstabu in die Psychoanalyse Lacans eingeschrieben.

Die Effekte von Sexismus, Rassismus, Sklaverei und Kolonialismus können aufgrund der strukturalistischen Starrheit des psychoanalytischen Gesetzes nicht mehr als solche untersucht werden, sondern werden als naturgegebene Differenzen verhandelt. David Marriott (1998) verdeutlicht das anhand einer Untersuchung über Identitätsbildung unter Bedingungen des Rassismus, die der Psychologe und Psychoanalytiker Erik Erikson 1950 veröffentlicht. Erikson schreibt:

> »Negro babies often receive sensual satisfactions which provide them with enough oral and sensory surplus for a lifetime, as clearly betrayed in the way they move, laugh, talk, sing. Their forced symbiosis with the feudal South capitalized on this oral-sensory treasure and helped to build a slave's identity: mild, submissive, dependent, somewhat querulous, but always ready to serve, with

occasional empathy and childlike wisdom. But underneath a dangerous split occurred. The Negro's unavoidable identification with the dominant race, and the need of the master race to protect its own identity against the very sensual and oral temptations emanating from the race held to be inferior (whence came their mammies), established in both groups an association: light-clean-clever-white, and dark-dirty-dumb-nigger. The result, especially in those Negroes who left the poor haven of their Southern homes, was often a violently sudden and cruel cleanliness.« (zitiert nach Marriott, S. 422)

Marriot kommentiert, dass diese Untersuchung weniger eine, wie Erikon vorgibt, ›Psychohistorie rassistischen Hasses‹ als eine reduktionistische, naive Psychohistorie rassistischer Konflikte sei (S. 423), denn Erikson setzt in seinem Text, entstanden im Klima der Bürgerrechtsbewegung und Desegregation, die Kämpfe von Schwarzen um Gleichberechtigung mit hypochondrischen Neurosen gleich. Erikson sieht diese Pathologie als unausweichliche Folge der Versuche von schwarzen Bürger_innen, Formen ›weißer‹ sozialer Autorität zu erlangen (Marriot, S. 423). Statt, wie Erikson vorgibt, rassistische Identifikationen zu erklären, *setzt* er stereotype rassistische Phantasien für seine Argumentation *ein* (ebda.).

Zunächst werden die Schwarzen aufgrund ihrer ›Oralität‹, also einer ausführlichen Triebbefriedigung im Kindesalter mit Primitivität assoziiert. Sie genießen die volle Jouissance – das *Ding*, welches Weiße mit dem Schnitt des Signifikanten, der Überwindung der ödipalen Krise, hinter sich lassen, um dann – zwar mit Unbehagen – aber *in* der Kultur zu leben. Das *Ding*, die Triebhaftigkeit, ist mit der ›inferior race‹ assoziiert und zwar nicht nur im kulturellen Symbolischen der amerikanischen post-Sklaverei-Gesellschaft, sondern genauso im Symbolischen der Psychoanalyse. Schwarze verharren im ›semiotischen Stadium‹, wie Kristeva es nennen würde. Deshalb würde ihre ›Mischung‹ mit Weißen für beide Gruppen die ›gefährliche Grenze‹, die der ›Schnitt des Signifikanten‹ hervorbringt, durchbrechen. Bedroht sind vor allem die Weißen, denn Schwarze ver/führen sie durch ihre ›Triebhaftigkeit‹ hinter den ›Schnitt des Signifikanten‹ – sie regredieren, werden verrückt, Hooks ›prädiskursiver Rassismus‹. Die rassische Differenz ist in der Psychoanalyse ebenso eine hierarchische wie die sexuelle Differenz. Das Codewort für Rasse in der Psychoanalyse ist Primitivität, wie ihr Codewort für Gender Weiblichkeit (und mit ihr Homosexualität) ist, schreibt Celia Brickman (2003). Beide Differenzen verorten die mit Weiblichkeit oder Rasse Assoziierten als Vor-oder-Außerhalb des von der Psychoanalyse beschriebenen Subjekts und *seiner* Kultur.

In der transatlantischen Sklaverei wurde den Sklaven mit dem Namen auch die Institution der Verwandtschaft enteignet. Orlando Patterson bezeichnet in seiner Arbeit *Slavery and Social Death* den Effekt dieser Enteignung als sozialen Tod. Sklaven waren in der amerikanischen Sklavengesellschaft lebende Tote weil sie über keines der Rechte verfügten, die den anderen menschlichen Wesen zustanden. Butler verhandelt im Zusammenhang von Verwandtschaft und ›sozialem Tod‹ die Geschichte der Antigone. Antigone ist eine Tochter von Ödipus, aber »Antigones Vater ist [auch] ihr Bruder, denn Iokaste ist ihre gemeinsame Mutter, und ihre Brüder sind ihre Neffen, Söhne ihres Bruder-Vaters Ödipus. Antigone ist in einem Netz von Beziehungen gefangen, aus dem keine konsistente Verwandtschaftsposition hervorgeht« (2001a, S. 93), was schließlich zu ihrem Tod führt. Antigone stirbt jedoch nicht, weil in ihren verwandtschaftlichen Beziehungen gegen das Gesetz verstoßen wurde, sondern weil sie aus ihrer Verdammung zurückkehrt, dem politischen Gesetz Paroli bietet, ihm wider*spricht* und dann Selbstmord begeht.

Das Gesetz der Verwandtschaft, wie es die Psychoanalyse formuliert, schafft Zonen der Nichtlebbarkeit, in denen all jene zu leben verdammt sind, die Positionen einnehmen, welche im Symbolischen keinen Platz haben – ein Schattenreich, ein soziales Sterben. Homosexualität ist die eine Position, welche das Gesetz ausschließt. Rassistisch markiert sein, eine andere. Auch Weiblichkeit ist eine Position in der Psychoanalyse, die zwar für ihr Symbolisches konstitutiv ist, den damit Signifizierten – Frauen – aber keinen Platz im Symbolischen in ihrem eigenen Recht einräumt. Das kulturelle Symbolische der Psychoanalyse ist weiß. Rassistisch Markierte haben dort – egal, ob sie der ödipalen Ordnung gemäß leben oder nicht – keinen Platz, und wer die Grenze zwischen dem Symbolischen und den Zonen der Nichtlebbarkeit überschreitet, stirbt. So stirbt auch Clare – eine Figur aus Nella Larsens Roman *Passing*. Sie ist eine schwarze Frau im Harlem der 1920er Jahre, die als weiß durchgeht (›passiert‹). Verheiratet mit einem weißen Rassisten und zugleich in einer latenten homoerotischen Beziehung zu Irene, einer anderen als weiß ›passierenden‹ schwarzen Frau, stirbt sie am Ende des Romans in dem Moment, wo sie in der Gesellschaft von Schwarzen ›entdeckt‹ wird. Bellew, ihr Ehemann, sieht sie dort und brüllt »Nig! Mein Gott! Nig!« (Butler, 1997, S. 239). Dass Bellew seine Frau »Nig« nennt, zeugt von einer Art »Wissentlichkeit« in der Sprache

(Butler, 1997, S. 238). Seine Ambivalenz zwischen Erniedrigung und Vergötterung, die in der Erniedrigung endet, schleudert sie aus dem Fenster. Oder war es Irenes Hand auf Clares Arm, die sie in den Tod stieß, Irenes unterdrücktes homosexuelles Begehren nach Clare und ihre eifersüchtige Wut gegen sie, die nicht nur die Rassenschranken überschritt, sondern auch die Schranken der heterosexuellen, monogamen Ordnung? Noch mehr als die ausgeschlossene ruft die marginale kulturelle Möglichkeit Schrecken hervor, schreibt Butler (1997, S. 121). Butler sieht Larsens Roman als Ausgangspunkt für eine Psychoanalyse, die in der Lage wäre Rassismus zu theoretisieren (1997, S. 252).

Antigone beendet das ödipale Drama ohne heterosexuellen Abschluss – auch das sieht Butler als möglichen Weg für eine Psychoanalyse, die von Antigone ausgeht (S. 122-123). Statt einer Struktur, welche radikale Reformulierungen der Verwandtschaft immer schon domestiziert (Butler, 2001a, S. 115), fordert Butler eine post-strukturalistische Verwandtschaft und eine post-strukturalistische Psychoanalyse, die von den Heimsuchungen des Symbolischen durch seine abjektierten Subjekte ausgeht und auf die Wiederkehr des Verdrängten als Zukünftigkeit setzt (2001a, S. 131).

> »Bei einer derartigen Reformulierung des Subjekts geht es um mehr als die Aussicht auf eine freundlichere, mildere psychoanalytische Theorie. Denn sie berührt die Frage der stillschweigenden Grausamkeiten, die eine kohärente Identität aufrechterhalten, Grausamkeiten, die Grausamkeit gegen sich selbst ebenfalls einschließen, die Demütigung, durch die Kohärenz fiktiv erzeugt und gewahrt wird.« (Butler, 1997, S. 165)

Kritische feministische Anthropolog_innen wie Gayle Rubin, aber auch Judith Butler und andere Wissenschaftler_innen haben sich von Lévi-Strauss' Verwandtschaftsordnung abgewandt. Das bedeutet aber nicht das Ende von Verwandtschaft, sondern Verwandtschaft wird nun als veränderbares Arrangement begriffen, das interkulturell unterschiedlich ist und allein an seiner sozialen Wirksamkeit gemessen werden soll. Verwandtschaft würde dann nichts weiter bedeuten »als eine beliebige Anzahl sozialer Arrangements, die die Reproduktion des materiellen Lebens organisieren; diese Arrangements können Ritualisierung von Geburt und Tod einschließen, sie können zu dauerhaften, aber auch aufhebbaren intimen Banden führen« (Butler 2001a, S. 117). Letztendlich gibt es keine »natürliche Grundlage für die normative, heterosexuelle, monogame Familienstruktur ... ebenso wenig eine sprachliche Grundlage für sie« (ebda.).

Butler gibt zu bedenken, ob die strukturale Verwandtschaft der Fluch ist, »der auf der zeitgenössischen kritischen Theorie lastet« (2001a, 105). Welche Auswirkungen das hat, zeigen die Arbeiten von Seshadri-Crooks und Hook. Das Gesetz dieser Verwandtschaftsordnung scheint in solchen Texten wie ein Fetisch die Realität des Untersuchungsgegenstandes – Rassismus – zu verschleiern. Indem Seshadri-Crooks die aus Lévi-Strauss' Verwandtschaftsordnung abgeleitete sexuelle Differenz von Lacan zum Ausgangspunkt ihrer Rassismustheorie macht, perpetuiert sie lediglich diesen Strukturalismus. Gleichzeitig hinterlässt sie Leerstellen und Widersprüche in ihrem Text, die als Ausgangspunkt für eine Spurensuche genutzt werden können. Der Phallus – Eingangstor zum Unbewussten der lacanianischen Psychoanalyse – als Fetisch der psychoanalytischen Theorie verstanden, ist Eingangstor für eine dekonstruktive Lesart. Der Phallus, Hauptsignifikant für das Subjekt der sexuellen Differenz, als Fetisch und damit Wandelbegriff zwischen Kultur und Natur, ist für die Morphogenese nicht nur des geschlechtlichen, sondern auch des rassisierten Körpers verantwortlich. Seshadri-Crooks' ›Regime der Sichtbarkeit‹ muss gegen den Strich gelesen werden.

2.2.5 Sexuelle Differenz und Morphogenese – das Erscheinen phobischer Objekte

Mit derselben Begründung wie Seshadri-Crooks für ihre Rassismusforschung, haben sich bereits Feministinnen dem Werk Lacans zugewandt, weil er gegenüber jenen Positionen, die Geschlecht auf Anatomie beschränken, die Auffassung vertritt, dass die Einnahme sexuierter Positionen symbolischen Zwängen folgt, die bereits durch die Struktur der Sprache wirken (Butler, 1997, S. 140). Dadurch erhoffen sich die ›Lacanianer_innen‹ eine fundiertere Analyse von Sexualität und Geschlecht in der Kultur, als es andere feministische Theorien erlauben, welche eine »von Grund auf erfolgende ... Neuorganisation der Verwandtschaftsbeziehungen« fordern, was eine »radikale Neuorganisation der Psyche, der Sexualität und des Begehrens implizieren könnte« (ebda.). Die Sexualität, so argumentieren die Lacanianer_innen, sei durch »viel tiefsitzendere einschränkende und konstitutive symbolische Forderungen konstruiert« (ebda.), als dass eine veränderte Regelung der Verwandtschaftsbeziehungen sie ändern könnte. Allerdings ist die auf idealisierten Verwandtschaftsbeziehungen beruhende Sprache mit ihren Regeln der Differenzierung (durch die sexuelle Differenz) in Lacans Theorie auch für die Entwicklung der Morphologie verantwortlich (Butler 1997, S. 106). Der Phallus operiert am Ort der Anatomie.

Lacans Kategorie des Geschlechts und sein Begriff der sexuellen Differenz stellen eine Tautologie dar (Butler 1997, S. 142). Einerseits wird das Geschlecht angenommen, indem sich das Individuum sexuierten Positionen unterwirft, die bereits im kulturellen Symbolischen bestehen – ein Prozess der Aneignung, der bei Lacan als Subjektivation verstanden wird. Gleichzeitig ist der Körper anatomisch durch Penis haben oder nicht haben markiert und damit ist vor der Annahme sexuierter Positionen in der Sprache bereits bestimmt, *welche* sexuierte Position das Subjekt *aufgrund* seines Körper einnehmen wird.

> »Wenn Körper entsprechend den symbolischen Positionen differenziert sind, die sie einnehmen, und diese symbolischen Positionen darin bestehen, den Phallus entweder zu haben oder nicht zu haben, dann werden Körper folglich differenziert und in ihrer Differenzierung aufrechterhalten, in dem sie dem Gesetz des Vaters unterworfen werden, das die Position des ›Seins‹ und ›Habens‹ diktiert. (Butler 1997, S. 195)

Kastration »ist die Figur der Bestrafung; die Kastrationsangst motiviert zur Annahme des männlichen Geschlechts, die Angst davor, nicht kastriert zu sein, motiviert zur Annahme des weiblichen« (Butler, 1997, S. 141). Die Drohung, mit der das Gesetz die sexuellen Positionen erzwingt, ist für Männer der Abstieg in die weibliche Kastration und Verächtlichkeit (Abjektion) oder der monströse Aufstieg zum Phallizismus für Frauen. Sexualität und Begehren werden also auch bei Lacan infolge des biologischen Geschlechts bestimmt. Die Bezeichnung ›sexuelle Differenz‹ als zugleich anatomische und linguistische Beziehung ist eine Doppelung.

Wie gelangt der Phallus zur mächtigen Position des privilegierten Signifikanten und durch ihn die sexuelle Differenz zum Primat aller Subjekt-bildenden Differenzen in der Psychoanalyse? Seshadri-Crooks, die das Primat der sexuellen Differenz vehement verteidigt, baut ihr ganzes psychoanalytisches Argument zum Rassismus darauf auf, dass der Phallus als Signifikant das Erscheinen körperlicher Markierungen verhindert, während Whiteness solche Markierungen produziert. Butler stellt das Primat der sexuellen Differenz infrage und argumentiert, dass dieses Primat weite Teile des Feminismus – und nicht nur den psychoanalytischen – als weiß kennzeichnet. Sie widerspricht der Behauptung, »dass das symbolische Gesetz des Geschlechts von einer gesonderten Ontologie, die seiner Annahme vorhergeht und autonom ist«, profitiert (1997, S. 39). Vielmehr solle das Zitieren des Gesetztes als eigentlicher »Mechanismus seiner Herstellung und Artikulation« (ebda.)

verstanden werden. Indem Seshadri-Crooks die sexuelle Differenz als Gesetz zitiert und behauptet, Rasse könne nur wirksam werden, indem es durch Whiteness als ›fraudulent signifier‹ das Zeichen des Gesetzes imitiert, vollzieht sie genau diesen Mechanismus. Auf diese Weise kann sie Rassismus als Naturalisierung von Kultur beschreiben und ›sex‹ als Natur verschleiern.

Butler verdeutlicht nicht nur, dass der Phallus am Ort der Anatomie operiert und die Subjekte, die er konstituiert, vergeschlechtlicht und ihr Begehren determiniert. Durch ihre dekonstruktive Lesart der Subjektgenese der Psychoanalyse zeigt Butler auch, dass der Phallus dort performativ hervorgebracht und seine ontologische Beziehung zum Penis verschleiert wird. Butler widerspricht Lacans Behauptung, dass der Phallus nichts mit der Anatomie zu tun habe. Indem der Name des Penis von Lacan in ›der Phallus‹ geändert wird – eine sprachliche Operation der Symbolisierung –, wird die ontologische Verbindung zwischen Phallus und Penis (Symbol und Symbolisiertem) lediglich verschleiert. Je mehr Symbolisierung stattfindet, desto mehr Verschleierung geschieht. Durch die Inauguration des Phallus als privilegierter Signifikant, der für das Ganze stehen soll, wird der Teilstatus des Penis als Organ »phantasmatisch und synekdochal überwunden« (Butler 1997, S. 118). Da »der Phallus den Penis zu seiner eigenen Konstitution benötigt, schließt die Identität des Phallus den Penis ein, das heißt, zwischen ihnen besteht eine Identitätsbeziehung« (Butler 1997, S. 124). Die Phallogenese ist ohne den Penis nicht zu denken. Ohne den Penis wäre der Phallus nichts.

›Sex‹ wird auf diese Weise essenzialisiert, »ontologisch gegen die Machtbeziehungen und seine eigene Geschichtlichkeit immun« (Butler, 1991, S. 144). ›Geschlecht‹ ist der »Realitäts-Effekt eines gewaltsamen Prozesses, der gerade durch seine Effekte verschleiert wird« (S. 170). Was Seshadri-Crooks als Funktion von Whiteness – jeweils als Negation der Funktion des Phallus – aufführt, ist, was Butler durch ihre dekonstruktive Lesart bereits in der Phallogenese offenlegt. Seshadri-Crooks will, dass der Phallus alteroreferenziell, ahistorisch und machtfrei ist. Das Begehren, das er hervorbringt ist Seshadri-Crooks zufolge undeterminiert, und weil er nichts mit der Anatomie zu tun hat, tauchen durch seine Signifizierung auch keine Objekte klein a – körperliche Markierungen – auf. Whiteness ist dagegen autoreferenziell, geschichtlich und hierarchisierend. Das durch Whiteness ausgelöste Begehren ist determiniert – totalitär – und bringt phobische, körperliche Objekte hervor. Sie führt an Whiteness aus, was bereits beim Phallus der Fall ist, aber durch die Symbolisierung verschleiert. Durch Seshadri-Crooks' repetitive Behauptung des Primats der sexuellen Differenz – auch bei ihr performativ – verschleiert sie, dass ›Rasse‹ in der Psychoanalyse immer genau dort war, wo sie ihr einen ›Schwindel‹ unterstellt. Wie ich im Kapitel vier darstellen werde, ist die rassische Differenz – der Antisemitismus – der sexuellen Differenz in der Genealogie der Psychoanalyse vorgängig. Indem Seshadri-Crooks ›Rasse‹ durch das Konstrukt des Phallus als Subjekt bildenden Signifikanten treibt, deckt sie nicht nur auf, wie Körper rassisch markiert werden. Sie zeigt ungewollt auf die Stellen in der Psychoanalyse, wo ›Rasse‹ durch ›Geschlecht‹ verdeckt wird – eine Verschiebung. Sie folgt unbeabsichtigt den Spuren, wo die Psychoanalyse die soziale Konstruktion des Geschlechts und mit ihr ›Rasse‹ über die Psyche anatomisiert.

2.2.6 ›Ich ist ein körperliches‹: Phallogenese und Ich-Bildung

Freud arbeitet in seiner Narzissmustheorie aus, dass die Psyche das Ich durch eine Projektion des Körpers bildet. In *Das Ich und das Es* schreibt er: »Das Ich ist vor allem ein körperliches, es ist nicht nur ein Oberflächenwesen, sondern selbst die Projektion einer Oberfläche« (GW, III, S. 294) – ein Satz, auf den auch Seshadri-Crooks rekurriert, um letztendlich die Erscheinung körperlicher als phobische Objekte davon abzuleiten. Wenn der Phallus als Hauptsignifikant für die Ich-Bildung zuständig ist, findet ihr zufolge keine (geschlechtliche, sexuelle, rassische etc.) Determinierung statt. Es taucht kein Penis als Objekt klein a auf. Wohl aber, wenn Whiteness als Signifikant am Werk ist. Whiteness determiniert das Subjekt als Subjekt von Rasse und lässt Objekte auftauchen – körperliche Markierungen wie Haarstruktur, Hautfarbe oder Knochenbau, die wir als rassische Markierungen lesen.

Für Butler wird mit dem Satz von Freud, das Ich sei ein körperliches, deutlich, dass der Körper auch in der Psychoanalyse durch eine Idee hervorgebracht wird und es keine Körperzone vor der Idee gibt. Foucault folgend ist für Butler kein Körper außerhalb eines Diskurses zu verstehen. Der Diskurs selbst ist es, welcher den Körper mit ›Natürlichkeit‹ oder einer ›Wesentlichkeit‹ ausstattet und ihm einen Sexus verleiht – ihn sexuell ›bestimmt‹. Innerhalb des Diskurses gewinnt der Körper wiederum nur im Kontext von Machtbeziehungen Bedeutung (Butler, 1991, S. 139). Wenn der Körper nur in der Sprache bezeichnet werden kann, bedeutet das, »dass jeder Rekurs auf den Körper vor dem Symbolischen nur im Symbolischen stattfinden kann, was anscheinend impliziert, dass es keinen Körper vor seiner Markierung gibt« (Butler, 1997, S. 143). Dass das Subjekt dann »nur durch seine Erscheinung ... als geschlechtlich bestimmt intelligibel« (1991, S. 61) wird, ist

Effekt der diskursiven Einschreibung. Genauso beschreibt Seshadri-Crooks das Erscheinen rassischer, körperlicher Merkmale. Sie werden durch eine Idee hervorgebracht – zuerst gedacht und dann gesehen. Allerdings legt sie diesem Mechanismus einen ›natürlichen Ursprung‹ zugrunde – die sexuelle Differenz. Butler zeigt, dass diese sexuelle Differenz ebenso diskursiv hergestellt wird und die gleichen Effekte hervorbringt – Körper vergeschlechtlicht –, wie Seshadri-Crooks die Rassifizierung von Körpern beschreibt.

Dass das Ich ein körperliches ist, entwickelt Freud aus dem Gedanken, dass das Bewusstsein für den Körper aus dem Schmerz entsteht – zunächst der Zahnschmerz, dann einiges andere –, und schließlich heißt es in Freuds Ausführung zum Narzissmus: »Ist das uns bekannte Vorbild des schmerzhaft empfindlichen, irgendwie veränderten und doch nicht im gewöhnlichen Sinne kranken Organs das Genitale in seinen Erregungszuständen« (Freud, GW, III, S. 50-51). Gemeint ist wiederum nur *ein* Genital, das männliche, von welchem dann der Phallus (der Penis in seinem Erregungszustand) abgeleitet und zum Signifikanten des Subjekts wird, also seinem Ich. Freud nimmt den Phallus also als *Vorbild* für das Ich. Lacan betont: »Nicht ohne Grund hat Freud hier sich auf jenes Simulacrum bezogen, das der Phallus für die Antike war« (Lacan, zitiert nach Butler, 1997, S. 122), was die Frage aufwirft, wie sehr »die Platonische Schilderung der Phallogenese von Körpern die Freudschen und Lacanschen Erklärungen [präfiguriert], die den Phallus als das synekdochale Zeichen [*token*] für sexuierte Positionalität voraussetzen« (1997, S. 87). Freuds Pathologisierung der erogenen Zonen deutet Butler außerdem als Diskurs »der mit dem Gefühl der Schuld produziert worden ist« (1997, S. 99). Mit der Konstruktion von Erogenität als Schmerz, die mit Schuldgefühlen einhergeht, ist bereits die Herstellung der Morphe eine Allegorie für Verbotenes – die Einverleibung eines Verlusts (1997, S. 100). Mit Freuds Ausführung legt er »so etwas wie eine Landkarte dieser Problematik vor, ohne die Analyse, die sie nötig macht, ganz durchzuführen« (Butler, 1997, S. 101). Wie kommt zunächst der Schmerz, dann der Penis in Freuds Text dazu, das am Körper zu sein, aus dem sich das Ich bildet?

Wie Butler feststellt, gibt es ein metonymisches Gleiten in Freuds Text über den Phallus als Signifikant, der sämtlichen Körperzonen Erogenität und Bedeutung verleiht. Indem er den Phallus immer wieder als Ursprung einsetzt, unterdrückt Freud die Ambivalenz, die im Laufe des Gleitens hervorgebracht wird. Die Ambivalenz, um welches Körperteil es sich beim Schmerz/Lust-Nexus handelt, wird von Freud durch die Beschwörung eines Ideals überwunden, der Idealisierung der Anatomie (des Penis), die durch den Phallus bezeichnet wird (Butler, 1997, S. 97). Das ›Haben‹ des Phallus als symbolische Position, »die für Lacan die männliche Position innerhalb einer heterosexuellen Matrix instituiert« (Butler 1997, S. 98), setzt ein idealisiertes Eigentumsverhältnis voraus (ebda.).

Lacans ›Spiegelstadium‹ ist eine Weiterführung beziehungsweise Umarbeitung von Freuds Narzissmustheorie. In *Das Spiegelstadium* beschreibt Lacan, wie das Kind zwischen dem sechsten und achtzehnten Lebensmonat beim Blick in den Spiegel (während es von seiner Mutter gehalten wird) seine gelebte Uneinheitlichkeit und den Mangel an motorischer Kontrolle durch Spekularisierung eines Ideals von Integrität und Kontrolle im Spiegelbild überwindet. Im Gegensatz zur erlebten Realität von Uneinheitlichkeit und Mangel an Kontrolle ist das Spiegelbild des Kindes eine idealisierte Ganzheit – ein Ichideal. Das Spiegelstadium ist für Lacan nicht nur ein bestimmtes Entwicklungsmoment, sondern für ihn wird hier die Beziehung des Subjekts zum ›Urbild‹ seines Ichs enthüllt (Butler, 1997, S. 111-112). Er schreibt: »Man kann das Spiegelstadium *als eine Identifikation* verstehen im vollen Sinne, den die Psychoanalyse diesem Terminus gibt: als eine beim Subjekt durch die Aufnahme eines Bildes ausgelöste Verwandlung« (Lacan, 1973, S. 64).

Butler hält dagegen:

> »Die Vorstellung vom körperlichen Ich bei Freud und die Vorstellung der projektiven Idealisierung des Körpers bei Lacan legen nahe, daß schon die Umrisse des Körpers, die Begrenzungen der Anatomie, teilweise das Ergebnis einer externalisierten Identifizierung sind. Dieser identifikatorische Prozeß ist selbst von einem Umwandlungswunsch motiviert. Und jener Wunsch, der jeder Morphogenese eigen ist, wird selbst wiederum von einer kulturell komplexen signifizierenden Kette vorbereitet und strukturiert, von einer signifizierenden Kette, die nicht bloß Sexualität konstituiert, sondern die Sexualität als einen Ort etabliert, an dem Körper und Anatomien unentwegt wiederhergestellt werden.« (Butler 1997, S. 132)

In seiner Beschreibung des Spiegelstadiums naturalisiert Lacan die Ich-Bildung. An die Stelle der Erfahrungen, die das Kind macht, und der Geschichte unseres Subjektverständnisses, welche in Form einer Sedimentierung in das ›Ich‹ eingeschrieben sind, setzt er ein Körperideal ein,

> »wobei das regulierende Ideal ... sich als Norm und Fiktion [entlarvt], die sich selbst als Entwicklungsgesetz verkleidet und das sexuelle Feld, das sie angeblich

nur beschreibt, in Wirklichkeit reguliert. Wenn man dagegen die Identifizierung als inszenierte Phantasie oder als Einverleibung versteht, wird deutlich, dass die Kohärenz begehrt, erwünscht und idealisiert wird und dass diese Idealisierung der Effekt einer leiblichen Bezeichnung ist.« (Butler, 1991, S. 200).[30]

Wie Butler beobachtet, taucht die Beschreibung der Idealisierung des Körpers von Lacan im ›Spiegelstadium‹ in seiner »Erörterung des Phallus als einer Idealisierung und Symbolisierung der Anatomie unbeabsichtigt wieder auf« (1997, S. 113). Lacans *Text* über ›Das Spiegelstadium‹ offenbart für Butler, »wie durch die synekdochale Funktion des Imaginären Teile für das Ganze zu stehen kommen und ein dezentrierter Körper zu einer Ganzheit mit einem Zentrum umgewandelt wird« (Butler 1997, S. 118). Der Phallus wirkt also wie ein Fetisch – ein Teil, das fürs Ganze steht.

> »Wenn die von Lacan für den Phallus errichtete Position das spekuläre und idealisierende Spiegeln eines dezentrierten, zerstückelten Körpers vor dem Spiegel symptomatisiert, dann können wir hier die phantasmatische Neuschreibung eines Organs oder Körperteils, nämlich des Penis als des Phallus, nachlesen – ein Schritt, der mit einer umwertenden Verleugnung seiner Ersetzbarkeit, Abhängigkeit, winzigen Größe, beschränkten Kontrolle und Partialität erzielt wird. (Butler 1997, S. 120-121).

Der Phallus ist also derselbe Ganzheitsschwindler wie Whiteness.

2.2.7 Symbolisches und Imaginäres. Zum epistemischen Imperialismus des Phallus

In *Das Spiegelstadium* beschreibt Lacan die vorzeitige und *imaginäre* Umwandlung eines dezentrierten/zerstückelten Körpers in den spekulären Körper – eine morphologische Ganzheit, die mit einem motorischen Kontrollzentrum ausgestattet ist (Butler, 1997, S. 118). In *Die Bedeutung des Phallus* beschreibt er dann den »differentiellen ›Beitritt‹ von Körpern zu sexuierten Positionen im *Symbolischen*« (Butler, 1997, S. 119) – Positionen,

30 An Lacans Spiegelstadium ist außerdem kritisiert worden, dass es den Spiegel als universales Instrument zur Ich-Bildung ernennt und demnach alle Kinder, die ohne Spiegel aufwachsen, ein Defizit erleiden müssten. Es ist eines der Momente in Lacans Theorie der Subjektgenese, in dem er Kultur (den Spiegel) zur Natur *erklärt*. Das ist jedoch nicht das einzige Indiz dafür, dass Lacans ›Spiegelstadium‹ weniger empirisch belegtes Faktum mit Universalitätsanspruch als eine theoretische Konstruktion ist, die dadurch lebt, dass sie zitiert und als Konstruktion wiederholt wird.

die durch Haben oder Sein des Phallus gekennzeichnet sind. Durch Butlers dekonstruktive Lesart beider Texte verdeutlicht sie, dass die Trennung zwischen Imaginärem und Symbolischem, die Lacan durch sein gesamtes Werk behauptet, nicht aufrecht zu erhalten ist.

> »Selbst wenn wir die Ansicht vertreten würden, dass *Das Spiegelstadium* eine imaginäre Beziehung dokumentiere, wohingegen *Die Bedeutung des Phallus* mit der Signifikation auf der Ebene des Symbolischen befasst sei, wäre nicht klar, ob sich erstere ohne letzteres aufrechterhalten ließe und, was möglicherweise bedeutsamer ist, ob letzteres (das Symbolische) ohne erstere auskäme.« (Butler, 1997, S. 117)

Lacans Drama des Spiegelstadiums, in dem der zerteilte Körper durch die »spekuläre und phantasmatische Herstellung eines morphologischen Ganzen überwunden wird«, wird »durch die erzählerische Bewegung der theoretischen Ausführung« (1997, S. 119) im Text über die Phallogenese re/inszeniert beziehungsweise symptomatisiert. Butler nennt das die »Performativität des Phallus« (ebda.). Nicht nur die Formation des Spiegelstadiums also, sondern Lacans *Text* über »Das Spiegelstadium« selbst produziert performativ diesen privilegierten Signifikanten. Aus dem Imaginären wird durch Lacans Feder das Symbolische, gebildet durch einen Signifikanten – Phallus –, welcher den Teilstatus eines Körperteils (des Penis), von dem er genealogisch abgeleitet ist, überwindet, um fürs Ganze zu stehen. Lacan ist es selbst, der diesen Signifikanten produziert, seine Herkunft – die Ableitung vom Penis – leugnet und versucht, den Phallus zu kontrollieren, denn

> »deutet man an, der Phallus könnte andere Körperteile als den Penis symbolisieren, dann ist das mit dem Lacanschen Schema vereinbar. Argumentiert man jedoch, dass bestimmte Körperteile oder körperähnliche Dinge, die nicht der Penis sind, als den Phallus ›habend‹ symbolisiert sind, so bedeutet das, die sich gegenseitig ausschließenden Begriffsstränge der Kastrationsangst und des Penisneides in Frage zu stellen.« (Butler 1997, S. 124-125)

Für Butler ist Lacans Beschreibung des Spiegelstadiums eine Performance, die den Signifikanten Phallus erzeugt und inszeniert. Lacans Behauptung, dass der Phallus keine imaginäre Wirkung ist, sieht Butler als eine konstitutive Verneinung für die Bildung des Phallus als privilegierter Signifikant. Die Verneinung erleichtert die Privilegierung. Der Signifikant Phallus bestimmt also die »Beschreibung seiner eigenen Genese und wehrt dementsprechend eine Genealogie ab, die ihm einen abgeleiteten oder projizierten Charakter verleiht« (Butler 1997, S. 121). Dabei ist

> »die Verkündung dieses privilegierten Signifikanten ... seine darstellerische Realisierung [*performance*]. Dieses performative Geltendmachen erzeugt und inszeniert den eigentlichen Prozeß privilegierter Signifikation, dessen Privileg potentiell von der Liste unberücksichtigter Alternativen angefochten wird, deren Negierung jenen Phallus konstituiert und heraufbeschwört. Der Phallus ist in der Tat *kein* Körperteil (sondern das Ganze), *keine* imaginäre Wirkung (aber der Ursprung aller imaginärer Wirkungen). Diese Negierungen sind konstitutiv, sie fungieren als Verleugnungen, die die Idealisierung des Phallus heraufbeschören [*sic*] – und werden dann von ihr ausgelöscht. (Butler 1997, S. 123)

Lacans Reihung von Verneinungen, mit der er sich gegen ›kulturalistische‹, ›feministische‹ und ›degenerierte‹ Lesarten des Phallus wehrt, liest Butler als Negationen *im* Text Lacans – als negativer Weg, durch den Lacan generiert, was der Phallus *ist*. Der Phallus ist *nicht* Partial/Objekt, *nicht* auf eine ›phallische Phase‹ zu reduzieren, *nicht* introjizierte Körperzone, *nicht* Symptom. Dabei darf nach Lacan »das ›nicht‹, das vor jedem dieser Attribute steht, ›nicht‹ als ›*refoulement*‹ [Verdrängung] gelesen werden. Die Negation *in diesen Textbeispielen* darf also nicht psychoanalytisch gelesen werden« (Butler 1997, S. 120). Die Abfolge von Verneinungen, durch die Lacan den Phallus als privilegierten Signifikanten generiert, mündet in einem Knoten. Der Status des Phallus als privilegierter Signifikant des Symbolischen erlangt also sein Privileg, »indem er zu einer imaginären Wirkung wird, die ihren eigenen Status als imaginär und als Wirkung durchgängig leugnet (Butler 1997, S. 118). Das trifft nach Butler auf alles zu, was als das Symbolische signifiziert ist.

Seshadri-Crooks behauptet: »What is necessary to note is not that the symbolic is in the imaginary, but rather the presence of the Real in the imaginary« (S. 36). Damit meint sie beispielsweise das vermeintliche ›Urbild des Ich‹, welches im Spiegelstadium zum Tragen kommt. Butler vermutet dagegen, dass alles, was »unter dem Zeichen des Symbolischen operiert, ... möglicherweise nichts anderes als genau die Anzahl imaginärer Wirkungen [ist], die als das Gesetz der Signifikation naturalisiert und verdinglicht worden sind« (Butler 1997, S. 118). Das Reale, welches Seshadri-Crooks als Dreh- und Angelpunkt von und zwischen Imaginärem und Symbolischem verstanden wissen will, ist dieses verdinglichte, naturalisierte Gesetz.

Indem der Penis in eine narzisstische Beziehung eintritt, hört er also auf, Organ zu sein und wird zur imaginären Wirkung (Butler 1997, S. 115). Der Phallus wird zum Zeichen für die »zentrierende und kontrollierende Funktion der körperlichen *Imago*« (ebda.). Die männlichen Genitalien fungieren als Ort *und* als Zeichen für männlichen Narzissmus (1997, S. 119). Lacan betont, »dass bestimmte Organe an der narzisstischen Beziehung beteiligt sind ..., insofern sie zugleich das Verhältnis des Ich zum anderen und die Konstitution der Welt der Objekte strukturiert« (Lacan, zitiert nach Butler, 1997, S. 115). Der Penis wird, indem »er vom narzisstischen Imaginären ins Spiel gebracht wird, zum Phallus« (Butler, 1997, S. 115) und dadurch wird dieses »narzisstisch durchdrungene Organ ... zu einem Strukturprinzip erhoben, das alle wißbaren Objekte formt und Zugang zu ihnen ermöglicht« (S. 116). Die durch Lacans Subjektgenese generierten epistemologischen Beziehungen geben deshalb allen wissbaren Objekten »anthropomorphen und androzentrischen Charakter« – eine Kritik, die Luce Irigaray gegen Lacan vorgebracht hat (ebda.). Aus seinen Ausführungen zum Spiegelstadium leitet Lacan über das Bild des Menschen von seinem Körper ab, dass »sämtliche Objekte seiner Welt immer um den irrenden Schatten seines eigenen Ichs« strukturiert sind (Butler 1997, S. 116).

Wie mit Butler deutlich gemacht werden kann, ist Seshadri-Crooks' Denkfigur, dass körperliche Markierungen durch eine Idee hervorgebracht werden, also lediglich eine Verschiebung der Konstruktion der sexuellen Differenz auf die Wirkweise des Rassismus. Seshadri-Crooks' Darstellung des Schwindelsignifikanten Whiteness entspricht genau diesem epistemischen Imperialismus des Signifikanten Phallus, der allen wissbaren Objekten anthropomorphen und androzentrischen Charakter verleiht. In ihrer Darstellung, wie Whiteness in seiner Entlehnung der Wirkweise des Phallus rassische Objekte hervorbringt – Objekte, die als materialisierte Negativität die Transzendenz von Whiteness garantieren –, deckt Seshadri-Crooks lediglich die Wirkweise des Signifikanten Phallus auf, dessen ideologischen Status, sie dann allerdings vehement leugnet.

2.2.8 Morphe und Psyche

Nicht nur ist das Symbolische in der lacanianischen Psychoanalyse vom Imaginären nicht zu unterscheiden. Die produktive Kraft des Verbots in der Morphogenese macht auch die Unterscheidung zwischen Morphe und Psyche unhaltbar (Butler, 1997, S. 87). Wenn das Physische durch das Psychische – ein imaginäres Schema – hervorgebracht wird, sind Körperliches und Psychisches untrennbar. Die psychische Projektion verleiht

> »dem Körper Grenzen und demzufolge Einheit, so daß gerade die Umrisse des Körpers Orte sind, die zwischen dem Psychischen und dem Materiellen schwanken. Körperumrisse und Morphologie sind nicht bloß in einer unverminderbaren Spannung zwischen dem Psychischen und dem Materiellen begriffen, sie *sind* diese Spannung.« (Butler 1997, S. 101)

Lacan selbst hat behauptet, dass der Phallus nur ›verschleiert‹ operiert (Butler 1997, S. 125). Der Phallus ist also ein ambivalenter Ort der Identifikation und des Begehrens und unterscheidet sich von der heteronormativen Sexualität erheblich, auf die er bezogen ist (ebda.). Mit seiner Entschleierung könnte also etwa das verworfene Begehren offenbart werden und das normative Begehren als eines, das durch ein Verbot produziert wurde. »Gleichwohl wird die phantasmatische Struktur dieses Begehrens in genau dem Augenblick wie ein ›Schleier‹ operieren, in dem sie ›enthüllt‹ wird« (Butler 1997, S. 126). Die Flüchtigkeit und die Dürftigkeit, mit der Körpergrenzen phantasmatisch umgewandelt werden, ist die Bedingung dafür, dass diese Körpergrenzen signifizieren können, so Butler.

> »Insofern der Phallus eine Idealisierung der Morphologie ist, erzeugt er einen notwendigen Effekt der Unzulänglichkeit. … Aber genau *weil* er eine Idealisierung ist, die kein Körper angemessen erreichen kann, ist der Phallus ein übertragbares Phantasma, und seine naturalisierte Verknüpfung mit der männlichen Morphologie kann durch eine aggressive Reterritorialisierung in Frage gestellt werden.« (Butler 1997, S. 127)

Solch eine Reterritorialisierung ist allerdings auch die Operation von Whiteness als Phallusschwindler, wie sie Seshadri-Crooks offenlegt. Was Butler als Strategie zur Durchquerung von Heteronormativität beispielsweise durch den lesbischen Phallus vorschlägt, ist eine Verschiebung innerhalb der Phallus-Logik. Diese Verschiebung kann die Hierarchien, die der Phallus produziert, nicht aufbrechen, sondern *verschiebt* sie eben lediglich zugunsten anderer Privilegierungen.

Butler liest die Phallogenese als Ich-Bildung der Psychoanalyse durch Foucaults Verständnis der Unterwerfung von Körpern unter ein Gesetz. In *Überwachen und Strafen* stellt Foucault die Sprache der Innerlichkeit infrage und verdeutlicht: »Die Figur der inneren Seele, die ›innerhalb‹ des Körpers liegen soll, wird … gerade durch ihre Einschreibung *auf* dem

Körper bezeichnet, auch wenn ihre primäre Bezeichnungsweise umgekehrt über ihre Abwesenheit, ihre machtvolle Unsichtbarkeit verläuft« (Butler, 1991, S. 199). Der Phallus erzeugt den Effekt eines inneren Kerns oder einer inneren Substanz durch das Spiel der bezeichnenden Abwesenheiten auf der Oberfläche des Körpers (S. 200). Er verweist zwar auf das organisierende Identitätsprinzip, wird es aber niemals enthüllen. Die Performativität des Phallus bringt eine Wesentlichkeit oder Identität »durch leibliche Zeichen und andere diskursive Mittel« (ebda.) hervor. Durch die »Oberflächenpolitik des Körpers oder der Grenzkontrolle der Geschlechtsidentität, die das Innen vom Außen differenziert und so die Integrität des Subjekts stiftet« (ebda.), wird die Phantasie öffentlich reguliert. Indem der ›Ursprung‹ des Subjekts in seinem Inneren verortet wird, bleibt seine Regulierung und Disziplinierung der Sicht entzogen – psychologisch statt politisch (S. 200-201).

Die Begriffe ›Innen‹ und ›Außen‹ haben nur dann einen Sinn, wenn sie sich auf eine vermittelnde Grenze zurückbeziehen, die um Stabilität bemüht ist. Diese Stabilität und die Kohärenz werden zum großen Teil durch kulturelle Anordnungen bestimmt, die das Subjekt sanktionieren und seine Differenzierung vom Verworfenen erzwingen. Die Infragestellung dieses Subjekts verschiebt somit auch die Bedeutung und Notwendigkeit dieser Begriffe. Wenn die ›Innenwelt‹ keinen Topos mehr darstellt, wird auch die innere Fixiertheit des Selbst und sogar der innere Schauplatz der geschlechtlich bestimmten Identität suspekt. Die kritische Frage ist nicht, wie diese Identität verinnerlicht wird, als ob diese Verinnerlichung ein Prozess oder Mechanismus wäre, der sich deskriptiv rekonstruieren ließe. Vielmehr stellt sich die Frage, von welcher strategischen Position im öffentlichen Diskurs her und aus welchen Gründen die Trope der Innerlichkeit und die disjunktive Binarität von Innen/Außen aufrechterhalten wurden. In welcher Sprache wird der ›Innenraum‹ figuriert? Um welche Art von Figuration handelt es sich, und durch welche Figur des Körpers wird sie bezeichnet? Wie kann ein Körper auf seiner Oberfläche gerade die Unsichtbarkeit seiner Tiefe figurativ zum Vorschein treten lassen? In Foucaults Worten: »Nicht die Seele ist im Körper eingekerkert, wie die christliche Vorstellungen suggerieren, sondern ›die Seele (ist das) Gefängnis des Körpers« (zitiert nach Butler, 1991, S. 199).

Mit der Formulierung eines körperlichen Ichs beschreibt die Psychoanalyse ein Subjekt, das über feste Konturen und räumliche Grenzen verfügt und das durch Identifikationen (im Verlauf des Ödipuskomplexes beziehungsweise bei Lacan durch den ›Eintritt‹ ins Symbolische als Eintritt in die Sprache im Namen des Vaters) eine Einschreibung in die heterosexuelle Matrix als Einschärfung auf der Ebene der körperlichen Morphogenese erfährt (Butler 1997, S. 38). Butler schlägt vor, statt dieser Beschreibung das Symbolische als eine »Abfolge normativierender Einschärfungen zu denken ..., mit denen die Grenzen des biologischen Geschlechts durch die Androhung der Psychose, Verworfenheit und psychischen Nichtlebbarkeit gesichert werden« (1997, S. 39). Das Ich ist genauso wie das Symbolische eine Sedimentierung – eine abgelagerte Geschichte von Machtverhältnissen.

> »Der Prozeß jener Sedimentierung oder das, was wir auch *Materialisierung* nennen können, wird eine Art Zitatförmigkeit sein, ein Erlangen des Daseins durch das Zitieren von Macht, ein Zitieren, das in der Formierung des ›Ichs‹ ein ursprüngliches Komplizentum mit der Macht herstellt.« (Butler, 1997, S. 39)

2.2.9 Ich-Bildung als Sedimentierung

Für Butler ist das Ich also sozial verfasst. Identifizierungen »sind phantasmatische Versuche der Einreihung, der Ergebenheit, der uneindeutigen und konträr-körperlichen Kohabitation«, sie sind die »strukturierende Präsenz der Andersheit in der eigentlichen Formulierung des ›Ich‹« (1997, S. 152). Das Ich ist ein dezentriertes, fälschliches Zeichen einer Psyche als interne Andersheit (1997, S. 114). Dem Ich sind eine Reihe von Identifizierungen vorgängig. Es »ist keine mit sich selbst identische Substanz, sondern eine abgelagerte Geschichte imaginärer Beziehungen, die das Zentrum des Ichs außerhalb seiner selbst, in der externalisierten *Imago* lokalisieren, die Körperumrisse verleiht und herstellt« (Butler 1997, S. 112). In der Psychoanalyse gibt es kein ›Ich‹ vor der Annahme des Geschlechts, und keine Annahme ist nicht zugleich eine Identifizierung. Diese Annahme ist eine unmögliche und zugleich notwendige Identifizierung, sie resultiert aus der Leugnung der Zeitbedingtheit in der Grammatik (Butler, 1997, S. 145): »Sprachlich scheint es nötig, dass immer schon etwas in einem ersten Schritt bereits ›vorhanden‹ ist« (Reckwitz, S. 83-84), ehe es benannt werden kann. Wenn das Ich (der Psychoanalyse) androzentrisch konstituiert ist, spricht ein Subjekt von s/ich immer vom Standpunkt des ontotheologischen Privilegs, das »ein souveränes Selbst, ein Zentrum absoluter Fülle und Macht« stiftet, wie Butler mit Wittig schreibt (1991, S. 174). Frauen haben bei Lacan in der Sprache eine relationale Funktion. Sie sind Lévi-Strauss zufolge die Worte, die gesprochen werden, was Lacan – wie bereits erwähnt – in seinem

Seminar-Buch XX das Motiv entwickeln lässt: »La Femme n'existe pas«, die Frau existiert nicht.

Lacans Diskurs der ›Spaltung‹ (Schnitt des Signifikanten) behauptet, als primäre Trennung, »die das Subjekt innerlich teilt und die Dualität der Geschlechter stiftet«, Effekt eines Gesetzes zu sein. Wie Jacqueline Rose schreibt, gibt es bei Lacan keine vordiskursive Realität, »keinen Ort vor der Sprache, der zugänglich und einholbar wäre«, und damit gibt es nach Rose auch keine Weiblichkeit außerhalb der Sprache (Butler, 1991, S. 90). Butler setzt hier mit ihrer Subversionsstrategie an und liest das als »eine Art Zitieren des Gesetzes«, welches die Möglichkeit bietet, »die Frage der Materialisierung des ›Geschlechts‹ mit der Überarbeitung von Performativität als Zitatförmigkeit zu verknüpfen« (1997, S. 38).

Die Sprache oder der Diskurs gehen jedem ›Ich‹ voraus: »Wo ein ›Ich‹ vorhanden ist, das sich äußert oder spricht und damit eine Wirkung im Diskurs erzielt, da ist zuerst ein Diskurs, der dem ›Ich‹ vorhergeht und es ermöglicht und in der Sprache die zwingende Stoßrichtung seines Willens bildet« (Butler, 1997, S. 310). Das ›Ich‹ entsteht, indem es im Althusserschen Sinne angerufen und damit benannt wird. Diese »diskursive Konstituierung erfolgt, bevor das ›Ich‹ da ist; es ist die transitive Anführung des ›Ichs‹« (ebda.). Die Wiedererkennung eines Subjekts im Diskurs ist zugleich seine Bildung, wobei die »Unmöglichkeit eines völligen Wiedererkennens, d.h., die Unmöglichkeit, den Namen, von dem jemandes soziale Identität inauguriert und mobilisiert wird, jemals ganz auszufüllen ... die Instabilität und Unvollständigkeit der Subjektbildung« (ebda.) impliziert. Das ›Ich‹ ist also ein Zitat der Stelle des ›Ichs‹ in der Rede, »die geschichtlich revidierbare Möglichkeit eines Namens, die mir vorhergeht und über mich hinausgeht, ohne die ich jedoch nicht sprechen kann« (ebda.).

Deutet man Lacans ›Annahme‹ des Geschlechts durch den Eintritt in die Sprache als Zitat und nicht als Gesetz eines vorausliegenden und unerreichbaren Ideals, dann wird deutlich, wie das ›Gesetz des Geschlechts‹ gefestigt und idealisiert wird, indem es »andauernd wiederholt wird als das Gesetz, erzeugt wird als das Gesetz ... und zwar von den gleichen Zitierungen erzeugt wird, von denen es heißt, das Gesetz würde sie befehligen« (Butler, 1997, S. 38).

Hooks Theorie, dass die repetitiv artikulierten rassistischen Stereotypen und hasserfüllten Verunglimpfungen in der Sprache als eine Art Regression in ontogenetische Prozesse (Abjektion als konstitutive Trennung) beziehungsweise als ›Technologie des Affekts‹ zu erklären seien, ist mit Butlers Ausführungen als ein Zirkelschluss verstehbar. Es ist die rassistische Konstruktion der Assoziation von Nicht-Weißsein und Primitivität – der ontogenetischen Vorgängigkeit, die das Ich heimsucht und bedroht –, welche in der Sprache andauernd wiederholt wird; ein Zitieren des Gesetzes der Psychoanalyse, das herstellt, was Hook dann als Heimsuchung durch das Reale bezeichnet. Tatsächlich beschreibt er lediglich die diskursive Herstellung von Rasse (das Abjekt) – eine ›Technologie des Rassismus‹ und damit des Diskurses.

2.2.10 Der Fels des Realen und das Zitieren des Gesetzes

Ganz einfach ausgedrückt, ist das Gesetz der Psychoanalyse nichts anderes als eine performative Äußerung, die so funktioniert, »dass sie produziert, was sie deklariert« (Butler 1997, S. 154). Butlers Vorstellung der Performativität ist allerdings nicht die des wirkungsvollen Ausdrucks »eines menschlichen Willens in der Sprache«. Butler versucht »Performativität neu zu fassen als eine spezifische Modalität der Macht als Diskurs« (Butler, 1997, S. 259). Diskurse sind aufgrund ihrer Geschichtlichkeit vielschichtig. Sie sind als Gewebe verschiedener Ketten – Reihen von Zeichen – zu verstehen, die sich einander annähern und verflechten. Was sich konstituiert, ist nicht vom Diskurs festgelegt, vielmehr »sind bestimmte, sich ständig wiederholende Ketten der diskursiven Erzeugung kaum als laufende Wiederholungen entzifferbar, weil die Wirkungen, die sie materialisiert haben, jene Wirkungen sind, ohne die im Diskurs keine Orientierung gewonnen werden kann« (ebda.). Das Gesetz der Psychoanalyse mit seiner Signifikantenkette und seiner Begründung im Realen existiert nur, indem es als solches im Diskurs ständig wiederholt wird. Die im Diskurs entstehenden und transportierten Normen sind als Ketten ständiger Wiederholungen imperativischer Äußerungen zu verstehen, welche die Macht des Diskurses, »das zu inszenieren, was er benennt« (ebda.) ausmachen. Auch diese Normen unterliegen also einer Geschichtlichkeit.

Diskursmacht wird Butler zufolge durch Performativität wirksam. Durch die verschiedenen Vektoren in den Diskursen werden die Subjekte in vielfältiger Weise angerufen. ›Geschlecht‹ beispielsweise ist demnach nicht die Wirkung eines (Natur)Gesetzes, sondern die der Macht des Diskurses durch seine Performativität, etwa in Form imperativischer Äußerungen wie: ›Es ist ein Mädchen‹ nach einer Geburt oder ›Hiermit erkläre ich euch zu Mann und Frau‹.

> »Das ›Geschlecht‹ [sex] als einen Imperativ in diesem Sinne zu denken bedeutet, dass ein Subjekt von einer solchen Norm angesprochen und hervorgebracht

wird und dass diese Norm – und die regulierende Macht, für die sie ein Zeichen [token] ist – die Körper als eine Wirkung jener Einschärfung materialisiert. (Butler, 1997, S. 259)

Orthodoxe Vertreter_innen der Psychoanalyse verteidigen ihr Gesetz vehement gegen solche diskursanalytisch-dekonstruktiven Lesarten, wobei die Verteidigungsreden im Dienst der Immunisierung dieses Gesetzes so tautologisch sind wie Lacans Begriff der sexuellen Differenz selbst.

»›Es ist das Gesetz!‹ wird zur Äußerung, die performativ dem Gesetz eben die Kraft zuschreibt, von der gesagt wird, das Gesetz selber übe sie aus. ›Aber es ist das Gesetz!‹ – diese Äußerung ist somit ein Zeichen der Gesetzestreue, ein Zeichen für den Wunsch, dass das Gesetz außer Frage stehen möge, ein theologischer Impuls in der Theorie der Psychoanalyse, der jede Kritik am symbolischen Vater, dem Gesetz der Psychoanalyse selbst, auszuschließen sucht. Dem Gesetz wird also genau der gleiche Status gegeben wie dem Phallus, dem symbolischen und unbestreitbaren Platz des Vaters, und die Theorie legt damit ihre eigene tautologische Verteidigung offen.« (Butler, 2001a, S. 43)

Indem das Zitieren des Gesetzes einem (unendlich aufgeschobenen) Ursprung untergeordnet wird, erscheint die Autorität als prioritär, tatsächlich ist sie aber *abgeleitet* aus dem zeitgleichen Einzelfall ihrer Zitierung (Butler 1997, S. 157). Die Zitierung verhilft der Autorität effektiv zum Dasein, um sich ihr dann zu beugen (ebda.). Genau das findet in Seshadri-Crooks' Diskurs von Phallus und Whiteness statt. Nur, indem sie den Phallus durch wiederholte Zitierung dem Gesetz und dessen Ursprung in der Urhorde unterordnet, kann sie Whiteness als ›fraudulent signifier‹ vorführen.

Lévi-Strauss war kein Augenzeuge des Moments, in dem das Symbolische entstand. Er mutmaßt eine notwendige Geschichte, wodurch »sein Bericht gleichsam den Charakter einer juridischen Verfügung« erhält (Butler, 1991, S. 72). Butler bezeichnet das als eine «Art von Schreiben des Gesetzes und Schreiben als das Gesetz, das es verteidigt« und fragt, ob nicht «die ›Kontingenz‹ der Sprache hier in einer und von einer textuellen Praxis beherrscht [wird,] die als das Gesetz spricht, dessen rhetorischer Charakter durch den deklarativen Modus domestiziert wird« (Butler, 1997, S. 272). Lacan be/schreibt dann dieses Gesetz der Kastration als sexuellen Antagonismus, der die patriarchale Familie als ahistorischen Kern für das Reale konstituiert, weiter. Was der Psychoanalyse als (Natur)Gesetz gilt, ist also ein ›Gesetz‹, das nur durch Zitierung – eine unendliche Aufschiebung auf einen vermeintlichen ›Grund‹ – Realität wird. Das Zitieren der Macht – zugleich eine Investition in die und Unterwerfung unter die Macht – verhilft der Macht effektiv zum Dasein und lässt die Anrufenden zu Teilhaber_innen dieser Macht werden. Das Symbolische entsteht durch »performative Akte mit der Macht, subjektivierende Wirkungen zu produzieren oder zu materialisieren« (Butler 1997, S. 154). Hooks ›körperlich-affektive‹ Elemente des Rassismus sowie Seshadri-Crooks' rassische Objekte entstehen genauso wie die vermeintlich ontologischen Grundlagen – Abjektion und die sexuelle Differenz –, von denen sie ›abgeleitet‹ sein sollen.

Wenn das Gesetz der Psychoanalyse zur Erklärung von ideologischen Formationen wie beispielsweise der des Rassismus herangezogen wird, wird die Kontingenz dieser ideologischen Formationen ihrer Kontingenz entleert. Da in der Psychoanalyse die

> »›Kontingenz‹ mit dem Realen verbunden wird und ... das Reale als das Trauma interpretiert wird, das ausgelöst wird durch die Kastrationsdrohung, das Gesetz des Vaters, wird postuliert, dass dieses ›Gesetz‹ für die Kontingenz in allen ideologischen Determinierungen verantwortlich sei; es wird jedoch nie derselben Logik der Kontingenz unterworfen, die es absichert.« (1997, S. 269)

Diese Immunisierung des Gesetzes verleiht der Psychoanalyse als Theorie selbst einen ideologischen Status weil sie »die Kontingenz in allen ideologischen Formulierungen als ›Mangel‹ identifiziert, der von der Kastrationsdrohung hervorgerufen wird, wobei jene Drohung und das sexuell Differentielle, das sie instituiert, nicht der diskursiven Neuartikulation unterzogen werden, die für die Hegemonie eigentümlich ist« (1997, S. 270). Mit der Psychoanalyse Rassismus erklären zu wollen, wie Seshadri-Crooks oder Hook es tun, ohne das ›Prädiskursive‹ der Psychoanalyse einer Dekonstruktion zu unterziehen, wirft die Frage auf,

> »ob die in der Psychoanalyse entnommene Vorstellung eines Mangels als das, was die Kontingenz *aller und jeder* sozialen Gebilde sichert, nicht selbst ein auf Kosten jeder Berücksichtigung von Macht, Sozialität, Kultur und Politik universalisiertes vorsoziales Prinzip ist, das die verhältnismäßige Geschlossenheit und Offenheit sozialer Praktien [*sic.*] reguliert.« (Butler, 1997, S. 278)

Für Seshadri-Crooks ist das Gesetz der Psychoanalyse unantastbar – ihr Buch über Rassismus eine lange Verteidigungsrede dieses Gesetzes, dessen Formel sie repetitiv zitiert. Der Phallus als Mangel garantiert Undeterminiertheit und Machtfreiheit, er ist ahistorisch und alteroreferenziell. Als solcher steht er für die Kontingenz, welche die Totalität sozialer Formen verhindern soll. Indem Seshadri-Crooks dann sämtliche historischen und sozialen Gegebenheiten des Rassismus diesem Gesetz unterwirft, eliminiert sie die Kontingenz dieser Gegebenheiten. Der Race-Lynching-Komplex, die Vergewaltigung schwarzer Sklavinnen durch ihre weißen Herren, die Verstoßung weißer Frauen aus der Gesellschaft der Weißen, wenn sie Liebesbeziehungen mit schwarzen Männern/Sklaven haben, ebenso wie ihre literarischen und Filmbeispiele (George Orwells Erzählungen über seine Zeit im Dienst der britischen Regierung in verschiedenen Kolonien oder der zeitgenössische Film ›Suture‹), und auch Koens Geschichte aus der ›New York Times‹ werden von ihr als Beispiele ein und desselben Traumas dargestellt. Die Arbeitsweise, den ›Mangel‹ der Psychoanalyse als universales Prinzip für Phänomene wie den Rassismus zu nutzen, birgt die Gefahr, die »spezifischen Ausschließungen, Vernichtungen und unvorstellbaren Verluste« (Butler, 1997, S. 278) historisch und sozial kontingenter Ereignisse zu verkennen. Das wirft nicht nur die Frage auf, ob das Konzept des Mangels in der Psychoanalyse geeignet ist, Rassismus zu erklären, sondern auch, ob der ›Mangel‹ in der Psychoanalyse nicht Macht, Sozialität, Kultur und das Politische auf dem Gewissen hat und der Ort ist, an dem das Machtverhältnis des Rassismus in der Psychoanalyse begraben wurde.

Die Verdinglichung des Vordiskursiven wird nirgendwo so deutlich wie bei Slavoj Žižek – ein Lacanianer – in seiner Rede vom ›Fels des Realen‹, der »die Figur des Unfigurierbaren« darstellen soll (Butler, 1997, S. 273). Butler gibt zu bedenken, wie weitgehend das lacanianische Reale als Substitution die Kontingenz »mit sozialen Signifikationen, die *als* das Vordiskursive verdinglicht werden«, sättigt (Butler, 1997, S. 269). Nach dem Prinzip der Gleichwertigkeit führt Žižek eine Liste von Beispielen für das Gesetz an – für Butler eine »Verschiebung und Ersatzbildung, die in der grammatischen Form einer Apposition gegeben wird und die die traumatische Entstehung aller Dinge, die signifizieren, zu zeigen versucht« (1997, S. 273). Das Trauma und der ursprüngliche Verlust, den die Signifikation überdecken soll, werden verschoben und neu inszeniert (ebda.). Für Žižek exemplifizieren die Familie, der Gulag oder Auschwitz dasselbe Trauma – das Reale des Gesetzes – und alles, was an den jeweiligen Orten »historisch textuiert« ist, wird durch den gleichen ›traumatischen Kern‹ seiner Geschichtlichkeit entledigt (Butler, 1997, S. 277). Was ›Signifikantenkette‹ genannt wird, »operiert durch eine bestimmtes hartnäckiges Zitieren des Signifikanten« Phallus (Butler, 1997, S. 300).

Žižek schreibt:

> »All die verschiedenen Bemühungen, dieses Phänomen an ein konkretes Bild zu heften (›Holocaust‹, ›Gulag‹ ...)[die drei Punkte implizieren eine fortlaufende Vermehrung gleichwertiger ›Beispiele‹, aber auch eine Gleichgültigkeit gegenüber der Besonderheit der Beispiele, weil das Beispiel lediglich als ›Beweis‹ für das Gesetz interessiert, J.B.], es auf das Produkt einer konkreten Sozialordnung zurückzuführen (Faschismus, Stalinismus ...) – was sind sie denn, wenn nicht ebenso viele Versuche, der Tatsache auszuweichen, dass wir es hier mit dem ›Realen‹ unserer Zivilisation zu tun haben, das als derselbe traumatische Kern in allen Sozialsystemen wiederkehrt?« (Žižek, zitiert nach Butler, 1997, S. 277)

In seiner mit Lacan ausgeführten Darstellung einer Politisierung beschreibt Žižek den ›reinen Signifikanten‹ (Phallus) als einen ohne Signifikat, er ist ›reine Differenz‹. Er schreibt: «Der entscheidende Schritt in der Analyse eines ideologischen Gefüges besteht deshalb darin, hinter dieser blendenden Großartigkeit des Elements, das es zusammenhält (›Gott‹, ›Land‹, ›Partei‹, ›Klasse‹ ...), diese selbstbezügliche, tautologische, performative Operation aufzuspüren« (Žižek, zitiert nach Butler, 1997, S. 285). Das ist nach Seshadri-Crooks die Operation von Whiteness im Gegensatz zum Phallus. Wie ich in den vorangegangenen Seiten mit Butler gezeigt habe, beschreibt Žižek allerdings mit der Operation ideologischer Gefüge genau das, was die Operation des Phallus selbst charakterisiert: er ist selbstbezüglich, tautologisch und performativ. Das Gesetz der Psychoanalyse ist eine Ideologie. Der Signifikant vernäht – er ist ein ›Steppunkt‹ (point de caption), an dem nach Seshadri-Crooks, wie der Film ›Suture‹ zeige, die totalisierende Wirkung von Whiteness auch verschoben und neu ›vernäht‹ werden könne. Ohne Erfolg, wie der Misserfolg des Filmes zeigt.

Nach dieser Theorie der Politisierung können Bemühungen politischer oder historischer Art, »die Institution der Familie oder die Bildung von Konzentrationslagern oder Gulags zu verstehen, ... den ›traumatischen‹ Charakter dieser Gebilde nicht erklären; was an ihnen richtiggehend traumatisch ist, gehört nicht zu ihrer sozialen Formation« (S. 277). Es ist nicht klar, »ob die Beispiele in diesem Kontext nur zur Veranschaulichung herangezogen werden oder ob sie das Mittel sind, mit dem das Gesetz einen Satz an Phänomenen ordnet und unterordnet, um seine eigene anhaltende Kontinuität widerzuspiegeln« (S. 278). Was also als *aprés-coup*-Effekt abgelesen wird, wird durch dieses Gesetz als Zeichen seiner Beharrung hervorgebracht. Wenn allerdings »die Priorität und die Universalität des

Gesetzes als Wirkungen dieser Beispiele hergestellt werden, dann ist dieses Gesetz von diesen Beispielen grundlegend abhängig« (ebda.). Das Gesetz ist also auf seine fortwährende Zitierung angewiesen, es muss mit immer neuen Beispielen bestätigt werden. In der psychoanalytischen Therapie geschieht das, wie Deleuze und Guattari (1972/2000) zeigen, durch die performative ›Feststellung‹: »*So that was what this meant*« (S. 66).

Wenn ›Feministinnen‹ die Ödipuskonstellation als historisch bedingte Form patriarchaler Familienstrukturen kritisieren, argumentiert Žižek, dass dies genau die Bemühung darstelle, »sich dem ›harten Kern‹ zu *entziehen*«, dem Realen des Gesetzes, dem »Fels der Kastration« (Žižek, zitiert nach Butler, 1997, S. 276). Diese ›Feministinnen‹ litten am Penisneid und ihre Kritik stelle lediglich einen Widerstand dar, der wiederum den Penisneid beweise – auch das ein Beispiel für die tautologische Verteidigung des Gesetzes der Psychoanalyse. Kastration/Penisneid als ›Fels‹ (des Realen) taucht bereits bei Freud am Ende von *Die endliche und die unendliche Analyse* auf. Freud beschreibt dort den Widerstand einer Patientin gegen die Aussage, sie leide am Penisneid. Der Peniswunsch und der »männliche Protest« (wenn Frauen protestieren, benehmen sie sich also wie Männer) führen Freud zu der Feststellung, dass der Analytiker hier durch sämtliche Schichten des Psychischen zum ›gewachsenen Felsen‹ vorgedrungen sei, denn »für das Psychische spielt das Biologische wirklich die Rolle des unterliegenden gewachsenen Felsens« (Freud, GW, Ergänzungsband, S. 392). Der Fels ist ein Begriff, der sich außerdem im hebräischen Gebet findet: »Gott ist ›mein Fels und mein Erretter‹, eine Wendung, die verdeutlicht, dass der ›Fels‹ der nicht nennbare Jahwe ist, das Prinzip des Monotheismus« (Butler, 1997, S. 274).

In Žižeks Auseinandersetzung mit den poststrukturalistischen und feministischen Kritiken am ›Realen‹ der Psychoanalyse, das in der Kastration seinen Kern hat, liest Butler Žižeks eigene Abwehr gegen ›marginale‹ Subjekte, die ihn als Repräsentanten des ›Realen‹ bedrohen. Deutlich wird das nicht nur an seiner Nahelegung von feministischer Psychoanalysekritik als Penisneid, sondern auch an seiner Bemerkung über Foucaults ›Faszination mit marginalen Lebensstilen‹, im »sadomasochistische[n] homosexuelle[n] Universum« – ein Universum, das eine globale Bedrohung darzustellen scheint (Butler, 1997, S. 282). Butler fragt:

> »Wenn das ›Reale‹ selbst von diesen theoretischen Unternehmungen bedroht ist, wie haben wir dann die ›Abwehr‹ des Realen – psychoanalytisch – zu verstehen? Wenn das ›Reale‹ einer Drohung ausgesetzt ist, selbst jedoch *als* die

> Kastrationsdrohung begriffen wird, wie weitgehend kann dann Žižeks Text als ein Versuch gelesen werden, die ›Drohung‹ der Kastration gegen eine Reihe weiterer ›Drohungen‹ zu schützen? (1997, S. 271)

Denn,

> »wenn das Reale des Gesetzes genau das ist, was nicht sprechen kann, der traumatische, von der Symbolisierung vorab ausgeschlossene Ort, dann geschieht es aus irgendeinem Interesse, dass das Reale hier spricht, hier als das Reale des Gesetzes qualifiziert ist und dass es Žižek ist, der allem Anschein nach das Wort von dem Felsen entgegennimmt und uns vom Berg hinab überbringt. Es entsteht der Eindruck, dass ›das Reale des Gesetzes‹ die bedrohende Kraft des Gesetzes, das Gesetz selbst ist, nicht aber der Verlust, den das Gesetz zwangsweise instituiert, denn der Verlust könnte nicht als eine Substanz figuriert werden, weil der Verlust dabei dasjenige ist, was den Wunsch erzeugt, die Lücke durch signifizierende Wirkungen zu überdecken, die ihrerseits den Wunsch nach Substanz tragen, die innerhalb des sozialen Feldes niemals zustande kommt.« (Butler, 1997, S. 276)

In einem anderen Text Žižeks, der »Beyond Discourse-Analysis« heißt und damit dem Begehren Hooks sehr nahe kommt, den ›Diskursloyalist_innen‹ ihre Grenzen aufzuzeigen, versucht Žižek, die lacanianische Aussage ›Die Frau existiert nicht‹ als eine bestimmte traumatische Unmöglichkeit zu beschreiben, und zwar die Nichtexistenz der Frau als ihre Kastration: »Es handelt sich um einen bestimmten Riß, der *nicht* symbolisiert werden *kann*« (Žižek, zitiert nach Butler, 1997, S. 279). Wer diese Grenze infrage stellt, wird selbst zur Kastrationsdrohung – eine Frau, »denn wenn die Frau existieren würde, könnte sie nach dieser Logik wohl nur existieren, um zu kastrieren« (Butler, 1997, S. 279). Als Überbringer und Sprecher des Gesetzes versucht Žižek »das sexuell Differentielle an seinem angestammten Platz zu halten, an dem Frauen stets das Symptom des Mannes (nicht existent) sein werden und wo der Aristophanische Mythos vom Mangel als Folge einer ursprünglichen Durchtrennung die Heterosexualität als den Ort einer imaginären Vervollständigung und Rückkehr erforderlich macht« (Butler, 1997, S. 283). Mit der diskursiven Inszenierung des verloren gegangenen Ursprungs in der Psychoanalyse, für den die Frau als Zeichen steht, geht eine Entsymbolisierung der Frau einher. Mit dem Semiotischen assoziiert, fällt sie in den Bereich des Prädiskursiven – ein Bereich, dessen Inhalt gemäß der Psychoanalyse nicht zur Sprache kommen kann beziehungsweise soll. In Žižeks Interpretation der lacanianischen Lehre vom Realen

»ist das Reale, verstanden als die drohende Kraft des Gesetzes, die Kastrationsdrohung, die zu einem notwendigen Verlust führt, wobei jener Verlust entsprechend der ödipalen Logik als das Weibliche figuriert wird, als das, was sich außerhalb des Umkreises des diskursiven Austausches befindet (was Žižek ›einen trägen Fleck, [...] der nicht in den Umkreis des Diskurses eingeschlossen werden kann, nennt‹ [75]) und was demzufolge nicht als ein politischer Signifikant verfügbar ist.« (Butler, 1997, S. 279)

Ein weiterer Grund also, warum ›Frauen‹ als ›Feministinnen‹ zu keinem Sammelpunkt für sozialen Widerstand werden können. Ihr Widerstand kann in der Psychoanalyse von Freud und Lacan immer nur psychoanalytisch als Penisneid verstanden werden, als Widerstand gegen das Reale, was dann wiederum Beweis für das Reale selbst ist. Diese Materie – der Fels des Realen – stellt das »Außen zu dem als Symbolisierung konstruierten Diskurs« (S. 273) dar. Die Konstruktion der Materie realisiert performativ »die Unmöglichkeit, die sie sicherstellen will. Der Fels stellt die Figur des Unfigurierbaren dar« (ebda.). Die Frau, die nicht existiert – ein bestimmter Riss, der nicht symbolisiert werden kann –, ist die Grenze für den Diskurs beziehungsweise die Abwehr einer Reihe bedrohlicher Folgen. Wer nachfragt, wird selbst zur Kastrationsdrohung. Da

»der Widerstand gegenüber dem Realen ein Widerstand gegenüber der Tatsache weiblicher Kastration ist oder ein Abstreiten der strukturierenden Macht dieser Drohung für Männer ist, streben jene, die das Reale auflösen wollen (auf sie wird als Feministinnen, Poststrukturalist_innen und Historiker_innen unterschiedlichster Art Bezug genommen), danach, die differentielle Kraft der Kastration und ihren dauerhaften Status im Symbolischen und als das Symbolische zu unterminieren.« (Butler, 1997, S. 281)

Während Frauen vor dem Gesetz als immer schon kastriert gelten und Männer stets von der Kastration bedroht sind, ist der Verlust bereits Teil der weiblichen Position. Die männliche Angst davor, den Phallus zu verlieren, ist vom Weiblichen versinnbildlicht

»und demzufolge eine Angst ... , weiblich zu werden und als das Weibliche verächtlich gemacht zu werden. Diese Möglichkeit der Verachtung [*abjection*] beherrscht somit die Artikulation sexueller Differenz, und das Reale ist die dauerhafte Struktur, die die biologischen Geschlechter in bezug auf die zeitliche Verortung dieses Verlusts differenziert.« (S. 281-282)

2.3 Abjektion und das konstitutive Außen des Diskurses

2.3.1 Vor-oder-Außerhalb

Der Fels des Realen bei Žižek ist eine Katachrese, er taucht mal als ›Verlust‹, dann wieder als ›Negativität‹ auf (Butler, 1997, S. 273). Was Žižek als ›Fleck‹ außerhalb des Diskurses bezeichnet, das Weibliche – zugleich ›Fels‹ des Realen als Kastrationsdrohung –, ist das Vor-oder-Außerhalb des Subjekts der Psychoanalyse. Es ist als Negativität das konstitutive Außen des Diskurses und steht zugleich für den verloren gegangenen Ursprung. Hook nennt es das ›Prädiskursive‹, bei Lacan ist es die Jouissance, bei Freud sind es die Triebe beziehungsweise Triebbefriedigung, welche das Subjekt im Verlauf seiner Entwicklung zurücklassen muss, um ein Subjekt der Kultur, des Diskurses und der Sprache zu werden – eine ontogenetische Rekapitulation phylogenetischer ›Ereignisse‹ – die Überwindung der Jouissance des triebhaften Urvaters durch Vatermord und Inzesttabu.

Der Ort des verloren gegangenen Ursprungs – Kristevas Chora – wird in der Psychoanalyse als das Trauma erzählt und die Ursprünglichkeit des Verlusts – Lacans Jouissance – mit dem Mütterlichen assoziiert. Das ›Ding‹ des Realen ist das verbotene Objekt klein a, die Jouissance des Urhorden-Vaters, der Penis des kleinen Jungen als Lustquelle, die er durch Kastration zu verlieren fürchtet, und der volle Genuss eines Säuglings an der Brust der Mutter – in diesem ›semiotischen‹, präverbalen, mit der Mutter assoziierten Stadium der Ontogenese. Das Objekt klein a liegt für Lacan als Knotenpunkt, Schnittstelle, Kern beziehungsweise Grund in der Mitte der drei psychischen Register des Imaginären, des Realen und des Symbolischen – eine Struktur, die er durch den Borromäischen Knoten (drei ineinander verschlungene Ringe) symbolisiert sieht. Seshadri-Crooks wählt dieses Symbol als Titelbild für ihre Arbeit über das Begehren von Whiteness. Der Borromäische Knoten bedeutet in der christlichen Theologie die Dreifaltigkeit von Vater, Sohn und heiligem Geist. In Lacans Wahl dieses Zeichens zur Symbolisierung der Struktur der Psyche kommt der theologische Impuls wie auch der Androzentrismus der Psychoanalyse zum Ausdruck, den Butler durch ihre dekonstruktive Lesart offenlegt.

Das Objekt klein a als ›Fels des Realen‹ soll der *Grund* sein, warum sich das Reale der Symbolisierung widersetzt. Wenn behauptet wird, das Reale widersetze sich der Symbolisierung, dann bedeutet das allerdings,

> »das Reale als eine Art von Widerstand zu symbolisieren. Die erste Behauptung (das Reale widersetzt sich der Symbolisierung) kann nur dann wahr sein, wenn

> die letztere Behauptung (›das Reale widersetzt sich der Symbolisierung‹ ist eine Symbolisierung) wahr ist, wenn aber diese zweite Behauptung wahr ist, ist die erste Behauptung notwendig falsch.« (Butler, 1997, S. 284)

Auch kennen wir die

> »Triebe als ›Ursachen‹ nur in und durch ihre Effekte, wobei es keinen Grund gibt, sie nicht mit ihren Effekten gleichzusetzen. Daraus folgt, dass sich erstens entweder die Triebe und ihre Repräsentationen decken, oder zweitens die Repräsentationen vor den Trieben selbst existieren.« (Butler, 1991, S. 135)

Die Erzählung von der verloren gegangenen Jouissance – bei Hook die Affekte – als das ›Ding‹, das der Diskurs nicht fassen kann (und als Verlust, der dem Subjekt des Diskurses Unbehagen bereitet), ist strategisch, und »[d]ie Erfindung solcher Ursprünge neigt dazu, einen Stand der Dinge vor dem Gesetz zu beschreiben, der einer notwendigen, eindimensionalen, linearen Erzählung folgt, die ihren Höhepunkt in der Stiftung des Gesetzes findet und dieses damit rechtfertigt« (Butler, 1991, S. 64). Die Konstruktion der Triebhaftigkeit als Zustand, welcher der Subjektgenese vorangeht und der überwunden werden muss, damit das Subjekt eines der Kultur und der Sprache wird, lässt das Verbot als Notwendigkeit erscheinen. Das Vorher steht im Dienst des Nachher (Butler, 1991, S. 116).

Abjektion soll der Ausschluss von Signifikanten durch das Symbolische sein, die mit dem Trauma identifiziert sind. Die Frage ist jedoch, ob das Abgelehnte *in* oder *von* der symbolischen Ordnung abgelehnt wird. Im Französischen wird Lacan so verständlich, dass dieses Abgelehnte – der ›Abfall‹ – vor seinem Erscheinen im Realen im Symbolischen aufgetreten ist (Butler, 1997, S. 280). Bei Lacan steht auch, dass diese Ablehnung als Verwerfung – Abjektion – verstanden werden soll (ebda.). Es muss also erst im Symbolischen aufgetreten sein. Das Abjekt ist etwas, das nicht *gegenüber* dieser Ordnung abgelehnt wird, sondern das *in* dieser Ordnung (dem Symbolischen) produziert wird, um dann von ihr abgelehnt zu werden. Das Referieren auf ein außer-diskursives Objekt erfordert die »vorausgegangene Abgrenzung des Außer-Diskursiven ..., und insoweit das Außer-Diskursive abgegrenzt wird, wird es von dem gleichen Diskurs gebildet, von dem es sich frei zu machen sucht« (Butler, 1997, S. 34). Hooks Behauptung, dass die mit der Abjektion zusammenhängenden Affekte und körperlichen Reaktionen, die durch das Abjekt hervorgerufen werden, (im Kontext des Rassismus) nicht von der Sprache erfasst werden könnten – dass sich Sprache und Affekt gegenseitig konstitutives Außen sind und der Diskurs versucht, die Affekte zu integrieren und dabei scheitert –, ist solch ein Prozess der Hervorbringung, der als Referieren erscheint.

Wie Butler deutlich macht, trennt Abjektion nicht Eigenes von Fremdem, sondern *schafft* Fremdes durch Austreibung. Kristevas Formulierung: Jedem Ich sein Objekt, jedem Über-Ich sein Abjekt bedeutet, dass Abjektion der Vorgang ist, mittels dem das Symbolische – und nicht der Körper – bestimmte Elemente ausschließt: Körperliches, das dann (psychoanalytisch) symbolisch besetzt wird.

> »Bezeichnenderweise setzt Kristevas Darstellung der Verworfenheit in *Les pouvoirs de l'horreur* damit ein, dass sie auf den Nutzen dieses strukturalistischen Begriffs des Grenzen-konstituierenden-Tabus verweist, um mittels Ausschließung ein diskretes Subjekt zu konstruieren. Das ›Verworfene‹ bezeichnet das, was aus dem Körper ausgestoßen, als Exkrement ausgeschieden und literal zum ›Anderen‹ gemacht worden ist. Dieser Vorgang erscheint als Austreibung fremder Elemente, doch in Wirklichkeit wird das Fremde erst durch die Austreibung gestiftet. Die Konstruktion des ›Nicht-Ich‹ als das Verworfene setzt die Begrenzungen des Körpers, die zugleich die ersten Konturen des Subjekts bilden.« (Butler, 1991, S. 196)

Es sind regulierende Normen, die »in performativer Wirkungsweise die Materialität der Körper konstituieren« (Butler, 1997, S. 22), ihre Grenzen setzen und mit ihnen die Trennungslinie zwischen Ich und Nicht-Ich.

Das Feld der Sprache/des Symbolischen selbst ist es, in dem das Affektive und Körperliche definiert werden, wo sie abgegrenzt und als das konstitutive Außen bestimmt werden. Nicht nur das Abjekt, sondern auch Abjektion als vermeintlicher Mechanismus des Körpers und des Affekts werden *im* Symbolischen produziert und dann *durch* das Symbolische im Realen verortet. Die Entstehung des Realen der Psychoanalyse ist ein Prozess der Verwerfung, in dem das Symbolische das Reale *instituiert*. In diesem Prozess wird das Subjekt im Symbolischen durch Ausschlüsse fundamentaler Signifikanten geordnet. Die in der Psychoanalyse verworfenen und im Realen verorteten Signifikanten: Weiblichkeit, Homosexualität, aber vor allem Nicht-Weißsein als vor-oder-außerhalb des Subjekts der Psychoanalyse, sind allesamt mit Primitivität assoziiert, der Triebhaftigkeit, die zurückgelassen werden muss.

Das Geltendmachen des Realen als »konstitutive[s] Außen gegenüber der Symbolisierung« soll paradoxerweise »den Anti-Essentialismus unterstützen, denn wenn alle Symbolisierung auf einen Mangel gegründet ist, kann es keine vollständige oder selbstidentische Artikulation einer gegebenen sozialen Identität geben« (Butler, 1997, S. 298). Wenn allerdings

> »Frauen als das eingestuft werden, was nicht existieren kann, als dasjenige, dem vom Gesetz des Vaters die Existenz verwehrt wird, dann gibt es eine Verschmelzung von Frauen mit der verworfenen Existenz, jenem verlorenen Referenten, eine Verschmelzung, die gewiß genauso abträglich ist wie jede Form des ontologischen Essentialismus.« (Butler, 1997, S. 298-299)

Die Figur des Realen gleitet von der Substanz zur Auflösung, und das Gesetz, das den ›Mangel‹ instituiert, verschmilzt dabei mit dem Mangel selbst (Butler, 1997, S. 273). Der Fels als die Figur des Unfigurierbaren realisiert »performativ die Unmöglichkeit, die sie sicherstellen will« (ebda.). Das Gesetz übt dabei eine beträchtliche normative Kraft aus, die etwas Gewaltsames hat, denn »es vermag nur zu konstruieren, indem es auslöscht« (Butler, 1997, S. 35). Was sich als ›symbolisierbar‹ qualifiziert, wird durch die *Ent*symbolisierung des Weiblichen als ursprüngliches Trauma konstituiert. Dass bei Lacan die Frau in der Sprache nur eine relationale Funktion hat – das Wort ist, das gesprochen wird, selbst aber nicht spricht –, ist Effekt dieser Gewalt. In der Psychoanalyse Lacans wird diese Gewalt durch ihre Verortung im Realen verschleiert. Lacans Motiv »La Femme n'existe pas« ist ein populäres Theorie-Chic Accessoire geworden, mit dem der eigenen Arbeit Glamour verliehen werden kann und es wird als solches in unterschiedlichsten Zusammenhängen angerufen. Wie sich am folgenden Beispiel zeigt, taucht die Gewalt, die dem Motiv innewohnt, in seiner Anrufung in empirischen Situationen wieder auf. In einem Interview des TV-Senders Arte im Jahr 2009 sagt ein libanesischer Künstler zur Interpretation seiner fotografischen Arbeit – das zerstörte Beirut nach dem Angriff Israels im Jahr 2006 –, das Bild könne im Sinne Lacans verstanden werden: ›Beirut existiert nicht‹. Im Rekurs auf Lacan wird Krieg zur Naturgewalt und der Mensch ihr gegenüber ohnmächtig – das ist vermutlich *nicht* das, was der Künstler zum Ausdruck bringen wollte. Die Gewalt bleibt am Ort der Einschreibung – der Chora – übrig. So wie Žižek Auschwitz, den Gulag und die Familie mit demselben traumatischen Kern begründet – dem Realen des Gesetzes –, wird auch hier ein historisches Ereignis seiner Historizität entledigt. Das Einsetzten des Realen am Ort der Kontingenz blockiert jegliche Politisierung.

2.3.2 Mater – Materie – Entsymbolisierung

Die Frau, die nicht existiert / der Fels des Realen / der Fleck außerhalb des Diskurses ist Materie, die nicht materialisiert werden kann, ein Körper ohne ontologisches Gewicht; ein Körper, dessen Funktion es ist, die *Bedingung* für Ontologie zu sein. Sie ist das Rohmaterial, dem durch das Männliche Form gegeben wird. ›Materie‹ ist etymologisch mit dem Weiblichen verbunden. ›Mater‹ oder ›Matrix‹ als Gebärmutter ist der Ort der Erzeugung und Entstehung und »demzufolge mit einer Reproduktionsproblematik in Zusammenhang zu bringen« (Butler, 1997, S. 57). Wie ich mit Rubin verdeutlicht habe, gründet das Mehrwert-Prinzip kapitalistischer Produktionsbedingungen letztendlich auf der unbezahlten Reproduktionsarbeit von Frauen – ein ökonomischer Zusammenhang, der von der Psychoanalyse durch die Konstruktion der sexuellen Differenz naturalisiert wird. Der Phallus als Zeichen dafür, dass es mehr am Subjekt gibt, als symbolisiert werden kann, und die Figur des Felsens als Vor-oder-Außerhalb haben nicht nur symbolische Bedeutung, sondern eine *reale*. Der Phallus garantiert nicht Kontingenz, sondern den Gewinn, der aus der Objektifizierung von Frauen gewonnen wird – eine Bemächtigungsgeschichte, die er verschleiert. Da der Phallus nicht nur männlich, sondern auch weiß ist, gilt dieselbe Logik für die Ausbeutung von Nicht-Weißen. Rassismusanalysen, die innerhalb dieser psychoanalytischen Logik operieren, können nicht anders, als erneut Bemächtigungsverhältnisse zu verschleiern.

In der abendländischen Philosophiegeschichte stehen Materie und Geist in einem binären Verhältnis, das in die Zweigeschlechtlichkeit übersetzt Frauen die Rolle zuweist, Materie für die Reproduktion beizusteuern, während Männer die Form bilden, also der Materialität Form geben beziehungsweise dem Körper Gewicht verleihen. Ontologisches Gewicht wird hier nicht vorausgesetzt, sondern verliehen (Butler 1997, S. 61). Butlers »Bodies that Matter« meint diese Körper mit ontologischem Gewicht, welche zum Preis jener hervorgebracht werden, die als Materie gelten. Wenn Frauen mit Materialität assoziiert werden, liegt die Argumentation nahe, dass sie – der ›Rationalität der Biologie‹ folgend – auch für (sozial) reproduktive Tätigkeiten prädestiniert sind (Butler 1997, S. 60). Materie, so verstanden, legt eine Kausalität nahe, der zufolge die Materie den Ursprung von Entwicklung darstellt, das *Rohmaterial*, aus dem Form und Kultur entwickelt werden. Geschlechtliche Positionen werden gesichert, indem »die Penetration ausschließlich der Form und die Penetrierbarkeit der verweiblichten Materialität zugewiesen wird« (Butler 1997, S. 81).

Freuds Metapher des ›Dark Continents‹ zur Beschreibung weiblicher Sexualität, zugleich die Metapher kolonialer Eroberungspolitik – die Penetration ›jungfräulichen Landes‹, Afrikas – allegorisiert diese Denkfigur. Weiblichkeit und Rasse/Schwarzsein stehen dabei gleichermaßen für diese reproduktive Materie, die der männlichen, weißen Formgebung bedarf. In der Metapher des Dark Continents ist die Intersektion von Rasse, Geschlecht und Sexualität im Symbolischen (nicht nur) der Psychoanalyse begrifflich kondensiert. Der Dark Continent ist als Chora – Caché – Effekt einer Bemächtigungsgeschichte, die als *Reales* verschleiert wird. Freuds Metapher verdeutlicht, wie stark Rasse, Weiblichkeit und Sexualität in der Politik der psychoanalytischen Subjektgenese verknüpft sind: »In thinly veiled metaphors of rape, the founders of modern science construct nature as the female mastered and controlled by the (masculine) investigator«, wie es Iris Marion Young formuliert (1990, S. 126).

Die Zuschreibung von Materie/Natur zu Weiblichkeit und Nicht-Weißsein gegenüber männlicher, weißer Zeugungskraft, Formgebung und wissenschaftlichem Forschergeist findet sich im kriegerisch-sexualisierten Kolonialdiskurs, etwa in der Rede von der Penetration jungfräulichen Landes als Eroberung, wie auch in den Diskursen der Psychoanalytiker. In einem Briefwechsel mit Freud bemerkt Eitington, dass »Freuds Feder, die in der Vergangenheit ›als Pflug unser dunkelstes und fruchtbarstes Erdreich aufgerissen‹ habe, ... zur ›scharfen Klinge‹ geworden [sei], die er höchst geschickt geschwungen habe« (Gay, 2006, S. 275). Jacques Derrida zitiert in seiner Arbeit über *Die Schrift und die Differenz* (1976/1962) Freud aus *Hemmung, Symptom und Angst* (1926) mit folgender Metapher für die Schrift und den Ort der Einschreibung:

> »Wenn das Schreiben, das darin besteht, aus einem Rohr Flüssigkeit auf ein Stück weißes Papier fließen zu lassen, die symbolische Bedeutung des Koitus angenommen hat oder wenn das Gehen zum symbolischen Ersatz des Stampfens auf dem Leib der Mutter Erde geworden ist, dann wird beides, Schreiben und Gehen ... als ob man die verbotene sexuelle Handlung ausführen würde.« (Freud, zitiert nach Derrida, S. 348)

Die ›Positionen‹ werden in der Psychoanalyse entsprechend zugeordnet. Der Vater führt mit dem ›Schnitt des Signifikanten‹ die Sprache ein. Die Mutter steht für das ›Prädiskursive‹, das ›Semiotische‹, Körper und Affekt. Sie ist das Rohmaterial beziehungsweise die Materie als Ort der Einschreibung – die Chora, ein Caché.

Materialität bezeichnet für Butler, Foucault folgend, bereits »eine bestimmte Wirkung der Macht oder *ist* vielmehr Macht in ihren formativen oder konstituierenden Effekten« (1997, S. 62). Indem die Macht (des Diskurses) einen Objektbereich als ein Feld der Intelligibilität errichtet, das für selbstverständliche Ontologie gehalten wird, »werden ihre materiellen Effekte als Datenmaterial oder als primäre Gegebenheiten aufgefasst« (ebda.). Dieses Materielle – Hooks Affektives oder Körperliches des Rassismus ebenso wie Seshadri-Crooks körperliche, phobische, rassische Objekte – haben keine ontologischen Ursprünge, etwa die Abjektionsprozesse beim Säugling oder Phallus als Hauptsignifikant des Subjekts der sexuellen Differenz. Das Moment, in dem diese Referenten außerhalb der Diskurse, von denen sie ja produziert werden, auftreten, versteht Butler als das Moment, in dem »das Macht/Diskurs-Regime am vollständigsten unkenntlich und überaus heimtückisch wirksam« (ebda.) ist. Werden materialisierte Effekte als erkenntnistheoretische Ausgangspunkte genommen, ist das »ein Schritt empiristischer Grundlegung, die in der Akzeptanz dieser konstituierten Wirkung als eines primär Gegebenen, die Genealogie der Machtbeziehungen, von denen die Wirkung konstituiert wurde, mit Erfolg begräbt und maskiert« (ebda.). Genau das geschieht in Hooks Arbeitsweise, Rassismus mit Kristevas Abjektionstheorie zu erklären.

2.3.3 Illusion der Autogenese

Weiblichkeit, die den wesentlichen Beitrag zur Reproduktion leistet, wird, indem sie zur stummen Materie gemacht wird, auf Männlichkeit übertragen und die Männlichkeit eine »phallische Form, die immer nur weitere Versionen von sich selbst reproduziert – durch das Weibliche, aber ohne seine Hilfe« (Butler 1997, S. 71). Diese Illusion der Autogenese gleicht Hegels Herr-Knecht-Verhältnis darin, dass Weiblichkeit benötigt wird, um Männlichkeit zu begründen. Durch diese »Übertragung der reproduktiven Funktion des Weiblichen auf das Männliche« wird eine topische Unterdrückung der Physis bewirkt, »das Verheimlichen der *physis* als *chora*, als Platz« (ebda.). Die Chora wird in der Psychoanalyse zum topisch Unbewussten, dem Es.

Der Begriff der Chora, den Kristeva für ihre Abjektionstheorie verwendet, stammt von Platon und ist ein Topos, der in der metaphysischen Tradition für das aufnehmende Prinzip steht – das Mütterliche, eine Physis, in die eingetreten werden kann, die aber selbst nirgendwo eintritt. In Auseinandersetzung mit Platon fragt Luce Irigaray in einer philosophiegeschichtlichen Lektüre,

»wie die Grenzen der Philosophie gesichert werden: Was muß vom Bereich der Philosophie ausgeschlossen werden, damit die Philosophie selbst vonstatten gehen kann, und wie kommt das Ausgeschlossene dazu, eine philosophische Unternehmung negativ zu konstituieren, die sich für selbst-begründend und selbst-konstituierend hält?« (Butler, 1997, S. 64)

Während Irigaray die Identifikation des Aufnehmenden mit der Figur des Weiblichen ablehnt, akzeptiert Kristeva diesen Zusammenfall und bezeichnet außerdem dieses Aufnehmende/Weibliche als Semiotisches, das dem symbolischen Gesetz vorausgeht (Butler 1997, S. 70). Der mütterliche Körper vermittelt gar das symbolische Gesetz, »welches die gesellschaftlichen Verhältnisse regelt«, und er dient bei Kristeva im Zeichen von Destruktion, Aggression und Tod als Fundament für die ›Auflage‹ (Triebauflage, ebda.). Butler macht in ihrer Untersuchung der Assoziation des Begriffs der *Chora* mit dem Weiblichen, deutlich, dass das Problem nicht darin liegt, dass

»das Weibliche für Materie oder für Allgemeinheit stellvertretend eingesetzt wird, vielmehr wird das Weibliche außerhalb der binären Einheiten von Form/Materie und Allgemeinem/Besonderem angelegt. Sie wird weder das eine noch das andere sein, sondern die dauerhafte und unwandelbare Bedingung von beidem – was als eine nicht-thematisierbare Materialität ausgelegt werden kann.« (1997, S. 71)

Dieses Aufnehmende hat keinen ontologischen Status, denn Ontologie wird durch Formen konstituiert. Die Sprache kann nur erfassen, was einen Seins-Status hat, und damit bleibt dieses Aufnehmende »von Anfang an ein Unwort« (1997, S. 73). Die Sprache kann dieses ›Ding‹ nicht benennen, weil das, was benannt werden soll, keinen Eigennamen hat; »weil es die Sphäre linguistischer Richtigkeit begrenzt und bedroht und deswegen von einem erzwungenermaßen auferlegten Satz von Benennungsregeln kontrolliert werden muss« (ebda.).

Dieses ›Ding‹, das die Sprache nicht erfassen kann, ist der *Rest* der Dialektik von Mangel und Begehren – die prädiskursive Triebhaftigkeit, die zurückgelassen werden muss und, symbolisiert durch Frauen und Tiere, zugleich als bedrohliche Grenzfigur das Außen des Subjekts markiert. Die ›Höllenfiguren des lacanianischen Symbolischen‹ sind bereits bei Platon angelegt:

»In der Kosmogonie, die vor der Einführung des Aufnehmenden unterbreitet wird, deutet Platon an, falls das Verlangen, jenes Zeichen [*token*] für die Materialität der Seele, nicht erfolgreich gemeistert werden würde, riskiere eine Seele, verstanden als Seele eines Mannes, als Weib und danach als ein Tier wiedergeboren zu werden. Weib und Tier sind so betrachtet genau die Figuren für unbeherrschbare Leidenschaft.« (Butler 1997, S. 72)

Der Körper der Vernunft »ist selbst die phantasmatische Entmaterialisierung der Männlichkeit, die verlangt, dass Frauen und Sklaven, Kinder und Tiere der Körper sein sollen, dass sie die Körperfunktionen ausführen müssen, die er nicht ausführen wird« (Butler 1997, S. 80). Mit diesen Körperfunktionen sind nicht nur die Arbeitskraft oder die Gebärfähigkeit gemeint, sondern auch die Affekte. In der Subjektgenese der Psychoanalyse muss das Subjekt – als weiß, männlich und heterosexuell gedacht – diese mit Weiblichkeit, Nicht-Weißsein und Homosexualität assoziierte Körperlichkeit und Affektivität als Triebhaftigkeit zurücklassen. Hooks Prädiskursives ist der Ort der Primitivität in der Psychoanalyse, mit dem Frauen und Nicht-Weiße, Körper und Affekt assoziiert sind. An diesem Ort wird die Bemächtigungsgeschichte vergraben und zum Unbewussten der Psychoanalyse.

Durch die Topik mit ihrem triebhaften Es schafft Freud einen psychischen Raum, der die evolutionistische Vergangenheit als ontogenetische Vergangenheit des Subjekts fasst. Durch die Assoziation dieses topisch Unbewussten mit Weiblichkeit und Nicht-Weißsein, werden Rassismus und Sexismus entpolitisiert und naturalisiert – ihre Bemächtigungsgeschichten zum Unbewussten der Psychoanalyse.

In einer Fußnote gibt Butler eine Konversation mit Donna Haraway wieder, in der Haraway sie darauf aufmerksam macht, dass im Rekurs auf Platon, wie ihn feministische Philosophinnen – in diesem Fall Irigaray – vornehmen, oft ignoriert wird, dass ›der Westen‹ und seine ›Ursprünge‹ »durch die Unterdrückung kultureller Heterogenität, insbesondere der Unterdrückung des kulturellen Austausches mit Afrika und Einflusses aus Afrika konstruiert worden« ist (1997, S. 351).[31] Ein Ausschluss, den Irigaray reproduziert, wie Butler feststellt, denn Irigaray will die »gewaltsame Hervorbringung der europäischen ›Ursprünge‹ in Griechenland« offenlegen, in denen das Weibliche als Materie – Ort repräsentationaler Einschreibung – begründet wird, wobei die Gewalt des Ausschlusses der Heterogenität der ›Ursprünge‹

31 Mit Martin Bernal, auf dessen Arbeit *Black Athena* (1988) Haraways Einwand gründet, könnte ergänzt werden, dass auch der kulturelle Austausch mit Asien in den Untersuchungen zu den Ursprüngen abendländischer Philosophie und Wissenschaft unterdrückt wurde.

abendländischer Kultur – genauer, des Einflusses afrikanischer Kultur auf die des ›Abendlandes‹ – in Irigarays Darstellung der Konstitution abendländischer Vernunft durch den Ausschluss von Frauen wiederholt wird. Butler meint, »dass diese Gewalt in der Platonischen Lehre von dem ›Ort‹ der repräsentationalen Einschreibung übrig geblieben ist und dass eine Art, Platon und Irigaray auf ihre gründenden Ausschließungen hin zu lesen, darin besteht zu fragen: Was wird in jenem Aufnehmenden aufbewahrt werden?« (ebda.).

Wenn in der Geschichte der abendländischen Philosophie noch vor der Konstitution des ›Anderen‹ als ›die Frau‹ (was die Psychoanalyse gewissermaßen aufgegriffen und durch die sexuelle Differenz symbolisiert hat, die Butler wiederum als Prozess der Ent/Materialisierung von Körpern entlarvt) ein Ausschluss ›anderer Anderer‹ durch den Ausschluss kultureller Heterogenität und kultureller Einflüsse Afrikas stattfand, wiederholt Kristeva mit ihrer Theorie der Abjektion, die sie entwicklungsgeschichtlich noch vor dem ödipalen Stadium der sexuellen Differenz ansetzt, die Entwicklungsgeschichte abendländischer Philosophie. Das erste Andere, welches durch Ausschluss konstituiert wird, ist nicht die Mutter, schreibt Kristeva, sondern das Eigene: Kot, Urin, Speichel etc. Während Kristeva behauptet, dass in der Abjektion die *natürliche* Differenzierung zwischen Ich und Nicht-Ich, Selbst und Anderem als Individuation und Autonomiegewinnung stattfindet, also die Differenzierung zwischen Eigenem und Fremdem *rekapituliert* wird, verdeutlicht Butler, dass es hierbei nicht um eine ontogenetische Rekapitulation der Phylogenese geht, sondern um die *Stiftung* des Fremden. Wenn Irigarays Untersuchung der Platonischen Ausschlüsse mit der sexuellen Differenz durch einen vorgängigen Ausschluss gesichert wird und Kristeva behauptet, einen solchen vorgängigen Ausschluss zu untersuchen, dann stelle ich Butlers Frage an die ›Chora‹ Kristevas: *Was wird in diesem Aufnehmenden aufbewahrt*?

Die Bemächtigungsgeschichte durch die Entsymbolisierung des Weiblichen hat eine Vorgeschichte in der Entsymbolisierung Afrikas. Der Ort in der Psychoanalyse, wo Hook mit seiner Rassismustheorie ansetzt, ist der Ort, wo rassistische Ausschlüsse durch die sexuelle Differenz – geschlechtliche Positionen – überdeckt wurden. Afrika ist der verschobene Anfang der Psychoanalyse. Nicht nur der Phallus ist durch das Simulacrum der Antike präfiguriert, auch die Chora Platons als Ort repräsentationaler Einschreibungen wird in der Psychoanalyse wiederholt und zum »psychischen Ort« (Laplanche und Pontalis, 1994/1967, S. 506), dem räumlich verstandenen Unbewussten ihrer Topik.

2.3.4 Ökonomie

Hooks von Foucault abgeleitete These, dass sich Diskurs und Affekt (der bei ihm im Kontext der Abjektion mit ›Körperlichem‹, also ›Materie‹ gleichgesetzt wird) gegenseitig konstitutives Außen sind, und sein Vorschlag, an den brüchigen Stellen, wo der Diskurs den Affekt zu integrieren versucht – seiner Formlosigkeit Form geben will – und dabei scheitert, strategisch gegen ›prädiskursiven‹ Rassismus anzusetzen, muss Butler zufolge kritisch betrachtet werden. Sie fragt:

> »In welchem Ausmaß wird die Materialisierung von Prinzipien der Intelligibilität beherrscht, die einen Bereich der radikalen *Nicht-Intelligibilität* erfordern und einrichten, der sich der Materialisierung ganz und gar widersetzt oder der von Grund auf de-materialisiert bleibt? Kann die Foucaultsche Bemühung, die Vorstellungen von Diskurs und Materialität durch gegenseitige Erhellung zu erarbeiten, nicht nur das nicht erklären, was von den Ökonomien diskursiver Intelligibilität, die er beschreibt, *ausgeschlossen werden muß*, damit diese Ökonomien als selbsterhaltende Systeme fungieren können?« (1997, S. 62)

Solange Hook auf der Trennung von Körper/Affekt und Diskurs besteht, muss eine gegenseitige Erhellung scheitern. *Weil* Körper und Affekt *in der Psychoanalyse* mit Weiblichkeit und Rasse, Diskurs mit Männlichkeit und Weißsein assoziiert sind und Letzteres als selbsterhaltendes System fungiert, kann man innerhalb dieses Systems die verlorenen Referenten nicht mehr zur Sprache bringen – zu Körpern von Gewicht machen. Die Ökonomie diskursiver Intelligibilität *manifestiert* sich in der Ökonomie des Verhältnisses zwischen Weißen und Nicht-Weißen, Männern und Frauen. Das Theorem der Abjektion als konstitutives Moment der Subjektgenese spiegelt die Ökonomie sexistischer und rassistischer Verhältnisse wider. Mit ihm wird eine Bemächtigungsgeschichte verschleiert, die nicht erzählt werden kann (das ›Ding‹ als Prä-diskursives) oder soll (das ›Ding‹ als Extra-Diskursives). Das ist der Grund warum die Subalterne nicht sprechen kann.

Zwar setzt auch Butler in ihrer Subversionsstrategie auf die Brüchigkeit des Diskurses; auf die Verschiebung in der Wiederholung. Jedoch glaubt sie – ganz anders als Hook – nicht an eine prädiskursive mütterliche Position. Hook will etwas zur Sprache bringen, das er als Prädiskursives und Extradiskursives *behauptet* – durch das Zitieren des Gesetzes. Er reproduziert die Sperre, die er mit seinem Subversionsvorschlag durchbrechen will.

2.3.5 Kontingenz und Essenzialismus

Die Frage ist also, ob die Verhältnisse des Rassismus und Sexismus Kristevas Abjektionskonstrukt präfigurieren oder ob mit dem Abjektionskonstrukt die subjektive Ebene der Verhältnisse – etwa die des Rassismus – zu erklären ist, wie Hook glaubt. Ich plädiere, wie bereits deutlich wurde, für Ersteres und will das im Folgenden genauer begründen.

Rassismus, genauso wie Sexismus, funktioniert essenzialistisch – durch die Ontologisierung körperlicher Merkmale. Eine Rassismusanalyse kann nicht mit Theoremen arbeiten, die essenzialisieren. Kristevas Abjektionstheorie essenzialisiert allerdings. Das ist der Grund für Butlers kritische Auseinandersetzung mit derselben. Hook behauptet, dass sein Ansatz, mit Kristevas Abjektion Rassismus zu erklären, an Butler anschlussfähig ist:

> »The compatibility of the notion of abjection with constructionist/discursive accounts is crucial here: there is no one ›primordial‹ or original abject. Abjection, for Kristeva (1982) possesses no intrinsic object. As Weiss (1999) emphasizes, the abject is that intolerable, contaminating thing, that historically-variable ›entity of threat‹ that can include ›other people ... an infinite number of phenomena‹ ... the abject is always an abstract quality, transferable along the lines of family likeness across a variety of objects ... Any number of possible objects, people or environments across an unspecified yet limited grid of associations may ›manifest‹ the abject for the subject; a fact that helps us in grasping something of the generalizability of racist sentiment.« (S. 219)

Kristevas Abjekt ist allerdings nicht kontingent. Hook übergeht, dass es in Kristevas Theorie *ursprünglich* der mütterliche Körper ist – eine Referenz, die das Abjekt auch in seiner Übertragung auf anderes immer behält. So wenig wie der Phallus Kontingenz garantiert, denn er ist vom Penis abgeleitet, ist Kristevas Abjekt kontingent, denn es ist »biologisch *fundiert* [Hervorhebung v. Verf.] und universell (der mütterliche Körper)«, es ist nicht änderbar, schreibt Winfried Menninghaus in seiner Abhandlung über Ekel-Theorien (1999, S. 554). Was immer in Assoziation mit dem Abjekt gerät, erfährt eine Biologisierung – es wird zur sprachlosen Materie *durch* Kristevas Theorie. Das hat Butler deutlich gemacht.

Hook hat Recht, dass Kristevas Abjektion als Gefühl des Ekels seine Kraft nicht aus der unmittelbaren Präsenz von etwas, das da und nahe wäre, bezieht. Alle in der Übertragung des Abjekts

> »aktuellen und objekthaften Ekelerfahrungen [sind jedoch] nur so phobisch besetzt, weil sie an jenen abjekten, weil ursprünglich verdrängten mütterlichen

Körper erinnern, der aller Subjekt-Objekt-Differenz vorausliegt. ... Das Subjekt verwirft nichts anderes als seinen Ursprung und sein eigenes (Nicht-)Sein im mütterlichen Körper.« (Menninghaus, S. 529)

Mit seiner Argumentation der Kontingenz des Abjekts möchte Hook antizipierten Essenzialismusvorwürfen zuvorkommen. Er argumentiert, wenn etwas essenzialistisch an Kristevas Theorie sei, dann Abjektion, nicht aber das Abjekt:

»If the theory of abjection essentializes anything, it essentializes the dynamics of disgust, revulsion and exclusion, the processes of expulsion and division that, admittedly, it views as universal and integral aspects of human experience. While such operations of repulsion may be viewed as intrinsic and necessary features of subject formation, this cannot be said of racism.« (Hook, S. 228)

Der Essenzialismus in Kristevas Theorie liegt allerdings in der Determinierung des Ursprungs des Abjekts, dem mütterlichen Körper und der Behauptung der Notwendigkeit der Abjektion als Verwerfung dieses mit dem mütterlichen Körper assoziierten Abjekts – dem Gesetz der Psychoanalyse – begründet. Wie ich bereits mit Butler argumentierte: Die Verschmelzung von Frauen mit dem verlorenen Referenten ist genauso abträglich wie jede Form ontologischen Essenzialismus. Hook entkommt dem Essenzialismusvorwurf also nicht.

Die Kompatibilität seines abjektionstheoretischen Ansatzes zum Rassismus mit Butlers Abjektionsrezeption begründet Hook außerdem wie folgt.

»Concurring, Butler (1993), uses the notion of the abject to designate ›uninhabitable‹ and ›unliveable‹ zones of social life – zones populated by those who do not qualify as full subjects of that particular social order – whose function is to circumscribe the domain of those who do qualify as full subjects.« (Hook, S. 219)

Damit beschreibt Butler allerdings den Effekt bestimmter kultureller Ausschlüsse, die Kristeva in ihrem psychoanalytischen Konstrukt der Abjektion über den Weg des Körpers in die Psyche einschreibt und dadurch *essenzialisiert* und *naturalisiert*. Kristeva akzeptiert den Zusammenfall von Weiblichkeit mit dem Abjekt. Butler nicht. Kristeva sieht die Abjektion des Mütterlichen als natürlichen Prozess der Subjektgenese, Butler nicht. Wie Butler verdeutlicht, wird Fremdes durch Austreibung erst gestiftet – diese Zonen der Nichtlebbarkeit werden von ›Grenzfiguren‹ bewohnt, die all jene Existenzweisen repräsentieren, welche das (spezifische kulturelle) Symbolische nicht duldet: Homosexualität, Nicht-Weißsein, Weiblichkeit etc. Der psychoanalytische Mechanismus der Abjektion ontologisiert kulturell kontingente Ausschlüsse.

Es ist das Symbolische der Psychoanalyse – ein spezifisch Kulturelles –, mit dem sich Butler kritisch auseinandersetzt, und nicht irgendein der Psychoanalyse nachgeordnetes Symbolisches, dessen partikulare Ausschlüsse mit den von der Psychoanalyse beschriebenen universalen Mechanismen erklärt werden könnten. Der entscheidende Unterschied ist die Richtung: Für Kristeva gibt es einen natürlichen Grund für Abjektion und für Hook im Anschluss an sie mimt Rassismus diese Natürlichkeit. Ich habe mit Butler deutlich gemacht, dass der Ursprung des Abjekts und der Abjektion im Symbolischen liegt und nicht in der ›Natur‹ der Subjektgenese als Rekapitulation phylogenetischer ›Wahrheiten‹. Rassismus und Sexismus *präfigurieren* das psychoanalytische Theorem der Abjektion und nicht umgekehrt.

Butlers epochemachende Intervention in die Genderforschung ist, dass sie (unter anderem) *anhand* der Psychoanalyse deutlich gemacht hat, dass es keinen vordiskursiven (geschlechtlichen) Körper gibt, sondern dieses Vordiskursive *in der und durch die Psychoanalyse* performativ – durch das Zitieren des Gesetztes – hervorgebracht wird. Hook behauptet nun (ähnlich wie Seshadri-Crooks mit Whiteness als Phallusschwindler) indirekt, dass es im Fall von Geschlecht einen vordiskursiven Körper gibt (der mütterliche Körper als ursprüngliches Abjekt, als Vordiskursives), im Fall von Rasse allerdings nicht. Rasse ›imitiert‹ das Gesetz der Psychoanalyse – die sexuelle Differenz. Eine solche Argumentation durch Butler zu begründen, verfehlt grundlegende Elemente von Butlers Arbeit.

Hooks Überlegung, aus der Position des Abjekts eine Subversion des Rassismus vorzunehmen, würde in der »Abschaffung der Abjektionsregeln selbst« (Menninghaus, S. 554) münden, denn, wie oben dargestellt, verlangen die Prinzipien der Intelligibilität in Kristevas Abjektionstheorie einen Bereich der radikalen Nicht-Intelligibilität. Abjektion ist der Mechanismus zur Herstellung der Intelligibilität zum Preis der Nicht-Intelligibilität von mit dem Abjekt assoziierten Positionen/Existenzweisen. Hook würde eine Abschaffung der Abjektionsregeln ablehnen. Er besteht auf Abjektion als ontogenetischer Notwendigkeit. Er will mit dem Mechanismus in der Psychoanalyse, der bestimmte Existenzweisen durch Entsymbolisierung verwerflich macht und diese Verwerflichkeit ontologisiert, Rassismus abschaffen. Butler dekonstruiert genau die Ontologisierung, die Hook als Begründung für seine Rassismustheorie dient. An den Stellen, wo Hook seine Theorie an Butler anschließen will, kombiniert Butler nicht Dekonstruktion und Psychoanalyse, wie Hook nahelegt, sondern dekonstruiert eben die psychoanalytischen Theoreme, auf denen er seine Argumente für eine Theorie des Rassismus aufbaut. Kristeva mutet »der Insistenz des mütterlichen Lustkörpers in den Brüchen der symbolischen Ordnung eine emphatische Rolle zu, die jedem hartgesottenen Dekonstruktionisten tendenziell ideologisch erscheinen muss: Die des Realen und der Wahrheit zugleich – *le vréel*« (Menninghaus, S. 556). Butler macht es zur Überschrift ihrer Auseinandersetzung mit der Psychoanalyse: »sich mit dem Realen an[zu]legen« (1997, S. 257). Das Reale liegt im Kern ihrer Psychoanalysekritik, weil es die Kontingenz ihrer Kontingenz entleert. Hier liegt der *Widerspruch* zwischen ›constructivist/discursive‹ und psychoanalytischen Subjekttheorien, nicht ihre Kompatibilität.

Das Abjekt Kristevas ist Jouissance, Ganzheit und Genuss als Transzendenz in der symbolischen Ordnung und »so transzendent wie ›das Reale‹ Lacans« (Menninghaus, S. 545). Mit Abjektion als »Gefühl des Ekels und Wiedereroberung des Ekelhaften kehren alle drei – Geschichte, das Reale, Wahrheit – auf emphatische, mit einer starken Affektqualität aufgeladene Weise wieder« (Menninghaus, S. 556). Kristevas Abjekt ist das *Ding* und es

> »beerbt, in aller Bescheidenheit, die Position des Absoluten in Schellings idealistischer Philosophie der Kunst ... [, des] ›Dings an sich‹. Scheißhaufen und Leichenteile sind die zeitgenössischen Varianten eines Auftreffens auf das ›Ding an sich‹ im Feld der Konvergenz von Ekel, Realem und Wahrheit.« (Menninghaus, S. 565)

Mit ihrer Abjektionstheorie hält Kristeva an jener ›Wahrheit‹ fest, gegen die sämtliche poststrukturalistischen, postkolonialen und postmodernen Theorien anschreiben, in deren Kontext Hook allerdings seine Rassismustheorie verorten will. Mit Kristevas Abjekt *beschreibt* sie nicht den Grund sozial kontingenter Ausschlüsse – eine *ur*sprüngliche, ontogenetisch notwendige Abjektion, an die beispielsweise rassistische Gefühle andocken –, sondern umgekehrt: Kristeva *begründet* mit ihrer Abjektionstheorie etwas Ursprüngliches, indem sie

> »die biologische Anatomie des Körpers direkt an Psychoanalyse und Kulturtheorie an[schließt]. Kristevas Erfolg straft alle Fabeln von einem ›postmodernen‹ Ende der großen Erzählungen Lügen. Ihr Buch vollbringt ein zeitgemäßes Kunst-

stück: es handelt überall von dem verdrängten Heterogenen, Unassimilierbaren, Nicht-Totalisierbaren des mütterlichen Körpers und damit der eigenen Leitreferenz; und doch leistet es selbst – indem es die gesamte Geschichte des Subjekts und der kulturellen Objektivationen als das Prozessieren dieser Leitreferenz auslegt – eine geradezu exemplarische Totalisierung.« (Menninghaus, S. 547)

Butler, auf die sich Hook in seiner Argumentation stützen will, hat in ihrer Arbeit genau diese Merkmale: Ursprünglichkeit, Totalisierung, Biologismus und Universalismus als Naturalisierungsdiskurse entlarvt und für Heterogenität plädiert.

Wenn das verdrängte ›Ding‹ zum Fels des Realen gegossen wird, kann seine Geschichte nicht mehr erzählt werden. Das revolutionäre Potenzial der Psychoanalyse, begriffen im Unbewussten, den Verdrängungsmechanismen, der Gegen/Übertragung und der Psychodynamik des Subjekts, wandelt sich in eine reaktionäre Wirkung, wenn der Inhalt des Verdrängten – das, was uns heimsucht, das Verdrängte in seiner Wiederkehr – als ›Reales‹ interpretiert wird. Rassismus – im ›kulturellen Symbolischen‹ hervorgebracht – mit der Triebhaftigkeit des topischen Unbewussten, dem Es, erklärt (Kristevas Abjekt: Kot, Erbrochenes, Abfall), naturalisiert Rassismus. Mit seinem Ansatz zeigt Hook auf die Stellen in der Psychoanalyse, wo Rassismus in die Subjektgenese eingeschrieben wurde. Anstatt diesen Rassismus aufzuklären, verschleiert er ihn erneut. Dynamisch Unbewusstes durch topisch Unbewusstes zu ersetzen, naturalisiert, entpolitisiert, essenzialisiert. Das dynamisch Unbewusste ist kontingent, das topische essenzialistisch. Das Es ist dem Realen zugeordnet, es ist ›prähistorisch‹ und ›prädiskursiv‹ – etwas, das nicht mehr zur Sprache gebracht werden kann. Damit wird auch jedes politische Potenzial einer psychoanalytischen Erklärung zum Rassismus eliminiert. Wird das Ding, das für das Unbehagen in der rassistischen Kultur sorgt, mit Kristevas Abjekt/ion erklärt, dann werden die Machtverhältnisse des Rassismus begraben und maskiert. Frauen und Schwarze sind gleichermaßen mit Primitivität assoziiert im ›kulturellen Symbolischen‹. Mit solch einem Ansatz wird die Logik der Rassentheorien selbst reproduziert: Die Essenzialisierung kultureller Differenz durch die Ontologisierung körperlicher Merkmale.

Das subversive Potenzial, das Hook aus Kristevas Theorie für seine Rassismustheorie ableiten will, gründet auf einer Essenz – das Weibliche. Kristevas Ansatz liegt ein (essenzialistischer) feministischer Emanzipationsversuch zugrunde. Sie verdeutlicht im Rekurs auf Mary Douglas, dass die kulturgeschichtliche Assoziation des Abjekts mit Weiblichkeit und Mütterlichkeit eine Degradierung darstellt (ein Aspekt, den Hook ausblendet, um ihn dann im Kontext des Rassismus wieder geltend zu machen). Und Kristeva will das Mütterliche/Weibliche rehabilitieren, indem sie es Freuds väterlicher Autorität gegenüberstellt und mit der Macht des Horrors und des Todes ausstattet, sodass es dann von außen – subversiv – die symbolische Ordnung (des Vaters) stören kann. Das heißt allerdings nicht, dass Kristeva die väterliche Ordnung infrage stellt. Im Gegenteil.

> »Selbst als Substrat der ›Subversion‹ bleibt die *fonction paternelle* eine notwendige, positive und unverzichtbare – so sehr, dass Kristeva unter Hinweis auf die Psychose- und Selbstmordneigung prominenter Autorinnen (Virginia Woolf, Sylvia Plath, Marina Zwetajewa) gerade Frauen dringlich davor warnt, den Kontinent der paternalen Ordnung zu sehr in Richtung auf die abjekte Mutter zu verlassen. Eine solche Bejahung der Verbote und der Ordnung, die auf ihnen gründet, sucht man in der Politik selbsternannter abjekter Gruppen naturgemäß vergeblich.« (Menninghaus, S. 554)

Mit der Politik selbsternannter abjekter Gruppen spielt Menninghaus auf ›Affirmative Abjection‹ an, eine politische Strategie derer, die mit dem Abjekt assoziiert sind – ähnlich Spivaks strategischem Essenzialismus. Hooks Ansatz geht genau von dieser abjekten Position aus. Er will das von Kristeva behauptete subversive Potenzial der Abjektion nutzen und setzt ›Rasse‹ dort ein, wo der Effekt des mütterlichen Abjekts wirkt: Abjektion als körperliche, affektive, ›prädiskursive‹ Reaktion. Weil das Abjekt Kristevas allerdings essenzialistisch ist, wird alles, was durch Abjekt/ion erklärt wird, essenzialisiert. Hook will einen kritischen Impuls nutzen, der auf einem Essenzialismus gründet, den er eigentlich überwinden will (Rasse). Was bei Kristeva Weiblichkeit ist, wird bei Hook zu Rasse. In seiner psychoanalytischen Rassismustheorie erklärt Hook mit dem Gesetz der Psychoanalyse die Effekte dieses Gesetzes und überträgt dabei lediglich den Sexismus der Psychoanalyse auf (ihren) Rassismus. Wie Butler deutlich macht, ist vor dem Gesetz nichts, auf das mit dem Gesetz zu rekurrieren wäre. Durch Hooks Argumentation wird hervorgebracht, worauf angeblich rekurriert wird.

Kristevas Abjekt ist über den mütterlichen Körper als Chora mit dem Realen verbunden – mit diesem Abjekt Rassismus erklären zu wollen, heißt, ›Rasse‹ an das Reale zu binden und damit zu naturalisieren. Hook hält dagegen:

»I am aware that such extended reference to processes of abjection risks an insidious naturalization of racism. In much the same vein, I am conscious that this theory might be read as supplying an underlying bodily/biological (and hence essentialized) grounds for racist behavior. It is hence worth reiterating again that there are no essential or fixed abject ›objects‹: those ›subjects‹ or ›zones of uninhabitability‹, which come to count as abject are, as Butler (1993) insists, socially prescribed. ›Race‹, or racialized categories themselves – as would seem clear – have no necessary relationship to the dynamics of abjection.« (S. 227)

Wie ich noch anhand von Freuds Ekeltheorie zeigen werde, sind abjekte Positionen in der Psychoanalyse selbst bereits ›socially prescribed‹. Was Hook dem antizipierten Essenzialismus- und Naturalisierungsvorwurf entgegenhält, ist lediglich die *Behauptung* der Kontingenz des Abjekts – ›*reiterating*‹, dass die empirischen Beispiele kontingent seien. Indem er kontingente soziale Ausschlüsse der Realität – Rassismus – an das *Reale* der Psychoanalyse bindet – Kristevas Abjekt –, erklärt er dynamisch Unbewusstes mit topisch Unbewusstem; er essenzialisiert und ontologisiert damit Rassismus. Auch Hook liest Rassismus als *aprés-coup*-Effekt des Gesetzes der Psychoanalyse und stellt damit »die Priorität und die Universalität des Gesetzes als Wirkungen dieser Beispiele her« (Butler, 1997, S. 278). Haltbar ist Hooks Argumentation nur aus einer »unscharfen Vogelperspektive, die elementare Merkmale von Kristevas Theorie unterdrückt« (Menninghaus, S. 553), denn genauso wie Žižek Auschwitz, den Gulag und die Familie durch den gleichen ›traumatischen Kern‹ ihrer Geschichtlichkeit entledigt, werden empirische Beispiele – Rassismus, Sexismus, Homophobie, Behindertenfeindlichkeit etc. – im Rekurs auf das Reale entpolitisiert.

2.3.6 ›Psychoanalysis in political mode‹

Hook hält seinen psychoanalytischen Ansatz, Rassismus mit Kristevas Abjektion zu erklären, allerdings explizit für politisch, er sei »psychoanalysis in political mode« (S. 213). Vorhandene Rassismustheorien, die mit Kristevas Abjektion arbeiten – er nennt Iris Marion Young oder Anne McClintock als Beispiele – argumentierten lediglich deskriptiv, statt die analytische Kapazität auszuschöpfen, moniert Hook. Es bräuchte jedoch eine »sustained discussion of the conceptual and political utility of the underlying theoretical basis of the notion. This is my objective ... , an exposition of central tenets of the notion of abjection (S. 216). Was Hook dann anbietet, bleibt in punkto politischem Potenzial allerdings weit hinter dem zurück, was McClintock, Young und vor allem Butler entwikkeln, und zwar deshalb, weil ihn sein ›Tiefgang‹ direkt ins Unbewusste der Psychoanalyse führt, also dorthin, wo die Psychoanalyse selbst nicht mehr sprechen kann. Das politische Potenzial der Psychoanalyse liegt in ihrem Erklärungsvermögen der Psychodynamik, also dem dynamischen Unbewussten. Hook aber operiert mit dem topisch Unbewussten, an das er seine Rassismustheorie anschließt. Er blendet außerdem die Historizität und Kulturspezifik der Psychoanalyse und des Abjektionskonzeptes aus und damit genau den Zusammenhang, der ein ›tieferes Verständnis‹ von Abjektion als Mechanismus des Rassismus erlauben würde. Zwar korrigiert er das Symbolische der Psychoanalyse mit Winnubst zum ›kulturellen Symbolischen‹ (S. 220), um den Universalismus zu entschärfen, dann versäumt er allerdings, die Bedeutung des Universalismus, mit dem das Kulturelle in der Psychoanalyse gefasst ist, in seiner Theorie zu berücksichtigen. Zwar gehen auch die anderen Autor_innen davon aus, dass Abjektion ein notwendiges Moment der Ontogenese sei, sie machen allerdings deutlich, dass es um eine bestimmte Ontogenese geht und zwar die des Subjekts der westlichen Moderne.

Für Iris Marion Young (1990) ist Abjektion Teil der Bewusstseinsgeschichte der Moderne, die durch eine medikalisierte Begründung bestimmter Körper als degeneriert strukturiert ist. Sie erklärt: Am Übergang zum neunzehnten Jahrhundert vollzieht sich eine epistemologische Wende in den Naturwissenschaften. Mit der Vermessung von Körpern findet eine Ontologisierung von körperlichen Differenzen statt. In der Trennung von Geist und Körper wird eine Struktur moderner Vernunft begründet, die ihre Opposition im Begehren, dem Körper und der Affektivität schafft und damit die Grundlegung für rassistische und sexistische Ausschlüsse (Young, S. 124). Mit dem Subjekt des Wissens etablieren Philosophie und Wissenschaft der Moderne »unifying, controlling reason in opposition to and mastery over the body, and then identif[y] some groups with reason and others with the body« (ebda.). Daraus entwickelt sich ein

> »specific account of the subject as knower, as a self-present origin standing outside of and opposed to objects of knowledge – autonomous, neutral, abstract, and purified of particularity. They construct this modern subjectivity by fleeing from material reality, from the body's sensuous continuity with flowing, living things, to create a purified abstract idea of formal reason, disembodied and transcendent.« (S. 125)

Weißsein war in der Moderne von jeher mit reiner Vernunft assoziiert, die materieller Körperlichkeit entbehrte, der Körper dagegen mit Schwarzsein und Weiblichkeit (S. 126). Was Butler also bereits in der Antike beobachtet, setzt sich in der Moderne fort und schreibt sich in ihre naturwissenschaftlichen Vorstellungen von Rasse und Geschlecht ein: »The imposition of scientific reason's dichotomy between subject and object on hierarchical relations of race, gender, class, and nationality, however, has deep and abiding consequences for the structuring of privilege and oppression« (Young, S. 127). Durch die Entbindung und Projektion ihrer Körperlichkeit auf Andere: Frauen, rassistisch Markierte, Alte, Behinderte und all jene, die von der Norm abweichen, re/produzieren die Subjekte des Wissens (jene, die mit Weißsein und Männlichkeit identifiziert sind) eine hierarchische Ordnung, in der sie eine privilegierte Position einnehmen. Mit der Figur der Infektion werden Körperlichkeit und Materialität dann zu Schmutz und Beschmutzung. Vernunft und das mit ihr assoziierte Weißsein hingegen zeichnen sich durch Reinheit, Anstand und Mäßigung aus.

Für Young ist Kristevas Abjektionstheorie für die Analyse von Rassismus, genauso wie für die von »sexism, homophobia, ageism, and ableism« nützlich, die Diskriminierung sozialer Gruppen, die symbolisch mit Tod, Degeneriertheit und Hässlichkeit assoziiert sind (S. 142). Sie hat nicht – wie man bei Hook annehmen könnte – ›Unterschichts-Weiße‹ im Sinn, die im Skin-Head-Stil ›Ausländer‹ jagen, sondern liberale Amerikaner_innen, die auf bewusster Ebene gegen Diskriminierung sind. Weil Sexismus, Rassismus, Heterosexismus, Altersdiskriminierung und Behindertenfeindlichkeit in der Öffentlichkeit – dem Diskursiven – nicht mehr ›salonfähig‹ sind, also aus dem diskursiven Bewusstsein verdrängt wurden, äußere sich die Angst vor diesen Gruppen auf unbewusster Ebene. Die Assoziation bestimmter Gruppen beziehungsweise ihrer Körper mit Degeneriertheit und Tod, bleibt also erhalten, nur äußert sich die Reaktion auf sie nicht mehr diskursiv, sondern dem Bereich des Unbewussten gemäß körperlich und affektiv. Jene, die solch eine Epidermalisierung ihres Körpers erleben – die Objekte der Abjektion – entdecken ihren Status in Gesten, einer bestimmten Nervosität, im Vermeiden von Blickkontakt und in der Distanz, die andere – Subjekte der Abjektion – zu ihnen halten (S. 123). Kristevas Kategorie des Abjekten sei deshalb nützlich weil ›abjekte Personen‹ Grenzangst auslösen, sie bedrohen »aspects of my basic security system, my basic sense of identity, and I must turn away with disgust and revulsion« (S. 146). Young historisiert und kontextualisiert Abjektion also im Gegensatz zu Hook und macht das Politische der Trennung zwischen Körper/Affekt und Diskurs (beziehungsweise Geist und Körper) deutlich. Allerdings versäumt auch sie, das Politische, Historische und Kontextuelle in der psychoanalytischen Subjekttheorie selbst ins Visier zu nehmen. Das ›basic security system‹ klingt einfach und einleuchtend, aber es hat keinerlei ontologische Grundlage, wie ich noch mit der Säuglingsforschung zeigen werde.

Anne McClintock (1995) verweist in ihrer abjektionstheoretischen Rassismusarbeit dezidiert auf die Historizität der Psychoanalyse. Die Trennung von Geschichte und Psychoanalyse sei selbst ein Produkt von Abjektion. Der Ausschluss bestimmter Elemente aus ihrer Familienromantik wie Klasse (das proletarische Kindermädchen von Freud beispielsweise), Rasse, die Ökonomie, Homosexualität, Imperialismus, kulturelle Differenzen etc. suchen die Psychoanalyse »as the pressure of a constitutive, inner limit« (S. 72) heim, argumentiert McClintock. Sie ist hier also dicht an dem dran, was Rubin mit dem ›Unbewussten der Psychoanalyse‹ meint – ihr Sexismus – und was Daniel Boyarin, wie ich noch zeigen werde, als das ›Unbewusste der Psychoanalyse‹ betrachtet, nämlich die Bedeutung von Freuds eigenem Antisemitismus – also Rassismuserfahrung.

McClintock versteht Abjektion als spezifisches Moment des Imperialismus (und) der Moderne:

> »Under imperialism, I argue, certain groups are expelled and obliged to inhabit the impossible edges of modernity: the slum, the ghetto, the garret, the brothel, the convent, the colonial bantustan and so on. Abject peoples are those whom industrial imperialism rejects but cannot do without: slaves, prostitutes, the colonized, domestic workers, the insane, the unemployed, and so on. Certain threshold zones become abject zones and are policed with vigor; the Arab Casbah, the Jewish ghetto, the Irish slum, the Victorian garret and kitchen, the squatter camp, the mental asylum, the red light district, and the bedroom. Inhabiting the cusp of domesticity and market, industry and empire, the abject returns to haunt modernity as its constitutive, inner repudiation; the rejected from which one does not part.« (S. 72)

Weder McClintock noch Young historisieren die Psychoanalyse allerdings hinreichend, um zu erkennen, dass Abjektion als Konstrukt der Ontogenese selbst bereits *Effekt* kolonisierenden Denkens ist. Wie Celia Brickman (2003) schreibt:

> »The processes of separation from the maternal/primitive underwrite the formation of a culturally and historically specific form of subjectivity. The subjectivity

that emerges from the exclusion of the maternal/primitive allows us to speak, but allows us to speak only one language: the language of a colonizing modernity. To take up one's place in this language is to attain to the rules of representability legislated by the grand narrative of modernity, themselves predicated on the abjection of the primitive and the feminine. The subaltern cannot speak because the subaltern – the primitive – was that which needed to be excluded from the discursive codes of modernity in order for these codes to function. Psychoanalysis can be, and often has been, enlisted not only to disrupt but to consolidate and reinforce this exclusionary regime of the language of modernity.« (S. 119-129)

Meines Erachtens kann das politische Potenzial des Abjektionsgedankens nur dann entfaltet werden, wenn man Kristevas Konstruktion dieses frühkindlichen Moments der Subjektgenese einer Dekonstruktion unterzieht und dabei die eingearbeiteten rassischen und Gender-Codes ebenso offenlegt wie deren Bedeutung für die psychoanalytische Konstruktion eines primären Prozesses der Individuation und Autonomiegewinnung in der Subjektgenese. Konsequent hat das bisher nur Celia Brickman getan. Hook ist einer von den vielen, die es konsequent vermeiden.

Das Politische an seiner Theorie begründet Hook tautologisch und zirkulär. Wir können Rassismus nicht begreifen, wenn wir nicht verstehen, *wo* er unterhalten wird, was ihm die affektive Qualität verleiht und was seine viszeralen Aspekte unterstützt (S. 209), also wie Rassismus in ›Fleisch und Blut‹ übergeht beziehungsweise die Kultur des Rassismus zu Natur wird. Wenn die Analyse falsch ist, muss auch die Lösung scheitern, so das Argument von Hook. Weil sich Rassismus jenseits des Diskurses, nämlich im Körper manifestiere, müsse er über diskursanalytische Methoden hinaus, dort untersucht werden. Das könne nur die Psychoanalyse, weil sie eine Theorie der Verkörperung biete. Dass diese Theorie der Verkörperung ideologisch ist, habe ich deutlich gemacht. Politisch sei seine Theorie außerdem, weil Kristeva als auch Fanon, auf deren Arbeiten Hooks Theorie gründet, über die orthodoxe Psychoanalyse hinausgingen, welche – wie er zugibt – das Politische oft ausblende. Kristeva tue das, indem sie anthropologische und soziologische Dimensionen in ihre Subjekttheorie einarbeite (Mary Douglas‹ Arbeit über Reinheit und Gefährdung), und Fanon, indem er die Psychoanalyse strategisch nutze, um Rassismus zu beschreiben. Kristevas Abjektionstheorie verdeutliche, dass Ausschluss am Anfang der Subjektgenese stehe, existenziell für das Subjekt sei und die ersten Schritte zur Autonomie und Identität darstelle. Rassismus können nur affektiv (also ›prädiskursiv‹)

werden, indem er Anschluss an dieses ontogenetische Moment des Ausschlusses gewinne.

Wie ich bereits ausgeführt habe, gründet das politische Potenzial von Kristevas Abjektionstheorie auf einem Missverständnis. Menninghaus argumentiert, dass Kristevas Abjektion aufgrund der Thematik des Ausschlusses »Anschlussmöglichkeiten für eine Vielzahl interessierter Verwendungen« (S. 549) bietet und damit die »selbstbezügliche Funktion, dem eigenen Tun eine starke politische Dimension wenn schon nicht effektiv zu verschaffen, so doch wenigstens zuzusprechen« (S. 556-557). Das erklärt seiner Ansicht nach den Erfolg von Kristevas Abjektionskonzept, überzeugende Argumente fehlten ihrer Theorie hingegen. Mit dem Angebot einer Expertise für die erratischen Linien der Subjektivität (Menninghaus, S. 559) durch eine scheinbar naturwissenschaftliche Erklärung für Ausschlussmechanismen landen die abjektionstheoretischen Arbeiten zwangsweise in einem Biologismus. Die vermehrten »Studien am Leitfaden der Abjektion« (Menninghaus, S. 556) in den Geistes- und Sozialwissenschaften seit den 1990er Jahren, ebenso wie die Identitätspolitiken im Anschluss an Kristevas Abjektionstheorie, etwa ›Affirmative Abjection‹, krankten allesamt an jener Vogelperspektive, aus der das wesentliche Element – der Essenzialismus in Kristevas Theorie – übersehen wird. Die Beispiele (Subjektpositionen, die in den Zonen der Nichtlebbarkeit leben – an den Rand der Gesellschaft verdrängt werden) sind empirisch, Kristevas Abjekt ist universalistisch, es ist das Gesetz (die mütterliche Chora). Das eine ist die Realität, das andere das ›Reale‹ der Psychoanalyse. Als Beschreibung der Kultur der Moderne ist Kristevas Abjektionstheorie – das Prinzip des Ausschlusses – zutreffend, nur beschreibt sie keine ›natürliche‹, ›prädiskursive‹ Ontogenese. Kristevas Theorie reproduziert die *Einschreibung* kultureller Verhältnisse in die Ontogenese durch die Psychoanalyse. Kristeva bindet kontingente, empirische Elemente der Realität an das Reale der Psychoanalyse. Das Reale der Psychoanalyse ist so anschlussfähig für Rassismus, Auschwitz und Gulag, weil im Realen Bemächtigungsgeschichten begraben werden. Die realen Verhältnisse präfigurieren Kristevas Abjekt und Abjektion. Indem Kristeva die Realität zum Realen umschreibt, werden die Verhältnisse entpolitisiert, enthistorisiert, biologisiert und universalisiert.

Dass, wie Hook im Anschluss an Kristeva behauptet, Ausschluss am Anfang der Subjektgenese steht, er existenziell ist und den ersten Schritt zu Autonomie und Identität darstellt – dass es einen Bereich gibt (Körper und Affekt), welcher dem Bewusstsein und der Sprache nicht zugänglich ist, und wie Young formuliert durch Abjektion ein ›basic security system‹ etabliert wird – ist ein theoretikomorpher Mythos (Dornes, 1993/2009, S. 23) der Psychoanalyse. Das politische Potenzial, das Hook aus diesem psychoanalytischen Konstrukt der Ontogenese ableiten will, ist reaktionär.

Kristeva entwickelt ihre Abjektionstheorie aus der ›void‹ ihrer Patient_innen, der Leerstelle ihres Schweigens. Einen Rekurs zum realen Säugling strengt sie nicht an. Sie verweist weder auf konkrete Beobachtungen noch auf empirische Forschung, die ihre Theorie der Abjektion als Subjekt konstituierendes Moment der Ontogenese stützen würden, obgleich ihre gesamte Argumentation von den Ausscheidungsprozessen beim Säugling ausgeht, die ihr als erste Individuation gelten. Tatsächlich wissen wir nicht, was Babys empfinden im Prozess der Ausscheidung und ›gegenüber‹ ihrem Kot, Urin, Speichel, Erbrochenem. Vielmehr beobachten wir, dass sie interessiert mit diesen Substanzen spielen. Es sind die Erwachsenen, die ihren Ekel *übertragen* – den Kindern *beibringen*, dass Körpersekrete eklig sind. Durch Übertragung vermitteln sie den Kindern auch alle anderen ›abjekten‹ Elemente ihres jeweiligen ›kulturellen Symbolischen‹.

2.3.7 Wenn der Säugling sprechen könnte: der beobachtete und der rekonstruierte Säugling

Der abhängige, symbiotische, der Individuation und einer Trennung durch den ›Schnitt des Signifikanten‹ oder Abjektion bedürfende Säugling, der Hooks und Seshadri-Crooks' Rassismustheorien zugrunde liegt, wird in der psychoanalytischen Säuglingsforschung seit den 1980er Jahren infrage gestellt (vgl. Stern, 1985/2007; Dornes, 1993/2009; 1997/2003). In der Zusammenarbeit von Psychoanalyse und beobachtender Säuglingsforschung wurden Methoden entwickelt, dem Säuglingserleben näherzukommen, als es der Psychoanalyse bis dahin möglich war. Vor dieser Zusammenarbeit konzentrierte sich die Säuglingsbeobachtung auf die körperlichen Entwicklungen sowie die »Herausbildung der Wahrnehmungs- und Denkfähigkeiten in bezug auf Gegenstände. Die klinische Rekonstruktion des Säuglings hingegen hat sich immer mit der sozialen Welt, so wie sie subjektiv erlebt wurde, beschäftigt« (Stern, 2007, S. 30). Beide Perspektiven auf den Säugling wiesen Züge auf, die der jeweils anderen fehlten (S. 35).

> »Der beobachtete Säugling steuert die Fähigkeiten bei, die sich leicht feststellen lassen; der rekonstruierte Säugling steuert bestimmte subjektive Erfahrungen bei, die fundamentale und allgemeine Merkmale sozialen Lebens darstellen. Die par-

tielle Verbindung des beobachteten mit dem klinisch rekonstruierten Säugling ist aus drei Gründen wichtig. Erstens: Auf irgendeine Weise müssen reale Geschehnisse – d.h. beobachtbare Vorgänge (›Mutter tut dies, und dann das …‹) – in jene subjektiven Erfahrungen transformiert werden, die die Kliniker als intrapsychisch bezeichnen (›Ich erlebte meine Mutter als…‹). An diesem Übergang ergibt sich ein Zusammenwirken beider Sichtweisen.« (ebda.)

In der Zusammenarbeit wurde die externe Validierung der jeweils anderen Sichtweise praktiziert. Die Säuglingsforschung kam durch diese Zusammenarbeit zu dem Ergebnis, dass die Entwicklung nicht von »Abhängigkeit zu Unabhängigkeit, von der Undifferenziertheit zur Differenzierung, von der Passivität zur Aktivität oder von Autismus/Symbiose zur Loslösung/Individuation« verläuft, vielmehr sind »Unabhängigkeit, Differenziertheit, Aktivität und Individuation von Geburt an in bemerkenswertem und bisher unterschätztem Umfang vorhanden . … Der Säugling erlebt sich nicht als mit der Mutter verschmolzen, sondern als selbständig und gut abgegrenzt« (Dornes, 1993/2009, S. 16). Wie Daniel Stern schreibt, erleben Säuglinge »niemals eine Phase völliger Undifferenziertheit zwischen dem Selbst und dem Anderen. Weder zu Anfang noch in irgendeiner späteren Phase des Säuglingsalters gibt es Verwechslungen von Selbst und Nichtselbst« (1985/2007, S. 24). Konzeptualisierungen von Phasen eines »normalen Autismus«, eines »primären Narzissmus« und einer »Symbiose« sind aus Sicht dieser Säuglingsforschung zu verwerfen (Stern, 1985/2007, S. VI). Auch die »Vorstellung einer infantilen Omnipotenz und einer halluzinatorischen Wunscherfüllung bei Säuglingen ist ein typisches Produkt des Adultomorphismus« (Dornes, 1993/2009, S. 25) der klassischen Psychoanalyse.

Hooks Angebot einer Rassismustheorie, die » substantiated by, the body's economy of separations and distinctions« (Hook, S. 227) sein soll, der unheimlichen Grenzangst des Säuglings, nicht zwischen Ich und Nichtich unterscheiden zu können (Hook, S. 217), gründet auf einer Psychoanalyse, die keine Säuglinge beobachtet, sondern sie aus der klinischen Erfahrung mit Erwachsenen *(re)konstruiert*. Sie geht also denselben Weg wie Hook: von der Phänomenologie des Verhaltens Erwachsener rekonstruierend die Erfahrungen des Säuglings *beschreiben*. So beantwortet der Säugling, der nicht sprechen kann, all die ungelösten Fragen des Rassismus. Der Forscher kann seiner Phantasie auf der Körperoberfläche des Säuglings freien Lauf lassen und ihm beliebige theoretische Desiderate *einschreiben*. Wie Kristeva durch ›das Geschenk des Schweigens – der Leerstelle in der Narration – ihrer Patient_innen‹ auf der Couch ihre Theorie der Abjektion entwickelte, gewinnt die gesamte klassische Psychoanalyse ihre Daten über den Säugling aus der Therapie mit Erwachsenen. Die »präverbale und präsymbolische Zeit ist auf der Couch über den Prozess der verbalen Assoziation und symbolischen Kommunikation [allerdings] nur beschränkt zugänglich« (Dornes, 1993/2009, S. 22). Mit dem ›Raum des Semiotischen/Präverbalen‹ konstruiert die klassische Psychoanalyse ein Terrain, in das sie ihre metatheoretischen Annahmen einschreiben kann. Die »relative Prädominanz protoklinischer Themen in einer bestimmten Altersphase [ist] eine Illusion, die theoretischen, methodologischen und klinischen Erfordernissen und Voreingenommenheiten im Zusammenwirken mit kulturellen Zwängen entspringt. Es gibt sie in den Augen des Betrachters, nicht im Erleben des Kindes« (Stern 1985/2007, S. 42). Der rekonstruierte Säugling

> »stellt die gemeinsame Schöpfung zweier Menschen dar: des Erwachsenen, der zum Patienten geworden ist, und des Therapeuten, der eine Theorie über das frühkindliche Erleben hat. Er wird aus Erinnerungen, Reinszenierungen in der aktuellen Übertragungssituation und Deutungen, wie sie die Theorie nahe legt, wiedererschaffen.« (Stern 1985/2007, S. 30).

Die historische Wahrheit in der Therapie wird nicht durch tatsächlich Geschehenes konstituiert, sondern durch Narration erzeugt. Für Stern stellen Freuds Entwicklungsfolge von oraler, analer und ödipaler Phase als Reorganisation von Trieben beziehungsweise dem Es oder Eriksons Folge von Urvertrauen zu Autonomie als Reorganisation der Ich-Strukturen und beider Vorstellung, »dass die Entwicklung von einer Stufe zur nächsten verläuft und dass jede Stufe eine spezifische Phase nicht nur der Ich- oder Es-Entwicklung, sondern auch der Entstehung bestimmter klinischer Probleme darstellt« (Stern 1985/2007, S. 37) eine Pathomorphisierung der frühen Kindheit dar.

Zu lange wurde in der Psychoanalyse aufgrund der »Schwerzugänglichkeit der Säuglingserfahrung auf rekonstruktivem Weg«, der »Voreingenommenheit durch metapsychologische Konstrukte« und der »unzureichenden Beobachtungsmethoden« am traditionellen Bild des Säuglings festgehalten (Dornes, 1997/2003, S. 24). Erst durch die Zusammenarbeit von Psychoanalyse, die sich mit ihrer klinischen Rekonstruktion immer auf Soziales bezieht, und Säuglingsbeobachtung, die sich bis dahin auf körperliche Entwicklungen (Sitzen, Greifen, Wahrnehmung und Denkfähigkeit in Bezug auf Gegenstände) konzentrierte, wurden neue Erkenntnisse zur Säuglingserfahrung möglich (Stern 1985/2007, 30).

Der Mangel an empirischen Nachweisen zur ›präverbalen‹ Kindheitserfahrung ist ein wesentlicher Kritikpunkt an der klassischen Psychoanalyse – nicht nur in ihrer klinischen Anwendung (ebda.). Angesichts der Bedeutung, welche dieses Stadium für die psychoanalytische Theorie der Subjektgenese hat, ist *dieser Mangel* schwerwiegend. Kritiker_innen haben die klassischen psychoanalytischen Behauptungen zum Säugling deshalb als einen »›theoretikomorphen Mythos‹ bezeichnet« (Dornes, 1997/2003, S. 23). Während die beobachtende psychoanalytische Säuglingsforschung Methoden entwickelt hat, der realen Säuglingserfahrung näherzukommen (vgl. beispielsweise Diem-Wille, 2009), arbeiten viele Wissenschaftler_innen unterschiedlicher Disziplinen unbekümmert weiter mit den Mythen der klassischen Psychoanalyse über den Säugling. Gerade für innovative Forschungsfelder wie die Critical Race Studies, Postcolonial Studies oder Gender Studies ist das besonders paradox.

Hooks Rassismustheorie – auf den ersten Blick und ihrem Anspruch nach eine poststrukturalistische, postkoloniale Theorie, die innovativ Psychoanalyse und Dekonstruktionismus/Diskursanalyse zusammendenken will – gründet genau auf den Elementen der Psychoanalyse, die in der postkolonialen (Brickman) und poststrukturalistischen (Butler) Theorie kritisiert werden. Es ist die Triebhaftigkeit, die Freud in den Körper und die Affekte in Form des topisch Unbewussten als Es eingeschrieben hat, von wo aus Hook seine Theorie eines ›prädiskursiven Rassismus‹ entwickelt. Hook schreibt:

> »Unless we are able to take ... ›prediscursive‹ factors into account, to see how they underwrite and often exert a *driving* [Hervorhebung v. Verf.] influence upon racist patterns of signification, we do not appreciate the full virulence, indeed, the full volatility of racist discourse.« (S. 226)

Hier kurz eine Rekapitulation der Elemente von Hooks Theorie, die auf dem rekonstruierten Säugling beruhen und die, wie ich dann im Anschluss zeigen werde, durch die neuere psychoanalytische Säuglingsforschung widerlegt werden: Für Hook gibt es drei fundamentale Aspekte des Rassismus, welche alle anderen sozialpsychologischen Rassismusansätze (diskursanalytische, aber auch ältere psychoanalytische) nicht zu erklären vermögen und die er mit seinem Ansatz ›prädiskursiven Rassismus‹ aufklären zu können glaubt: Verkörperung, Affekt und die Erfahrungen, die ›vor dem Wort‹ kommen – das ›Prädiskursive‹ –, all das, was nicht im Bereich des Symbolischen, also der Sprache und der Bezeichnung, assimiliert werden kann (Hook, S. 212). Rassismus funktioniere durch Verkörperung (ebda.), er sei ›eingefleischt‹ und deshalb müsse der Körper Ausgangspunkt für die Untersuchung von Rassismus sein. Man müsse die affektiven Komponenten des Hasses im Rassismus verstehen, seine Explosivität und Unvermitteltheit und schließlich »the psychological mechanisms that provide the impetus for people to hate each other« (S. 213). Kristevas Abjektionstheorie biete durch ihre Priorisierung des Körpers außergewöhnliche Einblicke nicht nur in die ›Physikalität‹ des Phänomens des Rassismus – seine körperlichen Faszinationen und Ängste –, sondern auch in die miteinander verwobenen Dimensionen des psychischen und symbolischen Überlebens, welche den Affekten im Rassismus zugrunde lägen (Hook, S. 216). Der Bereich des Rassismus, den er beschreiben will, sei im Semiotischen verortet: »the realm of experience that occurs prior to the acquisition of language«, dem gegenüber das Symbolische als »conscious law-based and language-founded domain of structure and difference« stehe. Das Semiotische sei der Raum des Prä-Verbalen und anschließend verdrängten Unbewussten (Hook, S. 220). Es geht um das topisch Unbewusste, das Es. Kristevas Mächte des Grauens existieren vor jedem Subjekt und vor jeder Kultur – sie sind das Animalisch-Triebhafte.

Dieser Raum des Präsymbolischen, Prädiskursiven, Semiotischen könne beschrieben werden als

> »a murky, undifferentiated and narcissistic realm characterized by the lack of distinct borders and clear separations. In the earliest months of life the infant is thought to form a syncretic unity with the mother, and is as such unable to distinguish between itself and its environment, possessing no awareness of its own corporeal boundaries. The child as such is ubiquitous with no separation between itself and ›objects‹ ... it forms a ›primal unity‹ with its objects.« ([Gross, zitiert nach] Hook, S. 221)

Für Kristeva verdeutliche dieses Stadium die Notwendigkeit für Abjektion: Einen primären Prozess der Trennung, Abgrenzung und des Ausschlusses als Bedingung für die Entstehung der Beziehung zwischen Selbst und Anderem, als Basis für den Spracherwerb und zur Bildung und Stabilisierung von Identität. Abjektion ermögliche die Entstehung von Körpergrenzen, indem sie Innen und Außen, Ich und Nichtich einführe (ebda.). Das bedeute allerdings auch, dass die Position des Subjekts in der Sprache immer durch den vorherigen Status – die Verschmolzenheit und Strukturlosigkeit des Semiotischen – bedroht sei (ebda.). Aus diesen Gründen ist Abjektion für Hook eine potenzielle ›Bahn‹ für die ideologischen Operationen des Rassismus.

Wegen ihrer affektiven, prä-sozialen und unvermittelten Natur – aufgrund der Tatsache, dass sie nicht-diskursiv und damit immun gegen das ideologische Gewicht von sozialen Prozessen sei – gewinne Rassismus durch die ›Bahnen‹ der Abjektion Affektivität (S. 228). Um die Hartnäckigkeit des Rassismus zu verstehen, seine ›unheimliche Wiederkehr‹ – seine Insistenz trotz aller historischen, diskursiven und institutionellen Veränderungen –, müsse man verstehen, welche Mechanismen der Subjektgenese er ausbeute (S. 213).

Die Psychoanalyse eignet sich Hook zufolge deshalb hervorragend, um ›prädiskursiven Rassismus‹ zu verstehen, weil sie den Körper als Oberfläche von Erfahrung begreift, von dem aus das Ich nach und nach hervorgeht, und weil sie den präsymbolischen, affektiven und unbewussten Bereichen menschlicher Erfahrung ihre Aufmerksamkeit widmet (S. 214). Das Abjekt realisiere sich an der Körpergrenze (S. 217). Für Hook ist Rassismus als Abjektion im Rekurs auf das Säuglingsalter Grenzangst – die Verunsicherung, was Ich und was Nichtich ist:

> »Those experiences, simply put, in which one undergoes the unsettling sensation of not being able to distinguish ›me‹ from ›not me‹. Abjection as such is a ›borderanxiety‹; an urgent response that arises in order to separate one's self from what is perceived to be a contaminating quality, a quality that threatens the distinctions of self.« (S. 217)

Das Abjekt ist der Auslöser der Affekte der Abjektion. Als ehemaliger Teil des Körpers (Ausgeschiedenes) löst das Abjekt Grenzangst in Form von körperlichen Reaktionen aus:

> »palpable anxieties of disgust, avoidance, and repulsion. Clearly this is not a primarily discursive sensibility; we are not here concerned with racism as a form of ›knowledge‹, but rather with a ›primal‹ response that pre-empts (and sometimes overrides) such discursive responses.« (ebda.)

Das Abjekt ist das Ding,

> »which plagues and disturbs identity, system and structure. What we see in responses of abjection is the desperate attempt to reaffirm a kind of ego-coherence, an attempt loaded with the exaggerated affect that comes with the reflex urgency of the wish to divide self from the other.« (S. 217)

Die Affekte der Abjektion, die Hook als konstitutive Angst beschreibt – der Horror vor Inkohärenz und Zerfall –, erklären für Hook die Grenzangst im

Rassismus, die Bedrohung der physischen, psychischen und symbolischen Integrität des rassistischen Subjekts (S. 216) – was Young ein ›basic security system‹ nennt.

Alle diese Grundannahmen zum Säugling werden in der jüngeren Forschung verworfen. Daniel Stern schließt aus seiner Forschung zum Säugling, dass »die Differenzierung von Selbst und Anderem praktisch von Anfang an besteht« (Stern, 1985/2007, S. IV). Zwar trägt die Konzentration auf das ›Selbst‹ und das ›Ich‹ in der jüngeren psychoanalytischen Entwicklungspsychologie des Säuglingsalters ebenso theoretikomorphe Züge, was bereits im Titel von Martin Dornes Übersetzung der amerikanischen Forschung von Daniel Stern *Der kompetente Säugling* zum Ausdruck kommt. Das Desiderat ist hier also die ›Kompetenz‹, welche die Abhängigkeit ablösen soll. Sie überzeugt jedoch durch ihre differenzierte Beobachtung der Interaktion zwischen Kind und Bezugsperson, von der aus sie theoretisiert, statt wie in der klassischen Psychoanalyse allein aus den Narrationen von Erwachsenen in der Therapie das Säuglingserleben zu konstruieren. Stern schreibt: Zwar können Säuglinge viele Zustände nicht allein erreichen, die »Hungerstillung oder andere somatische Zustandsregulationen sind nur durch Vermittlung anderer Personen möglich« (Stern 1985/2007, S. 151). Die Anderen sind für den Säugling jedoch selbstregulierend – es geht um *Regulierung*, nicht Verschmelzung. Die Psychoanalyse unterscheidet zwar zwischen primärer und sekundärer Verschmelzung – die sekundäre stellt einen pathologischen Zustand von Erwachsenen dar –, das Konzept der primären Verschmelzungserfahrungen wurde jedoch »historisch von der Beobachtung der sekundären Verschmelzungserfahrung inspiriert. Die primäre Verschmelzung war eine pathomorphe, retrospektive und sekundäre Konzeptualisierung« (Stern 1985/2007, S. 153, Fußnote).

> »Nur ein Beobachter, der schon einen gewissen Ausblick auf den künftigen Gang der Dinge hat, vermag sich einen undifferenzierten Zustand überhaupt vorzustellen. Der Säugling kann nicht wissen, was er nicht weiß, und auch nicht, dass er es nicht weiß. Die traditionellen Konzepte klinischer Theoretiker übernahmen die Erkenntnisse des Beobachters – dass die Sichtweise des Säuglings im Vergleich zu der älterer Kinder relativ undifferenziert ist –, reifizierten diesen Sachverhalt und schrieben ihn dann wieder dem Säugling als bestimmenden, subjektiven Eindruck von den Dingen zu. Wenn man jedoch auf diese reifizierte Undifferenziertheit als Eigenschaft des subjektiven frühkindlichen Erlebens verzichtet, sieht das Bild ganz anders aus. Der Säugling macht viele einzelne Erfahrungen,

> die für ihn vielleicht von herrlicher Klarheit und Lebendigkeit sind. Er nimmt die mangelnde Bezogenheit zwischen diesen Erlebnissen gar nicht wahr.« (Stern 1985/2007, S. 72-73)

Bereits zwischen dem zweiten und sechsten Lebensmonat konsolidiert der Säugling mit »der Wahrnehmung der eigenen Handlungsfähigkeit, Affektivität und zeitlichen Kontinuität ... die Empfindung eines Kern-Selbst als getrennter, kohärenter, abgegrenzter körperlicher Einheit« (Stern, 1985/2007, S. 24). Der Erfahrung der Symbiose – dem Einssein mit einem anderen Menschen – muss »das Empfinden eines Kern-Selbst und eines Kern-Anderen« vorausgehen. Stern fasst die »Erfahrungen des Einsseins ... als Gelingen einer aktiven Organisation des Zusammenseins mit dem Anderen auf und nicht als eine passive Unfähigkeit, zwischen dem Selbst und dem Anderen zu unterscheiden« (ebda.). Die Erfahrung der Zweisamkeit betrachtet die Säuglingsforschung als »aktive Integrationsleistung und nicht als passives Unvermögen, Differenzierungen zu entwickeln« (Stern 1985/2007, S. 147). Der Säugling strebt nicht in erster Linie danach, sich von der primären Bezugsperson freizumachen, sondern ebenso nach dem intersubjektiven »Einssein mit einem anderen Menschen, das [im] Alter ... vom neunten bis achtzehnten Lebensmonat ... möglich wird« (Stern, 1985/2007, S. 24).

Für Stern stellt die Entwicklung des Säuglings »das exakte Gegenteil der Separation, nämlich der Aufbau von Bindungen zu anderen Menschen – die Entwicklung einer wachsenden Bezogenheit« (Stern, 1985/2007, S. IV) dar. Verbundenheit steht am Ende, nicht am Anfang des Entwicklungsprozesses (Stern, 1985/2007, S. 335). Stern betrachtet »die Erfahrung der Zweisamkeit als aktive Integrationsleistung und nicht als passives Unvermögen, Differenzierungen zu entwickeln« (Stern 1985/2007, S. 147). Die Behauptung des Zustands der Undifferenziertheit sieht Stern als ein gutes Beispiel für den Adultomorphismus der klassischen Psychoanalyse, wobei die

> »Vorstellung einer Phase der Undifferenziertheit, die der Säugling subjektiv als eine Art Verschmelzung und Dualunion mit der Mutter erlebt, ... sehr problematisch, zugleich aber auch überaus verlockend [ist]. Indem sie den machtvollen menschlichen Gefühlen eines untergründigen Wohlbefindens im Einssein mit einem Anderen einen bestimmten Punkt in der Lebenszeit zuweist, kommt sie dem Wunsch nach einer realen psychologischen Quelle entgegen, in der solche Gefühle wurzeln und zu der man möglicherweise zurückkehren kann.« (Stern, 1985/2007, S. 334)

Auch die Trennung der Sprache von allen anderen Bereichen wie Körper und Affekt wird in dieser Forschungsrichtung problematisiert. Hier findet, was die Sprache leistet – Kommunikation –, bereits ab der Geburt statt, sogar pränatal und zwar *durch* den Körper und die Affekte. Die Sprache bietet einfach weitere – und komplexere – Möglichkeiten, mit der Umwelt in Beziehung zu treten. Die Sprache trennt nicht zwei Welten – die des Bewusstseins und die des Unbewussten, »der Weg zum Unbewussten (dem topographischen wie auch dem potenziell dynamischen) ist mit Worten gepflastert. Vor dem Sprechen haben alle Verhaltensweisen, was ihre ›Zurechenbarkeit‹ angeht, den gleichen Status« (S. 257). Gesagtes und Gemeintes sind nicht mit Bewusstsein und Unbewusstem zu teilen, *Verantwortbarkeit* gilt für beide Bereiche. Die mit dem Unbewussten angenommene Dementierbarkeit wird erst mit Sprache möglich (ebda.). Die von Hook (und Seshadri-Crooks) postulierte Zeitlosigkeit des präverbalen Zustands ist ebenso unhaltbar, »Säuglinge haben ein ungemein sensibles Zeitgefühl« (Stern, 1985/2007, S. 156).

Stern (1985/2007) stellt »die gesamte Auffassung in Frage, dass bestimmte Entwicklungsphasen im Zeichen bestimmter klinischer Themen wie Oralität, Bindung, Autonomie, Selbständigkeit und Urvertrauen stehen« (S. 25). Vielmehr sind all diese Themen lebenslange Themen. Autonomie und Selbständigkeit sind klinische Schwerpunktthemen und nicht spezifisch für eine bestimmte Phase in der Entwicklung. Autonomie und Selbständigkeit *folgen* Entwicklungssprüngen im kognitiven und motorischen Bereich, nicht umgekehrt (Stern, 1985/2007, S. 41). Der Fokus auf die Kontrolle der Ausscheidungsvorgänge, das Nein-Sagen oder das Laufen als Entwicklungsmarker folgen der *Vorstellung*, Autonomie und Selbständigkeit seien wesentlich für die Entwicklung. Diese Themen haben jedoch nicht mehr oder weniger Bedeutung als das Sozialverhalten oder die Kommunikation, etwa in Form der visuellen Interaktion zwischen dem Kind und seinen Bezugspersonen (Stern, 1985/2007, S. 39). Auch sind viele als universale ontogenetische Entwicklungsmarker angenommenen Phänomene *kulturspezifisch* – beispielsweise kennt man die Trotzphase nicht in allen Kulturen (Stern, 1985/2007, S. 41).

Die klassische Libido-Theorie mit ihrer Annahme von »ein oder zwei Grundtrieben, die sich im Lauf der Entwicklung von einer erogenen Zone zu anderen verschieben und dabei allerlei Schicksale erleiden [ist] für die Betrachtung des realen Säuglings« (Stern, 1985/2007, S. 332) nicht von Nutzen. Weder das libidinöse Einssein noch der Aggressionstrieb, in dem

Hook die Quelle für seinen affektiven Rassismus sieht, kennzeichnen die Säuglingserfahrung. Die psychoanalytisch-beobachtende Säuglingsforschung bietet ein ganz anderes Bild als Freuds Triebtheorie. Ins Auge fallen nicht das Es oder Triebe, sondern »Explorationsmuster, Neugier, Wahrnehmungspräferenzen, Suchen nach dem kognitiv Neuen, die Lust an der Bemeisterung, sogar Bindungsstreben, die sich in der Entwicklung entfalten« (Stern, 1985/2007, S. 331-332). Die Säuglingsforschung widerspricht dem »Menschenbild der Psychoanalyse, die in ihrer Triebtheorie von einer angeborenen Asozialität des Säuglings ausgeht« (Dornes, 1993/2009, S. 69). Zu beobachten ist vielmehr eine ›primäre Intersubjektivität‹ (ebda.).

Die psychoanalytisch-beobachtenden Säuglingsforscher_innen plädieren dafür, dass die Psychoanalyse ihre Triebtheorie und Strukturhypothesen wie die des Ödipuskomplexes, in dem der Konflikt als Entwicklungsmotor beschrieben wird, zugunsten eines Motivationssystems aufgibt, dem Intersubjektivität zugrunde liegt. Die ›Anlage‹ des Kindes ist kein Trieb, sondern das »Bedürfnis, kognitive und affektive Bedürfnisse mit anderen zu teilen«, es lernt Kultur durch die Spiegelung, Teilnahme und das Mitmachen seiner Bezugspersonen an seinen eigenen Affekten. Primär ist das Bedürfnis nach Sozialkontakt und nicht, wie in der Triebtheorie angenommen, die asoziale Natur des Menschen (Dornes, 1993/2009, S. 161). Nicht im Biologischen begründete Motivationssysteme – ›Triebe‹, Trennung, Verwerfung oder Verlust – steuern das frühe Erleben, sondern Neugier, Weltzugewandtheit, Explorationslust und Interaktion sind der Entwicklungsmotor für den Säugling und das Kleinkind. Säuglinge kommen mit der Fähigkeit und dem Bedürfnis zur Welt, Lernchancen zu suchen und wahrzunehmen. Die Frage, ob es Triebe: »sich aus einer somatisch verankerten Reizquelle speisende und ständig fließende [Kräfte], die nach Abfuhr und Entladung dräng[en]« (Dornes, 1997/2003, S. 244) gibt, also »an bestimmte Körperzonen gebundene, dort erzeugte, spontan auftretende ›Kräfte‹, die den seelischen Apparat vor die Aufgabe ihrer Erledigung/Abfuhr stellen« (Dornes, 1997/2003, S. 286), hat die psychoanalytisch-beobachtende Säuglingsforschung negativ beantwortet. Aggression ist immer reaktiv. Angeboren ist lediglich eine »Affekt- und Handlungsdisposition, die dann ausgelöst und eingesetzt wird, wenn das Subjekt sich bedroht, gekränkt, beleidigt etc. fühlt, d.h. als Reaktion auf Frustrationen im weitesten Sinn« (Dornes, 1997/2003, S. 244).

Aggression taucht bei Säuglingen und Kleinkindern nur in Reaktion auf die Unterbindung ihrer Explorationslust oder auf die Behinderung ihrer Bedürfnisbefriedigung auf, nicht ausgelöst durch ›archaische Kräfte‹ – die

Mächte des Grauens wie Kristeva behauptet. Um das zu empfinden, bräuchte der Säugling Phantasie und die hat er erst, *nachdem* er symbolisierungsfähig ist. Die Säuglingsforscher_innen sind sich darin einig, dass »es in den ersten 1 ½ Lebensjahren keine Phantasien gibt, und stützen sich dabei auf Piagets Theorie der sensomotorischen Entwicklung. In ihr wird nachgewiesen, dass die Symbolfunktion erst um diese Zeit herum entsteht« (Dornes, 1993/2009, S. 69). Aus demselben Grund können Omnipotenz und Grandiosität kein primäres Gefühl des Säuglings sein, sondern es geht bei ihm um Wirkmächtigkeit. Der Säugling empfindet, dass er etwas bewirken kann, beispielsweise durch sein Strampeln die hüpfende Bewegung der bunten Figuren, die an einer Schnur an seinem Kinderwagen über ihm befestigt sind. Omnipotenz ist eine spätere Phantasiebildung in Reaktion auf Misslingen oder Verlust. Gleiches gilt für die Zuschreibung von Allmacht an die Eltern und die anschließende Verschmelzung mit ihnen. Es gibt keine repräsentationale Macht/Vorstellung, denn die wird erst mit der Symbolisierungsfähigkeit möglich (Dornes, 1993/2009, S. 173). Subjekt und Objekt werden also schon früh als »etwas bewirkend und in diesem Sinne [als] wirkmächtig *empfunden* ..., aber nicht als solche *phantasiert*« (S. 174). Hooks ›border-anxiety‹ macht vor diesem Hintergrund keinen Sinn.

Die physischen und psychischen Eindrücke der ersten zwei Monate – Affekte und physiologische Spannungen, denen der Säugling ausgesetzt ist – »sind Quell von Erfahrungen, aus denen Selbstempfinden hervorgehen wird« (Stern, 1985/2007, S. 70). Stern sieht dieses subjektive Selbstempfinden des Säuglings als primäres Organisationsprinzip (Stern, 1985/2007, S. 46). Es entsteht aus der Wechselwirkung zwischen Umwelt und Säugling – seinem ›Handeln‹ und wie er ›behandelt‹ wird. Für die Transformationen des Säuglings sind Interaktionen ausschlaggebend und nicht Ausschluss, Verbot oder Mangel – all diese mit dem ›Realen‹ assoziierten, strukturalistischen Konstrukte der klassischen Psychoanalyse (Urhorde, Ödipus, Kastration).

Die in der traditionellen Psychoanalyse beschriebenen Entwicklungsstadien wie Symbiose, Oralität und Analität wie später auch Kastrationsangst oder Lacans Signifikantenschnitt als vermeintlich prägende Augenblicke mit psychischer Signifikanz – ›formative moments‹ – nennt die Säuglingsforschung ›high-tension-learning‹, also das Lernen in hohen Spannungszuständen. Gerade die Konstruktionen der Kastrationsangst und des Signifikantenschnitts machen besonders deutlich, wie gesellschaftliche Machtverhältnisse als Spannungszustände in ihrer Übertragung auf das Kind von der klassichen Psychoanalyse dann zu existenziellen Subjektbildungsmomenten geschrieben werden. Diese Form des ›high-tension-learning‹ ist verortet in der Vorstellung eines Säuglingserlebens, das durch einen Wechsel von Spannung und Entspannung charakterisiert ist, »das Bild vom hungrigen Säugling, der gierig an der Brust trinkt und danach mit einem seligen Lächeln glücklich in den Schlaf sinkt, ist der Prototyp dieser Denkweise« (Dornes, 1993/2009, S. 71). Die Säuglingsforscher_innen argumentieren dagegen, »dass die alltägliche, oft undramatische und relativ spannungsfreie Interaktion – das ›low-tension-learning‹ – von ebenso großer Bedeutung ist, ja vielleicht sogar von größerer als die kurzen Augenblicke hoher Spannung« (ebda.). Intensive Affekte verhindern eher die adaptiven Fähigkeiten des Kindes (Stern, 1985/2007, S. 344).

In Hooks Konstruktion der körperlichen und psychischen Mechanismen beim Säugling, die er für seine Parallelisierung mit den sozialen Mechanismen des Rassismus braucht, gibt es analog zu einem ›ideologischen Kern‹ eines rassistischen ›kulturellen Symbolischen‹, der die Bezeichnungssysteme, seine Gesetze und Gliederungen bindet, und einem Gravitationsfeld, das mit Zentripedalkraft alles nach außen schleudert, was nicht ins System passt, beim Säugling eine gewaltvolle Abstoßung, die mit der Unmittelbarkeit und Dringlichkeit eines Reflexes operiert (Hook, S. 224). Für Hook benötigt es Ausschlüsse, damit Ganzheit, Identität und Integrität entstehen können. Er schreibt:

> »Just as the individual subject asserts and consolidates an ego (and indeed, a bodily schema) on the basis of a variety of repulsions, exclusions and differentiations, so the cultural symbolic would seem to work as an ›excluding machine‹ that produces its structural integrity on the basis of what it ejects and repudiates.« (S. 224)

Die Notwendigkeit des Ausschlusses für die Konstitution von Subjekt und Kultur, die Kristeva postuliert und die für Hook Grundlage seiner Rassismustheorie ist, kann beim Säugling jedoch nicht beobachtet werden. Stern vermutet, dass der Säugling von »Beginn an die Fähigkeit zur ›alterozentrischen Partizipation‹ hat, eben jene ›primäre Intersubjektivität‹« (1985/2007, S. XII). Die vermeintliche Ablösung eines autoreferenziellen, infantilen Systems mit dem Schnitt des Signifikanten durch ein alteroreferenzielles System, wie es auch bei Seshadri-Crooks immer wieder betont wird, ist also ebenso eine theoretikomorphe Konstruktion, die zwar rassistische Ideologien erklären kann, nicht aber die Erfahrung des Säuglings.

Die Dringlichkeit, Unmittelbarkeit und Reflexartigkeit des Rassismus, die Hook im Rekurs auf den Säugling erklären will, ist nichts anderes als das, was Freud Trieb nannte. Für Stern (1985/2007) ist, was ›innen‹ ist, nicht auf ›Triebe‹ oder ›körperliche Mechanismen‹ zurückzuführen, die sich auf die Formierung des Psychischen auswirken, sondern ist dieses ›Innen‹ Repräsentanz von Interaktionserfahrungen (S. IV). Die mit Triebhaftigkeit assoziierten Empfindungen sind nicht archaischer Natur, sie sind sogar stark kulturbedingt (Stern, 1985/2007, S. 264). Was Winnicott als ›archaische Qualen‹, die Kinder erleiden können, beschrieb: Angst, auseinanderzufallen, keine Beziehung zum Körper zu haben etc., ist erst bei älteren Kindern zu beobachten – sie tauchen in Alpträumen, Kinderbüchern und Märchen auf, sind also Effekte von Symbolisiertem (Stern, 1985/2007, S. 280-281). Diese ›archaischen Qualen‹ gibt es nur bei realen Störungen (S. 282). Furcht in Form von Angst resultiert aus der kognitiven Einschätzung der unmittelbaren Zukunft, und die Fähigkeit, diese zu antizipieren, scheint erst nach dem sechsten Lebensmonat hinlänglich ausgebildet zu sein. Kristevas archaische ›Powers of Horror‹, die den Säugling heimsuchen – eine Konstruktion, die sie bezeichnenderweise durch die ›Leerstelle‹ des Schweigens ihrer Patient_innen und die Literatur der Moderne generiert –, können beim Säugling laut jüngerer Forschung nicht beobachtet werden.

Es gibt keine getrennten Bereiche des ›Semiotischen‹ und des ›Symbolischen‹, die dann mit einem Signifikantenschnitt überschritten würden, sondern die Qualitäten beider Bereiche gehören von Anfang an zur Erfahrung des Säuglings. Kristevas Bereich des Semiotischen gründet auf Freuds Strukturhypothese, in der das Es und mit ihm das Lustprinzip als primär, das Ich mit dem Realitätsprinzip als sekundär gefasst werden. Wie Dornes (1993/2009) schreibt, ist die Realitätswahrnehmung allerdings »kein Umweg, der zustande gebracht, erzwungen oder motiviert werden müsste, sondern die selbstverständliche Ausübung und Anwendung angeborener perzeptueller und motorischer Fähigkeiten ... von Lebensbeginn an« (S. 176). Damit ist auch die These des Mangels als Notwendigkeit für den Realitätssinn obsolet (Dornes, 1993/2009, S. 177). Auch sie gründet auf der Triebtheorie, die von einer »anaklitischen Natur der Objektbeziehungen« ausgeht, also der Annahme, »daß sich menschliche Beziehungen in Anlehnung an die Befriedigung lebensnotwendiger (oraler) Bedürfnisse entwickeln. Der Mangel *treibt* das Subjekt zum Objekt, und die Lust *bindet* dieses an jenes. Beide Behauptungen sind fragwürdig« (Dornes, 1993/2009, S. 162).

Die Anordnung eines Es mit dem Lustprinzip, das dem Realitätsprinzip vorangeht, ist eine rein theoretische und sie ist willkürlich; die empirischen Erfahrungen »sprechen weit eher für eine von Geburt an bestehende simultane Dialektik zwischen einem Lust- und einem Realitätsprinzip, zwischen einem Es und einem Ich« (Stern, 1985/2007, S. 333). Das Lustprinzip macht sich von Anfang an im Realitätsprinzip geltend und umgekehrt, Ich und Es bilden eine undifferenzierte Matrix (ebda.). Willkürlich sind

> »auch viele Folgerungen, die sich aus der Grundannahme ergaben, dass das Es dem Ich vorausgehe, also etwa die Vorstellung, dass das (autistische) primärprozesshafte Denken dem (realistischen oder sozialisierten) sekundärprozeßhaften Denken vorangehe. Wygotski (1962) zum Beispiel vertritt sehr überzeugend die These, dass das sekundärprozeßhafte Denken sich zuerst entwickelt. Er weist überdies darauf hin, dass Piaget seine kognitiven Sequenzen, die man heutzutage nicht mehr allgemein anerkennt, auf der Basis derselben Annahme, auf die auch Freud sich stützte, entwickelte.« (S. 334)

Stern zufolge hat der Säugling von Anfang an ein Bewusstsein, auch wenn dieses primäre Bewusstsein noch nicht selbstreflexiv oder verbalisiert ist »und seine Dauer ... durch einen gegenwärtigen Moment, der dem ›Jetzt‹ entspricht, begrenzt« (Stern, 1985/2007, S. IX) wird. Es gibt bestimmte Selbstempfindungen, die lange vor dem Selbstbewusstsein und der Sprache vorhanden sind, »dazu gehören Empfindungen der Urheberschaft, körperlicher Kohäsion und zeitlicher Kontinuität« (Stern 1985/2007, 19). Erforderlich für die Entwicklung des Kindes sind weniger Strukturen als Prozesse (Stern, 2007, 340), für die es Interaktionen, Lernmöglichkeiten und Beziehungsangebote braucht.

Was ich hier mit der psychoanalytisch-beobachtenden Säuglingsforschung dargestellt habe, verdeutlicht, dass das gesamte topische Modell der Psychoanalyse mit seinen beiden Systemen: Es – Ich – Über-Ich und bewusst – vorbewusst – unbewusst und mit ihnen verbunden die Prinzipien von Lust und Realität sowie natürlich die allem zugrunde liegende Triebtheorie sehr problematisch sind. Diese Elemente der psychoanalytischen Entwicklungspsychologie entsprechen der Ideologie-anfälligen Vorstellung eines Vorher im Dienst des Nachher, wie sie Butler in ihrer dekonstruktiven Lesart der Psychoanalyse offengelegt hat. Bei aller berechtigten Kritik an der Neo-Psychoanalyse, der Sterns und Dornes Sichten zum Säugling angehören, sehe ich in der differenzierten Betrachtung des Säuglings einen Vorteil. Die Einwände gegen Beobachtungsverfahren aufgrund ihrer Theoriegeladenheit kann im Fall der psychoanalytisch-beobachtenden Säuglingsforschung zurückgewiesen werden. Hier werden keine Laborsituationen kreiert, deren Anordnungen das Verhalten der Forschungsobjekte bestimmt, was dann wiederum als Forschungsergebnis abgelesen wird, wie es Georges Devereux kritisiert hat. In dieser Säuglingsforschung begleiten die Forschenden Familien mit Säuglingen über einen längeren Zeitraum hinweg und beobachten die Säuglinge und ihre Interaktionen mit ihren Bezugspersonen in ihrem natürlichen Umfeld. Im Vordergrund steht die Dynamik – die Übertragungen zwischen Bezugspersonen und Kind (vgl. Diem-Wille). Der Vorwurf der Theoriegeladenheit ist vielmehr der klassischen Psychoanalyse zu machen, die ihre metatheoretischen Annahmen jedem ihrer (Forschungs) Subjekte überstülpt. Theoriegeleitet bleibt in der psychoanalytischen Säuglingsforschung der Fokus auf Ich und Selbst – die ›Stufung der Selbste‹ – ebenso verharren Formulierung wie die der ›Entwicklungsaufgaben‹ in der westlich-individualistischen Vorstellung der Zentralität der Ich-Entwicklung, deren Inhalte zudem determiniert sind. Durch ihren Fokus auf Interaktionsmomente zwischen Säugling und Bezugspersonen erlaubt diese Säuglingsforschung jedoch einen guten Einblick sowohl in individuelle wie auch kollektive Elemente in ihren Übertragungen. Sie macht deutlich, dass die Subjektgenese ein im wahrsten Sinne konstruktionistischer Prozess ist (Stern, 1985/2007, S. 192).

2.3.7.1 Die Subjektgenese – ein konstruktionistischer Prozess

Die wesentlichen Thesen der Säuglingsforschung laufen auf das hinaus, was Butler im Ergebnis ihrer kritischen Lektüre der Psychoanalyse offengelegt hat: Die Subjektgenese stellt eine Sedimentierung von Erfahrungen dar – seien es Beziehungserfahrungen, Ausschlusserfahrungen oder Erfahrungen anderer Art. Die subjektive Welt des Säuglings ist in hohem Maß sozialer Natur, die Art und Weise des Erlebens selbst ist sozialisiert (Stern 1985/2007, S. 178). Die klassische Psychoanalyse hat mit ihrem Fokus auf physiologische Regulationen beim Säugling übersehen, dass der Austausch zwischen Kind und Bezugspersonen bereits »über den Austausch von Sozialverhalten erfolgt« (Stern 1985/2007, S. 69). Die physiologischen Regulierungen wie Trinken, Einschlafen – »allgemeine homöostatische Regulation« – werden von den Eltern nicht nur begleitet, sondern auch gesteuert. Elterliches »Schaukeln, Streicheln, Besänftigen, Zureden, Singen, Geräuschemachen und Gesichterschneiden« sind alles Reaktionen auf kindliches Verhalten, das ebenfalls überwiegend sozial ist, wie Schreien, Quengeln, Lächeln und visuelle Kommunikation« (Stern 1985/2007, S. 68). Das mütterliche Stillen ist begleitet von ihrem Sozialverhalten (Stern, 1985/2007, 330), und dieses Sozialverhalten ist sowohl persönlich als auch kulturell. Beispielsweise stillten Mütter (in westlichen Ländern) in der Vergangenheit je nach medizinischen oder pädagogischen Moden zweimal in der Stunde, um das Aktivierungs-Niveau des Kindes niedrig zu halten, oder ließen »den Hunger lange anwachsen und erzeug[t]en damit ein hohes Maß an Stimulierung und Aktivierung, das anschließend steil abfällt« (Stern, 1985/2007, 330-331). Das sich aus dem Stillverhalten ergebende Verhalten des Kindes wie auch die daraus hervorgehenden Probleme sind also kulturbedingt. Die ›Natur‹ des Babys ist so, dass es sich kulturellen Erfordernissen anpassen kann (Stern, 1985/2007, 339).

In den für die kindliche Entwicklung erforderlichen Prozessen ist der Säugling kein passiver Rezipient, sondern

> »schon in der frühesten Interaktion ein aktiver, initiativer und kompetenter Partner ... Viele Interaktionen werden vom Säugling eingeleitet, ihr Verlauf wird von ihm kontrolliert und reguliert, und auch die Beendigung wird von beiden Partnern in äußerst subtiler Weise ausgehandelt. Wechselseitiger Blickkontakt, Blickabwenden, Wiederaufnahme des Kontaktes, bestimmte wechselseitige Vokalisierungen, bestimmte Kopfbewegungen, das genaue zeitliche Timing der verschiedenen Verhaltensweisen – dieses ganze filigrane Repertoire, das man in detaillierten Filmaufnahmen zutage fördern [kann].« (Dornes, 1993/2009, S. 61)

Solche Interaktionen – gelebte Episoden – »werden unverzüglich zu spezifischen Gedächtnisepisoden und durch Wiederholungen zu generalisierten Episoden. ... Sie bilden generalisierte Episoden interaktiver Erfahrungen, die psychisch repräsentiert werden – also Repräsentationen generalisierter Interaktionen oder RIGs« (Stern 1985/2007, S. 160). Biologische, physiologische als auch psychologische regulative Funktionen werden durch die Aktivierung bestimmter RIGs beeinflusst (Stern 1985/2007, S. 161). Das Kind lernt hierbei von seinen Bezugspersonen nicht nur die ›Art und Weise‹, wie genommen und gegeben, Kontakt aufgenommen oder abgelehnt wird, sondern auch welche Dinge positiv und welche negativ bewertet werden – dass Ausgeschiedenes Schmutz ist, und was noch in der Welt mit Schmutz, Ekel oder Verwerflichkeit assoziiert ist. Um Rassismus zu verstehen, muss man nicht den Umweg über Regression gehen und komplizierte Konstruktionen zur Erklärung entwickeln, wie ›diskursiver Rassismus‹ eine vermeintlich ›prädiskursive‹ Reaktion auslöst. Wenn man die ideologische Trennung zwischen Sprache/dem Symbolischen und allen anderen Bereichen der Subjektivität beiseite lässt, wird schnell deutlich, wie beispielsweise Rassismus ›angeeignet‹ wird. Bereits im ›prädiskursiven‹ Stadium gibt es vielschichtige Wege, wie ›kulturelles Symbolisches‹, etwa die Verwerflichkeit bestimmter Subjekte, über die Bezugspersonen oder die Beobachtung der Umwelt angeeignet, erlernt und übertragen wird.

2.3.7.2 Affekte: kein triebhafter Rest, sondern Medium und Thema von Kommunikation

Die Affekte werden in der Säuglingsforschung nicht länger als Teil des Primärprozesses gesehen (topisch durch das System Unbewusst gekennzeichnet, ökonomisch-dynamisch gesehen durch einen ungehemmten Energiefluss), der durch den Sekundärprozess (topisch durch das System vorbewusst-bewusst gekennzeichnet und ökonomisch-dynamisch durch die Kontrolle des Energieflusses und die Fähigkeit, Bedürfnisbefriedigung aufzuschieben gekennzeichnet) abgelöst wird. Mit anderen Worten: die Triebhaftigkeit gibt es nicht mehr und so muss sie auch nicht mehr in der ödipalen Phase überwunden und durch die Sprache als Kommunikationsmittel abgelöst werden. In der Säuglingsforschung werden die Affekte als Mittel der Kommunikation selbst verstanden. Affekte stellen »in der frühen Kindheit sowohl das primäre *Medium* als auch das primäre *Thema* der Kommunikation dar« (Stern 1985/2007, S. 190) und sie bleiben auch nach dem Spracherwerb – lebenslang – Kommunikationsmittel und -inhalt. Sie bilden keine ›Überbleibsel‹, wie Freud die ›Reste‹ der Triebhaftigkeit genannt hat und die mit Hooks Heimsuchung im Rassismus gemeint sind – Abjektion als körperliche, präverbale, unbewusste Re/Aktion. Das Selbst bildet sich nicht durch Überwindung des Primärsystems mit seiner Affektivität als Sekundärsystem, sondern, wie bereits erläutert, gibt es für die Säuglingsforschung von Anfang an ein Selbst. Die verschiedenen Arten des Selbstempfindens (auftauchendes Selbst; Kern-Selbst; subjektives Selbst und verbales Selbst) lösen sich nicht gegenseitig ab, sondern »jede dieser Selbstempfindungen bleibt, nachdem sie sich herausgebildet hat, das ganze Leben über in vollem Umfang lebendig. Alle Selbstempfindungen wachsen weiter und bestehen gleichzeitig« (Stern 1985/2007, 25).

Affektivität bildet die Grundlage unserer Kommunikation und nicht nur die Worte, sondern auch die Affekte bekommen wir von anderen. Wenn ein Kind beispielsweise einen Ball sieht, auf ihn zeigt und »ba-a« sagt, reagieren die Erwachsenen entzückt und aufgeregt und wiederholen: »Ball« (Stern, 1985/2007, S. 191). Das Wort wird über Affekte gelernt und umgekehrt. Den gemeinsamen Affektzuständen kommt also größte Bedeutung zu und es kommt letztendlich nur »auf die Perspektive an, ob man einen bestimmten Vorgang als in erster Linie sprachlich oder in erster Linie affektiv definiert« (ebda.). Damit werden auch Objekte außerhalb der Dyade zwischen Kind und Bezugsperson, zu denen sich innere affektive Stimmungen und Zustände bilden, durch mit den Bezugspersonen gemeinsam erlebte, affektive Stimmungen und Zustände gebildet (ebda.).

Ein anderes Beispiel: Konfrontiert man neun Monate alte Kinder mit interessanten, aber verunsichernden Gegenständen, beispielsweise einem kleinen, blinkenden Roboter, der auf sie zukommt, schwanken sie zwischen Neugier und Furcht (Dornes, 1993/2009, S. 153). Dasselbe passiert, wenn sich das Kind auf eine visuelle Klippe zu bewegt. In solchen Momenten von Unsicherheit schaut das Kind zur Bezugsperson, »um ihrem Gesicht abzulesen, was sie empfindet; es will im Grunde sehen, was es selbst empfinden sollte« (Stern 1985/2007, S. 189). Lächelt die Bezugsperson, wagt sich das Kind weiter, schaut sie ängstlich, dann wendet es sich ab (ebda.). Gefühle werden mithilfe psychischer Mittel sozialisiert (Dornes, 1993/2009, S. 154). Der affektive Zustand des Kindes wird durch den affektiven Zustand der Bezugsperson determiniert oder zumindest modifiziert (Stern, 1985/2007, S. 310). In diesem Alter registrieren Kinder bereits »die Übereinstimmung zwischen dem eigenen Affektzustand und dem Affektausdruck auf dem Gesicht einer anderen Person«, es entsteht ›Inter-Affektivität‹ (Stern 1985/2007, S. 190). ›Innere‹ affektive Zustände werden also von den Eltern übertragen beziehungsweise gelernt, »soziale Vergewisserung und die Affekt-Abstimmung stellen zutiefst komplementäre Prozesse dar« (Stern, 1985/2007, S. 312).

2.3.7.3 Aggression ist immer reaktiv

Phänomene wie Fremdenfeindlichkeit sind nicht angeboren, sondern stellen frühe Pathologien dar, ausgelöst beispielsweise durch eine Überstimulierung durch einen Elternteil, der nicht ertragen kann, wenn das Baby wegschaut. Eltern können »ausgesprochen gewalttätige Formen des Blickkontakts [ausüben], in denen die kindliche Initiative und der zyklische Fluß von Aufmerksamkeit und Abwendung ignoriert wird« (Dornes, 1993/2009, S. 65), woraus eine »maligne Interaktionsspirale [entstehen kann] und der Eindruck einer kontrollierenden, überstimulierenden, fast verfolgenden

Interaktion. Paranoide oder sadomasochistische Strukturen können so auf der Verhaltensebene schon früh entstehen« (S. 66). Analog dazu begründet die Säuglingsforschung Symbiosephantasien, die in der klassischen Psychoanalyse als Regression in eine primäre Symbiose interpretiert werden, ebenso mit spezifischen frühen Erfahrungen. Die Ursache wird in der Tendenz der Eltern gesehen, «Regungen der Selbständigkeit, die das Kind schon in den frühesten Beziehungen äußert, einzuschränken, als gefährlich zu interpretieren, zu unterbrechen oder mit Angst zu erfüllen« (Dornes, 1993/2009, S. 76).

Der für Hooks Rassismustheorie so zentrale Affekt der Aggression – Abjektion als eine aversive Reaktion – ist, wie gezeigt wurde, nicht primär. Aggression ist »kein konstitutionell determinierter Trieb, der ständig nach Entladung strebt ..., *kein* spontaner, irgendwie im Körper entstehender Impuls«, sondern immer reaktiv. Aggression wird immer »durch bestimmte Erfahrungen ausgelöst, die einen gemeinsamen Nenner haben: Als exzessiv empfundene Unlust« (Dornes, 1997/2003, S. 248). Dornes betont, dass es nicht darum geht zu behaupten, »der Mensch sei gut, sondern die unzweifelhaft vorhandene Aggression und Destruktivität anders zu erklären« (1997/2003, S. 255). Die Säuglingsforschung sieht Aggression als aversiv, ihr liegt zwar ein Motivationssystem zugrunde – die angeborene Explorationslust, Weltzugewandtheit und Neugier –, aber Aggression entsteht, wenn dieses Motivationssystem *behindert* wird. Am Ursprung gibt es nur »adaptiven Ärger und selbstprotektive reaktive Aggression/Aversion, die aber verschwinden, wenn das Hindernis, das der Selbstbehauptung im Wege steht, überwunden ist oder wenn die Quelle der Bedrohung beseitigt ist« (Dornes, 1997/2003, S. 255).

Dazu ein Beispiel: Ein Kind kratzt und klopft mit einem Metalllöffelchen auf dem Eichentisch im Wohnzimmer und freut sich über die interessanten Spuren, die das hinterlässt. Darauf können Erwachsene unterschiedlich reagieren. Geben sie dem Kind einen Plastiklöffel und eine andere Oberfläche, setzt es sein Explorationsverhalten fort, unterbrechen und bestrafen sie es, wird sich das Kind »bedroht (frustriert) fühlen und reaktive, selbstschützende Aggression mobilisieren« (Dornes, 1997/2003, S. 253), es wird ärgerlich. Wiederholt sich dieser Handlungsablauf häufig, dann kann sich das aversive Verhalten des Kindes chronifizieren. Es entwickelt dann eine ständige Sprungbereitschaft, ein aggressiv-aversives Subsystem. Das Kind folgte ursprünglich lediglich seiner Explorationslust, die existenziell für seine Entwicklung ist. Im letzten Fall interpretieren die Erwachsenen das kindliche Verhalten als aggressiv und *bringen durch ihre Interpretation seines Verhaltens und ihre Interaktion das aggressiv-aversive Verhalten des Kindes hervor.*

Durch das Verhalten der Eltern wird dem Kind die Möglichkeit vorenthalten, Kontroversen zu regulieren. Es sieht keine oder wenig Chancen, seine Selbstbehauptung beizubehalten und sich durchzusetzen,

> »ohne große Mengen von Aggression zu mobilisieren. *Auf diese Weise wird Selbstbehauptung mit Aggression kontaminiert.* ... Die zeitgleiche Aktivierung und Legierung von Selbstbehauptung und Aggression hat ein neues System geschaffen, in dem Aggression und Assertion verschmolzen sind und das aussieht wie ein Trieb.« (Dornes, 1997/2003, S. 254)

Ähnlich verhält es sich, wenn einem Kind beispielsweise etwas angeboten wird – Essen oder ein Spielzeug –, es das aber nicht will. Die Zurückweisung kann

> »von den Eltern als aggressiv *empfunden* werden, etwa weil sie, aus welchen Gründen auch immer, diese ›persönlich‹ nehmen. Die Selbstbehauptung des Kindes wird dann als Aggression *interpretiert.* Es wird geschimpft, das Kind fühlt sich bedroht und mobilisiert zum Selbstschutz reaktive Aggression. Geschieht das häufig, so wird, wie oben beschrieben, die Aktivierung zunächst defensiver Aggression automatisiert und zu einer Gewohnheit, die sich allmählich von konkreten Anlässen emanzipiert und zu einer habituellen Charaktereigenschaft gerinnt.« (Dornes, 1997/2003, S. 254-255)

Für ›triebhafte‹ Aggression gibt es also keinen Nachweis. Es gibt sie nicht. Sie wurde aus der kulturell vermittelten Erfahrung von Erwachsenen dem Säugling eingeschrieben – in der Praxis wie in der Theorie: »Die Idee, dass Aggression ein *selbständiger* Trieb mit dem *primären* Ziel der Zerstörung ist, entstand erstmals 1920(b). Schur (1971) und Gay (1987) bringen sie mit Freuds Verarbeitung des Ersten Weltkrieges und anderen persönlichen Lebensumständen in Verbindung« (Dornes, 1997/2003, S. 245). Davor hatte Freud ›Bemächtigung‹ als Ausdruck des Sexualtriebes betrachtet (ebda.).

Was also zeitgleich zum Entstehen von Freuds Aggressionstriebtheorie im großen Stil durch Kolonialismus und einen wieder aufkeimenden Antisemitismus geschah – Bemächtigung –, wird in die psychoanalytische Subjekttheorie eingearbeitet. Das ist zentral für das Unbewusste in Hooks Rassismustheorie. Wie ich im vierten Kapitel argumentieren werde, hat Freud seine Antisemitismuserfahrung – die horizontale Differenz zwischen Arier und Jude (deren »Leitfossil« Beschneidung er in seine Theorie einarbeitet) – über Gender (sexuelle Differenz mit ihrem Mangel) als Dark Continent auf eine vertikale Ebene verschoben: evolutionistischer Kolonialrassismus mit seiner vertikalen Differenz Primitivität/Zivilisiertheit – ein Vorher im Dienst des Nachher. ›Rasse‹ (in Form des Antisemitismus) spielte im ›kulturellen Symbolischen‹ der Psychoanalyse eine der Triebtheorie vorgängige Rolle. Was Hook mit einiger Abstraktionsakrobatik im ›Prädiskursiven‹ als Parallele zum ›kulturellen Symbolischen‹ ausmachen will, ist bereits in der Epistemologie der Psychoanalyse angelegt. Er ›findet‹ ›Rasse‹ in der Psychoanalyse dort, wo sie immer war, jedoch in Form ihre Topik ›versteckt‹ wurde. Die Topik in der Psychoanalyse mit ihrer Triebtheorie spiegelt die Logik des Vorher im Dienst des Nachher wider. Die Triebtheorie spielt eine zentrale Rolle in Freuds Psychoanalyse, und trotzdem sie bereits mehrfach widerlegt wurde, lebt sie, wie bei Hooks zu sehen ist, selbst in sich als poststrukturalistisch, postkolonial und dekonstruktivistisch bezeichnenden Theorien weiter.

Die Triebtheorie ist ebenso wirkmächtig wie einfach und praktisch. Verhalten mit ihr erklärt, erspart jede weitere Analyse. Sie wirkt durch die Macht des Gedankens. Der Glaube an sie bringt sie hervor:

> »Je größer die Neigung der Eltern ist, eine assertive oder zweideutige Handlung des Kindes als aggressiv zu interpretieren, desto wahrscheinlicher ist es, dass das Kind sich aggressiv entwickeln wird. Einmal, weil die Eltern seine Selbstbehauptung häufiger einschränken werden, denn sie missverstehen sie als Aggression; zum zweiten, weil sie das oft mit aggressiven Mitteln tun, so dass sie selbst Rollenvorbilder für aggressives Handeln des Kindes werden.« (Dornes, 1997/2003, S. 256)

Die Dynamik im Rassismus – auch unter Erwachsenen – funktioniert genau so. Nicht-Weiße sind nicht nur mit dem Abjekt assoziiert, sondern auch mit der Triebhaftigkeit und damit Aggressivität selbst. Ich habe behauptet, dass die Subjektgenese ein konstruktionistischer Prozess ist – genau das, was ich zuvor mit Butler ausgearbeitet habe. Weiße verstehen in der Regel nicht, wie sie durch ihr eigenes (passiv) aggressives Verhalten Nicht-Weiße aggressiv machen und interpretieren dann wütende Reaktionen als primäre Aggression. Es ist das Denken über bestimmte Subjektpositionen, das diese Subjektpositionen erst hervorbringt. Nicht nur die ›normalen‹ Bereiche der Subjektgenese entstehen auf die oben beschriebene Weise – durch Interaktion –, sondern auch Gender, Rassismus und sämtliche Identifizierungsprozesse: die Bildung von ›Identität‹ selbst. Es wird deutlich, dass auch Butlers Begriff der Performativität zutreffender ist als viele andere Begriffe, welche die Psychologie, die Erziehungswissenschaften oder angrenzende Disziplinen hervorgebracht haben, um die Subjektgenese zu beschreiben. Die Bereiche der Sprache/des Diskurses/der Kultur und des ›Prädiskursiven‹ oder ›Extradiskursiven‹, womit Körper und Affekte/Emotion gemeint sind, sind nicht getrennt, sondern untrennbar. Sie bringen in interdependenter Weise Subjekt und Kultur hervor.

Die Dynamik, durch welche die Säuglingsforschung die frühkindliche Entwicklung beschreibt, ändert sich nur quantitativ, nicht qualitativ, wenn es um die weiteren Lern- und Sozialisationsprozesse über die gesamte Lebensspanne geht. Weder entspricht die rigide Trennung zwischen Sprache und Affekt/Körper der Realität, noch ist die Trennung zwischen Semiotischem und Symbolischem hilfreich, um Subjektivität zu verstehen. Vielmehr kennzeichnet die Intersektionalität und Interdependenz dieser Bereiche die Subjektivität über die gesamte Lebensdauer.

Auch im therapeutischen Rahmen beispielsweise kann

> »man mit der ›Deutung‹ von Aggression nie falsch liegen. ... Interpretiert man eine nicht aggressiv gemeinte Handlung oder Äußerung eines Patienten als aggressiv oder Aggression verbergend, so wird er sich missverstanden und verletzt fühlen und *deshalb* mit Aggression reagieren ... Aggressionstriebtheorien, welche die kognitive Matrix einer solchen Zuschreibungsneigung sein können, befördern so die Entstehung von Aggression, die sie dann als allgegenwärtig diagnostizieren. Wer der Meinung ist, der Mensch sei von Natur aus aggressiv, wird eine größere Bereitschaft mitbringen, auch zweideutige Handlungen im Sinne dieses Weltbildes zu interpretieren.« (Dornes, ebda.)

Wie Dornes (1997/2003) scherzhaft schreibt, liegt man »selten falsch, wenn man dem anderen Aggressionen unterstellt, denn diese Unterstellung *schafft* sie auch dort, wo vorher keine waren« (S. 288)

Aggression beweist keinen Aggressionstrieb, sondern, »dass wir alle in der Lage sind, auf aversive oder traumatisierende Umstände mit destruktiver Feindseligkeit zu reagieren (Dornes, 1997/2003, S. 283). Die *Fähigkeit* zur Aggression, zu hassen und sadistisch zu sein, ist angeboren, es liegt jedoch am *Umgang* mit den auslösenden Situationen und nicht an Trieben, ob Aggression, Hass und Sadismus Teil des Verhaltens eines Menschen werden. Das *Menschenbild* von Eltern, Therapeut_innen und allen anderen ist entscheidend.

»Die alternative anthropologische Konzeption [zur Triebtheorie] lautet: Der Mensch kommt nicht mit Destruktionspotentialen und -impulsen auf die Welt, sondern allenfalls mit der Möglichkeit, solche zu *entwickeln*. Er ist weder gut noch böse, sondern hat die Möglichkeit zu beidem. Welche dieser Möglichkeiten Wirklichkeit wird, hängt in entscheidendem Umfang von der Beziehungserfahrung in der Kindheit ab. Von Natur aus verfügt der Säugling über die biologisch verwurzelte Fähigkeit, auf unangenehme innere oder äußere Reize mit reaktivem Ärger und (später) feindseiger Aggression zu antworten. Diese Fähigkeit kann, ähnlich wie die, auf Bedrohung mit Angst zu reagieren, unter ungünstigen Umständen entgleisen. Aber kaum jemand wird die Angst, obwohl sie ubiquitär ist und ebenfalls leicht eskalieren kann, als einen Trieb bezeichnen. Genausowenig ist es die Aggression.« (Dornes, 1997/2003, S. 272)

Eine Sozialisation mit viel Gewalt, Ausgrenzung, Demütigung oder Kriegserfahrung, erhöht die Wahrscheinlichkeit aggressiven Verhaltens (Dornes, 1997/2003, S. 283). Aber diese kann nicht Grundlage für eine generelle Theorie der Subjektgenese sein. Freuds Theorie des Aggressionstriebs entstand allerdings genau unter diesem Eindruck. Dass Hook – auch wenn er die Nähe seines ›prädiskursiven Rassismus‹ zur Triebtheorie unthematisiert lässt – genau dort ansetzt, ist derselben Verwechslung von Ursache und Wirkung geschuldet, wie sie bereits in der Theorie des Aggressionstriebs selbst stattfindet. Die Ursache ist die Gewalt durch Krieg oder Rassismus, die Wirkung ist die Aggression und nicht umgekehrt.

2.3.7.4 Phantasie und Übertragung

Nicht nur Vorstellungen über Aggression, die auf bestimmten Menschenbildern gründen, werden im Umgang mit Kindern ›performativ übertragen‹ – also hervorgebracht –, indem an sie geglaubt und entsprechend gehandelt wird, sondern auch andere Phantasien und Attribuierungen. Diese beeinflussen nicht nur die beobachtbare Interaktion, sondern prägen »letztlich auch den Charakter der kindlichen Phantasien und Attribuierungen« selbst (Stern 1985/2007, S. 175). Eltern haben »Phantasien darüber, wer der Säugling ist und zu welcher Persönlichkeit er sich entwickeln wird« und prägen durch ›Inter-Phantasietätigkeit‹ »das Verhalten des Säuglings ... und schließlich seine eigenen Phantasien«. Das Rätsel, wie solche Phantasien, die den Eltern oft gar nicht bewusst sind, übertragen werden, löst die Säuglingsforschung »durch die Mikroanalyse averbaler Verhaltensweisen, die solche Phantasien begleiten«. Der Säugling erlebt und denkt diese von den Eltern ausgehenden phantasmatischen Interaktionen »sensomotorisch-affektiv« (Dornes, 1993/2009, S. 213). Diese beobachtbaren Mikro-Verhaltensweisen bezeichnet Dornes als den »Transmissionsriemen und das Medium dieser Phantasien« (ebda.), ein ›bedeutungsstiftender Austausch‹, den die Säuglingsforscher_innen als konstruktionistisch bezeichnen (Stern, 1985/2007, S. 192). Das ist die alternative Betrachtensweise zu Lacans Borromäischem Knoten – dem Moebiusband –, der das Subjekt mit dem ›Realen‹ vernähen soll. Keine archaische symbolische Ordnung, sondern »die gestaltende Kraft elterlicher Phantasien« und mit ihnen das jeweils spezifische ›kulturelle Symbolische‹ werden über ›prädiskursive‹ Wege an das Kind *übertragen*. Dornes schlägt vor, »Affekte und nicht Triebe als ›gewachsenen Fels‹ zu betrachten, auf dem eine psychoanalytische Motivationstheorie ruhen muss« (1993/2009, S. 150). Mit dieser Erkenntnis »geraten einige liebgewordene Dichotomien ins Wanken: Leib versus Seele, intrapsychisch versus interpersonell, Phantasie versus Verhalten« (Dornes, 1993/2009, S. 212).

Was Hook mit der ›unheimlichen Wiederkehr des Abjekts‹ beschreibt, der Wiederholungszwang in der Sprache, wenn sie die mit der Abjektion assoziierten Affekte integrieren will und dabei scheitert, weil sich Affekt und Sprache angeblich gegenseitig konstitutives Außen sind, gründet auf dem von Freud formulierten Todestrieb, also dem Aggressionstrieb. Es sind jedoch »unbewältigte sensorische Affekt[e], nicht der Todestrieb, [welche] die biologische Wurzel des Wiederholungszwangs« darstellen (Dornes, 1993/2009, S. 192). Es ist kein ›archaisches‹ Abjekt und auch keine Abjektion, welche die Affektivität im Rassismus begründen, sondern allein die Inhalte von ›kulturellem Symbolischen‹ – Rassismus –, welche bereits in der Subjektgenese *affektiv übertragen* werden.

Die phantasmatischen Interaktionen zwischen dem Kind und seinen Bezugspersonen beziehen sich nicht nur auf das ›Wesen‹ oder die ›Persönlichkeit‹ des Kindes, sondern auch auf Objekte außerhalb der Mutter/Vater-Kind-Dyade. Ich habe es bereits mit der Interdependenz von Sprache und Affekt angedeutet. Eltern können neutrale Dinge oder Vorgänge ›verekeln‹ und auch beim Kind Gefühle des Abscheus erzeugen. Aus »intrapsychischen Gründen, die mit Hygiene oder Gesundheit nichts zu tun haben«, empfinden sie etwa Ekel, wenn ihr Kind (bestimmte) Gegenstände in den Mund nimmt. Wann immer das Kind dann »bei einer solchen Gelegenheit die Vergewisserung sucht, [signalisieren sie] ihren Abscheu«. Sie setzen »dann stets eine angewiderte Miene auf, rümpf[en] die Nase und sag[en]: ›Igitt! Das ist pfui. Igitt!‹« Solches Verhalten wirkt irgendwann genau wie ein Verbot. Dann nimmt »das Kind den Gegenstand, an dem es gerade lutscht, aus dem Mund heraus, artikuliert einen Laut, der dem ›Igitt‹ recht nahe [kommt], und rümpft angewidert die Nase«. Auf diese Weise gelingt es Eltern, »in das affektive Gesamterlebnis des Lutschens eine neue Gefühlsqualität einzuführen, der der Hauch des Bösen oder Ungezogenen anhaftet« (Stern, 1985/2007, 311).

Im Verstehen solcher Dynamiken liegt das revolutionäre Potenzial der Psychoanalyse – für die Säuglingsforschung und mit ihr für das Verständnis der ›Aneignung‹ von Rassismus: »die Analyse bewusster und unbewusster Phantasien und der Nachweis ihrer prägenden Kraft für den Interaktionsstil und die weitere Entwicklung« (Dornes, 1993/2009, S. 219).

2.3.8 Das revolutionäre und das reaktionäre Potenzial der Psychoanalyse

Freud und auch die meisten anderen psychoanalytisch arbeitenden Wissenschaftler_innen haben sich selten auf das Subjekt beschränkt, sondern immer auch Kultur verstehen wollen. Allerdings arbeitet(e) kaum jemand die Mechanismen der Intersektion, der Interdependenz, der Übertragung zwischen den beiden Bereichen aus. Wenn Erklärungsbedarf für den einen Bereich besteht, der innerhalb dieses Bereichs nicht geklärt werden kann, wird auf den anderen zurückgegriffen, um die Leerstellen zu füllen und umgekehrt. Hook will rassistische Affekte – also kulturelle Phänomene – mit körperlichen und affektiven Mechanismen in der Subjektgenese erklären, genauso wie Seshadri-Crooks Rassismus als Schwindel versteht, der die primäre Signifizierung der Subjektgenese – den Phallus – ausbeutet. Freud setzt die Rekapitulationshypothese ein, wenn er beim Verständnis des Subjekts nicht weiterkommt und Lacan erfindet ein Subjekt, das der Verwandtschaftsordnung, die Lévi-Strauss erfindet, gehorcht – durch das Unbewusste, das wie eine Sprache strukturiert ist. Kristeva nimmt kulturelle Ausschlussmechanismen und schreibt sie dem Säugling auf den Leib.

Genau an den Stellen, wo das in der Psychoanalyse geschieht – die Einschreibung des einen Bereichs in den anderen in Form von Erklärungen zur Ontogenese durch die Phylogenese oder die Erklärung von Rassismus durch vermeintlich ontogenetische Mechanismen –, ist die Psychoanalyse reaktionär; sind ihre Effekte Naturalisierung. Wie ich mit der Säuglingsforschung gezeigt habe, gibt es für den Rassismus (wie auch Sexismus oder Homophobie etc.) als Ausschlussmechanismus kein Pendant beim Säugling. Ebenso wenig ist der Phallus ein ahistorischer, universaler Signifikant, sondern er wird *in* der Theorie der Psychoanalyse *performativ* hervorgebracht. Das habe ich mit Butler deutlich gemacht. In den Momenten, wo kontingente historische Machtverhältnisse mit der ›Natur‹ der Subjektgenese erklärt werden, verliert die Psychoanalyse jegliches politische Potenzial.

Gleichzeitig hat die Psychoanalyse mit ihrem Verständnis der Psychodynamik einen Schlüssel für die Schnittstelle zwischen Kultur und Subjekt geschaffen. Er wird allerdings von ihr selbst selten angewandt. Die Säuglingsforschung beschränkt sich auf das Subjekt jenseits von Kultur. Sie erklärt, wie sich ›das‹ Kind das, was wir später als seine ›Persönlichkeit‹, sein ›Wesen‹ bezeichnen, seine Art zu denken, zu fühlen und zu phantasieren, durch die Interaktion mit seinen Bezugspersonen aneignet. Sie erwähnt, dass bestimmte Dinge interkulturell und historisch unterschiedlich sind (ich habe das Beispiel mit der Trotzphase und dem Stillen genannt), konzentriert sich allerdings ansonsten auf die individuellen Bereiche, also darauf, wie durch Störungen oder Neurosen der Eltern Abweichungen von der ›normalen‹ Entwicklung beim Kind entstehen.

Die Geschlechterverhältnisse, die ja gerade in der frühesten Kindheit durch die normativ heterosexuelle Kleinfamiliensituation besonders intensiv erlebt werden, reproduziert die Säuglingsforschung mit ihrer Nähe zur Bindungstheorie gänzlich in ihrem Essenzialismus. Die prominentesten Vertreter_innen der Bindungstheorie, John Bowlby und Mary Ainsworth, sind der Überzeugung, dass es in der ›Natur‹ der Mutter liegt, das Kind zu binden, während der Vater für die Exploration zuständig ist. Ihre Arbeiten entstanden in den 1950er Jahren. Die reaktionären Geschlechterkonstruktionen werden allerdings auch in aktuelleren Publikationen perpetuiert. Ich habe in meiner Rezeption von Stern und Dornes die allgegenwärtige ›Mutter‹ durch ›Bezugsperson‹ ersetzt. Darüber hinaus benennt beispielsweise Dornes (2009) »zwei Behandlungstechniken …, die mütterlich einfühlende und die väterlich aufdeckende« (S. 160). Stern (1985/2007) schreibt: »Wenn der Vater von dem ›lieben Mädchen‹ spricht, werden die Worte mit einem anderen Komplex von Erfahrungen und Gedanken verbunden, als wenn die Mutter dieselben Worte gebraucht« (S. 242). An anderer Stelle erwähnt er, »dass Säuglinge zwischen drei und sechs Lebensmonaten beginnen, Schemata von den triadischen Konfigurationen zu bilden, denen sie angehören« (Stern, 1985/2007, S. XXXII). Dornes beschreibt, wie »frühe Traumatisierung durch väterliche Schläge« in der frühreifen Fähigkeit resultieren, »männliche und weibliche Personen visuell verlässlich zu unterscheiden«, traumatisierende Affekte, die dann zur Ich-Entwicklung beitragen (1993/2009, S. 148). Wie ich mit Rubin deutlich gemacht habe, wurden die reaktionären Geschlechterkonstruktionen der Psychoanalyse bereits in den 1970er Jahren kritisiert und es wurde gezeigt, dass die Psychoanalyse hier versäumt, ihr eigenes Instrumentarium zur Anwendung zu bringen. Statt zu erforschen, wie die Aneignung von Gender im Säuglings- und Kindesalter vonstatten geht, naturalisiert sie die gesellschaftlichen Geschlechter- Machtverhältnisse, indem sie sie über den Weg der Psyche in den Körper einschreibt – Phallus, Kastration, Penisneid.

Der Ekel ist ein weiteres Thema, das hier im Zusammenhang mit der Säuglingsforschung erwähnt werden sollte, ist er doch genau das, was Kristeva mit ihrer Abjektion beschreibt, die für Hook Grund für das Affektive im Rassismus sein soll. Der Affektzustand des Ekels wird bei Stern und Dornes in bezeichnender Weise behandelt. Beide *behaupten* ihn als elementar, jedoch *nicht nachweisbar*. Bei Dornes werden in einem Abschnitt über die Frage, ob Feindseligkeit von Geburt an besteht (was oben bereits beantwortet wurde), Ekel und Unbehagen/Schmerz als die beiden von Geburt an existierenden unlustvollen Affektzustände beschrieben (1997/2003, S. 257). Er beschreibt an anderer Stelle, »Freude, Interesse-Neugier, Überraschung, Ekel, Ärger, Traurigkeit, Furcht, Scham [und] Schuld« als die »Basisaffekte«, die in »verschiedenen Kulturen den gleichen Gesichtsausdruck aufweisen und von allen Mitgliedern dieser Kultur als Affektausdruck verstanden werden (Dornes, 1993/2009, S. 113). Den Gesichtsausdruck für Ekel wollen verschiedene Autoren »unmittelbar nach der Geburt beobachtet« haben, »und zwar nach Verabreichung bitter schmeckender Flüssigkeit« (Dornes, 1993/2009, S. 118). Allerdings ist er auch der Affekt unter den ›Basisaffekten‹, der bei Versuchen mit untrainierten Probanden am schlechtesten nachweisbar war. Sie haben mit sehr geringer Übereinstimmung Ekel im Gesichtsausdruck erkannt. Bemerkenswert ist also, dass, obwohl die Nachweise äußerst spärlich sind, Ekel als Basisaffekt und als elementar *behauptet* wird. Er wird nicht hinterfragt. Kulturelle Vorstellungen, dass Ekel ein elementarer Affekt wäre, werden unkritisch reproduziert. Stern erklärt:

> »Es war das große Verdienst Darwins (1872), für jeden dieser Affekte [Freude, Traurigkeit, Furcht, Zorn, Ekel, Überraschung, Interesse, eventuell Scham] eine angeborene und charakteristische Gefühlsqualität zu postulieren: diese angeborenen Muster haben sich Darwin zufolge zu sozialen Signalen entwickelt, die im Interesse der Arterhaltung von allen Angehörigen einer Spezies ›verstanden‹ werden.« (Stern, 1985/2007, S. 84-85)

Für Ekel ist das offensichtlich nicht der Fall. Von Stern und Dornes über Kristeva und Freud bis hin zu Darwin ist das *Postulat* des angeborenen Ekels nachzuvollziehen, nirgendwo jedoch sein *Nachweis* zu finden.

Dass Neugeborene auf den Geschmack bitterer Flüssigkeit in ihrem Mund einen Gesichtsausdruck produzieren, den wir als Ekel interpretieren, will ich nicht bestreiten. Das bezieht sich jedoch allein auf den Geschmack einer Flüssigkeit. Dass irgendein Objekt oder Gegenstand beim Neugeborenen denselben Gesichtsausdruck produzieren würde – etwa Kot, Urin, Speichel und all das, was Kristeva als Abjekt beschreibt –, ist jedoch nicht zu beobachten. Wie ich bereits schrieb, beobachten wir vielmehr, dass Säuglinge interessiert mit diesen Substanzen spielen. Es sind die Eltern, die ihre Abscheu *übertragen* und zwar in der Weise, wie ich es oben mit der Säuglingsforschung ausgeführt habe: indem sie ihre eigenen Gefühle des Abscheus durch Blicke, Gesten, Mimik, Worte und einen bestimmten Tonfall an das Kind weitergeben, ihm *beibringen*, welche Gegenstände eklig sein sollen und damit Abscheu auch beim Kind selbst *erzeugen*. Das *Verhalten* der Eltern wird zum Verhalten des Kindes. Hierbei sind sämtliche Ebenen menschlicher Kommunikation – Affekt, Körper und Sprache gleichermaßen – involviert. Diesen Vorgang möchte ich als performativ bezeichnen. Durch performative Akte entsteht das, was wir als Realität wahrnehmen.

2.3.9 Freuds Ekeltheorie

Freud hat in seiner Theorie des Ekels im Gegensatz zu Kristeva deutlich gemacht, dass die Erziehung eine wesentliche Rolle bei seiner Entstehung spielt. Kristeva ignoriert Freuds Ekeltheorie gänzlich, obgleich »die Auseinandersetzung mit Freud geradezu das Medium ist, in dem Kristeva ihren ›Versuch über die Abjektion‹ entfaltet« (Menninghaus, S. 518). Auch der Begriff des Ekels findet sich nirgendwo in ihrer Abjektionstheorie. Für Freud ist das Kind nicht nur polymorph pervers, homosexuell und inzestuös, auch erregen die Exkremente »beim Kinde keinen Abscheu, erscheinen ihm als losgelöster Teil seines Körpers wertvoll« (Freud, zitiert nach Menninghaus, S. 283). Die »kulturellen Ekel-Codes« müssen von jedem Kind neu gelernt werden (Menninghaus, S. 281). Dann allerdings setzt Freud in seiner Ekeltheorie mangels empirischer Daten zur Erklärung der Entwicklung des Ekels vor Körpersekreten bei Kindern die Rekapitulationshypothese ein. Die ontogenetische Entwicklung sei vorgezeichnet, schreibt er, und »zum Verständnis des kindlichen Seelenlebens bedarf es urzeitlicher Analogien« (Freud, zitiert nach Menninghaus, S. 286-287). Weil »wir durch den aufrechten Gang unser Riechorgan von der Erde abgehoben haben«, sind es »vor allem die koprophilen Triebanteile, die sich als unverträglich mit unserer ästhetischen Kultur erwiesen [haben,] wo orale und anale Libido war, soll Ekel werden« (Freud, zitiert nach Menninghaus, S. 280). Jedoch werden die verworfenen ›Triebanteile‹ nicht gänzlich überwunden. Bei Freud ist Ekel verworfene »und in der Form der Konversion fortlebende Lust: ›Libido und Ekel ... hängen einmal assoziativ aneinander‹« (Menninghaus, S. 284).

Für Freud gibt es eine phänomenale Übereinstimmung der infantilen Sexualität mit den sexuellen Perversionen: Das Hinwegsetzen über die Artschranke – der Kluft zwischen Mensch und Tier –; die Überschreitung der Ekel- sowie der Inzestschranke; das Übertragen der »Genitalrolle an andere Organe oder Körperstellen« und auch die Homosexualität zählt er dazu (Menninghaus, S. 288). Der Ekel dient der Transformation kindlicher Sexualität hin zu einer Einschränkung des Sexualziels (heterosexuell, genital). Kultur besteht in fortschreitendem Verzicht (Menninghaus, S. 291).

Die Entwicklung des kulturellen Fortschritts als Triebverzichtsleistung findet bei Freud eine sonderbare Parallele in der sozialen Hierarchie der Gesellschaft. Mit der evolutionistischen Rekapitulationshypothese stellt Freud die gesellschaftliche Hierarchie als Zeitachse dar: Die »roh gebliebenen, niedrigen Volksschichten«, ebenso wie Kinder und ›Perverse‹ sind »Tropen der Insistenz von Lüsten, die zu vierbeinigen Zeiten keinen Ekelwert kannten« (Freud, zitiert nach Menninghaus, S. 286). Auch das »unkultivierte Durchschnittsweib« verhält sich hier wie ein Kind, denn bei ihm ist »die nämlich polymorph perverse Veranlagung erhalten« geblieben (Freud, zitiert nach Menninghaus, S. 299). Diese

> »polymorphe, also infantile, Anlage beutet dann die Dirne für ihre Berufstätigkeit aus, und bei der riesigen Anzahl der prostituierten Frauen und solcher, denen man die Eignung zur Prostitution zusprechen muss, obwohl sie dem Berufe entgangen sind, wird es endgültig unmöglich, in der gleichmäßigen Anlage zu allen Perversionen nicht das allgemein Menschliche und Ursprüngliche zu erkennen.« (Freud, zitiert nach Menninghaus, S. 299).

Neben dem »unkultivierten Durchschnittsweib« und der Prostituierten haben diese ›Anlagen‹ nach Freud auch Dienstmädchen.

Die zeitgenössischen Kinder, Unterschichtsfrauen und Perverse haben also mit den Tieren und den prähistorischen Menschen gemeinsam, dass sie nicht in der Lage sind, Triebverzicht zu leisten. Diese Überzeugung kann man sich nach Freud »aus den mühseligen Sammlungen der Kulturforscher holen«, welche zeigen, »dass die Genitalien ursprünglich der Stolz und die Hoffnung der Lebenden waren, göttliche Verehrung genossen« (ebda.). Im »Laufe der Kulturentwicklung« geschah es dann endlich, »dass so viel Göttliches und Heiliges aus der Geschlechtlichkeit extrahiert war, bis der erschöpfte Rest der Verachtung verfiel« (Freud, zitiert nach Menninghaus, S. 286-7), Kristevas Abjekt, das der Abjektion verfällt.

> »Unterlaufen die Effekte des Ekels nach der Ästhetik des 18. Jahrhunderts die (illusionäre) Prozessierung der Natur-Kunst-Differenz, so kann mit Freud modifiziert werden: Ekel ist mit der Unterscheidung von Natur und Kultur nicht zu fassen, weil er es ist, der sie allererst begründet.« (Menninghaus, S. 284)

Auch hier ist also eine ›seltsame Übereinstimmung‹ mit dem, was später Lévi-Strauss behauptet.

Kristevas Abjekt (»... and abjection are my safeguards. The primers of my culture«), Freuds Ekel als Ursprung von Kultur und beider rassistische Codierung erinnern *unheimlich* an das ›Missing Link‹ der ›Great Chain of Being‹, also das ›Ding‹ zwischen Mensch und Tier, welches in der rassistischen Ideologie mit Schwarzen besetzt wurde.[32] Die zeitgenössischen Objekte der »Kulturforscher« – die ›Wilden‹ – stehen mit den Kindern, der Unterschicht und den Perversen auf einer Ebene – repräsentieren gleichermaßen den ›Rest‹ der Sexualität, die im Verlauf der Kulturentwicklung der Verachtung verfällt, ein Prozess, der in der Ontogenese rekapituliert wird. Dieser Rest ist es auch, der die ›zivilisierten‹ und ›kultivierten‹ Subjekte in der Regression heimsucht, er ist ihre zurückgelassene Vergangenheit. Dieser ›Rest‹, der sich auf die ›niederen‹ Volksschichten zurückgezogen hat, »versteckt sich bei den höheren und verfeinerten als kulturell minderwertig und wagt seine Betätigung nur unter den verbitternden Mahnungen eines schlechten Gewissens« (Freud, zitiert nach Menninghaus, S. 286). Mit dem Triebverzicht geht sexuelle Lust verloren – Triebverzicht begründet bei Freud das Unbehagen in der Kultur. Er ist der Preis für die Zivilisiertheit. In den Worten von Menninghaus: »Kultur ist die permanente Erzeugung abjekter Gegen-, Neben- und Unterwelten, ein ›ekelhaft, abscheulich und

32 Für diesen Begriff steht beispielsweise Ernst Haeckel (1834–1919), der Darwins Lehre in Deutschland populär machte, als Vordenker von Rassenhygiene und Eugenik gilt und auf den später die Sozialdarwinisten rekurrierten. Er postulierte einen hypothetischen Urmenschen, nannte ihn ›Homo primigenius‹ beziehungsweise ›Pithecanthropus primigenius‹ und verotete ihn in Afrika als Affen-ähnliches Wesen, das nicht über Sprache verfügt.

verwerflich machen‹; Ekel ist der Name dieser Affektverwandlung. Die Ambivalenz und die Kosten dieser Verwandlung machen *das Unbehagen in der Kultur* aus« (S. 282). Diese Gegen-, Neben- und Unterwelten sind, was Butler als Zonen der Nichtlebbarkeit beschrieben hat und in welchen, wie hier deutlich wird, Freud bereits bestimmte Bevölkerungsgruppen verortet. Schon Freud hat durch das Umschreiben von Kultur in Natur die Machtverhältnisse von Klasse, ›Rasse‹, Gender und Heteronormativtät entpolitisiert und die gesellschaftlichen Hierarchien naturalisiert.

Der »›gebildete‹ Mann« löst das Problem des Unbehagens durch Triebverzicht, indem er aus »kulturkonformem Respekt ... seine perversen Neigungen gegenüber der eigenen Frau« unterdrückt und »ihr gegenüber deshalb nur eine stark reduzierte sexuelle Lust« entwickelt (Freud, zitiert nach Menninghaus, S. 298). Er fühlt sich durch »den Respekt vor dem Weibe beengt und entwickelt seine volle Potenz erst, wenn er ein erniedrigtes Sexualobjekt vor sich hat« (ebda.), eines, »das ethisch minderwertig ist« (ebda.), »auch wenn seine Zärtlichkeit einem höherstehenden gehört« (S. 299). Er entwickelt »seine volle Potenz« nur gegenüber ›niedrigen‹ Frauen, denen er »ästhetische Bedenken nicht zuzutrauen braucht« (S. 298). Für die bürgerlichen Frauen, deren Sexualität Freud bekanntlich ein ›dunkler Kontinent‹ ist, scheint es dagegen keine Möglichkeit zu geben, die ›gesunde‹, ›triebhafte‹ Sexualität auszuleben. Sie haben keine Möglichkeit, in die ›polymorph perverse‹ Sexualität zu regredieren, über welche sie verfügten, ehe ihre Sexualität durch den Ödipuskomplex gemäß dem genitalen Sexualziel beschnitten und sie zur Position Phallus *sein* gezwungen wurden. Auch sie stehen gewissermaßen am Scheidepunkt zwischen Natur und Kultur. Die einen – bürgerliche Frauen – sind Trägerinnen von Kultur, ihre ›Natur‹ ist Verzicht auf alle Sexualität jenseits des ›genitalen Sexualziels‹. Anders die Frauen der Unterschicht:

> »Das ›unkultivierte Durchschnittsweib‹, das Dienstmädchen und die Prostituierte erscheinen so als beinahe unvermeidliche Korrelate der wünschenswerten, weil gesunden Ekel- und Perversionsfreiheit des ›gebildeten Mannes‹. Die massenhafte ›Eignung‹ zahlloser Frauen zur Prostitution und zu allen Perversionen in diesem Berufe ist Freud das ›endgültige‹ Siegel seiner Theorie, die Perversionen seien ›das allgemein Menschliche und Ursprüngliche‹.« (Menninghaus, S. 299)

Die Frauen der Unterschicht sind Trägerinnen von Natur.

Statt also genauer zu untersuchen, wie sich das Verhältnis des Kindes zu seinen Körpersekreten entwickelt und was genau Erziehung – die in der psychoanalytischen Neurosenlehre so bedeutsame ›Sauberkeitserziehung‹ – bewirkt, schreibt Freud mittels der seinerzeit längst fragwürdig gewordenen Rekapitulationshypothese soziale Hierarchien in seine Entwicklungstheorie ein. Während bei Kristeva lediglich das Mütterliche und Weibliche als mit dem Säuglingsstadium Assoziierte abjekt ist, wird bei Freud deutlich, dass auch das Klassenverhältnis und die Verhältnisse des Rassismus in die psychoanalytische Ekel- als Kulturentwicklungstheorie eingearbeitet sind. Durch diese Naturalisierung wird Gewalt in Form von Triebhaftigkeit nicht mehr den Täter_innen, sondern den Opfern zugeschrieben. Der sexuelle Missbrauch an ›Dienstmädchen‹ durch ›gebildete Männer‹ oder Prostitution aus Armut beziehungsweise durch Zwang werden jeglicher sozialpolitischen Analyse entzogen, Ursache und Wirkung werden vertauscht. Statt Unterwerfung und Ausbeutung zu thematisieren, legitimiert sie Freud durch seine Triebtheorie.

Wie Kristeva macht auch Freud in seiner Auseinandersetzung mit der Bedeutung von Körpersekretionen für die Subjektgenese und die Kulturentwicklung den Ekel (Kristevas Abjekt/ion) zum zentralen Begriff. Ekel begründet für Freud – analog zur sexuellen Differenz durch das Tötungs- und Inzesttabu – die Unterscheidung von Natur und Kultur (Menninghaus, S. 284). Ekel entsteht nicht nur an der Bruchstelle, sondern *als* Bruchstelle von Natur und Kultur, »er ist ein ›Abwehrsymptom‹ gegen die Natur, der er kraft seiner Zugehörigkeit zu den ›niederen‹ und ›dunklen Sinnen‹ vielfach zugerechnet wurde« (Freud, zitiert nach Menninghaus, S. 283-284).

All das sind Vermutungen. Wie Menninghaus in seinem ›Ekelbuch‹ darstellt, haben sich zwar einige einflussreiche Denker der abendländischen Geistesgeschichte mit der Thematik beschäftigt, nennenswerte empirische Forschungen dazu gibt es aber nicht und zwar deswegen, weil der Ekel ein Gefühl ist, das auf keinem überhistorischen, transkulturellen, also universalen Gegenstand gründet. Freuds Thesen sind dem *Wunsch* geschuldet, den Übergang von Natur zu Kultur erklären zu können, nicht der *Wirklichkeit* (des Säuglings etwa). Die Psychoanalyse von Freud, Lacan und Kristeva beharrt jedoch auf diesem Konstrukt der Trennung, des Bruchs mit der Triebhaftigkeit, des Schnittes (des Signifikanten), der eine Vergangenheit der Primitivität in eine Gegenwart und Zukunft der Zivilisation wandelt. Das Konstrukt überlagert eine Leerstelle, welche die Theoretiker_innen der Psychoanalyse nicht erklären können. Mit diesem Konstrukt werden hierarchische kulturelle Differenzen in die Subjektgenese eingeschrieben, Ausbeutungsverhältnisse pervertiert und die Machtverhältnisse von Klasse,

Rasse, Gender und Heteronormativität verschleiert. Durch das Umschreiben von Kultur zu Natur werden die gesellschaftlichen Hierarchien naturalisiert. Die Verhältnisse präfigurieren das Abjektionskonzept und nicht umgekehrt. Entsprechend können weder Freud noch Kristeva und ebenso wenig Hook direkt am Säugling oder anhand der rassistischen Situation ihre Theorien darlegen. Sie bedienen sich kultureller Phänomene (Rassismus oder literarische Inszenierungen des Abjekts), um die *Natur* des Psychischen zu beschreiben und umgekehrt.

Die Realität ist von Gleichzeitigkeit, Heterogenität und Kontingenz geprägt. Wie ich mit Butler verdeutlicht habe, ist unser Begriff des Natürlichen kulturell, die Trennung von Weiblichkeit und Männlichkeit künstlich, erst recht die Trennung der Sexualität in hetero-, homo-, bi- etc. oder gar primitiv und kultiviert. Diese psychoanalytischen Theorien sind performativ. Ihr Konstrukt der Ursprünglichkeit ist ein Vorher im Dienst des Nachher. Der imaginierte Verlust der Ganzheit konstituiert das Subjekt des Mangels und sein Begehren. Die dem Realitätsprinzip verpflichteten ›Zivilisierten‹ können auf diese Weise die ›Primitiven‹ um ihr paradiesisches Leben nach dem Lustprinzip beneiden. Mit diesem Konstrukt werden nicht nur hierarchische, kulturelle Differenzen in die Subjektgenese eingeschrieben und Machtverhältnisse verschleiert, mit ihm werden auch Ausbeutungsverhältnisse pervertiert.

2.3.10 *Jouissance* und *Jealouissance* – Genuss und Neid

Die in der Abjektion ausgestoßenen Elemente sind mit dem Wert des Körperlichen besetzt und als solche »objects of disgust, loathing, and repulsion as well as envy and desire‹. ... Abjection is always the flipside of desire«, erklärt Hook (S. 217). Als Verlust einer Ganzheit imaginiert, erzeugt Abjektion also Neid und Begehren – das Begehren eines Genusses, der unerreichbar (weil prädiskursiv/im Unbewussten) ist. Es ist der Mangel, wie wir wissen, der das Begehren auslöst. Kein Begehren ohne den vorgängigen Verlust (der Ganzheit), das Trauma. Der Phallus (die Leerstelle/der Mangel) als Zeichen dafür, dass es mehr am Subjekt gibt, als symbolisiert werden kann, verweist auf die Ganzheit vor dem Schnitt des Signifikanten – eine Illusion. Diese mit dem Körperlichen besetzten Werte hängen, wie ich bereits gezeigt habe, mit einer Reproduktionsproblematik zusammen, dem Mehrwert-Prinzip, welches auf unbezahlter Arbeit beruht. Materie legt die Kausalität nahe, Ursprung und Rohmaterial zu sein, aus denen Form und Kultur gewonnen werden. Der (weiße) Phallus verschleiert die Ökonomie des Verhältnisses zwischen den

Positionen des Prädiskursiven (mit Weiblichkeit/Körper/Materie/Affekt/Rasse assoziierten) und des (männlich, weiß codierten) Diskursiven.

Seshadri-Crooks veranschaulicht das Verhältnis von Neid, Genuss und Begehren bei Lacan am Szenario des Säuglings an der Brust der Mutter und seinem etwas älteren Bruder. Der Ältere beneidet den Jüngeren um den Genuss – den vollen Genuss – als Ganzheit. Lacan nennt es

> »›true envy – the envy that makes the subject pale before the image of a completeness closed upon itself, before the idea that the *petit a* … may be for another the possession that gives satisfaction, *Befriedigung*‹ (XI: 116). The child at the breast is supposed by the little boy to have the *petit a*, which offers a semblance of being. And it is this notion, that the other is privy to some *jouissance*, that makes hatred as ›jealouissance‹ spring forth.« (Seshadri-Crooks, S. 153)

Die ›Jealouissance‹, die im kleinen Jungen aufsteigt, der seinen Bruder – noch ein Säugling an der Mutterbrust –, um den vollen Genuss beneidet (wie ihn der Urhordenvater hatte), den er zurücklassen musste, um ein Subjekt der Sprache zu werden, richtet sich auf die Imagination des ›prädiskursiven‹ Zustands der Jouissance als Ganzheit. Ein Zustand, in dem der Genuss durch Triebbefriedigung noch nicht verloren gegangen ist. Die imaginierte Ganzheit mit der ›ursprünglichen Lust‹ und der Neid hängen also eng zusammen – Letzteres wird durch Ersteres hervorgebracht. Oder ist es umgekehrt? Wie ich bereits am Beispiel der Aggression als Trieb mit der Säuglingsforschung deutlich gemacht habe, ist es in Wirklichkeit umgekehrt. Es ist die *Vorstellung* einer primären Aggression, die diese erst entstehen lässt. Die Vorstellung eines Vorher erzeugt nicht nur das Nachher, sondern auch den Neid im Nachher auf das Vorher. Ältere Kinder entwickeln auf ihre jüngeren Geschwister häufig Eifersucht, weil die Jüngern aufgrund ihrer physischen Unselbständigkeit mehr Aufmerksamkeit der Eltern erhalten, als sie die älteren Kinder brauchen. Dem Zustand des Säuglings (an der Mutterbrust) den vollen Genuss zu unterstellen, ist ein Phantasma der klassischen Psychoanalyse. Nicht nur Erwachsene, auch kleinere Kinder realisieren, wie häufig Säuglinge an Unbehagen leiden – weinen –, oft kaum zu beruhigen sind. Es ist die kulturelle Phantasie – eine koloniale Phantasie, die evolutionistischen Vorstellungen folgt –, dass es einen menschlichen Urzustand ohne Schmerz und Leiden gäbe, ein Zustand, der dann auf ›Wilde‹ und Kinder projiziert wird.

Pajaczkowska und Young (1992) beschreiben eine Situation, die der von der Jouissance und Jealouissance der Brüder sehr ähnlich ist und die auf Hooks Beschreibung der Affektivität des Rassismus zutrifft, die er im Rekurs auf Abjektion erklärt: Das häufig auftretende brutale und sadistische Verhalten weißer Kolonisatoren gegenüber den Kolonisierten:

> »The characteristics of dependence were typically attributed, by colonial administrators, to the indigenous peoples. The literature and imagery of that time are replete with examples of fantasies of indolence and greed; of natives waiting passively to be fed, without effort, by bountiful nature, fantasies of uncontrolled sexuality and fecundity.« (S. 202-203)

Pajaczkowska und Young argumentieren nicht abjektionstheoretisch, aber die Autorinnen glauben mit der klassischen Psychoanalyse, dass das eine Projektion ist und zwar die der genüsslichen und unbekümmerten Abhängigkeit des Säuglings auf die Kolonisierten – ein Genuss, welche die Kolonisatoren in ihrer Entwicklung zurücklassen mussten, um sich dem Ideal weißer Männlichkeit zu unterwerfen. Dieses Ideal ist vor allem durch Unabhängigkeit und Autonomie gekennzeichnet und steht damit diesem Genuss diametral entgegen. Den Säugling kümmert seine Abhängigkeit nicht, er genießt die Bedürfnisbefriedigung, welche sich die erwachsenen weißen Männer versagen. Das Bild dieses abhängigen, genießenden Säuglings wurde auf die Kolonisierten projiziert. Das oben beschriebenen Verhältnis zwischen kleinem (›prädiskursivem‹) und großem Bruder stellt die Imagination einer beneidenswerten, paradiesischen Triebhaftigkeit als *Reales* dar – eine psychoanalytische Phantasie. Die koloniale Situation dagegen ist *Realität*. Die Realität im Rekurs auf das Reale erklärt, wie es Pajaczkowska und Young tun, verschleiert, dass die Imagination einer Jouissance erst in Situationen wie der kolonialen, die sie beschreiben, *entsteht*. Erst diese imaginierte Jouissance legitimiert eine Jealouissance, die wiederum die Realität – nämlich die Ausbeutung – pervertiert.

Stellen wir den beiden Szenarien – dem Säugling an der Mutterbrust mit der Jealouissance seines Bruders und dem Verhältnis zwischen Kolonisierten und Kolonisatoren – ein drittes zur Seite: die bereits erwähnte Untersuchung des Psychoanalytikers Erik Erikson über die ›gefährliche schwarze Oralität‹. Er schreibt: »Negro babies often receive sensual satisfactions which provide them with enough oral and sensory surplus for a lifetime, as clearly betrayed in the way they move, laugh, talk, sing.« Auch für Erikson sind Schwarze also Menschen, die bei Weißen ›Jealouissance‹ auslösen müssen. Sie *sind* der Genuss als Trieb, auf den Weiße verzichten, um Subjekte der Kultur zu werden, und zwar nicht nur in ihrer Kindheit. Schwarze scheinen auch als Erwachsene noch durch Triebhaftigkeit gekennzeichnet zu sein. Sie entwickeln kein Ich, verinnerlichen keine kulturellen Werte und mit ihnen Autorität. Das Ringen der Schwarzen um Bürgerrechte pathologisiert Erikson als Identitätsverwirrung. Ihre »mild, submissive, dependent ... slave's identity« erfährt eine gefährliche Spaltung durch ihre »forced symbiosis with the feudal South«. Die »master race« ihrerseits muss sich und ihre ›Identität‹ gegen die »inferior (whence came their mammies)« sinnlichen, oralen Versuchungen durch die Schwarzen schützen. Nach Erikson folgt daraus die binäre kulturelle Assoziation: »light-clean-clever-white, and dark-dirty-dumb-nigger« (Erikson, zitiert nach Marriott, S. 422).

Schwarze und Weiße sind in Eriksons psychoanalytischer Ordnung auch in den 1950er Jahren noch in klar getrennten Bereichen verortet – Schwarze im Vorher, Prädiskursiven, Mütterlich-körperlich-Sinnlichen, Weiße im Nachher, der väterlichen Ordnung des Symbolischen. Zwischen ihnen liegt die Grenze der Zivilisation, eine Grenze zwischen Natur und Kultur. Für beide Gruppen scheint eine Grenzüberschreitung gefährlich zu sein.

Mit dem Beispiel, welches David Marriott mit Erikson anführt, verdeutlicht er, wie eng das Abjekt kulturgeschichtlich bereits mit Rasse assoziiert ist: »the wider culture's association of blackness with uncleanliness, a racial fantasy in which the experience of having a black body is tantamount [at the level of both unconscious and cultural fantasy] to being smeared with shit« (Marriott, S. 423). Schwarz sein bedeutet, Scheiße zu *sein*, es heißt, das Abjekt zu *bedeuten*. Dieser Zusammenhang wird bei Kristeva ebenso wie bei Hook ausgeblendet, was angesichts der Omnipräsenz dieser Assoziation im ›kulturellen Symbolischen‹ beider Autor_innen (Kristevas postkoloniales Frankreich und noch mehr Hooks Südafrika) eine eigenartige Leerstelle in ihrer Theoriebildung darstellt. Während die Beispiele von Pajaczkowska & Young und Marriott real sind, entspringt das Brüder-Beispiel von Jouissance und Jealouissance der Imagination der Psychoanalytiker_innen. Jouissance und Jealouissance beschreiben den ›klinischen Säugling‹, der durch pathomorphe Rekonstruktion (Stern, 1985/2007, S. 348) entsteht, also der Einschreibung von Erfahrungen erwachsener Patient_innen wie auch ›phylogenetischer Artefakte‹ der ›Kulturforscher‹, die Freud las, in die Ontogenese. Mit dieser Konstruktion eines Vorher im Dienst des Nachher werden das Machtverhältnis, die Ausbeutung und die Ökonomie dieses Verhältnisses verschleiert. Das Prädiskursive der Psychoanalyse wird *performativ* hervorgebracht. Die *Realität* – Effekte von Rassismus und Sexismus – werden zum *Realen* erklärt. Das Reale ist durch die Realität präfiguriert und indem dieses Verhältnis umgekehrt wird, wird die Realität von Rassismus und Sexismus naturalisiert. Wenn Schwarze ihre Bürgerrechte einfordern – eine gesetzliche Position im Symbolischen –, pathologisiert sie die Psychoanalyse. Das Politische wird durch den Rassismus der psychoanalytischen Triebtheorie absorbiert.

Durch die Einschreibung der Verhältnisse von Sexismus und Rassismus in die Subjektgenese naturalisiert die Psychoanalyse die Verwerfung der mit Weiblichkeit und Rasse assoziierten Körperlichkeit und Affektivität. Gleichzeitig verschleiert sie die Machtverhältnisse von Sexismus und Rassismus, indem sie sie dem Primärprozess – also dem Unbewussten der Ontogenese – zuordnet. Psychologisierung, schreibt Brickman, ist in der Psychoanalyse immer auch Temporalisierung (S. 172). Aus der Abjektion geht eine naturalisierte und zugleich verschleierte Machtposition für Weiße hervor, die Subjekte und Objekte der Abjektion *zeitlich* trennt, eine hierarchische Abhängigkeit, ein Vorher im Dienst des Nachher. Die Interdependenz wird durch ihre Darstellung auf einer Zeitachse unkenntlich gemacht. Tina Chanter hat die daraus hervorgehende Position der Subjekte der Abjektion – Weiße – gegenüber den Objekten der Abjektion treffend beschrieben:

> »You too can become like us, but you can never be us, because we are what we are partly because of you. You are not one of us, and if we create you in our image, you will still always only ever be becoming us – even as you helped us become us, since we profited from your labor. We'll make you no more than one of us, no different from us, since to acknowledge your difference might also be to acknowledge our guilt and your productivity.« (S. 102)

Als Primärprozess *imaginiert* fällt der Widerspruch – diese Ungleichheit (von Frauen und Männern, Weißen und Schwarzen) in der Gleichheit (die Vorstellung in der Moderne, dass alle Menschen gleich sind) – nicht mehr auf. Auch die Ökonomie des Verhältnisses – die Ausbeutung von Frauen und Schwarzen, die mit Körperlichkeit assoziiert ist – wird verschleiert.

Wenn Hook behauptet,

> »I, like Fanon, am concerned with the virtual omnipresence of the body in racism, but whereas he focuses on the bodily effects/affects of the victim of racism, I seek to explore racism as a mode of reactivity that has been routed through the dreads, aversions and nausea of the body« (S. 208),

dann übersieht er diese zeitliche Differenz, die Fanons und seinen Standpunkt strukturiert, den Effekt der Temporalisierung durch Abjektion. Fanon ist dazu *verdammt*, Objekt der Abjektion zu sein – Körper und Affekt – damit sich Weiße (und so auch Hook), Subjekte der Abjektion, frei davon imaginieren können. Ihr Rassismus erscheint als Regression ins Triebhafte, ein Bereich ihrer Subjektivität, den sie in ihrer Subjektgenese – ein Zivilisationsprozess – zurückgelassen haben, so die psychoanalytische Logik. Die Temporalisierung verdeckt einen Widerspruch.

Bei seinem Fokus auf die Schnittstelle zwischen rassistischem Diskurs und Prädiskursivem bleibt genau diese Schnittstelle eigenartig blass und unscharf. Hook kann uns nicht erklären, wie genau diese ›präverbalen‹ Qualitäten des Primärprozesses in den Raum erwachsener, weißer Subjektivität eindringen, also was am Übergang zwischen dem Bereich des ›Prädiskursiven‹ und des ›Diskursiven‹ geschieht. Wie haben wir uns die Heimsuchung durch das Affektive der Abjektion vorzustellen? Was genau löst diese ›Reaktion‹ aus, worauf wird reagiert? Warum bricht im Rassismus ausgerechnet die ›Grenze‹ zwischen bewusst und unbewusst, zwischen Rationalität und Irrationalität, zwischen Intellekt und Körper/Affekt zusammen, diese Grenze zwischen Kultur und Natur? Wie ich noch an Kristevas Literaturbeispielen zeigen werde, passiert das auch durch ›Weiblichkeit‹ (das Codewort für Gender in der Psychoanalyse) und mit der sexuellen Differenz als ›Hauptdifferenz‹ der Psychoanalyse – Grundlage für Seshadri-Crooks' wie auch Hooks Rassismusanalysen. Es ist ein Naturalisierungsmechanismus, mit dem beide Autor_innen operieren. Deshalb ist er so anschlussfähig für Rassismus und Sexismus. Die Schnittstelle, die Hook beleuchten will, bleibt eine Leerstelle. Rasse und Geschlecht sind Fetische der Psychoanalyse, mit denen eins ins andere gewandelt wird. Ein Vorher im Dienst des Nachher. An dieser Leerstelle wird nicht nur durch den Fetisch Kultur zu Natur umgeschrieben, sondern es findet an der Stelle auch eine Immunisierung statt. Rassismus und Sexismus werden nicht mehr als solche erkannt – der Aspekt der Bemächtigung fällt einer Amnesie heim. Täter_innen und Opfer werden verkehrt, aber diese Perversion kann nicht mehr erkannt werden.

Entsprechend hat Hook für den »racism as a mode of reactivity that has been routed through the dreads, aversions and nausea of the body«, den er erforschen will, auch kein einziges Beispiel, das uns veranschaulichen würde, wie sich dieses Affektive und Körperliche des Rassismus im *weißen* Subjekt ausdrückt. Während es ihm um die affektiven und körperlichen Erfahrungen der Rassisten – also der Weißen – geht, führt er ausschließlich den schwarzen Fanon auf, an dem sich das Körperliche und Affektive dann *zeigt*. Zwar geht er darauf ein, dass: »in Fanons (1952) *Black Skin White Masks*, black bodies ... are contrasted against insignias of disembodied whiteness« (ebda.). Körperliches und Affektives bleiben dann allerdings auch in Hooks Text strikt auf der Seite der rassistisch Markierten – Fanon –, während die *Bedeutung* dieses Affektiven und Körperlichen die Subjektivität der Weißen erklären soll. Abjektion als Prozess der Entsymbolisierung durch die Sprache wiederholt sich in Hooks Text. Wie Hook schreibt, ›*mimt*‹ Fanons Text das Körperliche des Rassismus (S. 208), erst Hook kann es zur *Sprache* bringen. Der schwarze Fanon *ist* das Phänomen, das der weiße, südafrikanische Hook *erklärt*. Hooks Text und seine Theoretisierung des Rassismus bleiben konstitutiv auf den schwarzen Körper von Fanon angewiesen. Sein Gegenstand – das Körperliche und Affektive des Rassismus – wird als Vor-und-Außerhalb weißer Subjektivität *reproduziert*.

Seine gesamte Argumentation für ›prädiskursiven Rassismus‹ fädelt Hook an einem viel zitierten Beispiel von Fanon aus *Black Skin White Masks* auf. Hier die Stelle bei Fanon:

> »›Look at the nigger! ... Mama, a Negro! ... Hell, he's getting mad. ... take no notice, sir, he does not know that you are as civilized as we. ...[woher ›weiß‹ er, dass er ›primitiv‹ ist? M.T.]‹ My body was given back to me sprawled out, distorted, recolored, clad in mourning in that white winter day. The Negro is an animal, the Negro is bad, the Negro is mean, the Negro is ugly; look, a nigger, it's cold, the nigger is shivering, the nigger is shivering because he is cold, the little boy is trembling because he is afraid of the nigger, the nigger is shivering with cold, that cold that goes through your bones, the handsome little boy is trembling because he thinks that the nigger is quivering with rage, the little white boy throws himself into his mother's arms: Mama, the nigger's going to eat me up. All round me the white man, above the sky tears at its navel, the earth rasps under my feet, and there is a white song, a white song. All this whiteness that burns me.« (1952/1967, S. 113-114)

Der kleine Junge hat bereits den rassistischen Bedeutungszusammenhang von Schwarzsein und Primitivität/Gewalt verinnerlicht. Diese Imagination ist Auslöser seiner Angst. Ein schwarzer Mann zittert vor Kälte und der weiße Junge glaubt, dass er vor Wut zittert und ihn gleich fressen wird. Die Mutter muss dem Jungen erklären, dass dieser Mann zivilisiert ist, ›obgleich‹ er schwarz ist; ein Widerspruch im ›kulturellen Symbolischen‹, der nicht überwunden werden kann, denn dort ist das Verhältnis zwischen Schwarz und Weiß temporalisiert. Ein Zittern vor Kälte in der Gegenwart kann nicht als solches wahrgenommen werden, weil der schwarze Körper als Primitivität in der Vergangenheit verortet und mit Triebhaftigkeit besetzt ist. Der kleine Junge reproduziert diesen Bedeutungszusammenhang und *bewirkt* dadurch Fanons Erfahrung, abjektiert zu werden – zu einem wilden, triebhaften Kannibalen (eine weiße Imagination) gemacht zu werden.

Hook kommentiert diese Stelle jedoch mit der Feststellung: »There is something difficult to fathom in this disconcerting mismatch of physical and psychological properties: a disjunction that obeys no strict demarcation between ideology and bodily experience, between the stereotypes of racist discourse and its effects on an embodied psychology« (S. 208). Für Hook scheint es auf der einen Seite rassistische Stereotypen im Diskurs zu geben und auf der anderen die Subjekte. Dass Subjektivierung in weißen Dominanzgesellschaften bereits rassistisch verfasst ist, findet keine Berücksichtigung in seinem Ansatz. Das Verhältnis zwischen Weißen und Schwarzen scheint bei ihm erst in der realen Begegnung beider zu entstehen. Dann passiert ein ›disconcerting mismatch of physical and psychological properties‹. Dass es keine scharfe Trennung zwischen Ideologie und körperlicher Erfahrung im Rassismus gibt, ist nicht mit Kristevas Abjektionstheorie zu erklären, Kristevas Abjektionstheorie ist vielmehr Teil dieser Ideologie. Rassismus beutet keine prädiskursiven Momente des Subjekts aus, vielmehr ist die Konstruktion des Prädiskursiven bei Kristeva (Lacan und Freud) bereits rassistisch codiert und damit ideologisch. Hooks Wertschätzung von Kristevas Abjektionstheorie als »theory of embodiment« für das Verständnis von Rassismus – einer Ideologie, die ihre Macht aus der Ontologisierung physischer Merkmale gewinnt – ist nur damit zu erklären, dass Rassismus und Kristevas Abjektionstheorie bestimmte Gemeinsamkeiten haben: Die Ontologisierung von Körperlichem.

Weil Hook die Historizität und Kulturspezifik der Psychoanalyse dethematisiert – die Schnittstelle zwischen der Subjektgenese der Psychoanalyse und ihrem ›kulturellem Symbolischen‹ –, kann er nur immer wieder auf diese ideologische Beziehung zwischen Körperlichkeit, Affektivität und rassistischen Stereotypen hinweisen. Diese Beziehung zu erklären, vermag er aber nicht, denn diese Schnittstelle ist eine Leerstelle in der psychoanalytischen Theorie – ihr Fetisch, ihr Unbewusstes. Hook führt die Kritik an der Psychoanalyse »as ›a discourse of modernist, bourgeois, European origins‹ which has all often ›tended to describe psychology in terms of universal frameworks that ignore cultural and historical specificity‹« (S. 213) an, betont allerdings, dass sein Ansatz zu denen gehöre, welche diese »pitfalls of de-contextualization and psychological reductionism« (S. 214) vermeide.

Hook übersieht das Wesentliche an der Problematik der Psychoanalyse im Kontext seines Untersuchungsgegenstandes, Rassismus. Nicht die Universalisierung der bürgerlichen-/Mittelschichtsperspektive ist hier das Problem, sondern die rassistischen und kolonialistischen Codes in der Psychoanalyse.

Hook stellt selbst fest: »Kristeva's theorization of abjection, much like Fanon's own strategic use of psychoanalysis, might be said to be concerned with how psychoanalysis itself has ›sublimated‹ questions of politics and racism« (S. 216). Diese ›Sublimation‹ in der Psychoanalyse reproduzieren sie – und Hook im Anschluss an beide – allerdings lediglich. Das Politische und Rassismus werden nicht theoretisiert, sondern durch ihre Einschreibungen in die Subjektgenese subvertiert. Das subversive Potenzial, das Hook nutzen will, ist bereits selbst eine Subversion. Sein Vorschlag einer ›psychoanalysis in political mode‹, also sein Subversionsvorschlag, ist entsprechend nicht vom Rassismus oder dem Politischen abgeleitet, sondern scheint von Kristevas Literaturbeispielen inspiriert zu sein, also dem klassischen Ort der Sublimation.

2.3.11 Abjektion ›subversiv‹

Für Kristeva kommt in der Literatur der Moderne das subversive Potenzial des Abjekts und der Abjektion zum Ausdruck – sie gilt ihr als »sublimierte Feier des Inzests« (Menninghaus, S. 536), der Wiedereinbruch der Jouissance in die symbolische Ordnung (ebda.). Anhand literarischer Beispiele (Dostojewski, Proust, Joyce, Borges, Artaud, Kafka etc.) demonstriert Kristeva die ›Rückeroberung des Verworfenen‹, indem die »Bewegung der abjekten Körper und Triebe ›pervertierend‹ und ›subversiv‹« wieder ins Symbolische eingeschrieben werden (Menninghaus, S. 535). Dostojewski beispielsweise habe

> »die sexuelle, moralische und religiöse Abjektion als Zusammenbruch der väterlichen Satzungen durchleuchtet. Ist die Welt der *Dämonen* nicht eine Welt abgetaner, künstlicher oder toter Väter, wo als grausame, aber nicht weniger gespenstische Fetische Matronen herrschen, denen ihre Macht zu Kopf gestiegen ist? Nur indem er das Abjekte symbolisierte, und meisterhaft den Genuß mitteilte, der darin liegt, konnte Dostojewski jene erbarmungslose mütterliche Last abwerfen.« (Kristeva, zitiert nach Menninghaus, S. 540)

Die Texte moderner Literaten bezeichnen Kristeva zufolge

> »explizit den Analtrieb, der den Subjektkörper bei der Subversion der symbolischen Funktion trägt. ... Wenn die Rückkehr des Verwerfens, um die Zersetzung

des Symbolischen und damit der Sublimierung einzuleiten, in modernen Texten den Todestrieb bezeugt, das heißt die Destruktion des Vitalen und des Subjekts, wie kann man dann das Lusterleben ignorieren, das mit einer solchen ›Aggressivität‹ oder ›sadistischen Komponente‹ verbunden ist?« (Kristeva, zitiert nach Menninghaus, S. 538)

Der Psychoanalyse gilt seit Freud die Kunst allgemein als einziges Terrain, das einen »spielerischen, zugleich lustvollen und nicht sanktionsbedrohten Umgang mit dem *dunklen Kontinent* [Hervorhebung v. Verf.] des Verworfenen und Verdrängten« (Menninghaus, S. 326) erlaubt. Für Freud steht »die phylogenetische ›Auflassung von ehemaligen Sexualzonen‹, ihre *Auf*kündigung und Ent*lassung* mit dem Resultat der Erzeugung eines dunklen Kontinents ›untergegangener (virtueller) Sexualität‹, ... am Ursprung des Ekelaffekts« (Menninghaus, S. 279). Freuds gesamtes Denken galt dem »Kontinent ›untergegangener (virtueller) Sexualität« (Menninghaus, S. 285) zum Preis des Unbehagens in der Kultur. Verläuft die Verdrängung zu aggressiv, wird dem Menschen der Motor genommen, das Unbehagen weicht der Abtötung jeden Antriebs (ebda.). Abjektion ist Verdrängung. Die Kunst dient demnach durch Sublimation einem Ausgleich, indem sie als Grenzgängerin zwischen dem Symbolischen und dem Verdrängten agiert und die Leser_innen einlädt, eine Weile ›im Dunkeln zu spielen‹.

In der Literatur werden Kristeva zufolge die Dichotomien gebrochen. Das Reine wird unrein, das Verbot durch Sünde durchkreuzt, Moral und Unmoral mischen sich. Der ›reine‹ Körper der Vernunft (des Symbolischen) begibt sich in der Literatur in die ›Niederungen‹ des Chaos – des unreinen Körpers der Sünde.

»Während die ursprüngliche Verdrängung, indem sie den (väterlichen) Raum des Zeichens setzt, das ihr voraufgehende ›Chaos‹ der Körper- und Libidoströme jeder direkten Verbalisierung entzieht, resorbiert die sprachliche Anerkennung eigener Sündhaftigkeit das ›Unreine‹ in die symbolische Ordnung: ›die Sünde als Tat, als Tat des Willens und der Urteilskraft – eben dadurch wird die Abjektion endgültig von Logik und Sprache absorbiert‹.« (Menninghaus, S. 543)

Wie Kristeva schreibt, verlangt das einen »Abstieg in die Fundamente, die das Gebäude des Symbolischen tragen« (Kristeva, zitiert nach Menninghaus, ebda.) – in Hooks Rassismustheorie: »the anxieties, visceral and symptomatic reactions that require the alleviation of being put into words (S. 226). Die verwendeten Begrifflichkeiten (eine ›Erhebung‹ aus den

›Fundamenten‹ – dem Präsymbolischen, Weiblichen, Affektiven, Körperlichen) verdeutlichen, dass der Entwicklungslinie der Subjektgenese in der Psychoanalyse eine horizontale und eine vertikale Achse zugrunde liegen, aus der sich eine diagonale Entwicklung durch Raum und Zeit ergibt. Das Subjekt der Sprache und der Kultur *gründet* auf Affekten und Körperlichem als zurückgelassene Vergangenheit und zugleich konstitutivem Außen. Aus der Topik (Es-Ich-Über-Ich) wird mit den Phasen, die im Ödipalen – dem Schnitt des Signifikanten – münden, eine Entwicklungslinie. Die im Es liegenden Körperlichkeit, Affektivität, Triebhaftigkeit – das Unbewusste –, alles gleichermaßen assoziiert mit Weiblichkeit und Rasse als Vor-oder-Außerhalb, werden zurückgelassen. Kristeva bindet das »Funktionieren der paternalen symbolischen Ordnung und die Herausbildung des sprechenden Subjekts an die ursprüngliche *Erzeugung* einer abjekten Position« (Menninghaus, S. 523). Im ersten Kapitel habe ich das mit der Struktur eines Kegels beschrieben, die Whiteness kennzeichnet. Ein Zentrum mit einer Peripherie von oben betrachtet, von der Seite ein breites Fundament von dem aus zwei sich verjüngende Linien zu einer Spitze verlaufen – eine hegemoniale Struktur, welche die Subjekte im Symbolischen ordnet.

Die Symbolisierung des Abjekts in Kristevas Darstellung »hat ihr Modell in der Verinnerlichung der Sünde im christlichen Schuldbekenntnis« (Menninghaus, S. 542-543). Das Subjekt der Abjektion ist das innerlich gespaltene Wesen, das nicht aufhört, sich vermittels der Rede von der Unreinheit zu reinigen. Hooks These vom rassistischen Diskurs, in dessen Nervosität – die hasserfüllten Tiraden – Abjektion zum Ausdruck käme, stammt von dieser Figur Kristevas. Es ist der Versuch in der Sprache, die Wiederkehr des Verdrängten durch erneute Verwerfung zu verhindern. Die subversive Strategie aus der Position des Abjekts wäre dann die Verwerfung der Verwerfung in der Sprache.

In Anbetracht der Assoziation bestimmter Subjekte – ›Frauen, Wilde, Kinder und Verrückte‹ – mit Sünde, Primitivität und Triebhaftigkeit im ›kulturellen Symbolischen‹ der abendländischen Kultur seit dem Mittelalter bedarf es allerdings keines Rückgriffes auf ontogenetische Prozesse, um die Affektivität von Ausschlussprozessen zu erklären, zumal die empirische Säuglingsforschung diesen Rückgriff nicht stützt. Vielmehr wird hier die Präfiguration von Kristevas Abjektionstheorie durch das kulturelle Symbolische deutlich, was Hook letztendlich dazu treibt, Kristevas Theorie mit Rassismus in Zusammenhang zu bringen. Hook blendet den Rassismus der Triebtheorie aus, um dann mit der Triebtheorie Rassismus zu erklären. Die

Trennung von Diskurs und ›Prädiskursivem‹ in Kristevas Abjektionstheorie ist eine künstliche. Menninghaus demonstriert das an Kristevas Trennung der Sprache »von allen mimetischen, poetischen und mütterlichen Dimensionen« (S. 548) in ihren literarischen Beispielen.

> »Kristeva tut nicht mehr und nicht weniger, als in einer eher vagen Form die emphatischen Vorstellungen von ›Rhythmus und Musik als [...] äußerster Sublimierung des Unbezeichenbaren‹ aufzugreifen und umstandslos auf den transzendentalen Referenten ihres Denkens, die ›économie biopulsionelle‹ des mütterlichen Körpers auszubilden. Nähere Begründungen für diesen Parallelismus von rhythmischem Sprachkörper und primordialem Mutterkörper gibt sie nicht.« (S. 539)

Vielmehr würde ihr Bestreben spürbar, »die eigenen Desiderate ... enger an die Sachgehalte der Literatur zu binden« (S. 540), indem sie die Trias »Rhythmus, Trieb, Weiblichkeit« (Kristeva, zitiert nach Menninghaus, S. 539) dem Symbolischen – der Sprache – gegenüberstellt. Das Gesetz der Psychoanalyse entsteht performativ – durch wiederholende Zitierung.

Die Chiffren des Abjekts seien bei jedem Autor, den Kristeva untersucht, verschieden und das zwinge Kristeva, ein Muster zu entwickeln. Die komprimierten Kurzfassungen von Abjektionsprofilen, die sie für die von ihr behandelten Schriftsteller »im Spannungsfeld von Verwerfung und Verwerfung der Verwerfung formuliert« (S. 540), glichen Stenogrammen und legten »in größtmöglicher Vereinfachung das Strickmuster bloß, dem ... Kristevas detailliertere Analysen gehorchen« (ebda.): Jedes Benennen verfehlt das »unnennbare, weil der symbolischen Ordnung transzendente Abjekt« (S. 541). Keine Aussage, ohne das Heterogene »dem linguistischen Signifikanten anzugleichen« (ebda.). Empirischer Beweise seien »die behaupteten Beziehungen dargestellter Abjekte zum unnennbaren und primordialen Abjekt naturgemäß ebenso wenig fähig wie die von Rhythmus und mütterlichem Körper« (ebda.).

So wenig wie beim Säugling Abjektion als ontogenetisches Moment nachgewiesen werden kann, überzeugen Kristevas literarische Beispiele für eine Sublimation oder Rehabilitation eines vermeintlich primordialen Abjekts. Abjektion als ontogenetisches Moment überzeugt weder in der ›Natur‹ des Säuglings, noch in der ›Kultur‹ der Literatur. Zwar ist Abjektes in der Literatur zu finden, aber die Literatur ist nicht subversiv, was das Abjekt angeht, sondern *produktiv*. Sie ist der Ort der *Hervorbringung* des Abjekts, das sie dann mit bestimmten Figuren besetzt. Das Abjekt ist die Bedingung dafür, dass die Literatur der Moderne vonstattengehen kann.

2.3.12 Abjektion produktiv: Toni Morrison über das ›Spielen im Dunkeln‹

Auch Toni Morrison hat das literarische ›Spielen im Dunkeln der Moderne‹ analysiert und mit ihrer Arbeit einen Grundlagentext für die Critical Whiteness Studies geschaffen. *Playing in the Dark: Whiteness and the Literary Imagination* (1993) – in der deutschen Übersetzung *Im Dunkeln spielen* (1994) – ist eine Literaturkritik eben jener Meistertexte der Moderne: Dostojewski, Homer, Faulkner, James, Faubert, Melville, Hemingway, O'Connor, aber auch Willa Cather und Gertrude Stein. Wie Kristeva blickt Morrison auf die Schattenseiten, welche die moderne Literatur zum Ausdruck bringt und die sie antreiben. Auch sie interessiert sich dafür, wie Schriftsteller_innen sich in etwas hineinversetzen, »dem man entfremdet ist« (1994, S. 24). Morrisons Lektüre geht allerdings den umgekehrten Weg von Kristevas Lektüre moderner Literatur. Kristeva durchsucht die Texte nach einem Muster, in dem das Reale als universales menschliches ›Ding‹ auftaucht. Sie glaubt, im manifesten Textgehalt die Sublimation des Abjekts – die Verwerfung der Verwerfung – zu sehen. Die Texte dienen ihr dazu, ihre bereits entwickelte Abjektionstheorie zu illustrieren. Morrison geht empirisch vor und untersucht die Leerstellen in den Texten – das, was *nicht* gesagt wird, was sie allerdings als schwarze Leserin und Autorin als abwesende Anwesenheit wahrnimmt; jenes Schattendasein, das etwa Schwarze in den USA als Sklav_inn_en und als Nachfahren von Sklav_inn_en zu führen *verdammt* waren und sind. Die Subjekte dieser Texte – wie sämtliche ihrer Autor_innen – sind weiß und wir wissen es, weil es *nicht* gesagt wird (vgl. Morrison, 1994, S. 104). Das *Ding* hingegen ist eine afrikanistische Präsenz oder Persona, eine beunruhigende Population, die als konstitutives Außen, als Nicht-Ich – als Negativ – die Formierung des Ichs dieser Texte ermöglicht.

Auch Morrison findet also dieses ›Ding‹ in den Texten, sie beobachtet allerdings, dass es dort *produziert* wird. Morrisons Literaturkritik verdeutlicht, dass die Texte produktiv sind. Sie bringen das hervor, was Kristeva als unwillkürliches Auftauchen des Todestriebs, der Aggressivität und des Sadismus bezeichnet, und zwar indem sie reale Personen – Nicht-Weiße – damit in Verbindung bringen und sie dafür funktionalisieren. Nicht also die Verwerfung der Verwerfung, sondern das Hervorbringen von Verworfenheit ist, was Morrison in diesen Texten beobachtet.

Während Kristevas Blick auf die Funktion abjekter Weiblichkeit/Mütterlichkeit in diesen Texten gerichtet ist, richtet sich Morrisons Blick auf die ›rassischen‹ Implikationen dieser Literatur. Außerdem konzentriert sie sich vor allem, aber nicht nur, auf amerikanische Schriftsteller_innen. Die Parallele ihrer Gegenstände ist jedoch offensichtlich. Beide untersuchen die Funktion und die Bedeutung von Verwerfung und Verworfenheit für das Subjekt der literarischen Texte der Moderne. Morrison bezieht sich nicht auf Kristevas Abjektionstheorie, ihre Analyse unter Kristevas löchriges Abjektionsmuster gelegt, macht allerdings deutlich, welche Gewalt an diesen Leerstellen begraben liegt: Nicht das archaische *Reale*, das Kristeva in der ›void‹ ihrer Patient_innen – ihrem Schweigen – ›entdeckt‹, sondern die Gewalt der *Realität* von Rassismus und Sexismus.

Was Butler in ihrer kritischen Kristeva-Lektüre feststellt, nämlich dass das Fremde durch Austreibung erst *gestiftet* wird, damit ein souveränes Subjekt hervortreten kann, zeichnet Morrison in ihrer kritischen Lektüre dieser Texte nach. Morrison liefert nicht nur eine alternative Lesart moderner Literatur zu Kristeva, sondern eine Analyse des Mechanismus, der auch in Kristevas Arbeit am Werk ist. Was Kristeva als Gesetz in diesen Texten ausfindig machen will, deckt Morrison durch empirisches Vorgehen als schriftstellerische Hervorbringung auf; ähnlich dem, was Butler durch ihre dekonstruktive Lesart psychoanalytischer Texte – unter anderen Kristevas Abjektionstheorie – offenlegt. Die Erzähler_innen sind es, welche die Gesetze erlassen (Morrison, 1994, S. 108) und die Assoziationen zwischen Gesetzeswidrigkeit und bestimmten Subjekten knüpfen. Sie beobachtet also keine Rehabilitation des Abjekts in dieser Literatur, sondern die *Produktion* von Verwerflichkeit durch den Ausschluss bestimmter Subjekte, die dann als personifizierte Verwerflichkeit zum Schweigen gebracht und dadurch kontrolliert werden. Morrison beobachtet zudem, dass das Verwerfliche, Sprachlose und mit den ›Mächten des Grauens‹ Assoziierte zwar oft die Funktion des Mütterlichen einnimmt, jedoch immer als *afrikanistische* Präsenz erkennbar wird. Beides, ›mütterliche Funktion‹ und ›afrikanistische Persona‹ sind Produkte des Symbolischen; eines bestimmten kulturellen Symbolischen – das der Moderne – und sie werden diskursiv hervorgebracht. Die Reihenfolge entspricht der Genealogie von Freuds ›dunklem Kontinent‹, der bereits als Begriff im ›kulturellen Symbolischen‹ mit all seinen Bedeutungszusammenhängen zur Verfügung steht, ehe Freud ihn zur Allegorie für die weibliche Sexualität und mit ihr die Frau beziehungsweise Weiblichkeit und das Unbewusste macht. Afrika ist der verschobene Anfang der psychoanalytischen Subjektgenese.

Mit dem Begriff Afrikanismus meint Morrison eine sorgfältig erfundene, »nichtweiße, afrikanerähnliche (oder afrikanistische) Präsenz oder Persona«, die mit einer »Skala von Ansichten, Meinungen, Interpretationen und Fehlinterpretationen« verbunden ist, »welche die eurozentrische Lehre über« Menschen aus Afrika begleitet (1994, S. 27). Dieser Skala von Ansichten ist die Schattierung der Hautfarbe immanent, die zwischen den Polen Zivilisiertheit (weiß) und Primitivität (schwarz) als Zeitachse eine Distanzierung von Subjekt und Objekt (beziehungsweise Abjekt) in den Texten ermöglicht.

Das Spektrum dieser afrikanistischen Persona in der von Morrison untersuchten Literatur reicht von schwarzen, männlichen Krankenschwester-Ammen bis zum Haifisch, personifiziert durch schwarze Frauen als »das vom Menschlichen am weitesten entfernte Ding, so weit entfernt, dass sie nicht einmal ein Säugetier, sondern ein Fisch ist« (Morrison, 1994, S. 119). In einer Bett-Szene lässt Hemingway die Frau eines weißen, heterosexuellen Pärchens den Mann fragen, wie es denn wäre, ›es mit einem Niggermädchen zu treiben‹ (S. 118), worauf der antwortet: »Wie mit einem Haifisch« (ebda.). Das Bild des »räuberischen, verschlingenden Erotizismus« stellt die Antithese zur Weiblichkeit dar, welche die weiße Frau besetzt (S. 119). Wie ich bereits an Freuds Ekel-Theorie deutlich gemacht habe, werden gesellschaftlich vorhandene Subjektpositionen in seine Subjektgenese auf der Skala von primitiv zu zivilisiert eingeschrieben.

Morrison verdeutlicht, dass, was bei Kristeva unter mütterlicher Funktion als Abjekt fungiert, durch die gewaltsame Trennung der Menschen in Männer und Frauen, Weiße und Schwarze hervorgebracht wird, eine Trennung, die aus Menschen Subjekte und Objekte macht, wovon Letztere jeweils Ersteren dienen. Ihr »Projekt ist ein Bemühen darum, den kritischen Blick vom rassischen Objekt zum rassischen Subjekt zu wenden; von den Beschriebenen und Imaginierten zu den Beschreibenden und Imaginierenden; von den Dienenden zu den Bedienten« (1994, S. 125). Mein Versuch, durch ihre Analyse Kristevas Abjektionstheorie zu lesen, folgt diesem Vorschlag eines Perspektivwechsels. Ich will damit deutlich machen, dass die Figur der Abjektion sinnvoll ist, um die Realität zu beschreiben – Abjektion als Projektion all dessen, was das Subjekt und die Kultur der Moderne *nicht* sein wollen, auf bestimmte Subjekte, die dadurch abjekt werden. Allerdings ist dies eine ›Technologie‹ des Diskurses und nicht des Affekts, wie Hook behauptet – der Rekurs auf die Ontogenese dient der Naturalisierung dieser ›Technologie‹. Die Literatur ist eine der ›Techniken‹, mittels der Abjektion diskursiv naturalisiert wird, indem die Leser_innen imaginativ (und damit unbewusst) in diese symbolische Ordnung von Subjekt und Objekt der Abjektion eingeschrieben werden.

Zunächst muss an/erkannt werden, dass das Ausgeschlossene – das Abjekt – nicht irgendeine ›archaische Position‹ (das *Reale* der Psychoanalyse) ist, sondern ausgeschlossene Menschen in der *Realität*. Die Verbannung von ›Rasse‹ und Rassismus »aus dem literarischen Diskurs ist ihrerseits schon rassistisch« (Morrison, 1994, S. 74). Gerade dann, wenn die (amerikanischen) Texte *nicht* von Schwarzen handeln, »Gestalten, Erzählungen oder Idiom nicht afrikanistisch sind, schwebt der Schatten als Implikation, als Zeichen, als Grenzlinie darüber«, schreibt Morrison (ebda.).

> »Rhetorische Säure über die Finger einer schwarzen Hand zu gießen, mag in der Tat die Fingerabdrücke zerstören, aber nicht die Hand. Außerdem, was geschieht bei diesem gewaltsamen, egoistischen Tilgungsakt mit den Händen, den Fingern, den Fingerabdrücken dessen, der die Säure ausgießt? Bleiben sie säurefrei? Die Literatur selbst legt da anderes nahe.« (ebda.)

Wenn man Kristeva und ihrem Subjekt (in der Therapie als auch der Literatur) die Universalität nimmt und an/erkennt, dass es weiß ist und mit Abjektion *bestimmte Subjektpositionen* – (neben den bereits mit Butler benannten: Homosexualität und Weiblichkeit) Nicht-Weißsein –ausgeschlossen wird, wird deutlich, welche Funktion die Ausgeschlossenen für die Ausschließenden haben. Es wird sichtbar, dass Abjektion – ein Tilgungsakt – weiße (männliche, heterosexuelle) Subjektivität *erzeugt*.

Ausgangspunkt von Morrisons Untersuchung ist die Autobiographie der französischen Schriftstellerin Marie Cardinal, in der diese über ihre psychische Krankheit und deren Heilungsprozess schreibt. Auslöser der Krankheit, der Augenblick, in dem die Autorin merkt, dass ihr ein Zusammenbuch droht – ihr »first encounter with the Thing« (Cardinal, zitiert nach Morrison, 1993, S. vi), in der deutschen Fassung als ›die Sache‹ übersetzt –, ist ein Konzert von Louis Armstrong. Seine Musik, die sie mit »Gleichgewicht und der Illusion von Dauer« assoziiert, die Permanenz, welche die Musik für sie darstellt, löst wie es scheint bei ihr eine Angstattacke aus. Von Todesängsten getrieben rennt sie auf die Straße.

> »Diesen Vorfall in Worte zu fassen, war entscheidend für den Beginn ihrer Therapie, aber die Bildersprache, die als Katalysator für ihren Angstanfall wirkte, bleibt unerwähnt – weder spricht sie selbst davon, noch ihr Analytiker, noch der berühmte Arzt Bruno Bettelheim, der sowohl das Vorwort als auch eine Nachbemerkung schrieb.« (Morrison, 1994, S. 9-10)

Das Ding, das die Narration antreibt, einen Konflikt auslöst sowie den ›Spracherwerb‹ (›es in Worte zu fassen‹) ermöglicht, bleibt also selbst unthematisiert. Der Auslöser ihrer Todesfurcht, ihrer Angst, die Kontrolle über ihren Körper zu verlieren, ihre Flucht vor dem Gleichgewicht, der »Illusion von Dauer« und Permanenz – all das sind »wunderbare Tropen für die Krankheit, die im Begriff ist, Cardinals Leben auseinanderzubrechen« (1994, S. 10). Die Klassifikation ›autobiografisch‹ sei zutreffend, schreibt Morrison, könne man an Marie Cardinals Roman *Les Mots pur le dire* (Die Worte, um es zu sagen), in dem sie den schwierigen Heilungsprozess durch Sprache in der ›Redekur‹ der Psychoanalyse dokumentiert, doch den Prozess der Selbstkonstruktion – das Bedürfnis, Kohärenz ins Chaos zu bringen – besonders gut beobachten (1994, S. 8). Wie hängen die kulturellen Assoziationen zu Jazz mit dem ›Ding‹ zusammen, das Cardinals Leben bedroht? Das ist die Ausgangsfrage für Morrisons Untersuchung des literarischen Reisens in den verbotenen Raum des Schwarzen.

An späterer Stelle dieser Autobiographie rekonstruiert Cardinal den Ursprung des ›Dings‹ und findet ihn in Algerien – ihrer ›eigentlichen Mutter‹. Als ein in Algerien geborenes, französisches Kind sieht sie den »Ursprung der Sache« darin, dass »wir Algerien vernichteten« (Cardinal, zitiert nach Morrison, 1994, S. 11). In »bewegten Bildern von Muttermord, dem weißen Abschlachten einer schwarzen Mutter« bringt sie »eine innere Verwüstung mit einer von der Gesellschaftsordnung bestimmten Beziehung zur Rasse in Verbindung« (Morrison, ebda.). Die Trope von Kristevas Muttermord gewinnt hier also eine weitere Konnotation: Rasse. Die ›Rehabilitation‹ des Abjekts in der Literatur gewinnt eine weitere Funktion: Die melancholische Rückwendung zu den ›traurigen Tropen‹, dem verlorenen Paradies. Cardinal gehört »zu den Kolonialisten, ein weißes Kind, das die Araber liebte und von ihnen geliebt wurde, aber vor Beziehungen zu ihnen, die über ein distanziertes und kontrolliertes Verhältnis hinausgingen, stets gewarnt wurde« (ebda.). In Cardinals Darstellungen – etwa in Bezug auf ihre vorpubertäre Sexualität – sind Nicht-Weiße Symbole für »›sündige‹, aber köstliche Sinnlichkeit«, die mit Forderungen nach Reinheit und Zurückhaltung gepaart sind« (1994, S. 12). Die gesetzeswidrige Sexualität, die auch in der psychoanalytischen Subjektgenese zurückgelassen werden muss, ist mit Schwarzsein assoziiert. Afrikanistische Symbole bilden über die Seiten hinweg ein Muster und treiben das literarische Spiel an.

Morrison beobachtet also ganz ähnliche Tropen in diesem Text, wie sie Kristeva für ihre Abjektionstheorie in Anspruch nimmt: die Mächte des Grauens, Muttermord, Psychose, Zeitlosigkeit als Semiotik oder Prädiskursivität, gesetzeswidrige Sexualität, Affekt und die Widerständigkeit von all dem, in Worte gefasst zu werden. Sie findet ›das Ding‹ auch genau an dem

Ort, wo Kristevas Abjektionstheorie ihren *Ursprung* hat, nämlich der ›Void‹ einer Patientin, der Leerstelle ihres Schweigens in der Psychoanalyse im postkolonialen Frankreich. Dasselbe ›kulturelle Symbolische‹ – Zeit und Ort sind identisch. Allerdings mutmaßt Morrison in den Leerstellen des Textes oder dem Schweigen in der Psychoanalyse kein unnennbares, primordiales Abjekt als Rhythmus und mütterlicher Körper wie es Kristeva tut. Vielmehr zeigt sie, dass dieses unsagbare ›Ding‹ in den Texten als formendes, stabilisierendes und verstörendes (S. 35) Nicht-Ich gewaltsam hervorgebracht wird und zwar durch Auslöschung von Schwarzen. Dieses Nicht-Ich ist zwar konstitutiv für die Handlung – seine Bedingung –, es muss jedoch überwunden und als Rest zurückgelassen werden, wenn ›die Sache‹ in Worte gefasst ist. Auch hier ist also eine Parallele zu Butler festzustellen, die zeigt, dass Frauen in der Philosophie und (sie in Teilen reproduzierend) in der Psychoanalyse weder Form noch Materie, weder Subjekt noch Objekt sind, sondern die *Bedingung* für Ontologie. Das ›Ding‹ ermöglicht auf negativem Weg weiße Identität.

An der Aufstellung von Grenzfiguren – der Erfindung einer afrikanistischen Präsenz – ist in dieser Literatur zu erkennen, wie eine einheitliche Identität durch Ausschlüsse erzielt wird. Schwarze fungieren als Katalysatoren für die Entwicklung, als Wechselbegriffe für Handlung, als eine Art nicht materialisierte Materie; als Figuren, die keine Identität haben, sondern die Bedingung und das Vehikel für Identität sind. Sie tun das für die ›Identität‹ des Subjekts, *aber auch der Kultur* der Moderne. Sie sind Teil des Unbewussten, nicht nur des Subjekts der Moderne, sondern auch seiner Literatur, seiner Kultur, seines gesamten ›kulturellen Symbolischen‹. Das *Ding* ist das Unbewusste der Kultur der Moderne. Abjektion wird damit als ›Technologie‹ zur Hervorbringung hegemonialer Subjektpositionen erkennbar. Es wird deutlich, dass Kristevas Theorie im Effekt Rassismus und Sexismus verschleiert und in Anwendung ihrer Theorie auf Rassismus und Sexismus eine Immunisierung stattfindet. Die Mechanismen von Rassismus und Sexismus sind nicht mehr erkennbar weil Ursache und Wirkung vertauscht wurden. Kristevas Abjektionstheorie als Teil der Ontogenese ist im Kern rassistisch und sexistisch, weil sie Ausschluss und Verwerflichkeit ontologisiert und mit Weiblichkeit und Primitivität als Codewort für Rasse assoziiert.

Kristeva, die an Lacans Prämisse festhält, dass es keine Geschlechter gibt, sondern nur Positionen, die eingenommen werden, akzeptiert den Zusammenfall von Weiblichkeit mit dem Abjekten, Semiotischen, Prädiskursiven als Funktion für das Nicht-Ich, während Männlichkeit mit dem Symbolischen assoziiert ist und die Funktion hat, dem Text Form und Gestalt zu geben sowie Autor_innen und Leser_innen ein Ich. Bei Morrison wird deutlich, dass, was bei Kristeva als Nicht-Ich auftaucht, durch die *Entmenschlichung* schwarzer Subjekte hervorgebracht wird, um sie dann zur ›Funktion‹ für die Identitätsbildung eines bestimmten Subjekts, nämlich des weißen, männlichen Subjekts der Moderne *dienlich* zu machen. Dieselbe Gewalt, die Butler beim psychoanalytischen Gesetz der sexuellen Differenz beobachtet, das nur zu konstruieren vermag, indem es auslöscht – Symbolisierbarkeit nur zum Preis der Entsymbolisierung des Weiblichen als ursprüngliches Trauma ermöglicht –, beobachtet Morrison in der literarischen Produktion von Subjektivität. Schwarze – reale Menschen – verlieren in diesen Texten ihre Subjektivität und werden als afrikanistische Persona zur Figur für Verworfenheit und damit als Nicht-Ich Bedingung und zugleich dienstbar für das Ich – sie dienen als Vor-oder-Außerhalb des Subjekts dieser Texte. Wie geschieht das?

Das Terrain der Literatur ist die Imagination. Hier entfaltet sie ihre Wirkmacht und hier wird sie zur Mitgestalterin von Ideologien. An der Schnittstelle zwischen individueller Imagination und äußerer Welt verteilt die Literatur in bildlicher Sprache

> »die gesellschaftlichen Konventionen des Afrikanismus [und damit des Rassismus] neu und wandelt sie dabei um. In den Minstrel-Shows entband eine schwarze Farbschicht auf einem weißen Gesicht dieses vom Gesetz. Und so wie Unterhaltungskünstler mit Hilfe eines schwarzen Gesichts oder auf Grund der Assoziationen damit Themen zulässig machten, die sonst tabu gewesen wären, so waren amerikanische Schriftstellerinnen und Schriftsteller in der Lage, eine imaginierte afrikanistische Persona zu verwenden, um das in der amerikanischen Kultur Verbotene zu artikulieren und imaginativ darzustellen.« (Morrison, 1994, S. 96)

Es ist dieser Nexus, in dem offensichtlicher Rassismus endet und das Unbewusste von Whiteness beginnt – der Rassismus, der im Imaginären operiert und daher nicht so leicht erkannt wird.

Bis vor Kurzem wurden die Subjekte westlicher Literatur im ›ideologischen Vertrauen auf den Rassismus‹ (Morrison, 1994, S. 94) immer als weiß angenommen. Schwarze Charaktere traten in der weißen Literatur nicht in Erscheinung, »es sei denn als Objekt eines gelegentlichen Anfalls von Dschungelfieber, es sei denn, um Lokalkolorit oder einen Anstrich von Wahrscheinlichkeit zu verleihen oder um für eine notwendige moralische

Geste, für etwas Humor oder ein wenig Pathos zu sorgen« (Morrison, 1994, S. 37). Wie am Beispiel von Cardinals Autobiographie bereits dargestellt, sind Schwarze aber keine verzichtbaren Randerscheinungen in weißer Literatur. In ihrem Schattendasein sind sie konstitutiv für die Erzählung, ebenso wie für die Protagonist_innen selbst. Weiße_r Europäer_in oder Amerikaner_in zu sein, heißt nicht, getrennt von der afrikanistischen Präsenz zu sein. Die Ideale dieser Literatur: Individualismus, Männlichkeit, Humanismus, Freiheit, Fortschritt und Entwicklung ebenso wie ihre Probleme, etwa moralische Auseinandersetzungen; Themen wie Besessenheit, Tod und Angst, wären nicht darstellbar ohne die abwesende Präsenz als Caché für all das, was diesen Idealen nicht entspricht. Der Afrikanismus in der von Morrison untersuchten Literatur hat eine selbstreflexive Funktion für das Weißsein der Autor_innen und ihrer Leser_innenschaft.

»Bilder des Schwarzen können böse *und* beschützend sein, aufbegehrend *und* vergebend, beängstigend *und* begehrenswert – sie tragen all die widersprüchlichen Eigenschaften des Ichs. Das Weiß allein ist stumm, bedeutungslos, unergründlich, zwecklos, gefroren, verhüllt, verschleiert, schrecklich, sinnlos, unversöhnlich. Das jedenfalls scheinen unsere Schriftsteller sagen zu wollen.« (Morrison, 1994, S. 89)

2.3.13 Ausgeschlossen, aber unverzichtbar – der Widerspruch der Moderne

Wie das Abjekt, ist die afrikanistische Präsenz das Ausgeschlossene, aber Unverzichtbare. Kristeva versteht ihr Abjekt als universal und überhistorisch, seine Rehabilitation in der Literatur soll dagegen Zeichen der Moderne sein. Bei Morrison wird deutlich, dass dieses Abjekt kein überhistorisches ›Ding‹ ist, das durch die literarische Kunst sublimiert würde. Vielmehr wird es durch die Widersprüchlichkeit der Moderne hervorgebracht, als Rest ihrer Dialektik zurückgelassen und zu ihrer Heimsuchung. Der Widerspruch in der historischen »Verbindung zwischen der Aufklärung und der Institution der Sklaverei – zwischen Menschenrechten und der Versklavung des Menschen« (Morrison, 1994, S. 70) erzeugte einen ›dunklen Kontinent‹. Wie eingangs dieses Buches bereits mit Morrison im Rekurs auf Orlando Patterson erwähnt,

»sollten wir uns nicht darüber wundern, dass die Aufklärung sich mit der Sklaverei abfinden konnte; wir müssten uns eher wundern, wenn dies nicht der

Fall gewesen wäre. Das Konzept der Freiheit entstand nicht in einem Vakuum. Nichts rückte die Freiheit derart ins Licht wie die Sklaverei – wenn sie sie nicht überhaupt erst erschuf. ... Denn in jener Konstruktion von schwarzer Hautfarbe *und* Sklaverei ließ sich nicht nur das Nicht-frei-Sein finden, sondern auch, in der dramatischen Polarität, die durch die Hautfarbe entsteht, die Projektion des Nichtichs.« (1994, S. 65)

Freuds rassistisch konnotierte Metapher für weibliche Sexualität (Dark Continent) und das Unbewusste – die ›Urbevölkerung‹ – ist eng mit diesem Widerspruch verknüpft. Dort liegt die Bemächtigungsgeschichte begraben – ein ›weißer Fleck‹ in der Erinnerungslandschaft der Moderne, den die Literat_innen (genauso wie die Psychoanalyse) phantasievoll ausmalen. Morrison zeigt, wie dieser Widerspruch von Aufklärung und Sklaverei in der Literatur verarbeitet wurde:

Während der Sklaverei wurden Schwarze von Weißen kaum als Menschen betrachtet und konnten infolge dessen schamlos ausgebeutet werden. Ihre Unterwerfung erschien gar als Zivilisierung. Morrison veranschaulicht das am Beispiel von Briefen und Tagebüchern eines europäischen Siedlers im 18. Jahrhundert, der im Begriff war, Amerikaner zu werden. William Dunbar tauchte plötzlich in der Wildnis des Mississippi auf, steckte eine große Parzelle Land ab, verschwand dann in die Karibik, um »mit einem Bataillon ›wilder‹ Sklaven zurückzukommen, mit deren Arbeitskraft allein er einen Landsitz errichtete« (Bailyn, 1986, zitiert nach Morrison, 1994, S. 67). Dunbar war allerdings nicht nur Sklavenhalter und Plantagenbesitzer, sondern ein Gelehrter, der mit anderen Gelehrten über Wissenschaft und Forschung korrespondierte, »Beiträge für die American Philosophical Society« (Bailyn, 1986, zitiert nach Morrison, 1994, S. 68) in den Gebieten »Linguistik, Archäologie, Hydrostatik, Astronomie und Klimatologie« (ebda.) schrieb und »in diese rohe, halbwilde Welt die Annehmlichkeiten der europäischen Kultur; nicht Kerzenleuchter und kostbare Teppiche, sondern Bücher, feinste Vermessungsgeräte und die neuesten wissenschaftlichen Instrumente« (ebda.) brachte. Dunbar war ein stets auf Vornehmheit bedachtes »Produkt der schottischen Aufklärung« (ebda.), ein belesener ›Littérateur‹, der sich mit »Dean Swifts Glückseligkeiten« (Bailyn, 1986, zitiert nach Morrison, 1994, S. 69), mit dem »tugendhafte[n] und glückliche[n] Leben« (ebda.) und »Gottes Gebot der Nächstenliebe« (ebda.) auseinandersetzte und gleichzeitig sonderbar gefühllos und mit großem Unverständnis eine »auf Freiheit gerichtete[] Verschwörung von

Sklaven auf seiner Plantage« (ebda.) unterdrückte. Ein Widerspruch? Nein, denn diese weißen Männer konnten sich einreden,

> »dass jene Wildheit ›dort draußen‹ ist. Die befohlenen Peitschenhiebe (fünf mal fünfhundert, macht 2.500) sind keine eigene Grausamkeit; die wiederholten und gefährlichen Ausbrüche in die Freiheit bestätigen auf ›verwirrende‹ Weise die schwarze Irrationalität; die Verbindung von Dean Swifts Glückseligkeiten und einem Leben in Regeln gefasster Gewalttätigkeit ist zivilisiert; und wenn die Empfindungen hinreichend abgestumpft sind, bleibt die Roheit etwas Externes. Diese Widersprüche bahnen sich ihren Weg durch die Seiten der amerikanischen Literatur.« (Morrison, 1994, S. 73)

Dunbar verfügt über Autorität, Autonomie, Freiheit oder Individualismus nicht *trotz* der Sklaverei, sondern *durch* sie. Das aufklärerische Konzept der Freiheit »entstand nicht in einem Vakuum« (Morrison, 1994, S. 65). Im Englischen werden die semantischen Interdependenzen des Vokabulars des En-lighten-ment besonders deutlich:

> »Nothing highlighted freedom – if it did not in fact create it – like slavery ... For in that construction of blackness *and* enslavement could be found not only the *not-free* [Hervorhebung v. Verf.] but also, with the dramatic polarity created by skin color, the projection of the *not-me* [Hervorhebung v. Verf.].« (Morrison, 1993, S. 38)

Für das Licht der Aufklärung war die Schattenseite der Sklaverei konstitutiv.

Der Akt der Bemächtigung wird imaginär verkehrt. Indem Wildheit, Triebhaftigkeit oder Primitivität – Kristevas ›Mächte des Grauens‹ – als Eigenschaft der Unterworfenen imaginiert werden, erscheint ihre Unterwerfung als Zivilisationsakt. Dunbars Peitschenhiebe entspringen nicht seiner Gewalt, sondern werden durch die Triebhaftigkeit der Sklaven – Wilde, die mit der Wildnis in eins gesetzt werden – provoziert. (Und erinnert uns das nicht wiederum an Hooks Rassismustheorie?) Fernab von den Quellen der Kultur,

> »allein an der fernen Peripherie der britischen Zivilisation, wo der Kampf ums physische Überleben zum Alltag gehörte, wo rücksichtslose Ausbeutung eine Lebensform und wo Unregelmäßigkeiten, Gewalt und Entwürdigung des Menschen an der Tagesordnung waren, hatte [Dunbar] durch erfolgreiche Anpassung triumphiert. Unendlich unternehmungslustig und erfinderisch, waren seine feineren Empfindungen vom rauhen Leben an der Zivilisationsgrenze abgestumpft, und

indem er ein Gefühl von Autorität und Autonomie in sich verspürte, wie er es zuvor nicht gekannt hatte, eine Kraft, die seiner absoluten Herrschaft über das Leben anderer entsprang, wurde er zu einem eindeutig neuen Menschen, einem Gentleman des Grenzlands, einem Grundbesitzer in einer rauhen, halbwilden Welt.« (Bailyn, 1986, zitiert nach Morrison, 1994, S. 69-70).

Die Sklaverei stellte also nicht nur in ökonomischer und politischer Hinsicht eine Bereicherung dar, sie bereicherte auch »die kreativen Möglichkeiten des Landes« (Morrison, S. 1994, S. 65). Der Afrikanismus entsprang »dem kollektiven Bedürfnis, innere Ängste zu verbinden und äußere Ausbeutung zu rationalisieren, ... ein künstliches Gemisch aus Dunkelheit, Anderssein, Beunruhigung und Begehren« – das seine Entsprechung in der europäischen Kolonialliteratur hat (ebda.). Deutschland, Südamerika, England, Frankreich, Spanien – ihrer aller Kulturen haben irgendeinen Aspekt zu dem ›erfundenen Afrika‹ beigetragen; die Kolonialliteratur ist von Rassismus geprägt (S. 28). Woher kommen jedoch die ›inneren Ängste‹?

Die frühe Literatur der USA ist durch die von Kristeva beschriebenen ›Mächte des Grauens‹ charakterisiert. Nur ist die Literatur nicht der Ort, wo diese Mächte auftauchen und sublimiert werden, sondern der Ort, wo sie produziert, wo sie *eingeschrieben* werden. Es sind keine archaischen Ängste, die mit der psychoanalytischen Triebtheorie erklärt werden könnten, sondern aus realhistorischen Erfahrungen entstandene Ängste, die sich ins kollektive Gedächtnis eingebrannt hatten und die in der Literatur phantasievoll verarbeitet wurden. Die Besessenheit und Dunkelheit dieser Literatur »weist auf die komplexe und widersprüchliche Situation hin, in der sich amerikanische Schriftsteller in den Gründerjahren der Nationalliteratur befanden« (Morrison, 1994, S. 59). Die weißen Siedler_innen waren vor Unterdrückung, Armut, religiöser Verfolgung beziehungsweise einer für sie inakzeptabel freizügigen, gottlosen und undisziplinierten Alten Welt in eine Neue Welt geflohen, die nach Freiheit, Zukunft, einer nie dagewesenen Menschenwürde strebte, kurz, die den ›amerikanischen Traum‹ versprach (S. 59-60). Andere – Gebildete – suchten das koloniale Abenteuer im Dienst für das Vater- beziehungsweise Mutterland. Wieder andere – Kaufleute – kamen in der Hoffnung auf das schnelle Geld (S. 60). Was sie alle ersehnten, war die ›weiße Weste‹, die der Neustart in der Neuen Welt ermöglichte. Ein großer Teil der Nationalliteratur der Vereinigten Staaten hat »die Schaffung eines *neuen weißen Mannes* zu ihrem Anliegen gemacht« (S. 37; vgl. auch Dyer, 1997).

Nachdem die Dunbars ihre Arbeit getan und durch Sklaverei die Grundlage für den Wohlstand der weißen Siedler_innen geschaffen hatten, konnten im siebzehnten und achtzehnten Jahrhundert schließlich die »Gewohnheit des Kniefalls« (S. 61) durch Befehlsgewalt eingetauscht werden und Macht und »Herrschaft über das eigene Schicksal« (ebda.) an die Stelle von Machtlosigkeit treten, »die man vor den Toren von Klasse, Kaste und durch tückische Verfolgung erfahren hatte« (ebda.). Eine Vergangenheit der Verdammung konnte eingetauscht werden gegen eine »Geschichtslosigkeit – eine leere Seite, die darauf wartete, beschrieben zu werden« (ebda.). Das ist Abjektion – ein casting out. Die ›Outcasts‹ Europas (besonders deutlich in der Kolonialpolitik, die in Australien und Neuseeland praktiziert wurde, indem englische Häftlinge zur Besiedelung der Kolonien geschickt wurden) konnten selbst Herrscher werden und die ansässige Bevölkerung unterwerfen.

Durch die frühe amerikanische Gründerliteratur weht nicht der Wind der Freiheit, der Unschuld, der Freude oder der Hoffnung, vielmehr wurden die »Lektionen früherer Fehler und vergangenen Unglücks« (S. 62) aufgeschrieben, »um durch Bloßstellung und Einimpfung ihre Wiederholung zu verhindern« (ebda.). Entsprechend mürrisch, verstört, erschreckt und besessen war diese Literatur (ebda.). Die amerikanische Romantik war nicht als Spielwiese, sondern als Schlachtfeld für die Bekämpfung der eigenen Dämonen attraktiv (S. 63). Der Abenteuerroman stellte keine Flucht dar, sondern war die »frontale Auseinandersetzung mit den ganz realen, bedrückenden historischen Kräften und ihren Widersprüche[n]«, er war »eine Erkundung der aus den Schatten europäischer Kultur importierten Angst« (ebda.). Die Siedler_innen waren also einerseits auf der Flucht, andererseits waren sie die Aggressor_innen, die Grenzen überschritten, der bereits ansässigen Bevölkerung das Land enteigneten und sie ausbeuteten. Die Ausbeutung anderer, ebenso wie die Gier nach Gold und schnellem Reichtum standen im Widerspruch zu den Idealen der Aufklärung und des Christentums. Diese Widersprüche charakterisierten die Situation der amerikanischen Abenteurer und Siedler genauso wie die der europäischen Kolonisatoren in Afrika, Asien oder den Amerikas. Die Literatur profitierte von der Spannung aus diesen Widersprüchen, sie war eine ›Spielwiese für die Phantasie‹.

Die »Angst vor Grenzenlosigkeit und Überschreitung« ebenso wie der »Wunsch nach einem grenzenlosen, unbewohnten Grenzgebiet« wurden mithilfe des Afrikanismus »frei[ge]setzt und erkundet« (S. 80). Ausbeutung und Grenzüberschreitung konnten als *natürliches* Verhältnis zwischen Primitivität und Zivilisiertheit *beschrieben* werden. Der Widerspruch von Gleichheit und Ausbeutung wurde verwischt. Diese Literatur kennzeichnet nicht die Sehnsucht nach Freiheit, wie man erwarten würde, sondern der Schrecken davor:

> »Die amerikanische Furcht vor dem Ausgestoßensein, dem Versagen, der Machtlosigkeit; die Furcht vor Grenzenlosigkeit, vor einer ungezähmten Natur, die sich zum Angriff duckt; die Furcht vor dem Mangel an sogenannter Zivilisation; die Furcht vor Einsamkeit, vor äußerer und innerer Aggression.« (ebda.)

In der Literatur konnte die Dunkelheit mit all ihren Konnotationen – Gewalttätigkeit, Angst, Machtlosigkeit – phantasievoll ausgemalt werden. Die bereits ansässige Bevölkerung – Native Americans oder schwarze Sklav_inn_en in den USA, Maoris, Aborigines oder andere ansässige Bevölkerungen in den europäischen Kolonien – wurden zur Projektionsfläche, ein »Ersatzselbst zum Nachdenken über die Probleme menschlicher Freiheit« (Morrison, 1994, S. 64). Schwarze wurden nicht als Subjekte wahrgenommen, sondern zur Projektionsfläche für die eigenen inneren Widersprüche; um »Fragen der Klasse, der sexuellen Freizügigkeit und Unterdrückung, der Formierung und Ausübung von Macht und Betrachtungen über Ethik und Verantwortlichkeit gleichermaßen zu diskutieren und unter Kontrolle zu halten« (S. 27). Anhand der Hautfarbe und all ihren Konnotationen, welche die Rassentheoretiker geschaffen hatten – rassistisches Wissen, das bereits zum Allgemeinwissen geworden war –, ließ sich über das Negativ der Dunkelheit weiße Identität schaffen.

Wie das Abjekt ist die afrikanistische Persona »seltsam intim und irritierend separat« (S. 33), schreibt Morrison. Man könnte Kristevas Abjekt nicht treffender beschreiben. Allerdings wird Fremdes durch Austreibung erst *gestiftet*, schrieb ich mit Butler, und genau das legt Morrison durch ihre Literaturkritik offen. Abjektion ist die Austreibung der Schattenseiten der eigenen Geschichte – eine Verwerfung, die Inneres zur Vergangenheit macht und es ins Außen projiziert, ein Nicht-Ich als Vor-und-Außerhalb.

> »Der Afrikanismus ist das Vehikel, durch das sich das amerikanische Ich als nicht versklavt, sondern frei erfährt, als nicht abstoßend, sondern begehrenswert, nicht hilflos, sondern privilegiert und mächtig, nicht geschichtslos, sondern geschichtlich, nicht verdammt, sondern unschuldig, nicht ein blinder Zufall der Evolution, sondern fortschrittliche Erfüllung eines Schicksals.« (Morrison, 1994, S. 80)

Herman Melville sah die »Macht des Schwarzen«, die für seine literarische Arbeit so zentral war, durch die »Erbsünde und die angeborene Verworfenheit des Menschen« begründet (Anm. d. Übers. in einer Fußnote in Morrision, 1994, S. 64). In der afrikanistischen Persona wurden sämtliche mit der Verworfenheit assoziierten Gefühle objektiviert (S. 66). Stellvertretend für die Gesellschaft übertrugen die Schriftsteller_innen »innere Konflikte auf eine ›leere Dunkelheit‹, auf zweckdienlich abhängige und gewaltsam zum Schweigen gebrachte schwarze Körper« (Morrison, S. 65). Die ›rassischen‹ Unterscheidungen waren dabei »sehr ergiebig, was Zeichen und Symbole betraf, und ... sehr wirksam bei dem Prozeß, nach kulturell als wertvoll anerkannten Interessen Identität zu organisieren, abzutrennen und zu konsolidieren« (S. 67). Melville »benutzt allegorische Gebilde – der weiße Wal, die rassisch gemischte Besatzung, die schwarz-weiße Zusammensetzung von männlichen Paaren, der suchende, zweifelnde weiße männliche Kapitän, der sich dem undurchdringlichen Weiß stellt –, um hierarchische Unterschiede zu untersuchen und zu analysieren« (S. 100). Afrikanistische Idiome konnten benutzt werden, um Unterschiede zu etablieren (S. 77). Afrikanistische Gestalten dienten dazu, »die Erfindung und die Implikationen der weißen Hautfarbe zu veranschaulichen und zu verstärken«, die Ziele weißer Gestalten »zu definieren und ihre guten Eigenschaften hervorzuheben« (S. 82). Schreiben heißt (weiß) Werden (vgl. Morrison, 1994, S. 24) durch das Spielen im Dunkeln und die Überwindung der Dunkelheit.

In der amerikanischen oder der Kolonialliteratur erscheinen kohärente weiße Gestalten erst nach der Begegnung mit Schwärze. Zunächst wird ein undurchdringliches Weiß geschildert, ein Nebel, hinter dem sich eine afrikanistische Präsenz verbirgt, die mit allem besetzt wird, was beängstigt und überwunden werden muss. Bilder undurchdringlichen Weißes treten immer in Verbindung mit schwarzem Tod, Ohnmacht oder Unterworfenheit auf, Schwarze symbolisieren in den Texten immer Angst, Besessenheit und Dunkelheit, von denen die Leser_innen am Ende des Romans durch ein in sich geschlossenes weißes Bild – eine kohärente, weiße Identität – befreit werden (S. 58-59). Kein Schriftsteller sei so wichtig für den Afrikanismus wie Edgar Allan Poe, schreibt Morrison, kein Bild so vielsagend wie dieses: »Die sichtbar gemachte, aber irgendwie in sich geschlossene und unerkennbare weiße Gestalt, die am Ende der Reise aus den Nebeln aufsteigt« (S. 58). Afrikanistische Gestalten konnten benutzt werden, um »äußeres und inneres Chaos zu mildern und zu ordnen« (S. 82). Abjektion ist Weißwerden durch die Verdrängung von allem, was dem Ideal ›weißer

Identität‹ nicht entspricht. So gelesen stimmt Hooks abjektionstheoretischer Rassismusansatz.

Die afrikanistische Persona ist nicht nur für männliche Schriftsteller dienstbar. Auch Autorinnen profitierten von der Figur. Die Sklaverei ebenso wie der Kolonialismus bot weißen Frauen die Möglichkeit, sich selbst zu bemächtigen. Im Geschlechterverhältnis unterdrückt, konnten sie durch den Rassismus ihre eigenen Machtphantasien ausleben.[33] Noch 1940 bedient sich Willa Cather in »Sapphira und die Sklavin« des Verhältnisses der Sklaverei, um das »Wirken von Macht, Rasse und Sexualität im Kampf einer weißen Frau um innere Klarheit« (S. 43) zum Ausdruck zu bringen. Im Roman geht es um eine an den Rollstuhl gebundene Sklavenhalterin, die die Vergewaltigung der Tochter ihrer treuesten Sklavin organisiert, weil sie sich einbildet, dass diese junge Frau eine sexuelle Beziehung zu ihrem Mann hat. Die Flucht dieser jungen Sklavin vor diesem Angriff und deren Mutter-Tochter-Beziehung werden zum Schauplatz, auf dem die Autorin ihre eigene Mutter-Tochter-Beziehung verarbeitet, ebenso wie das Thema der Flucht. Es geht »nicht nur um ein flüchtiges Mädchen« (S. 41), der Roman ist vielmehr »seinerseits ein Flüchtling vom literarischen Anwesen seiner Autorin. Es ist auch ein Buch, das die eigene flüchtige Flucht der Erzählung vor sich selbst beschreibt und festschreibt« (S. 41-42). Die »eigentliche Fliehende, versichert der Text, ist die Sklavenherrin« (S. 44). In ihrem Roman träumt Cather »ihre eigene problematische Beziehung zu ihrer Mutter« – eine imaginative Strategie (S. 51). Das Subjekt des Traums – Cathers Roman – ist die Träumerin, »die Verfertigung einer afrikanistischen Persona ist reflexiv, eine außergewöhnliche Betrachtung über das Ich; eine kraftvolle Erforschung der Ängste und Wünsche« (S. 39). Freuds Traumdeutung als eine der Gründungsgeschichten der Moderne spiegelt diesen Zusammenhang.

Die Erfahrungen der schwarzen Frauen werden nicht geschildert. Die Strapazen der Flucht und der Schmerz der Trennung, die Ungewissheit der Mutter über das Befinden der Tochter werden nicht thematisiert. Die schwarzen Frauen werden zur Projektionsfläche für Cathers eigene unanalysierte Mutter-Tochter – Beziehung. »Das Fehlen von Mutterliebe, immer wieder ein quälendes Anliegen der Autorin, wird mit der als selbstverständlich angenommenen Isolation der Sklaven von Geburt auf in Verbindung

33 Vgl. hierzu Dietrich, 2007; Kundus, 1997, 2003a, 2003b; Mamozai, 1982; Schneider, 2003; Wildenthal, 2001; Walgenbach, 2007.

gebracht« (S. 47). Das Schweigen über die Subjektivität der schwarzen Frauen nimmt »eine unerträgliche Gewalt« (S. 46) an.

Die schwarzen Frauen werden

> »ungefragt, der enteignete Grund und Boden für Cathers Erforschung dessen, was von so überragender Wichtigkeit für die Autorin ist: die rücksichtslose, ungeschmälerte Macht einer weißen Frau, die aus den uneingeschränkt zur Verfügung und zu Diensten stehenden Leben afrikanistischer anderer Identität für sich schöpft.« (S. 49)

Das Sprechen der Schwarzen wird vermieden, es wird *für* oder *über* sie gesprochen. Afrikanistische Sprachpraktiken werden angewandt, »um die Spannung zwischen Sprache und Sprachlosigkeit zu beschwören«, sie werden benutzt, »um eine kognitive Welt [zu] schaffen, die gespalten ist zwischen gesprochener Sprache und Text, um Klassenunterschiede und Anderssein zu bekräftigen wie um Privileg und Macht zur Geltung zu bringen« (Morrison, 1994, S. 81). Die ›Prädiskursivität‹ des Rassismus, die Hook beschwört, ist also weniger eine ›technology of affect‹ als eine ›Technik‹ des Symbolischen – eine schriftstellerische Technik des Rassismus. Nicht das ›Prädiskursive‹, sondern die *Trennung* von Sprache/Text von allen anderen Bereichen menschlicher Subjektivität und Kommunikation *im Diskurs* verantwortet Rassismus (wie auch Sexismus) durch die Assoziation der Abgewerteten mit dem ›Prä‹-Diskursiven. Dieses ›Vorher‹ wird durch Ausschluss im Dienst des ›Nachher‹ hervorgebracht. Die afrikanistischen Gestalten dienen »als Markierung und Vehikel für illegale Sexualität, für Angst vor Wahnsinn, Vertreibung und Abscheu vor der eigenen Person« (ebda.). Sie sind Grenzfiguren, Wechselbegriffe, Fetische.

> »So wie Sapphira die dienstbaren schwarzen Ersatzkörper risikolos für ihre eigenen Machtzwecke benutzt hat, so verwendet die Autorin sie für ihr eigenes Verlangen nach einer *sicheren,* ungefährlichen Beteiligung am Verlust, an Liebe, am Chaos, an Gerechtigkeit.« (Morrison, 1994, S. 52)

Die schwarze Präsenz in der Literatur ist neben ihrer Funktion als Wechselbegriff und als Ersatzselbst vor allem durch Dienstbarkeit gekennzeichnet.

> »Von den afrikanischen Trägern, die in den Jagdgründen Afrikas die Lasten des weißen Mannes schleppen, über die Köder schneidenden Helfer an Bord von Fischerbooten und die treuen Begleiter alternder Boxer bis hin zu dienenden Barkeepern – das Aufgebot an hilfreichen schwarzen Krankenschwestern-Ammen-Männern ist beeindruckend.« (Morrison, 1994, S. 115)

Diese schwarzen Männer in der Funktion von Frauenbildern dienen den Bedürfnissen des Protagonisten und seiner männlichen Autonomieillusion, etwa einem Lone Ranger, jedoch »ohne ihn in seiner milden Selbsttäuschung zu stören, dass er tatsächlich allein sei« (ebda.). Auf diese Weise kann die Autonomie-Illusion aufrechterhalten werden.

Die ›dunklen Mutterfiguren‹ sind aber nicht nur Sklave, sondern auch Master, nicht nur Pfleger, sondern auch Vernichter (S. 116).

> »Die andere Seite des Pflegens, das Gegenteil der helfenden, heilenden Hand, finden wir in der Gestalt der Zerstörung – das alles verschlingende Raubtier, dessen unmenschliche und gleichgültige Impulse unmittelbar Gefahr bedeuten. Niemals still, immer hungrig, sind diese Gestalten dennoch verführerisch, schwer faßbar und theatralisch in ihrer Mischung aus Macht und Betrug, Liebe und Tod.« (S. 117)

Sie sind also genau das, was Kristeva mit der amalgamierten Jouissance beschreibt, die Triebhaftigkeit von Lust und Zerstörung, die sie mit dem Abjekt bezeichnet, dieser ›primitive‹ Zustand, der das Subjekt der Sprache immer wieder in die Dunkelheit seiner Vergangenheit verführt. Diese dunklen Männer-Krankenschwestern »zerstören, subtil und wirkungsvoll, des Erzählers Konstruktion von der Wirklichkeit« (ebda.). Sie sind das Triebhafte, das den Text heimsucht, das aber nicht wie bei Kristeva in der Literatur rehabilitiert, sondern mittels der Literatur wieder unter Kontrolle gebracht werden soll. Diese »Feder-Fehlleistungen« (S. 117) – »explosive, zusammenhanglose, repetitive Sprachmuster ... weisen auf einen Verlust der Kontrolle im Text hin, der den Gegenständen seiner Aufmerksamkeit zugeschrieben wird anstatt der dem Text eigenen Dynamik« (S. 100).

2.3.14 Heimsuchung

Das ist das Muster, welches Hook in der Nervosität rassistischer Diskurse sieht und was er als Versuch in der Sprache interpretiert, die mit der Heimsuchung durch das Abjekt hervorgebrachten Affekte zu integrieren – ein Bemühen, das zum Scheitern verurteilt ist, weil Abjektion zum prädiskursiven, ontogenetischen Prozess der Identitäts- und Autonomiegewinnung gehört, wie Hook glaubt. Hook sieht den Ursprung des Abjekts im topographisch Unbewussten der Psychoanalyse. ›Prädiskursiver‹ Rassismus ist Abjektion aufgrund der Affektivität von Primärprozessen, die das Subjekt im Rassismus heimsuchen, so seine Theorie. Die Nervosität des Rassismus ist jedoch dynamisch. Sie ist durch die Verdrängung von Aspekten der *Realität* und nicht des ›*Realen*‹ begründet. Hooks Theorie *verschiebt* dynamisch Unbewusstes in topographisch Unbewusstes. Gewalt in der Realität wird zur Triebhaftigkeit im Realen.

Mit Morrison wird deutlich, dass dieses Phänomen – die Heimsuchung – im Widerspruch der Moderne gründet. Sie ist die Wiederkehr einer verdrängten Bemächtigungsgeschichte. Die Sprache ihrer Literatur und mit ihr weiße Kultur und das Subjekt der Moderne sind auf Abjektion als Produktion des Abjekts angewiesen, um die Abhängigkeit von denen zu verdecken, die ausgeschlossen werden, aber unverzichtbar sind. Die *Abhängigkeit* steht im Widerspruch zur Autonomie des Subjekts dieser Literatur. Für Morrison hat die Literatur keine sublimierende Funktion, indem sie verdrängte Triebhaftigkeit ›in Worte fasst‹ – die Figur, die Hook als subversive Strategie gegen Rassismus vorschlägt –, sondern ist sie *Produzentin* eines konstitutiven Außen, das innere Widersprüche verdeckt. Mit Morrison wird erkennbar, dass Kristevas Figur der Abjektion ein Prozess der *Herstellung* verworfener Positionen (beispielsweise Schwarzsein) ist. Die Subjektivität dieser Texte verlangt Ausschlüsse – Objekte der Abjektion. Die Ökonomie der Intelligibilität – die souveräne Identität von Leser_innen, Autor_innen und ihren Protagonist_innen – fordert eine Position radikaler Nicht-Intelligibilität. Dieses Verhältnis – die *Realität* als kulturelles Symbolisches weißer Dominanzkultur – wird *in der Sprache* geschaffen, wie Morrison zeigt (und wie ich auch mit Butler und der Säuglingsforschung ausgeführt habe) und nicht, wie Kristeva, Hook oder Seshadri-Crooks mit dem Gesetz der Psychoanalyse behaupten, vor-oder-außerhalb der Sprache, begründet im ›*Realen*‹. Kristevas Behauptung: ›abject and abjection are my safeguards – the primers of my culture‹ ist richtig. Diese Behauptung trifft allerdings nur auf die Kultur der Moderne zu. Sie gründet auf dem Prinzip des Ausschlusses und sichert ihrem Subjekt (weiß, männlich, heterosexuell) Privilegien – eine hegemoniale Position. In der Literatur (als Repräsentantin der Kultur) der Moderne wird nicht wie bei Kristeva oder Freud behauptet, der ›dunkle Kontinent untergegangener Sexualität‹ sublimiert, sondern Ausbeutung durch die Konstruktion desselben *verschleiert*.

Ich stimme Hook zu, wenn er schreibt, dass Rassismus mit diskursanalytischen Methoden allein schwer zu fassen ist, weil er (auch) im Unbewussten operiert, nur widerspreche ich ihm kategorisch darin, *was* dieses Unbewusste des Rassismus konstituiert. Er glaubt, dass das Unbewusste des Rassismus durch ontogenetische Abjektion begründet wird – dem topographisch Unbewussten entspringt. Ich behaupte, dass es diese ontogenetische Abjektion nicht gibt. Abjektion ist im Symbolischen, also der Sprache/der Kultur, begründet und wird von dort aus von der Psychoanalyse in die Ontogenese *eingeschrieben*. Das Unbewusste des Rassismus ist dynamisch; sein Symptom – das Affektive und Körperliche des Rassismus, die Nervosität des Weißseins – in der Heimsuchung durch eine verdrängte Bemächtigungsgeschichte begründet. Das ›Ding‹ des Rassismus ist nicht deshalb schwer in Worte zu fassen, weil es der semiotischen, präverbalen, präsymbolischen Säuglingserfahrung angehört – Laut statt Bedeutung –, sondern weil es das verdrängte ›Ding‹ der Bemächtigungsgeschichte ist, das nicht zur Sprache gebracht werden *soll*.

Was Hook mit seiner abjektionstheoretischen Rassismusanalyse erklären will – diesen Rassismus jenseits der Worte, der auch als Nervosität des Weißseins beschrieben wird –, ist mit diesem Widerspruch der Moderne und seiner Verdrängung zu erklären. Heimgesucht wird das weiße Subjekt des Rassismus nicht von – dem *Realen* zugeordneten – Affekten einer primordialen Abjektion, sondern von den verdrängten Inhalten der Geschichte, eine Bemächtigungsgeschichte – der *Realität*. Kristevas Abjektionskonzept naturalisiert die Kultur des Sexismus und Rassismus, indem sie das Ausschlussprinzip – Teil von Kultur und Realität – über den Körper in die Psyche einschreibt und als das ›Reale‹ behauptet. Heimsuchungen, die aus dem Widerspruch der Moderne entspringen – ihrer Bemächtigungsgeschichte –, können, einmal durch das *Reale* begründet, nicht mehr politisiert werden.

2.3.15 Wenn der verlorene Referent spricht: Das Unbehagen in der Kultur oder die Nervosität des Weißseins

Im Widerspruch der Moderne liegt die Amnesie ›weißer Identität‹, wobei der Begriff ›Identität‹ bereits Teil des Problems ist, ist er doch zeitgleich mit der Moderne entstanden und gewissermaßen die Krankheit, die zu heilen er verspricht. Eine Identität kann immer nur durch Ausschlüsse hervorgebracht werden, sie ist nie das ganze Menschsein, sondern immer nur ein Teil davon. In dem Moment, wo ich mich als ›Frau‹ identifiziere, kann ich kein ›Mann‹ mehr sein; wenn ich mich als ›homosexuell‹ bezeichne, schließe ich Heterosexualität aus; wenn ich mit ›Schwarzsein‹ markiert bin, ist ›Weißsein‹ ausgeschlossen. Identität trennt, bringt Differenz hervor und schließt aus, selbst wenn sie affirmativ verwendet wird; etwa in Slogans wie ›Black is beautiful‹ oder ›glad to be gay‹. Dem Begriff der Identität liegt bereits ein andro- und eurozentrisches Ideal zugrunde (vgl. Jungwirth, 2007), also genau das, was ich bisher an der psychoanalytischen Subjektgenese kritisiert habe. Weil ›Identität‹ ursprünglich entlang der Norm des Weißseins und der Männlichkeit etc. entwickelt wurde, sind affirmative ›abjekte‹ Identitätspositionierungen überhaupt erst entstanden. ›Subjekt‹, ›Persönlichkeit‹, ›Identität‹, das ›Selbst‹ oder das ›Ich‹ sind allesamt (sozialwissenschaftliche) Begriffe, die in einem bestimmten historischen, sozialen, politischen und ökonomischen Kontext entstanden, und sie können von diesem nicht getrennt werden. Identitätspolitiken sind deshalb immer höchstens als strategischer Essenzialismus sinnvoll.

Pajaczkowska und Young argumentieren, dass ›the absent centre of Whiteness‹ aus der Leugnung des Imperialismus und der Ausblendung der destruktiven Effekte der Machtausübung (S. 202) in der europäischen Geschichtsschreibung auf politischer wie subjektiver Ebene resultiert. Der Begriff ›weiße Identität‹ ist irreführend, denn das Bewusstsein im Kern des Subjekts der Moderne ist von dieser Amnesie gekennzeichnet. Eine ›Identität‹ ist Teil des Bewusstseins, sie kann in der Regel von den jeweiligen Subjekten, die eine ›Identität‹ beanspruchen, benannt werden. Im Kern ›weißer Identität‹ ist jedoch eine Leerstelle. Die Bedeutung des Weißseins wird verdrängt.

Zwar gibt es Formen des Rassismus, in denen die weiße ›Rasse‹ (beziehungsweise Hautfarbe) als Zeichen für Überlegenheit hervorgehoben wird beziehungsweise wurde, etwa in Apartheidsregimen oder im Arierkult. Während der Kolonialzeit, der transatlantischen Sklaverei und in den Gründerjahren der USA fiel der Widerspruch nicht auf, weil die Ausgebeuteten kaum als Menschen betrachtet wurden. Weißsein war Signifikant für Zivilisiertheit, also konnte man sich mit Stolz dazu bekennen. Die ›Anderen‹ waren primitiv/er. Rassendenken stellte die Normalität dar, Rassismus war noch kein Begriff. Mit Abolitionismus, der Bürgerrechtsbewegung und Postkolonialismus löste sich der Widerspruch der Gleichzeitigkeit von Rassismus und Menschenrechten in der weißen Kultur jedoch nicht auf. Mit der Zeit geriet Rassendenken zwar in die Kritik und wurde schließlich nach dem Nationalsozialismus durch die UNESCO offiziell verworfen. Der Rassismus lebt jedoch in seinen sämtlichen Formen weiter. Wohlstand, Arbeit und Armut sind bis heute strukturell rassistisch verteilt.

Die Macht von Whiteness liegt darin, dass ›Weißsein‹ den Weißen nicht bewusst ist. Dem gesellschaftlichen Bewusstsein gemäß sind alle Menschen gleich, Rassismus ist tabu. Die nach wie vor existierende und offensichtlich ungleiche Verteilung von Ressourcen, Privilegien, Wohlstand, Macht, Bildungschancen etc. entlang ›rassischer‹ (wie auch ›geschlechtlicher‹ und

Klassen-) Grenzlinien muss also verdrängt werden. Wäre sie bewusst, dann befände sich das weiße Subjekt im Widerspruch. Der Widerspruch hat sich also auf Terrains jenseits des Bewusstseins *verschoben*.

Der problematischste Rassismus – der, welcher nicht politisch und juristisch adressiert werden kann – ist der Rassismus ›wider Willen‹, der unbewusste; der Rassismus, der geleugnet wird und gerade deshalb besonders wirkmächtig ist. Die Psychoanalyse hat deutlich gemacht: Je verdrängter eine ›Sache‹ oder ein ›Ding‹ ist, um den Begriff von Morrison beziehungsweise Cardinal zu verwenden, desto wirkmächtiger ist seine unbewusste Reproduktion. Das gilt nicht nur für die individuelle Verdrängung, sondern auch für die kulturelle, kollektive. Um diesen verdrängten Rassismus geht es hier.

Whiteness ist weniger eine Identität als eine Struktur, welche die Subjekte ›im kulturellen Symbolischen‹ ordnet – jene hegemoniale Struktur, die ich mit einem Kegel beschrieben habe. Ein Zentrum mit einer Peripherie – das konstitutive Außen, zugleich breites Fundament, das als Ressource Mehrwert erzeugt und ein privilegiertes Dasein an der Spitze erlaubt. Die horizontale Dimension – das Nebeneinander von Subjekten und Objekten der Abjektion – wird durch die Zeitachse um eine vertikale Dimension ergänzt. Aus dem historischen Widerspruch von Aufklärung und Sklaverei; Imperialismus, Kolonialismus und Erklärung der Menschenrechte ist ein ahistorischer Raum hervorgegangen – Anne McClintock (1995) nennt ihn einen ›anachronistic space‹. Er dient als Caché; er ist das Unbewusste der Moderne. Dem ›anachronistic space‹ stellt McClintocks die ›panoptical time‹ gegenüber. Das Subjekt der Moderne glaubt, mit seinem aufgeklärten Blick auf die ›Primitiven‹ seine eigene Geschichte zu betrachten. Die ›Primitiven‹ als Referenz für die eigene Vergangenheit sind Bedingung für die eigene Geschichtlichkeit – Entwicklung, den Fortschritt. Die Subjekte der Abjektion sind geschichtlich, die Objekte der Abjektion erscheinen als ahistorisch, ein Vorher im Dienst des Nachher. Als Vor-und-Außerhalb des Subjekts dieser Struktur – verworfene Vergangenheit und konstitutives Außen – sind jene Subjekte verortet, die Freud in seiner Entwicklungstheorie mit dem ›dunklen Kontinent untergegangener Sexualität‹ assoziiert hat. Diesen dunklen Kontinent setzte er mit dem Unbewussten gleich. Das Unbewusste beschreibt er als ›Urbevölkerung‹.

Das Ausbeutungsverhältnis, welches dieser Struktur zugrunde liegt, wird durch eine evolutionistische Entwicklungsideologie überdeckt, die Subjekte auf einer Zeitachse darstellt: von Dunkelheit/Weiblichkeit zu Helligkeit/Männlichkeit – von Primitivität zu Zivilisiertheit. Der ›dunkle

Kontinent‹ der Psychoanalyse ist die Zone der Nichtlebbarkeit, in der all jene Existenzweisen verortet sind, die das kulturelle Symbolische nicht zulässt – sie sind ausgeschlossen, aber unverzichtbar. Sie sind Träger_innen von dem, was Freud mit der Triebhaftigkeit assoziiert: Affekt, Körper und alle Formen von Sexualität jenseits der reproduktiven Heterosexualität. Die Subjektgenese der Psychoanalyse ist durch ihre Trennung von Körper und Geist, Affekt und Diskurs, Unbewusstem und Bewusstem ideologisch. Die Trennungsmomente: Abjektion und der Schnitt des Signifikanten sind kulturelle Verdrängungen, die auch Whiteness konstituieren. Das Unbewusste, das dabei entsteht, ist zwar gewissermaßen topisch – es wird bereits im frühen Kindesalter ›vererbt‹, wie ich es im Säuglingsabschnitt angedeutet habe –, aber es ist nicht archaisch, sondern realhistorisch. Eine reale Geschichte, die im Bewussten wie im Unbewussten der Subjekte sedimentiert ist. Dieses Unbewusste entsteht durch sedimentierte Erfahrungen in der Kultur, die ins Individuelle *übertragen* und *verdrängt* werden. Mit dieser Verdrängung, diesem ›topisch Unbewussten‹ verschwindet auch die Gewalt, durch welche die Macht von Whiteness hervorgebracht wurde und wird. Die Bemächtigungsgeschichte fällt einer Amnesie heim – sie wird zur Leerstelle. Whiteness als Struktur wirkt wie eine Sperre vor der Erkenntnis, dass die Leerstelle einen Widerspruch verdeckt, Whiteness immunisiert. Whiteness konstituiert auch die Psychoanalyse, und wer ihrem Gesetzt folgt, kann Rassismus und Sexismus nicht mehr erkennen.

Die Literatur als Mitgestalterin der Ideologie des Rassismus betreibt keine Verdrängung der Verdrängung im Sinne von Kristevas Rehabilitation des Abjekts, sondern die Verdrängung der Bemächtigungs*geschichte*, indem sie diese durch eine *ahistorische* Verworfenheit *ersetzt*. Die Literatur der Moderne, die Morrison untersucht, half mit, den Widerspruch durch Temporalisierung aufzulösen, indem sie für ihre Subjekte – Weiße – Geschichten entwickelte, für die eine geschichtslose Landschaft und geschichtslose Menschen – Nicht-Weiße – das leere Blatt lieferten, das beschrieben werden konnte. Mithilfe von Rekapitulationshypothese, Rassentheorie und Sozialdarwinismus als wesentliche Bestandteile des ›kulturellen Symbolischen‹ konnte Nicht-Weißsein als Primitivität imaginiert werden, die sowohl phylogenetisch als auch ontogenetisch Vergangenheit darstellte. Diese Entwicklungsachse spiegelt sich auch in der psychoanalytischen Subjektgenese wider, der ontogenetischen Rekapitulation der Phylogenese, in der mit dem Spracherwerb in der ödipalen Phase Triebhaftigkeit zurückgelassen wird – der Triebverzicht, aus dem das ›Unbehagen in der Kultur‹ wird. Das Nicht-Ich als Vor-oder-Außerhalb des Subjekts der Psychoanalyse wird zum Nicht-Ich der Literatur – eine Projektionsfläche; eine ›Spielwiese für die Phantasie‹.

Was die Psychoanalyse mit ihrer Topik als universales Unbewusstes kreiert hat – Urhorde, Signifikantenschnitt, Ödipus, das Reale –, verdeckt eine Bemächtigungsgeschichte. Ich schlage vor, die Topik durch das Politische, Historische und Kulturelle zu ersetzen, Lacans *Reales* durch die Realität. Damit meine ich kein ›kollektives Unbewusstes‹ im Sinne von C.G. Jung, das ja genauso universalistisch gefasst ist wie Freuds topisch Unbewusstes und genauso aufgeladen mit rassistischen und sexistischen Stereotypen. Vielmehr geht es mir um die globalen Machtverhältnisse, die durch Imperialismus und Kolonialismus entstanden sind, deren ›Signifikanten‹ gleichermaßen Whiteness und Phallus (und ihre Effekte Rassismus und Sexismus) sind – beides Fetische, die jenen, die von dieser globalen Ordnung profitieren, den Blick auf die gewaltvollen Hintergründe versperren. Das Unbewusste dieser Ordnung sind Rassismus und Sexismus – der Fetisch (Whiteness/Phallus) sperrt das Bewusstwerden dieser *Realität*. Wir müssen andere Geschichten erzählen – die von der Realität, statt vom *Realen*.

Der Mechanismus der kulturellen Verdrängung der Bemächtigungsgeschichte *in der Realität* funktioniert genau so, wie ich in diesem Kapitel mit Butler die performative Hervorbringung des Gesetzes der Psychoanalyse durch Zitation des *Realen* nachgezeichnet und am Beispiel von Hook und Seshadri-Crooks konkretisiert habe. Die Psychoanalyse mit ihrem reichhaltigen Textmaterial, ihrer Bandbreite von Kultur- wie Subjekttheorie, die bis heute von Kulturwissenschaft über Sozial- und Geisteswissenschaft bis in die Naturwissenschaft Weiterverwendung findet, liefert ein hervorragendes Material, an dem diese Verdrängung nachgezeichnet werden kann. So, wie die klassische Psychoanalyse die Realität *verdrängt* hat, indem sie sie zum topisch Unbewussten *geschrieben* hat – also performativ, diskursiv und wirkungsvoll –, wird auch heute noch die Realität der Bemächtigungsgeschichte in Form von Rassismus und Sexismus performativ, diskursiv und wirkungsvoll auf sämtlichen gesellschaftlichen Ebenen *verdrängt*. Mit Morrison habe ich beispielhaft dargestellt, wie das in der Literatur geschieht, durch Butlers Lesart der Psychoanalyse habe ich in den Theorien von Seshadri-Crooks und Hook nachgezeichnet, wie diese Verdrängung im Theoretischen reproduziert wird.

Was die meisten Autor_innen, die Psychoanalyse und Rassismus zusammendenken – beispielsweise Pajaczkowska und Young, McClintock, Young, Cheng, Eng, Khanna und dezidiert Hook und Seshadri-Crooks – unberücksichtigt lassen, ist, dass die Psychoanalyse in der Hoch-Zeit des Kolonialismus entstanden ist. Bei Freud findet keine Reflexion dieser Zusammenhänge statt. Pajaczkowska und Young beschreiben die ›Identität‹ weißer Männlichkeit des 19. Jahrhunderts, als Illusion: »because it is actually highly dependent on its others to shore up its sense of security, to reflect back the disowned parts of itself as inferior, contemptible, dependent, frightened or threatening, perhaps excremental« (S. 204). Diese androzentrische und eurozentrische Subjektposition steht allerdings nicht jenseits der Psychoanalyse, sondern beschreibt genau jene, die Freud als Norm theoretisierte.

Hook sieht das politische Potenzial für seine Psychoanalyse des Rassismus ausgerechnet an der Stelle, wo die Psychoanalyse die Machtverhältnisse des Rassismus begraben hat – dem topisch Unbewussten. Wo er die analytische Tiefe von Kristevas Abjektion zur Geltung bringen will, reproduziert er lediglich einen Mythos. Abjektion als Theorem der Ontogenese in der Psychoanalyse naturalisiert die Verwerfung sämtlicher Subjekt-Positionen, die jenseits des Ideals ihres Subjekts liegen und so zum konstitutiven Außen dieses Subjekts werden: die Unterschicht, Frauen, Homosexuelle, ›Wilde‹, Kinder und Verrückte. Abjektion als universalisierendes und naturalisierendes Theorem der Subjektgenese in der Psychoanalyse verdeckt die Bemächtigungsgeschichte und die Abhängigkeit der Subjekte von den Objekten der Abjektion.

Ich habe am Anfang des Kapitels gefragt, wie Butlers Unbehagen der Geschlechter und Freuds Unbehagen in der Kultur zusammenhängen. Ich fragte weiterhin, was die Themen der Heimsuchung und Un/Heimlichkeit, die sich durch die Texte von Kristeva, Hook und Seshadri-Crooks gleichermaßen ziehen, mit den Machtverhältnissen zu tun haben, die Butler in ihrer Dekonstruktion der Psychoanalyse offenlegt. Freud sieht das Unbehagen durch den Triebverzicht begründet, der Preis für die Zivilisiertheit. Er arbeitet das in *Totem und Tabu* und *Das Unbehagen in der Kultur* als Rekapitulation von Phylogenese in Ontogenese, des Urhordenvater-Mordes in Ödipus aus. Diese beiden kulturtheoretischen Texte sind hauptsächliche Referenz für Kristevas Abjektionstheorie. Ich habe deutlich gemacht, dass die Heimsuchung in Kristevas Abjektionstheorie, die Hook mit der Affektivität im Rassismus parallelisiert, nicht auf ein ›primitives‹ Stadium der Ontogenese rekurriert.

Das Unbewusste des Rassismus, um das es Hook geht und das, wie Young darstellt, in der Nervosität von Weißen zum Ausdruck kommt, wenn ›der verlorene Referent spricht‹, das Verdrängte – rassistisch Markierte – in ihrer Nähe auftaucht, sollte nicht im Rekurs auf ein Vor-oder-Außerhalb des

Subjekts des Rassismus erklärt werden, wo es nicht mehr politisiert werden kann. Der Rekurs auf das topisch Unbewusste Freuds reproduziert lediglich die Logik des Rassismus selbst: die Vorstellung, dass Schwarze triebhaft und primitiv sind und Weiße in ihrer Subjektgenese – ein Zivilisationsprozess – diese Primitivität zurückgelassen haben und dann gelegentlich von ihr heimgesucht werden.

In der Topik liegt das Reaktionäre der Psychoanalyse. Im dynamisch Unbewussten liegt dagegen ihr revolutionäres Potenzial. Es sollte vom Individuellen auf das Kulturelle erweitert werden. Die Nervosität von Weißen im Rassismus rührt aus der Verleugnung einer Bemächtigungsgeschichte, auf welcher weiße Subjektivität *gründet*. Das Unbewusste des Rassismus ist dynamisch. Durch das ›Veräußern‹ von allem, was nicht zu weißer Subjektivität passt: Körper, Affekt und mit ihnen Weiblichkeit und Primitivität als Synonym für Nicht-Weißsein; durch die ökonomische, politische und nicht zuletzt psychische Ausbeutung jener ›abjekten Subjekte‹, entsteht eine instabile Konstellation. Die ›abjekten Subjekte‹ sind ausgeschlossen, aber unverzichtbar. Wenn jene, auf deren Ausbeutung mein Wohlstand gründet, einen Platz an meiner Seite beanspruchen, ist nichts Geringeres als »Thron und Altar … in Gefahr«, wie Freud die Kastrationsangst beschreibt (GW, III, S. 384); der Phallus als Repräsentant von Macht und Gesetz, der im Zentrum der psychoanalytischen Subjektgenese steht – Leerstelle, Mangel, Fetisch, das Unbewusste. Die Verunsicherung, die bei Weißen zum Ausdruck kommt, wenn *Schwarze* den Raum betreten, als Konkurrenten für Arbeitsplätze und Führungspositionen auftauchen oder als Liebespartner_innen ihrer Söhne und Töchter in ihre Familien ›einzudringen drohen‹, gründet tatsächlich auf einem ›basic security system‹. Dieses ist allerdings kein universales, sondern das einer imperialistischen Kultur. Abject and abjection are my safeguards – primers of my culture – die weiße Dominanzkultur der Moderne.

Wenn nun aber diese aus der Szenographie der Intelligibilität Ausgeschlossenen, diese verlorenen Referenten, sprechen, gerät die Stabilität der Autonomie-Illusion ins Wanken. Wie ich mit Butler zu Beginn dieses Kapitels schrieb: »Durch die grundlegende Abhängigkeit des männlichen Subjekts von der weiblichen ›Anderen‹ enthüllt sich plötzlich der illusorische Charakter ›seiner‹ Autonomie« (Butler, 1991, S. 8). Im Moment, wo ›der verlorene Referent spricht‹, die Subalterne das Wort ergreift und die Realität zur Sprache kommt, ist die Frage, ob sie gehört wird – eine neue Geschichte erzählt werden kann – oder ob die Ordnung wieder hergestellt wird, indem erneut das *Reale* als Meistererzählung der Moderne die ›subalterne Stimme‹ übertönt. Im folgenden Kapitel werde ich anhand von zwei Filmbeispielen beide Möglichkeiten darstellen. Michael Hanekes *Caché* als Beispiel dafür, wie verlorene Referenten wieder zur Sprache kommen, und David Lynchs *Lost Highway* als Gegenbeispiel – eine Meistererzählung in zeitgenössischem Hollywood-Stil, der Slavoj Žižek mit Lacan theoretischen Glamour verleiht.

3. Caché: Zwei Inszenierungen des Unbewussten

3.1 Michael Hanekes *Caché*

»The Narrative as Cache for Suffering« ist eine Überschrift in Kristevas *Powers of Horror*, im Kapitel »Suffering and Horror« (1982, S. 140). Die Leerstelle in der Narration ihrer Patientinnen im postkolonialen Frankreich – »the gift of their void« – verhalf Kristeva zu ihrer Theorie der Abjektion als Subjekt- und Kultur-stiftend. Sie liest in dieser Leerstelle »suffering as the place of the subject« – das Unbehagen in der Kultur, welches das Subjekt der Zivilisation konstituiert, könnte man mit Freud ergänzen. Wie wir wissen, ist hiermit nicht das individuelle Leiden an ›realen‹ Traumata gemeint, sondern das Reale im Symbolischen; die Macht des Grauens archaischer Ängste, welche überwunden werden müssen, um Identität und Autonomie zu gewinnen.

Michael Haneke wählt den Begriff ›Caché‹ als Titel seines Films, in dem es um das ›Unsichtbare, Verborgene, Geheime‹ geht, wie der Untertitel verspricht. Kein universalistisch konzipiertes Unbewusstes wird hier thematisiert, Ängste oder Verdrängtes, welche auf ›archaische‹ Gefühle oder Ereignisse verweisen würden, sondern um das ›Unbewusste‹ eines (postkolonialen) Frankreich im Jahr 2005 geht es im Film. Ich möchte diesen Film hier besprechen, weil er mir erlaubt, Kristevas Theorie der Abjektion zu re-politisieren, zu historisieren und die Mechanismen der Immunisierung durch Whiteness, welche Kristavas Formulierung der Abjektion ermöglichen, zu verdeutlichen.

Wir, die Zuschauer_innen, blicken zunächst minutenlang auf ein Haus in einer Stadt – Paris. Kein Ton. Nichts bewegt sich. Wir sehen durch eine Gasse auf dieses Haus, zwei Autos sind davor geparkt. Wir verstehen nicht, was das soll. Ist der Film stehen geblieben? Wer blickt? Wessen Perspektive nehmen wir ein? Jetzt geht jemand an dem Haus vorbei. Kein still stehendes Bild also, sondern ein starrer Blick auf ein Haus. Dann kommt eine Frau aus dem Haus, geht rechts die Straße entlang, um nach wenigen Schritten links im Bild zu verschwinden. Eine Radfahrerin fährt die Gasse hoch in unsere Richtung. »Nichts« sagt eine Frauenstimme aus dem Off. »Wo war es«, fragt ein Mann. »In einer Einkaufstüte an der Tür« antwortet die Frau. »Was ist?«, fragt sie. Schnitt. Wir verstehen jetzt, dass wir aus der Perspektive der beiden auf ihrem TV eine Videoaufnahme sahen, die jemand von ihrem Haus gemacht hat. Nennen wir diese Person: Der Fremde.

Auf dem Umschlag der DVD von Hanekes *Caché* wird *DER SPIEGEL* zitiert: »Der packende Psycho-Thriller spielt genau an jener Schnittstelle der menschlichen Existenz, an der das Öffentliche ins Private eindringt: Nichts geht so tief unter die Haut, so zeigt Haneke in seinem Film, wie der Blick einer Kamera.« Hanekes Kamera ließ uns Zuschauer_innen zunächst den Blick durch die Kamera des Fremden in der Öffentlichkeit einnehmen; ein stehendes Bild des Heimes von Menschen, bis sich bei uns schließlich ein Gefühl von Unheimlichkeit einstellt, denn der normale Blick auf ein Haus, der unseren Sehgewohnheiten entspricht und den wir als einführendes Bild von Filmen kennen, entpuppt sich als ein beobachtender Blick – ein Starren. Man ist zunächst verwundert, dann vielleicht genervt über diese ›sinnlose‹ minutenlange Einstellung, aber dann taucht irgendwann die Vermutung einer Täterschaft in diesem Blick auf. Vielleicht blicken wir als Täter_innen auf ein Opfer, vielleicht wurde die Tat schon begangen oder sie steht noch bevor. Etwa in diesem Moment der Unheimlichkeit befördern uns die Stimmen der Frau und des Mannes in das Haus hinein. Wir verstehen jetzt, dass wir als sie – die beiden in diesem Pariser Haus – auf ihrem TV sehen, wie sie jemand beobachtet hat. Gespeichertes auf einem Videoband – Caché –, das wir nicht entschlüsseln können. Ihre Normalität, im Blick dieses Fremden. Das Unheimliche, Heimliche mitten im ›Heim‹; das Öffentliche, wie es ins Private eindringt, wie der Autor im *SPIEGEL* schreibt oder »Extimacy« als »Intimacy«, in Seshadri-Crooks' Worten – nicht allerdings in ihrem Sinn wie wir noch sehen werden.

Während des kurzen Dialogs der beiden wechselt zum ersten Mal das Bild. Jetzt ist es die Kamera Hanekes, die uns dasselbe Haus in der Abenddämmerung beziehungsweise der Nacht sehen lässt und zwar einen kleineren Ausschnitt daraus, den Eingang. Aus ihm kommt der Mann. Das Sprechen dient als Schnittstelle zwischen Tag und Nacht, bewusst und nicht bewusst, sehen und gesehen werden, zwischen dem, was wir kontrollieren können, und dem, was sich unserer Kontrolle entzieht. Der Mann kommt aus dem Eingang und sieht sich verunsichert um, er geht über die Straße und blickt in die Gasse, von der aus das Video aufgenommen worden sein muss: »Der muss hier gestanden haben«, sagt er zu der Frau, die ihm bis zum Hauseingang gefolgt ist. »Komm rein!«, sagt sie. Sie überlegen, wen sie in der Nachbarschaft fragen könnten, ob sie was gesehen haben; schauen das Band weiter an. »Das Band läuft über zwei Stunden«, sagt die Frau, »wann bist du gegangen«? »Weiß nicht, kurz nach dir«, antwortet er. »Da«, sagt sie. Man sieht ihn aus dem Haus kommen. Er muss direkt an diesem ›Fremden‹

vorbeigegangen sein und hat ihn nicht gesehen. »Ist mir rätselhaft. Dass mir der Kerl nicht aufgefallen ist, ha?« Vielleicht war die Kamera irgendwo im Auto, überlegt sie. Nein, es sieht nicht so aus, als ob es durch eine Scheibe gedreht wurde, findet er.

Wer könnte so was machen? Irgendein Kumpel von Pierrot, dem pubertierenden Sohn der beiden, der sich über die spießigen Eltern seines Freundes lustig macht, überlegt er. »Glaub ich nicht«, wendet sie ein, »ist ja nicht besonders komisch.« »Stimmt«, sagt er – Georges Laurent, gespielt von Daniel Auteuil – und sucht die Plastiktüte, in der das Band war, als wenn dort weitere Hinweise zu finden wären. Sie reagiert verärgert auf sein Misstrauen ihr gegenüber, als ob sie die Tüte, das Band, die Umstände, in denen sie das Band fand, nicht genau untersucht hätte. Er ist sichtlich verunsichert – mehr als sie – und seine Verunsicherung wirkt, als wäre da eine ›Wissentlichkeit‹, um Butlers Begriff zu verwenden, die er weder so recht denken noch aussprechen kann. Es ist diese Wissentlichkeit, die die beiden unterscheidet.

Anne, gespielt von Juliette Binoche, macht das Essen fertig und wir sehen die beiden vor einem großen Bücherregal am Esstisch, Rotwein wird eingeschenkt. Die Kommunikationsweise der beiden, die Wohnungseinrichtung, ihr Äußeres sind die Zeichen, die uns wissen lassen, dass wir uns im Haus von bildungsbürgerlichen Linksintellektuellen befinden. Georges legt sich mit dem Sohn an, der zu spät nachhause kommt. Der Zwölfjährige soll sich erklären – wo er so lange gewesen sei, fragt Georges aggressiv – und wie es scheint, versucht er durch seine Autorität von Pierrot das herauszufinden, was er in sich selbst mühevoll unterdrückt. Die Antwort von Pierrot, die Georges als Vater beruhigen sollte, ist nicht die erhoffte: Er war bei einem Klassenkameraden, der ihm Nachhilfe in einem Unterrichtsfach gegeben hat. Lieber hätte er einen Hinweis darauf bekommen, dass Pierrot mit seinen Kumpels das *Ding* mit dem Video gedreht hat.

Wir sehen im Verlauf des Films diese minutenlange Einstellung des Hauses – der beobachtende Blick des Fremden – immer wieder, mal bei Nacht und dann bei Tag. Wir wissen nicht, wer schaut – ist es der Blick des Fremden, der dieses Haus heimlich beobachtet, oder ist es Hanekes Filmkamera, die uns auf das Haus blicken lässt, um eine Handlung zu verfolgen. Schauen wir auf den TV-Bildschirm der Laurents oder durch die Videokamera des Fremden? Im Effekt ist es dasselbe, Extimacy als Intimacy. Wir sehen immer wieder Georges auf seinem Weg nach Hause oder zur Arbeit an der Kamera vorbeigehen und hören ihn, wie er vor dem Fernseher sitzt, sich das anschaut und sich fragt, wie es sein kann, dass er ›diesen Kerl‹ nicht gesehen hat. Wir sehen das Haus bei Nacht und dann sehen wir Georges, wie er eine Literatur-Talkshow im Fernsehen moderiert. Nach der Sendung holt ihn eine Assistentin noch aus dem Studio ans Telefon – seine Frau, es sei dringend. Es ist wieder eine Kassette angekommen. Diesmal eingewickelt in eine ›Kinderzeichnung‹. Darauf ist ein Kopf, ein offener Mund und aus dem Mund strömt Blut. Wir sehen durch die Augen von Anne und Georges das Band an. Auf ihm ihr Haus bei Nacht – und für einen Augenblick sehen wir in der Dunkelheit dieser Nacht einen Jungen durch einen Türspalt. Er ist vielleicht so alt wie Pierrot – zwölf. Der Junge dreht sich erschrocken zu uns um und wischt sich mit den Händen Blut vom Mund. Ein algerischer Junge – sieht, wer es sehen möchte. Es ist dunkel und der Junge ist dunkel. »Was ist?«, hören wir Anne fragen und sehen auf dem Video wieder das Haus bei Nacht. »Was ist los?« ... lauter und besorgter: »Georges«. Schließlich antwortet er: »Was? ... Nichts. ... Ich bin müde«.

Was wir für einen Augenblick sahen, war eine Erinnerung von Georges, die durch ein Zeichen – die Zeichnung – ausgelöst wurde. Georges stoppt das Band und schaltet auf ein Nachrichtenprogramm um. »Warum machst du es aus?«, fragt Anne. Es gibt doch ›nichts‹ zu sehen, antwortet Georges, und während sich die beiden darüber unterhalten, was sie tun sollen; zur Polizei gehen oder doch noch mal den Sohn fragen – vielleicht war es ja doch einer seiner Kumpels – sendet das Fernsehen einen Bericht über China, wo der »Virus zurückgekommen« ist. Die Vogelgrippe. Dieser Virus, den man bezwungen zu haben glaubte – und nun kehrt er zurück. Im Hintergrund also der Diskurs über den Virus – den Virus der Anderen, der nun auch uns heimzusuchen droht und gegen den wir uns immunisieren müssen, wobei Asiat_inn_en und asiatische Vögel, die den Virus tragen, mitunter in eins gesetzt werden und sich als Imagination von Migrant_innen und Flüchtlingen, die als Krankheit bei uns ›eindringen‹, in den Köpfen verbreitet. Das ist der diskursive Kontext des Films, in dem Georges von einer persönlichen Erinnerung heimgesucht wird, die als Videobotschaft in sein Leben eindringt. Haneke bemüht sich allerdings durch keinerlei Kommentar oder Verdeutlichung, diese Zusammenhänge zu transportieren.

Dieser Film kann als Inszenierung unterschiedlichster Themen betrachtet werden. Kaum eines der Themen in dem Film ist eindeutig – determiniert – festgelegt. Es bleibt den Betrachter_innen überlassen, dem Gesehenen Sinn zu geben. Viele Rezeptionen dieses Films kommen gänzlich ohne den Begriff des Rassismus aus, was als Zeichen für die Strukturierung durch Whiteness verstanden werden kann, nämlich weiße Befindlichkeiten zu de/thematisieren und Schwarze als Vehikel und Entwicklungsfiguren zu ›benutzen‹, ohne diese zu Wort kommen zu lassen beziehungsweise ihnen eine narrative Rolle zu geben. Die Protagonist_innen in diesem Film sind Weiße und als solche Identifikationsfiguren für die (vermutlich überwiegend weißen) Zuschauer_innen. Der Film dient ihrer Verunsicherung und das ist eine gute Methode, Whiteness zu durchkreuzen.

In den nächsten Tagen folgen anonyme Anrufe und Postkarten mit dieser ›Kinderzeichnung‹, ein Strichmännchen mit einem großen Kopf, aus dessen Mund Blut fließt. Schließlich gehen Georges und Anne zur Polizei, die allerdings nicht tätig wird, weil ja ›nichts‹ passiert ist. Eine Gefahr können die Gesetzeshüter nicht erkennen. Das Gesetzbuch erfasst derlei ›Tatbestände‹ nicht, weil sie keine sind. In der Vergangenheit war es keine Schwierigkeit für Weiße allein aufgrund eines Verdachts Schwarze der Lynchjustiz auszuliefern, wie (nicht nur) die Geschichte der USA zeigt. Als sie aus der Wache kommen, eilt Georges achtlos zwischen parkenden Autos auf die Straße. Ein junger Mann fährt mit seinem Fahrrad fast in ihn rein – ein schwarzer Mann.[34] Georges brüllt ihn sofort an: »Pass doch auf du blödes Arschloch.« Der Radfahrer bremst, dreht sich zu Georges um, schaut ihm ins Gesicht: »Was haben Sie gesagt?« »Kannst du nicht aufpassen, du Idiot?«, erwidert Georges. Der Radfahrer lässt sich das nicht gefallen und konfrontiert Georges. »Schrei mich noch mal an ... los, schrei mich noch mal an.« Anne versucht, die Situation zu deeskalieren. Es seien doch beide schuld, ›wir sind (tatsächlich ist Georges voraus und Anne hinterher) achtlos auf die Straße gelaufen‹ und der Radfahrer verkehrt durch eine Einbahnstraße gefahren. Der Radfahrer lässt von Georges ab und zieht sich zurück, allerdings nicht ohne Georges klarzumachen, dass die Kolonialzeit, in der Weiße grundlos ihre Wut an Schwarzen abreagieren konnten, zu Ende ist. »Halt bloß dein großes Maul«, schreit er ihn zum Abschied an.

Vermutlich hätte Georges auf einen weißen Radfahrer anders reagiert. Es ist anzunehmen, dass Haneke bewusst einen schwarzen und keinen weißen Radfahrer wählte. Die Szene zeigt uns, dass Georges‹ Angst, die durch die Videobänder ausgelöst wurde, etwas mit ›Rasse‹ zu tun hat – eine Angst, die sich als Rassismus äußert. In dieser Szene werden Täter und Opfer verdreht,

34 Und hier wäre mit Toni Morrison festzustellen, dass das Schwarzsein des Radfahrers genannt wird – von Bedeutung ist – während das Weißsein der Protagonist_innen bisher als Selbstverständlichkeit angenommen wurde – von mir, vom Filmemacher, von der Mehrheit der Zuschauer_innen.

insofern Georges sein schlechtes Gewissen, das mit Rassismus und Kolonialismus zu tun hat – wir werden viel später erfahren, warum –, in der Konfrontation mit einem Schwarzen sofort in Aggression umwandelt. Was ich zuvor mit dem pervertierten Verhältnis von Jouissance und Jealouissance am Beispiel der Aggression von Kolonisten gegen die Kolonisierten beschrieben habe, ist ein für den Rassismus typischer Mechanismus. Wir wissen nicht, worum es eigentlich in dieser Geschichte geht, doch Georges Wissentlichkeit, die er nicht sagen kann, spricht durch seine affektiven Handlungen. Wie hier deutlich wird, braucht es keine rassistischen Diskurse, die ›zivilisierte Weiße‹ aus der Raison locken – in ›prädiskursive Stadien‹ ›verführen‹ beziehungsweise regredieren lassen, wie Hook glaubt. Der Rassismus ist vielmehr eine Schicht, die der Gesellschaft von Georges zugrunde liegt und die jederzeit an die Oberfläche kommen kann. Primär ist die verdrängte Bemächtigungsgeschichte, die ein latentes Unbehagen in der Kultur bewirkt und keine ontogenetische Abjektion mit Affekten, in die man irgendwie im Rassismus regrediert. Angst auslösend ist vielmehr, wenn der verlorene Referent spricht – den Blick erwidert –, und diese Angst wird durch Rassismus abgewehrt. Rassismus wird hier als Abwehr gegen das Bewusstwerden der Bemächtigungsgeschichte in Form von Aggression deutlich.

Georges wird bereits von einer Mischung aus schlechtem Gewissen, Angst und Aggression angetrieben, in der Täterschaft und Opferschaft hin und her oszillieren. Er macht sich Sorgen um seinen Sohn, holt ihn zu dessen Überraschung von der Schule ab. Dass die Geschichte irgendwie auch mit Kindheit und elterlicher Fürsorge zu tun hat, bestätigt sich. Pierrot hat auch eine dieser Postkarten an die Schule geschickt bekommen, allerdings mit Georges als Absender. Der Fremde als Georges. Wieder sehen wir die Straße von Georges Wohnhaus bei Nacht und das Bild geht über in eines von dem Inneren einer Wohnung bei Nacht. Die Kamera führt durch einen Raum zu einem Türspalt, wir hören ein Husten und sehen dann wieder den Jungen, dem Blut aus dem Mund fließt. Georges träumt und der Traum gibt mehr von den Erinnerungen preis als Georges am Tage zulassen konnte.

Während die Laurents mit Freund_innen beim Abendessen sitzen, klingelt es und Georges findet ein Videoband vor der Tür, aber niemanden, der es dort abgelegt hat, das heißt, als er nach draußen ging, sah er nichts, und als er zurückkam, lag das Band in der Tür. Draußen rief er nach diesem »Feigling«, er solle sich zeigen. Was er denn wolle? »Lächerlich«, murmelt er, als er reingeht und dann scheint es, als ob dieser ›Feigling‹, während er zwei Meter vor der Haustür in die dunklen, leeren Gassen brüllte, hinter ihm das Band abgelegt hat. Diesmal ist um das Band die Zeichnung eines Hahns, aus dessen Hals Blut spritzt, zu sehen. Auf dem Band ist nicht das Haus gefilmt, sondern der Blick durch die Windschutzscheibe eines Autos, das einen Landweg entlangfährt. Die Kamera schwenkt nach links und wir sehen das Haus in dem Georges aufgewachsen ist.

Georges fährt hin und besucht seine Mutter. Von ihr erfahren wir, ohne dass sie es sagt, dass sie ihn eigentlich nur noch im Fernsehen sieht. Sie ist krank, liegt im Bett. Davon wusste Georges nichts. Dass Georges seine Karriere wichtiger ist als die Beziehung zu seiner Familie, scheint kein Thema zu sein, über das sie offen sprechen können. Er fragt seine Mutter schließlich, als sei er darüber erfreut: »Weißt du, von wem ich neulich geträumt habe? ... Von Majid!«. Die Mutter kann sich nicht erinnern. »Majid! Der Sohn von Hachem, den ihr adoptieren wolltet«, sagt er, als wenn es eigenartig wäre, dass sie nicht sofort weiß, wer Majid ist. Ob das nicht komisch sei, dass er jetzt davon träumte? Das sei normal, sagt die Mutter, dass man, wenn man älter wird, von der Kindheit träumt. Georges wundert sich, dass sich die Mutter nicht gleich an Majid erinnern konnte. Das sei doch damals so wichtig für sie und Papa gewesen. Ja, aber es sei lange her, antwortet sie und außerdem keine angenehme Erinnerung, das müsse er doch wohl am besten wissen. Was er aber geträumt hat, will Georges ihr nicht erzählen – nur Blödsinn, behauptet er. Er fände es nur komisch, dass er nach all den Jahren, in denen er nie an ihn gedacht habe, nun plötzlich von ihm träume. Die Mutter schaut ihn nachdenklich an und wechselt dann explizit das Thema.

In der Nacht, in der Georges im Haus seiner Kindheit übernachtet, träumt er die Geschichte mit dem Hahn. Ein Junge – wohl der, den wir im Türspalt sahen und der wie wir jetzt wissen Majid heißt – schlachtet einen Hahn mit der Axt. Das Blut des Hahns spritzt ihm ins Gesicht. Der Hahn flattert mit halb abgeschlagenem Kopf über den Hof bis er schließlich still liegen bleibt. Ein grausamer Anblick, den Georges – selbst ein Junge – mit einer Mischung aus Angst und Entsetzen teilt. Majid schaut Georges an und geht mit erhobener Axt langsam auf Georges zu, man hört einen Schlag.

Ein neues Video, das aus einem Auto den Weg in eine Vorstadt von Paris in ein etwas heruntergekommenes Mietshaus filmt und in einem Korridor an einer Wohnungstür mit der Nummer 047 endet. Anne und Georges spulen das Band zurück, um den Weg zu verfolgen. Ein Straßenschild – sieht Anne. Georges kann es nicht entziffern. Anne schon. Es ist Georges Ambivalenz, sehen und nicht sehen zu wollen, der Sache auf den ›Grund‹ gehen – den Ursprung der Geschichte wissen zu wollen – und auch nicht. Er will, was

›im Dunkeln‹ liegt, die Zeichen, die verschwommen und verschleiert sind, erkennen und zugleich wehrt er jede Aufklärung ab. Die Avenue Lenin, entziffert Anne.

Georges versucht, den unsichtbaren Feind an der Oberfläche zu bekämpfen, wo er offensichtlich sein Haus observiert, ihm Videobänder und Bilder schickt und ihn anonym anruft. Aber die Polizei wird hier nicht tätig. Die Polizei sah bisher keine Notwendigkeit, einzuschreiten weil ja keine Gefahr droht. Georges und Annes Haus wird lediglich von jemandem gefilmt. Auf den Bändern ist nichts Alarmierendes zu sehen. Das Grauen spielt sich nicht sichtbar, nicht an der Oberfläche und nicht im ›Realen‹ ab. Georges kann nicht einmal seine Vermutung, die Träume oder die Erinnerungsbilder, die er hat, mit seiner Frau besprechen, die sich von der Situation ebenso bedroht fühlt, denn Georges fühlt sich irgendwie schuldig und er möchte nicht, dass diese Schuld zur Sprache kommt. »Ich hab einen Verdacht«, sagt er schließlich. »Ich glaube, ich weiß, wer es ist.« Aber mehr sagt er nicht. »Spinnst du? Würdest du mich an deinem einsamen Wissen teilhaben lassen?«, brüllt ihn Anne an. »Ich kanns dir nicht sagen, weil ich es nicht weiß. Es ist nur ein Verdacht.« Anne ist entsetzt. Es habe nichts mit ihr zu tun, meint Georges sie beruhigen zu können. »Nichts mit mir zu tun?« Georges scheint zwischenzeitlich zu wissen, dass nicht sie oder sein Sohn, sondern allein er Adressat dieser ›Angelegenheit‹ ist. Aber auch das kann er seiner Frau scheinbar nicht mitteilen. Eine Familiengeschichte, die auf seltsame Weise nicht *in* der Familie zu Wort kommen soll. Un/Heimlichkeit.

Anne bringt die Emotionen zum Ausdruck, die Georges unterdrückt. »Schon mal was von Vertrauen gehört?«, schreit sie ihn an. Georges will weder seine noch ihre Gefühle zum Ausdruck gebracht wissen: »Merkst du eigentlich, dass du dich genauso verhältst, wie es der Typ mit den Kassetten erreichen will?«, antwortet er im Versuch, sie zu stoppen. »Er versucht, unser Leben durcheinanderzubringen und du reagierst genau so, wie er es möchte.« Eine Rhetorik, die wir aus der Politik westlicher Länder kennen, die sich einer ›Bedrohung durch islamistischen Terror‹ ausgesetzt wähnen. ›Sie‹ wollen unsere Freiheit zerstören. Wir lassen das nicht zu. Dann werden ›Sicherheitsgesetze‹ erlassen, die ›unsere‹ Freiheit einschränken. Das scheint die Dialektik von Sicherheit und Freiheit zu sein. Was vor der ›Störung‹, die von ›außen‹ kam, geschehen war, wird dethematisiert. »Why do they hate us«, wurde in den USA in Reaktion auf 9/11 gebetsmühlenartig und blauäugig gefragt, als hätte es nie einen Edward Said oder die ›Lösung‹ von Auschwitz auf dem Terrain der Palästinenser_innen gegeben. Georges will sein erfolgreiches Leben mit seiner hübschen Frau, Kind und vor allem einer Karriere als TV-Intellektueller, die auf seinen öffentlichen Ruf angewiesen ist, eindeutig *nicht* durcheinandergebracht wissen. Allerdings ist genau das der Anfang und das Ende der Geschichte. Georges ahnt es. Was ihn heimsucht, ist eine Störung von außen, die doch so sehr im Inneren stattfindet und dort ihren Ausgangspunkt hat.

Georges klopft also an die Nummer 047, zu der ihn das letzte Video geführt hat. Erst tut sich nichts, aber nach einer Weile öffnet ein älterer Mann: »Entschuldigen sie, ich war gerade ...«, er trocknet seine Hände an einem Geschirrtuch ab. Majid braucht einen Moment, bis er erkennt, dass der Mann vor ihm Georges ist. »Wie kommst du hierher?«, fragt er verwundert. »Wer sind sie?«, fragt Georges kalt. Majid merkt, dass Georges ihn nicht erkennt. »Komm doch rein«, sagt er trotzdem. Georges tut das widerwillig. *Ich* schreibe, Majid ist es – wir, die wir zuschauen, ahnen, dass es Majid ist, aber Georges scheint sich zu weigern, ihn zu erkennen. Vielleicht glaubt er immer noch lieber an einen ›Fremden‹ als einen, mit dem er einmal ein Heim geteilt hat. Majid ist gastfreundlich, bittet ihn in seine Wohnküche, bietet ihm einen Platz an, aber Georges bleibt stehen. »Ich war gerade am Kochen«, Majid scheint Georges zum Essen einladen zu wollen, aber Georges unterbricht ihn ungeduldig: »Was wollen sie von mir«? »Was ich will, *ich*?« »Wollen sie Geld?« »Geld?« »Was dann?«

Warum glaubt Georges, dass Majid Geld von ihm will? Majid lebt ärmlich, Georges im Wohlstand – ›logisch‹? Eine Logik, die nicht der von Majid entspricht. Es ist die Sorge von Georges – oder seine Hoffnung. Georges wechselt in seiner Anrede Majids zwischen Sie und Du. Den Radfahrer – ein erwachsener Mann – hatte er geduzt. »Ich bin inzwischen erwachsen ... Was wollen sie mit diesen Aktionen? Verarschst du mich?«, schwankt er hin und her. Majid sieht Georges‹ Verwirrung, seine Angst, seine Wut und versteht, was Georges nicht verstehen will. Wie es scheint, hat Majid keine Ahnung von den Videos, den Postkarten und der ›aktuellen‹ Bedrohung, der Georges sich ausgesetzt fühlt, aber er versucht, es herauszufinden: »Wie hast du mich gefunden?« Georges zeigt ihm eine der Zeichnungen. Majid schaut sich den Kopf mit dem blutenden Mund an und fragt: »Was ist das?« »Jetzt spielen sie nicht den Idioten!« Majid runzelt die Stirn. Er schaut das Bild an, dann Georges, dann wieder das Bild. Er schüttelt den Kopf. Jetzt setzt er sich hin – oder – ihn setzt es hin. Er scheint etwas zu verstehen. Er bittet Georges: »Setz dich doch.« Der tut es – widerwillig. »Du glaubst, ich hätte dich erwartet! Das stimmt nicht! Der Letzte, von dem ich angenommen hätte, dass er hier klingelt, bist du.« Georges – kurz verwirrt, dann gefasst: »Gut, damit wir weiterkommen, will ich mal auf ihr Spiel eingehen. Ich könnte allerdings auch zur Polizei gehen und ganz einfach Anzeige erstatten.« Georges droht mit dem Gesetz, dessen Wirkung vor allem durch einen Sprechakt – Drohung – hervorgebracht zu werden scheint und zwar durch *seinen* Sprechakt. Georges, der seiner Frau auf ihren Vorschlag, dass sie nun doch noch einmal die Polizei aufsuchen sollten, nachdem sie das ›Wegweiser-Video in die Pariser Vorstädte‹ bekommen haben, antwortete: »Die werden sagen: Gehen sie erst mal selber hin, klopfen sie an und wenn einer rausspringt und sie umbringen will, dann kommen sie wieder vorbei. Voilá!«, droht Majid für sein vermeintliches Eindringen in Georges Leben mit der Polizei, dem Hüter des Gesetzes. Es scheint ein Gesetz über den Umgang zwischen Schwarzen und Weißen in Frankreich zu geben, aber es steht nicht (mehr) im Gesetzbuch. Es ist ein Gesetz, das aus den Texten gelöscht wurde, das aber in den Köpfen weiterlebt.

»Also. Sie sind völlig ahnungslos und überrascht, mich zu sehen. Wer hat mich ihrer Meinung nach hierher gelockt? Wer terrorisiert seit Tagen meine Familie?« Majid: »Warum siezt du mich?« Georges stockt. Majid: »Du hättest mich nicht erkannt, nicht wahr? Auf der Straße wärst du sicherlich an mir vorbeigegangen.« Und genau so war es: Georges ist mehrmals an der Kamera, die ihn beobachtete, vorbeigegangen, ohne diese Perspektive auch nur wahrzunehmen. Diese Perspektive, so ist er nun überzeugt, ist die Majids. Georges sieht die ›Ausländer‹ nicht, die Algerier im Straßenbild, Zeugnisse einer Kolonialgeschichte, die »hier sind, weil ihr da ward«. Das ist der Slogan einer Antidiskriminierungsbewegung von illegalisierten Migrant_innen, die sich nicht länger die Ignoranz und vorgeschobene Unwissenheit der Mehrheitsbevölkerung in Europa gefallen lassen will, die sich einbildet, dass sie von ›Fluten‹ von Flüchtlingen und Migrant_innen heimgesucht wird, die mit ihren korrupten Verhältnissen in Afrika oder sonstwo nicht mehr klarkommen und zu faul und zu dumm sind, bei sich zuhause klar Schiff zu machen und statt dessen die Großzügigkeit und den durch harte Arbeit erworbenen Wohlstand der ›Einheimischen‹ plündern.

»Am Anfang war ich mir auch nicht sicher. Als ich dann rein zufällig deine Sendung sah … das ist schon einige Jahre her. Das war noch die vorige mit den zwei verbundenen Sesseln, wo du deinen Gästen immer so dicht gegenübergesessen hast. Gesicht an Gesicht. Selbst da war ich noch nicht sicher. Ich habe einfach nur ein ungutes Gefühl gehabt. Ist doch seltsam, oder? Mir wurde fast übel. ... Als ich dann deinen Namen las, dämmerte es mir. Und dann ...«

Majid ballt die Hand zu einer Faust und mimt einen Schlag ins Gesicht eines Gegenübers. »Die Nase!« (von Daniel Auteuil ist krumm), sagt Majid. Das muss der Schlag gewesen sein, den Georges geträumt hat, aber es war einer mit der Faust ins Gesicht und nicht mit der Axt und er war *nicht der Anfang* – primäre Aggression–, sondern eine *Reaktion* auf eine Angelegenheit, die sich erst langsam im Film entpuppt. »Du kommst hier rein und unterstellst mir, dass ich dich erpresse? Du hast dich nicht verändert!« Dass Georges anderen eine Bedrohung unterstellt, die er selbst ausübt, ist also das Merkmal, an dem Majid Georges ›wiedererkennt‹ . Georges *will* nicht glauben: »Wer schickt mir die Kassetten?« Majid: »Kassetten?« Georges ist fassungslos – fast fassungslos: »Es ist seltsam, ich hab mich als Erwachsener noch nie geprügelt. Ich find das widerlich. Aber jetzt ...« Der Satz bleibt ihm im Hals stecken.

Bei allem, was bisher geschah, ist Georges Aggression nicht zu verstehen. Kinderzeichnungen mit Köpfen und Mündern, aus denen Blut fließt. Videobotschaften, deren Botschaft fehlt. Es ist kein Grund erkennbar, der die Bedrohung erklärt, die Georges Verhalten bestimmt. Nicht auf der manifesten Ebene. Im Symbolischen findet jedoch etwas statt, was als Umkehrung symbolischer Gewalt bezeichnet werden kann. Weiße sind es nicht gewohnt, beobachtet zu werden, in den Blick zu geraten, adressiert zu werden. Normalerweise gehört ihnen der neutrale, überwachende Blick. In der Regel sind sie es, die ›die Anderen‹ betrachten – sie beschreiben, bewerten, in Szene setzen. Jetzt wurde das Blickverhältnis umgedreht – Georges wird gesehen und er kann den Sehenden nicht erkennen. Das ist es, was ihn zu bedrohen scheint.

Majid verdeutlicht ihm, dass, selbst wenn Georges ihn zu Tode prügelt, er nicht mehr von ihm erfahren wird. »Aber dazu bist du zu kultiviert, ha? Und vor allem hast du viel zu verlieren.« »Was redest du da?« »Stimmts nicht? Ich denke doch. Was tut man nicht alles, um nichts zu verlieren!« Was hat Georges getan, um nichts zu verlieren, das er jetzt gerne wieder tun würde, aber nicht kann, weil er zu ›kultiviert‹ ist? Was er verlieren könnte, scheint die Kultiviertheit zu sein, die ihn davon abhält zu tun, was er gerne tun würde. Hat er es schon einmal getan und damit seine ›Kultiviertheit‹ erlangt? Musste er ›es‹ tun, um etwas nicht zu verlieren – die Kultiviertheit? Was hat diese Kultiviertheit mit seinem Wohlstand und Majids Armut zu tun?

Jetzt gibt Georges nach. »Du warst älter und stärker als ich. Ich hatte keine Wahl.« »Na ja, dann...«, kann Majid da nur antworten und wechselt scheinbar das Thema: »Deiner Mutter geht's nicht so gut.« »Woher weißt du das«? »Nicht schwer rauszufinden, oder? Sie war eine freundliche Frau. Dein Vater auch.« »Na gut. Ich werd jetzt gehen«, entscheidet Georges, nicht ohne Majid zu versichern, dass er, wenn er sich noch einmal in sein Leben einmische, seine Familie terrorisiere o.ä., das er es bereuen würde. Das glaubt ihm Majid, er hat es bereits erlebt. »Aber du glaubst mir nicht«, sagt er zu Georges und genau hier scheint etwas Grundlegendes im Verhältnis der beiden – ein weißer Franzose und ein ›algerischer‹ Franzose – zu liegen. Wir können die Bedrohung durch die Videos verstehen, die Georges aufwühlt. Aber wir können auch Majids Verwunderung und Ahnungslosigkeit verstehen. Wir sind aber irgendwie auf Georges Seite, weil ›wir‹ seine Situation kennen. Das ›wir‹ sind Weiße, die sich von Schwarzen bedroht *fühlen*, während wir tatsächlich – umgekehrt – permanent Schwarze bedrohen. Und um unseren Wohlstand zu wahren, dürfen wir die Perversion – die Verkehrung – dieses Verhältnisses nicht erkennen. Majids Zusicherung, dass er Georges weder eine Kassette schickte noch sonst etwas, prallt an Georges ab. »Ich bin froh, dass du da warst«, sind die Worte, mit denen Majid Georges, der wortlos (jenseits der Sprache) und wütend (im Affekt) verschwindet, verabschiedet.

Georges ruft seine Frau an. Ein Code mit einer Ziffer auf seinem Handy, vielleicht 1 oder 0? »Hallo, ich bins ... ich war da ... Da ist niemand ... Nein, nein, das ist eine ganz normale Tür, aber verschlossen ... Ja ... hab ich, aber der sagt, da wohnt niemand. Sie nutzen es wohl als Lagerraum oder irgend so was.«

Eine Tür kann offen oder verschlossen sein, erklärte Seshadri-Crooks Lacans kybernetisches Modell von 1 und 0 der sexuellen Differenz. Eine Leerstelle – Phallus – , die unendliche Möglichkeiten *bedeutet*, die Undeterminiertheit der Signifizierung durch den Hauptsignifikanten Phallus. Georges wählt die ›primären‹ Ziffern – eine Kurzwahl –, um mit ›seiner Frau‹ in Beziehung zu treten, und behauptet, dass da ›nichts‹ war. Im Caché lediglich ein ›Lagerraum‹ – keine Geschichte, keine Realität. Negation. Aber da war nicht nichts, sondern etwas. Eine gewaltvolle Geschichte. Diese Gewalt – eine reale Geschichte – muss er ausschließen, um selbst weiterleben zu können. Seine Existenz – die seiner Familie als ›Kern‹ der sexuellen Differenz – scheint von einem Ausschluss konstituiert zu werden beziehungsweise ist dem Ausschluss der sexuellen Differenz ein anderer Ausschluss vorgängig. Was zu Georges gehörte, wird ausgeschlossen, fremd, es stirbt – »death infecting life« wie Kristeva schreibt –, damit Georges leben kann. Würden wir ›den Fall‹ einem typischen europäischen Psychoanalytiker vorlegen – egal, ob Lacanianer oder Freudianer, er würde vermutlich interpretieren: Der 6-jährige Georges am Ende seiner ödipalen Phase ... sieht seine Position als Mamas Liebling durch Majid bedroht ... und kein Wort von Majids ruinierter Kindheit.

Als nächstes sehen wir Anne und Georges beim Schwimm-Wettbewerb ihres Sohnes und dieser gewinnt. Sie freuen sich sehr. Dann sehen wir wieder Majid in seiner Küche aus einer Perspektive hinter dem Rücken von Georges in derselben Konversation, wie wir sie gerade gesehen haben. Allerdings läuft das Band weiter, nachdem Georges gegangen ist und Majid zu ihm gesagt hatte: »Ich bin froh, dass du da warst«. Majid beginnt zu weinen. Er weint bitterlich. Er bricht zusammen. »Das wars«, sagt Anne zu Georges. »Das Band läuft noch über eine Stunde. Du kannst zuschauen, wie ihm zumute ist.« Nach einigem Hin und Her gesteht Georges schließlich:

> »Seine Eltern haben bei uns gearbeitet. Papa hat sie gemocht, sie müssen gute Arbeiter gewesen sein. Im Oktober 61 rief die FLN die Algerier zu einer Großdemonstration nach Paris. Der 17. Oktober 61, du weißt schon ... Papon. Das Polizeigemetzel. Sie warfen ungefähr 200 Araber in die Seine. Darunter waren auch die Eltern von Majid. Jedenfalls sind sie nie wieder aufgetaucht. Papa ist nach Paris gefahren, um sich zu erkundigen, aber da hieß es nur, er soll doch froh sein, dass er die Kameltreiber los ist.
>
> Und dann?
>
> Na ja, meine Eltern entschlossen sich, ihn zu adoptieren. Ich weiß nicht, warum. Sie fühlten sich irgendwie verantwortlich.
>
> Ja, und?
>
> Es war mir nicht recht. Er kam zu uns ins Haus, bekam sein eigenes Zimmer. Ich musste alles teilen. Ich war 6.«
>
> Stille
>
> »Was hast du gemacht?
>
> Nichts, ... ich hab ihn angeschwärzt.«

»Nichts«, behauptet Georges, sei das ›Anschwärzen‹ gewesen, das hier in mehrfacher Hinsicht bedeutsam ist. Er wird Majid Taten unterstellen, die seine Eltern dazu bringen werden, Majid in ein Heim zu geben, was nach dem Trauma des Verlusts beider Eltern für Majid ein weiteres Trauma bedeutet, das ihn psychisch ruiniert. Der Begriff des Anschwärzens ist bereits rassistisch. Die Assoziation von Dunkelheit mit dem Negativen, Verbotenen, Illegalen ist fester Bestandteil des ›kulturellen Symbolischen‹, was durch Begriffe wie ›Schwarzfahrer‹, ›Schwarzarbeit‹ oder ›schwarze Kassen‹ zum Ausdruck kommt. Weißsein ist dagegen mit Licht, dem Positiven, dem Legalen – der ›weißen Weste‹ assoziiert. Anschwärzung bedeutet, jemandem Schuld zuzuweisen, die er/sie nicht hat – der Mechanismus, den ich mit der Aggression von Kolonisatoren gegen Kolonisierte oder dem Beispiel mit dem Radfahrer beschrieben habe. Es ist ein Mechanismus, der Realität pervertiert. Majid ist bereits ›schwarz‹ im ›kulturellen Symbolischen‹ der französischen Gesellschaftsstruktur, weil seine Eltern aus Algerien kommen und seine Haut dunkler ist als die der meisten Franzosen – wahrscheinlich könnten wir auch Gesichtszüge ›erkennen‹, die ihn als ›Araber‹ markieren. Er wird durch Georges ›Anschwärzung‹ erneut rassifiziert. Schuld und Schwarzsein reproduzieren sich gegenseitig im ›kulturellen Symbolischen‹. Sie sind untrennbar.

Im ›Nichts‹, einer Leerstelle, die nach Lacan beziehungsweise Seshadri-Crooks undeterminiert und machtfrei sein soll, befindet sich in der Geschichte von *Caché* eine ganz konkrete Realität – Handlungen, die Georges begangen hat und an die er sich sehr wohl erinnern kann, wenn er will. Diese Handlungen bezeichnet er allerdings als ›nichts‹. Er hat Majid ausgelöscht, nicht damit er leben kann, sondern damit er nichts von seinem Reichtum verliert, die volle Jouissance behält beziehungsweise gewinnt.

»Ihn angeschwärzt? ... Das ist alles?«, fragt Anne. »Wenn er sagen würde, dass du ihm damals einen Teddy geklaut hast, würde er sich wohl kaum nach 40 Jahren rächen wollen...« Anne verdeutlicht Georges, dass sie nicht glaubt, dass Majid ihm etwas vorspielt, und sie will wissen, was Georges damals getan hat. Georges aber insistiert, dass er sich nicht erinnern könne.

»Was ist mit ihm passiert?

Er kam weg, äh, äh, er war krank. Er kam in ein Krankenhaus oder in ein Kinderheim. Was weiß ich. Jedenfalls war er nicht mehr da ... ich war erleichtert und habs vergessen... ist doch normal, oder?

Und deine Eltern?

Die haben es auch vergessen. Mein Gott, das Ganze war ein Intermezzo von ein paar Monaten

Ein Intermezzo?

Vielleicht war es eine Tragödie. Ich fühle mich nicht *verantwortlich*. Das ist doch *normal*, oder? Das Ganze ist absurd!«

Georges zieht sich auf die allgemeine Annahme zurück, dass wir als Kinder für unser Verhalten nicht verantwortlich sind. Dabei verstehen Kinder – wie das Beispiel zeigt – bereits früh, wie sie rassistische Konstellationen für ihre persönlichen Interessen benutzen können.

Anne holt wütend das Video aus dem Recorder und gibt es Georges. Darauf ist ein ausgerissenes Zeitungsbild von ihm in seiner Talkshow geklebt und mit rotem Stift ›Blut‹ darüber gemalt. Eine Bedrohung? Vielleicht eine Erinnerung daran, dass seine Karriere Opfer gefordert hat, die Georges vergessen hat, denn das Opfer waren die Opfer eines Anderen. Der Preis für das Unbehagen in der Kultur ist nicht der Triebverzicht, sondern die Gewalt, welche die Anderen erfahren müssen, damit man selbst die ›volle Jouissance‹ genießen kann. Dieses Video wurde auch seinem Vorgesetzten beim Sender geschickt, der bei aller Diskretion und bei allem Verständnis für die peinliche Angelegenheit wissen will, was er diesem Mann auf dem Video, dem Georges droht, weil er sich von ihm bedroht fühlt, denn angetan habe. »Er ist besessen von einem pathologischen Hass auf meine Familie und versucht, mir mit solchen Aktionen zu schaden.« Georges pathologisiert Majid. Sein Leiden will er nicht anerkennen und auch das Indiz, dass nicht er es ist, der das Video gedreht hat, denn es zeigte ihn ja in einer äußerst intimen, krisenhaften Situation, ignoriert Georges. Der Mann muss verrückt sein. Anders will er es nicht verstehen. »Warum hasst er sie denn so?«, fragt der Vorgesetzte. »Entschuldigen sie meine Indiskretion, aber auf der Kassette wirkt der Mann eher sanft ...« »Ja, der Aggressive darauf bin eher ich, ich weiß. Aber mein Besuch bei ihm war ja die Folge eines permanenten Terrors ... Er redet sich wohl ein, ich und meine Familie hätten ihn schlecht behandelt, dabei war ich sechs als ich ihn das letzte Mal sah. Er ist verrückt.« Dass Majid ›verrückt‹ ist, mag womöglich stimmen. An der Figur des Majid, wie wir ihn bisher auf dem Bildschirm gesehen haben, mag man wohl einen gebrochenen Menschen erkennen, der zu viel Leid erfahren hat, als dass man es psychisch verkraften kann, aber *was* ihn verrückt gemacht hat, weiß nur Georges, der es nicht wissen *will*. Majid verhält sich allerdings nicht verrückt, sondern sehr integer – normal. Es ist Georges, der ständig ausflippt, und von außen betrachtet, ist nicht klar, warum. Er ist also der ›Verrückte‹. Georges weiß alle Möglichkeiten zu nutzen, die ihm die ›postkoloniale französische Kultur‹ bietet, um dieses Wissen – was Majid verrückt gemacht hat – in etwas zu verwandeln, das nicht aussprechbar, nicht existent, nicht relevant ist, und er nutzt all diese Diskursmacht, um Majids Worte bedeutungslos zu machen. Ihn für verrückt zu erklären, ist eines der wirksamsten dieser

Mittel und eines, welches im Rassismus und Sexismus häufig zur Geltung gebracht wird. Auch Kindern wird es unterstellt, die etwa einen sexuellen Missbrauch anklagen wollen. Frauen, Wilde, Kinder und Verrückte als das Vor-oder-Außerhalb – diese Konstellation muss lediglich angerufen werden, um ihre Wirkmacht zu entfalten.

Der Chef zeigt sich verständnisvoll für einen seiner erfolgreichsten und beliebtesten Moderatoren, der hohe Einschaltquoten einspielt. Seine Feststellung: »Der Mann will offensichtlich ihre Karriere ruinieren«, entsetzt Georges dennoch und feuert seine Wut an. Georges war bereits klar, dass mit dem Video an den Chef nichts anderes intendiert war, aber wie real die Bedrohung, nämlich dass nicht primär sein Leben, sondern seine Karriere – und *damit* ein ganz bestimmtes Leben – bedroht ist, scheint ihm nun umso deutlicher zu werden. Die Angst, die Georges antreibt ist die, dass die Öffentlichkeit – die Anderen – davon erfahren. Es passt nicht zum Image eines Linksintellektuellen, ›Migranten‹ schlecht zu behandeln. Er konnte mit seiner Frau nicht darüber sprechen und spielt die Angelegenheit herunter, weil er ein Schuldbewusstsein zu haben scheint, das er verleugnet. Seine ›Tat‹ und das, wofür er in der Öffentlichkeit steht, scheinen so ganz und gar nicht zusammenzupassen und doch scheint der Ausschluss, den er vollzogen hat – Majid aus seiner Familie auszutreiben und ihn damit psychisch zu vernichten – für den Einschluss in die Gesellschaft, seinen Status als Intellektueller, als Literaturkritiker mit seiner eigenen Talkshow im Fernsehen, also der Inbegriff der Kultur, Bedingung gewesen zu sein.

Georges rast wütend in seinem BMW in die Vorstadtsiedlung. Er klingelt an der Tür mit der Nummer 047. Nichts passiert. Er klingelt noch mal. »Aufmachen!«, schreit er. Sein Imperativ zeigt keine Wirkung. »Los, mach auf.« »Mach auf, verdammt.« Nichts rührt sich.

Wir sehen Anne, die verzweifelt einem Freund über ihre Beziehungssituation berichtet. Während sie sich von Freunden unterstützen lässt, ist Georges bemüht, keinen von der Sache erfahren zu lassen. Aber auch das Vertuschen muss er vertuschen.

Schnitt.

Eine Einblendung von EuroNews im TV aus dem Irak – oder ist es der Afghanistan-Krieg, den sich Georges ansieht? Die von den US-Amerikanern eingesetzte italienische Gouverneurin fordert eine Klärung der Sachlage. Immerhin seien die Italiener den Briten unterstellt und die gälten als Besatzungsmacht. Alle Länder, die sich an dem Einsatz und der Koalition beteiligten, unterständen denselben Regeln. Dann Nachrichten über die

Misshandlungen in Abu Ghraib. Die Regel / das Gesetz / das Verbot erzeugt, was es verbietet, indem es verbietet, schreibt Butler. Das Ausgeschlossene – die Araber, sexuelle Gewalt u.s.w. – taucht plötzlich auf den Bildschirmen der Welt auf. Geheime Videos, die das aufgezeichnet haben, was ausgeschlossen sein sollte, was aber die Gewalt im ›Kern‹ des ›Krieges gegen den Terrorismus‹ konstituiert (vgl. hierzu auch Butler, 2010). Nachdem Georges vergeblich Majid aufgesucht hatte, um ihm die Regeln ein für alle Mal klarzumachen, betrachtet er im Fernsehen, wie bestimmte Gesetze wirken. Sie bewirken das, was sie verbieten.

Dabei ist ihm nicht aufgefallen, dass sein Sohn noch gar nicht nach Hause gekommen ist. Anne, die auch später als sonst nach Hause kommt, stellt es fest. Wegen des vermissten Sohnes ist die Polizei gewillt, tätig zu werden. Sie fahren mit Georges zur 047. »Aufmachen, Polizei. Aufmachen.« Ein junger Mann öffnet. Er weiß nichts von Pierrot, auch sein Vater – Majid – nicht und dennoch nehmen die Polizisten die beiden mit auf die Wache und sperren sie über Nacht ein. Pierrot hatte bei einem Freund übernachtet, wie sich später herausstellt.

Wieder erhält Georges einen Anruf im Sender. Diesmal von Majid. Er eilt zu ihm. »Danke, dass du gekommen bist«, sagt Majid. Sie gehen in die Küche. Georges wieder ärgerlich: »Was soll das?« ... »Ich wollte dir noch mal sagen, ich wusste nichts von den Kassetten.« »Und, ist das alles?«, fragt Georges genervt. »Ich habe dich gebeten herzukommen, weil ich wollte, dass du dabei bist.« Dann nimmt Majid ein Klappmesser aus der Hosentasche und schlitzt sich den Hals auf. Das Blut spritzt an die Wand, er fällt zu Boden und ist tot.

Georges ist entsetzt, er weiß nicht, was er tun soll. Er hat Mühe, durch die Tür zu kommen, weil Majids Leiche davorliegt. Er geht ins Kino und dann nach Hause. Zuhause schleicht sich Georges ins Schlafzimmer und ruft Anne per Handy an. Sie ist im Wohnzimmer mit Freunden – sie waren verabredet, um gemeinsam Georges Sendung anzuschauen. Sie solle zu ihm ins Schlafzimmer kommen. Er will nicht, dass sie das Licht anmacht. Sie solle die Besucher loswerden, er wolle ihr erzählen, was er gerade Schreckliches erlebt habe. Sie fragt ihn, was sie denn zu den Freunden sagen solle. »Was hast du denn gesagt, wer angerufen hat?« »Der anonyme Anrufer – wie beim letzten Mal.« ›Die Sache‹ mit dem anonymen Anrufer – dem Fremden – ist nun endgültig zu Georges Sache geworden. Er hat als Anrufer den Platz dieses Fremden eingenommen, nachdem dieser sich ausgelöscht hat. Georges glaubt, dass Majid ihn zu sich gerufen hatte, damit er als Mörder verdächtigt wird. So versucht er es zumindest Anne glauben zu machen.

Im Sender wird Georges von Majids Sohn aufgesucht. Der will mit ihm sprechen. Georges Versuche, ihn abzuwimmeln, fruchten nicht. Georges zerrt ihn in die Toilette, um zu verhindern, dass seine Kollegen ›die Sache‹ mitbekommen. Der Sohn hat nichts mit den Kassetten zu tun, sagt er und fragt: »Warum regen sie sich so auf? Was habe ich ihnen getan?« »Hören sie mir auf mit dieser scheiß Höflichkeitstour«, brüllt ihn Georges an. Der Sohn erhebt seinen Finger gegen Georges: »Sie haben meinen Vater um die Möglichkeit einer guten Erziehung gebracht. Im Waisenhaus lernt man Hass, nicht Höflichkeit. Aber dennoch hat mich mein Vater gut erzogen. Das werde ich ihretwegen nicht vergessen.« »Du bist krank. Genauso krank wie dein Vater ... Es wird dir nicht gelingen, mir ein schlechtes Gewissen einzureden, weil dein Vater ein verpfuschtes oder trauriges Leben hatte. Ich bin dafür nicht verantwortlich.« Auch ihm droht er – wenn er mit den Spinnereien nicht aufhöre, würde ihm das sehr bald sehr leid tun. Georges wiederholt genau die Drohung, die er schon seinem Vater, Majid, gegenüber ausgesprochen hatte, als ob beide nicht schon genug Leid erfahren hätten. Zwar hat Georges Majid nicht umgebracht und ihn in der Kindheit ›lediglich angeschwärzt‹. Was Georges nicht sehen will, ist die Macht der Sprache, die er ausübt – der Diskurs, dessen er sich bedient und in dem die rassistischen Gewaltverhältnisse bereits codiert sind: die strukturellen Bedingungen eines postkolonialen Frankreichs, die nicht nur das Öffentliche, sondern auch das ›Private‹ und ›Persönliche‹ bestimmen und die zwar über die Sprache kommuniziert werden, jedoch genauso über sämtliche nonverbalen Kommunikations- und Repräsentationsweisen. Es war jeweils seine Rede, die Gewalt auslöste – Gewalt, die Majid angetan wurde. Wir haben hier also abermals das Verhältnis von Sprache und ›Affekt‹/Körper, das sich in Gewalt äußert – aufgeteilt zwischen Weißen und Schwarzen. Wie tödlich diese Drohungen sich auswirken, ist bereits klar geworden. Nur nicht Georges. Ein Muster, das sich über die Generationen hinweg fortzusetzen scheint. Der ›Racial Contract‹ – omnipräsent denen, die darin unterworfen sind; nicht sichtbar für die, deren Profit er garantiert.

»Ja, drohen, das könnt ihr«, sagt der Sohn Majids. »Also, was willst du? Dass ich dich um Verzeihung bitte?, fragt Georges. »Wen, mich?«, erwidert der Sohn. »Was willst du dann noch?« »Eigentlich nichts mehr. Ich wollte nur wissen, wie es sich anfühlt, wenn man jemanden auf dem Gewissen hat.« – Das Unbehagen in der weißen Kultur.

Georges geht nach Hause, nimmt zwei Schlaftabletten und ruft Anne an. Er fühle sich nicht so gut – glaubt, er hätte ein Virus erwischt oder so. Er wollte nur Bescheid sagen, dass er sich hinlege, damit sie und Pierrot leise seien, wenn sie nach Hause kämen. Vom ›Virus‹ erwischt, zieht sich Georges ins Schlafzimmer zurück. Leise ist es und dunkel ist es auch – außen –, aber in seinem Traum wird nun die Erinnerung hellwach: Der Hof seiner Eltern, ein Auto fährt vor. Eine Frau steigt aus, dann ein Mann. Der 12-jährige Majid wird mit Gewalt ins Auto gezerrt. Die Eltern von Georges schauen zu. Als es ihnen zu unangenehm wird, gehen sie ins Haus. Sie schauen weg. Das Auto fährt davon. Majid schreit.

Niedergeschlagen von den Ereignissen behauptet Georges, von einem Virus heimgesucht worden zu sein. Dass er diese Metapher verwendet oder ein derartiges Phantasma somatisiert, findet in Hanekes Drehbuch sicherlich eine Referenz zur Vogelgrippe, dem Virus, den man glaubte, ausgerottet zu haben und dann wird man (in China) wieder davon heimgesucht. »Death infecting life« (Kristeva, 1982, S. 4) ist auch ein entscheidender Aspekt von Kristevas Theorie der Abjektion im Sinne ihrer kultur- sowie subjekttheoretischen Betrachtung. Das Ausgestoßene gewinnt seine Bedrohlichkeit durch die Figur der Infektion. Indem der ›eigene Dreck‹, als Ausgestoßenes nicht wiedererkennbar, sein ›Unheil‹ anrichtet, droht er als ›die Wiederkehr des Verdrängten‹ in den Körper (des Selbst) wiedereinzudringen – wird zur Gefahr von Beschmutzung und Infektion. Genau diese phantasmatische Konstellation hat Haneke hier inszeniert, vermutlich ohne die Absicht, die rassistischen Diskursformationen, welche Vogelgrippeviren mit Einwanderung assoziieren, explizit in Szene zu setzen. Jedoch arbeitet Haneke in seinen Filmen mit der ›Realität‹ in der Gesellschaft, mit unseren Befindlichkeiten. Anders als Kristeva arbeitet er mit einem Unbewussten als Caché für die Realität – verdrängte Wirklichkeit. Das ist der Unterschied zu Kulturproduktionen, die ›Archaisches‹ zu inszenieren versuchen, das dann die Psychoanalyse mit Inzesttabu, Kastrationsangst, Vatermord, Urhorde oder den Mächten des Grauens auf den Plan ruft. Haneke hat die koloniale Bemächtigungsgeschichte, die uns heimsucht, inszeniert.

Der Blick auf die Schule von Pierrot ist die letzte Einstellung, die wir sehen. Wenn man ganz genau hinschaut, sieht man im Gewimmel der Schüler_innen, die von ihren Angehörigen abgeholt werden, wie Majids Sohn, Pierrot am Arm haltend, herauskommt und eindringlich mit ihm spricht. Der Film ist (nicht) zu Ende.

Der ›Virus‹, gegen den sich Georges weiterhin zu immunisieren müht, ist auf diese Weise nicht zu kontrollieren. Die Kolonialgeschichte Frankreichs lebt fort, und in dem Maße, wie die ältere Generation die Bemächtigungsgeschichte verdrängt und negiert, leben die Effekte dieser kolonialistischen Machtbeziehungen in den nachfolgenden Generationen weiter.[35]

Als Nicolas Sarkozy im Mai 2005 als Innenminister die vorwiegend von Algerier_innen und anderen ›postkolonialen Migrant_innen‹ bewohnten Vorstädte besuchte, wo die Jugendlichen seit Tagen ›randalierten‹, Autos anzündeten und die Vorstädte ›in Brand‹ setzten – eine Rebellion gegen ihre Ausgrenzung aus der Gesellschaft –, schlug er vor »diesen Abschaum« mit dem »Hochdruckreiniger« zu säubern. Seine Durchgreif-Politik wurde von vielen kritisiert, aber vom Großteil der französischen Bevölkerung beklatscht, und sie verhalf ihm zum Wahlsieg gegen die sozialistische Kandidatin bei der Präsidentschaftswahl im Mai 2007. Mit seiner Wortwahl verdeutlicht er, wie virulent ›The powers of Horror‹ des Kolonialismus (und nicht des Realen bei Kristeva) noch heute in Frankreich sind. ›Abschaum‹ ist nichts anderes als Abjektes – Ekliges, das ausgeschieden und vernichtet werden soll. Aber das Ausgeschiedene verharrt als Objekt an der Grenze. Die Vorstädte Frankreichs – Grenzzonen weißer Zentren – sind eine Materialisierung weißer Phantasmen. Die Demographie dieses Szenarios entspricht der Struktur von Whiteness mit seiner solipsistischen Referenzialität zu seinem konstitutiven Außen: abjekte Subjekte.

»Wir sind hier, weil ihr da ward«, erinnern Schwarze Weiße immer wieder – der ›verlorene Referent spricht‹, aber statt zu erinnern und durchzuarbeiten, wird die Erinnerung abgewehrt – sie hätte zu viele gesellschafspolitische Konsequenzen. Die globale Ordnung basiert immer noch auf Strukturen, die durch Kolonialismus und Imperialismus geschaffen wurden. Charles Mills (1999) hat das Phänomen treffend als ›Racial Contract‹ bezeichnet. Es ist nichts Geringeres als ›Thron und Altar‹ in Gefahr. Dass die Geschichte mit der ›Penetration jungfräulichen Landes‹ im Sinne seiner Ausbeutung begann und die Einwanderung der Kolonisierten ins ›Mutterland‹ meist in Folge dieser primären Ausbeutung stattfindet, fällt

35 Die TV-Produktion *Wut* von Züli Aldağ, (2006), beschäftigt sich mit diesem Dilemma im deutschen Kontext. Zwar geht es nicht um die Kolonialgeschichte, jedoch um die ›Erbschaft‹ der Gastarbeiterpolitik Deutschlands. In der Beziehung zweier Jugendlicher spiegelt sich die strukturelle Gewalt der Ausgrenzung von Einwanderern als brutale Gewalt ihrer Kinder gegen die Mehrheitsgesellschaft wider. Auch diese Geschichte endet mit dem Tod des ›türkischen‹ Protagonisten.

der Amnesie des ›kulturellen Symbolischen‹ von Weißen anheim. Was ›Eigenes‹ war (die narzisstische Einverleibung), wird ausgeschieden und dabei zum Fremden – eine Projektion –, bewusst wird erst die Wiederkehr des Verdrängten als ›Virus‹; als gefährliche Materie, gegen die es sich zu immunisieren gilt. Die Überwindung des infantilen Narzissmus sei der ›primären Verdrängung‹ geschuldet, argumentiert Kristeva psychoanalytisch, aber kulturgeschichtlich scheint es umgekehrt zu sein: die primäre Verdrängung ist die Verdrängung einer narzisstischen Einverleibung – konstitutiv für die Kultur des westlichen Imperialismus.

In *Caché* wird deutlich: Das Unbehagen in der Kultur, das Freud theoretisierte, ist das in der weißen Kultur; sein Text entsteht mitten im Kolonialismus. Mit dem Triebverzicht meint er im Effekt nichts anderes als das Abjektieren von Bereichen des Menschlichen, die in diesem spezifischen ›kulturellen Symbolischen‹ nicht zugelassen sind und deshalb auf Nicht-Weiße, Frauen, Homosexuelle und andere ›abjekte Subjekte‹ projiziert werden. Das ist die ›Ordnung‹ des ›kulturellen Symbolischen‹ der weißen Kultur. Ihr ›kulturelles Unbewusstes‹ – was Freud in die Topik verschob, das topische Es – ist die verdrängte Bemächtigungsgeschichte, die sie – die Kultur, wie auch ihre Subjekte – immer wieder heimsucht. Die ›Sache‹ oder das ›Ding‹ verunsichert diese Subjekte und in diesem Moment der Verunsicherung ist die Frage, ob sie ›den verlorenen Referenten‹ sprechen lassen oder ihn wieder zum Schweigen bringen. Georges versucht vehement Letzteres. Das ›Ding‹ löst sein Unbehagen aus und er gibt der Angst nach – die Angst löst seine Aggression aus und so ist das Affektive seines Rassismus zu erklären.

Aggression/Affektivität ist hier nicht im Rekurs auf die Ontogenese zu erklären, weder als vermeintliche Triebhaftigkeit noch als Chronifizierung aggressiver Reaktion auf die Einschränkung von Explorationslust, Neugier und Bemächtigung, wie es bei Säuglingen der Fall ist. Auch waren keine rassistischen Diskurse Auslöser von Georges Aggression. Vielmehr ist der Widerspruch der Moderne mit dem Auftauchen einer ›afrikanistischen Persona‹ an die Oberfläche von Georges Bewusstsein getreten. Durch aggressiven Rassismus hat er diesen Widerspruch erneut verdrängt.

Das Unbehagen in der Kultur ist die Nervosität des Weißseins.

3.2 David Lynchs *Lost Highway*

Es gibt wesentlich mehr Kunstproduktionen, die im Sinne Kristevas beziehungsweise der Psychoanalyse Lacans, Freuds oder Jungs das Unbewusste als Archaisches inszenieren, als solche, die wie Haneke die Wiederkehr des Verdrängten konkrethistorischer Ereignisse auf der Subjektebene thematisieren. »Das Kino lebt von dem, was es nicht analysiert«, kommentiert Andreas Kilb in der *Frankfurter Allgemeinen Zeitung* vom 21.9.2006 Hanekes *Caché* – weil es mit unserem Unbewussten arbeitet, wäre zu ergänzen. Dasselbe gilt allerdings auch für Filme wie *Lost Highway* (1997) von David Lynch, in denen das Unbewusste des Protagonisten ebenso über einen Speicher/Caché – z.B. Filmrollen oder DVDs – auf die Leinwand/den Bildschirm und schließlich in unser Bewusstsein transportiert wird. Allerdings bedient Lynch ganz andere Phantasien als Haneke in seinen Inszenierungen der ›dunklen Unterwelt‹, dem ›dunklen Universum der Seele‹, wie sein *film noir* oft beschrieben wird. Lynch ist Anhänger der ›Transzendentalen Meditation‹[36] und nutzt seine Popularität, um mehr Anhänger_innen für diese Form der Spiritualität, die sich im Kontext des New-Age bildete, anzuwerben. Wenn es alle machen würden, hätten wir nichts Geringeres als den Weltfrieden, so äußert sich Lynch in einem Interview (Zugriff am 9.10.2011 unter http://www.globalcountry.org.uk/news.php?f=uk20031111a_article.htm). Die Erfahrung der transzendentalen Meditation sei »unbounded, infinite, eternal. It's the absolute ... You literally go beyond the field of relativity. You go beyond boundaries of space and time and you go into the unified field, which is pure bliss. It's what you call self-referential consciousness« (ebda.). Transzendentale Meditation, so Lynch weiter im Interview, sei »all about ›cleansing and infusing‹« (ebda.). Dieses selbst-referenzielle Bewusstsein, das durch einen Prozess entsteht, in dem ›Schmutz‹ ausgestoßen und ›Gutes‹ aufgenommen wird, ist der Figur der Abjektion ähnlich, in der ein ›Selbst‹ mit einem Kern – der Chora – gebildet wird, um die Objekte kreisen wie in einem Solarsystem. Was ausgeschieden wird, ist, was in einem bestimmten System von Zeichen nicht integriert werden kann, schreibt Kri-

36 Hier eine Definition: »Die Transzendentale Meditation versteht sich als weltanschaulich neutrale ›Wissenschaft der kreativen Intelligenz‹. Mithilfe einer Meditationssilbe (Mantra) sollen die Kräfte schöpferischer Intelligenz und Harmonie im Bewusstsein erschlossen werden, wodurch der alltägliche Stress abgebaut werden und der Meditierende höhere Bewusstseinszustände sowie eine umfassende Steigerung seiner Lebensmöglichkeiten erreichen soll« (Bibliographisches Institut & F. A. Brockhaus AG, 2006).

steva (1982, S. 14). Abjektion ist ›Todestrieb‹, der neues Leben stiftet, »in order to uphold ›I‹ within the Other« (Kristeva, 1982, S. 15). Die Macht des Grauens ist, was Lynch in seinen Filmen inszeniert, der Horror unter der Oberfläche des kleinbürgerlichen Lebens in den USA. Was Lynch über die Transzendentale Meditation erzählt, steht nur scheinbar im Gegensatz zu dem, was er in seinen Filmen inszeniert. Auf die Frage, wie das Überschreiten der Grenzen in der Meditation aus dem Feld der Relativität, des Raums und der Zeit in das Feld von »pure bliss« im Zusammenhang seiner Vision in »Blue Velvet« zu verstehen sei, antwortet Lynch:

> »Listen, pal, I know what you're getting at ... If I told you I was enlightened while I was making Blue Velvet, you might think that was pretty strange. But I like the human struggle and I like absurdity. I also like well-lit coffee shops so that I have this happiness around me. I can go to some darker worlds and experience them mentally, and then I can come back to the coffee shop and have this happiness inside.«[37]

Es sind die ›dunklen Welten‹, die Lynch in seinen Filmen inszeniert, und das macht sie zu bevorzugten Objekten psychoanalytischer Filmtheorie, wobei sich die Geister darüber streiten, ob Lynchs Filme eher Jungianisch (in Kalifornien die verbreitete Psychoanalyse-Schule) oder Freudianisch zu interpretieren wären. Slavoy Žižek bietet eine lacanianische Interpretation an. Zunächst jedoch der Plot von *Lost Highway*, falls man von einer Handlung sprechen kann, denn die ist nicht ganz einfach nachzuvollziehen. Sie lässt allen Raum zur Interpretation und Lynch scheint der Letzte zu sein, der eine Interpretation festgelegt wissen will. Es ist auch diese ›Leerstelle‹ in seinen Filmen – Zeitsprünge, Personen mit multiplen Rollen, Realität und Traum ohne Schnitt nebeneinander –, welche die Psychoanalyse auf den Plan ruft und unzählige Filmtheoretiker_innen, die sich um Interpretationen bemühen. Als ›Möbiusband‹ wird die Erzählweise in Lynch-Filmen beschrieben, weil das Ende zum Anfang führt und sich Vordergründiges zur Kehrseite dreht. Das Möbiusband finden wir auch auf dem Buchdeckel von Seshadri-Crooks' ›Desiring Whiteness‹ als Symbol für die Leerstelle der sexuellen Differenz, die uns alle bestimmt. Lynch verdeutlicht mit seinem ›Möbiusband‹ allerdings die ›Realität‹ der sexuellen Differenz: Frauen

37 (Zugriff am 9.10.2011 unter http://www.globalcountry.org.uk/news.php?f=uk20031111a_article.htm.)

als Objekte, die auf etwas verweisen, das genauso außen wie innen liegt: Phallogozentrismus.

Wir sehen als Erstes das Gesicht von Fred Madison. Zerknirscht, vielleicht verzweifelt, sitzt er in seinem modernen Haus in den USA, wahrscheinlich Los Angeles. Es klingelt und eine männliche Stimme verkündet durch die Sprechanlage: »Dick Laurent ist tot.« Vor der Haustür ist jedoch niemand zu sehen. Fred hat eine Frau, Renee Madison, die in allen Szenen des Films mit Plateau-Stöckelschuhen, korrekt frisiertem langem Haar und eng anliegender Abendgarderobe – obgleich sich fast alle Szenen mit ihr bei den beiden zuhause abspielen – ein Klischee bedient. Renee spricht – zumindest in der deutschen Übersetzung – mit einer fast schon lächerlich klingenden Mädchenstimme.

Fred scheint Renee zu verdächtigen, einen Liebhaber zu haben. In diesem Zusammenhang verstehen wir als Zuschauer_innen aus Freds Perspektive die Videobänder, die Renee und Fred vor ihrem Haus finden. Zunächst ist auf dem Band nur das Haus zu sehen, beim zweiten Band dann dringt die Kamera durch die Wände ins Innere des Hauses und filmt sämtliche Räume, wobei sie nicht durch Türen oder Fenster geführt wird, sondern durch die Wände zu gleiten scheint, bis ins Schlafzimmer, wo sie die beiden filmt, während sie schlafen.

Auf einer Party trifft Fred einen Fremden, einen mysteriösen Mann, der behauptet, während ihres Gesprächs zugleich in Freds Haus zu sein. Fred könne sich davon überzeugen, indem er ihn auf seinem Mobiltelefon dort anrufe und – Tatsache – Fred spricht mit seinem Gegenüber, der gleichzeitig bei Fred zuhause am Telefon ist. Der Mysteriöse – damit wir wissen, wie mysteriös er ist, wurde ihm eine Fratze mit weißem Make-up, blutroten Lippen und schwarz umrandeten Augen geschminkt – lacht ›teuflisch‹ und verschwindet. Eine Fratze, die Fred in seinen Träumen dann auch anstelle des hübschen Gesichts seiner Frau sieht. Weitere Videobotschaften, deren Unheimlichkeiten darin münden, dass sich Fred im Blutgemetzel einer ermordeten Renee im Schlafzimmer wiederfindet. Ihr Körper liegt am Boden, die Beine und ein Arm abgehackt auf dem Bett. Fred wird als Mörder von den Geschworenen bestätigt und sitzt in seiner Zelle, in der die Wächter eines Morgens zu ihrer Überraschung nicht mehr Fred, sondern Piet – einen Automechaniker – vorfinden. Nun verfolgen wir die Geschichte von Piet, der entlassen wird, weil er ja keinen Mord begangen hat. Einer seiner Kunden, der fiese Mr. Eddy, der sich als Dick Laurent entpuppen wird, fährt mit einer hypersexualisierten Blondine in der Werkstatt vor. Es ist Renee – als

Alice. Sie verführt Piet. Wir sehen pornographische Szenen mit Alice und wir sehen einen zuhälterhaften Mr. Eddy. Dessen Eifersucht wird bedrohlich für Alice, die er zu seinem Besitz zählt, und ihren Liebhaber Piet. Alice wird immer fordernder, Piet ist ihr verfallen. Sie überredet ihn, ihren Bekannten, Andy, auszurauben und mit dem Geld gemeinsam vor Mr. Eddy zu fliehen. Um die Hehlerware umzusetzen, fahren die beiden zu einem Bekannten von Alice in einer Hütte in der Wüste, die wir bereits in Freds ›Träumen‹, bewohnt vom mysteriösen Mann, gesehen haben. Der Bekannte ist nicht da; Alice und Piet, der wieder zu Fred wird, haben Sex im Scheinwerferlicht ihres Autos, das in der Wüste vor der Hütte steht, und sie lässt sie ihn wissen: »Du wirst mich niemals kriegen.« Diese Szene soll wohl mit einer vorhergehenden Sex-Szene mit Alice und Piet korrespondieren, in der es im Soundtrack hieß: »you've got something you can never reach«. Wir sehen Renee/Alice in einer ›Traum-Einblendung‹ in einem Hotelzimmer hinter der mysteriösen Tür Nummer 26 im (sexuellen) ›Besitz‹ von Mr. Eddy/Dick Laurent. Dieser taucht plötzlich bei Fred/Piet und Alice in der Wüste auf – Fred schlitzt Mr. Eddy, den Hals auf – der stirbt. So ist es Fred selbst gewesen, der Mr. Eddy/Dick Laurent ermordet hat und dann zu seiner eigenen Haustür ging und ebendies durch die Sprechanlage verkündete: »Dick Laurent ist tot«. Wir sind am Ende und am Anfang des Möbiusbandes angelangt. Fred ist jedoch nicht ›erlöst‹. Wir sehen ihn zuletzt in einer Verfolgungsjagt mit der Polizei auf dem *Lost Highway*.

Irgendwann nachts kam ihm die Idee zu dieser Serie von Dingen, die in *Lost Highway* inszeniert werden, erzählt Lynch in einem anderen Interview (Lynch & Rodley, 2005): »I was driving home with Mary Sweeney and I told her about them, and what I told her sort of scared her and it sort of scared me too« (S. 222). Dass sie sich beide gruseln, scheint Indiz dafür zu sein, dass dieser ›Stoff‹ für einen Film funktioniert. Lynch zieht sich bei der Entscheidung, wie der Text/die Struktur beziehungsweise das Gewebe eines Films entsteht, auf Gründe zurück, die ›größer als er selbst‹ seien.

> »I don't know, what a lot of things mean; I just have the feeling that they are right or not right. And there's another thing about fate. Sometimes fate miles on you and certain things don't happen ... There are certain things that are allowed to happen and certain things that aren't. *Lost Highway* felt correct.« (S. 216).

Diese Dinge geschehen also, ohne dass man viel darüber redet. Schicksal, in das man sich fügt. Über die Zusammenarbeit mit Barry Gifford zum Drehbuch erzählt Lynch:

»On *Lost Highway* we never talked about meanings of anything. We seemed to be in sync on where we were going, so a lot was left unsaid. We talked, but that can be dangerous. If things get too specific, the dream stops. There are things that happen sometimes that open up a door and let you soar out and feel a bigger thing. (Lynch & Rodley, 2005, S. 223).«

Was ist diese größere Sache, der Traum, von dem sich Lynch da leiten lässt? Welche transzendentalen Mächte sind hier am Werk? Was steht außerhalb seiner Macht und macht ihn zum Instrument derselben? ›Was träumt ihn‹? In einer Ankündigung des Films nennt die Werbeagentur *Lost Highway* ›a psycho*genetic* fugue‹, was Lynch für die ideale Synopse des Films hält, obgleich er behauptet, von diesem psychiatrischen Störungsbild nie zuvor gehört zu haben. Eine dissoziative (psychogene) Fugue ist eine zielgerichtete Ortsveränderung, die mit einer Amnesie einhergeht. Die betroffenen Personen verhalten sich äußerlich geordnet und können auf unabhängige Beobachter_innen völlig unauffällig wirken. Sie nehmen beispielsweise eine neue Identität an und leben für einige Tage vollständig als diese andere Person. Sie reisen zu einem Ort mit gefühlsmäßiger Bedeutung und verrichten dort Dinge, an die sie sich später nicht mehr erinnern können. Im diagnostischen Manual für psychiatrische Störungen, dem ICD-10, wird darauf hingewiesen, dass dissoziative Amnesien vor allem bei jungen Männern auftreten, die unter den Belastungen von Kampfhandlungen stehen. In Lynchs Inszenierung, die im Nachhinein von Betrachter_innen mit diesem Störungsbild beschrieben wird, fehlt allerdings ein derartiger traumatischer Auslöser. Aus der Einbildung, von seiner Frau betrogen zu werden, entwickelt keiner eine solche Störung. Interessanterweise entwickelt Lynch jedoch in seiner (Nicht)Geschichte ein solches Trauma – die Gewalt von Kampfhandlungen. Der Film ist voller Brutalität, sexualisierter Gewalt und Mord. Dass Fred, um dessen Erfahrung es im Film geht, dissoziiert, erkennen wir endgültig in dem Moment, wo der Körper seiner Frau in Stücke gehackt, ihr Leben zu Ende ist. Sein psychisches Dissoziieren manifestiert sich in der Dissoziation des Körpers seiner Frau. Weil sie ihm ihr Begehren zu verweigern scheint (das bildet er sich zumindest ein) – ein Begehren, auf das seine männliche Existenz angewiesen zu sein scheint –, vernichtet Fred die Frau. Ein Spiegel, den Lynch auch als Metapher in seinem Film verwendet, wirft nicht Freds Spiegelbild oder das von Renee wider, sondern Fred spiegelt sich in Piet, dessen Existenz durch das Begehren von Renee als Alice gesichert wird, eine homosoziale Logik, in der Alice/Renee lediglich ein Vehikel darstellt. Lynch inszeniert die *Realität* der heterosexuellen Ordnung als Verhältnis zwischen Subjekt und Objekt.[38]

Die Frauen (Alice/Renee) sind im Besitz von gewaltvollen Vaterfiguren (Mr. Eddy/Dick Laurent, Mystery Man). Der Zugang der jungen Männer zu den Frauen wird durch die Vaterfiguren bedroht. Die ›Brüder‹ töten den Vater. Freuds Urhorde als kalifornischer Fantasy-Streifen. Wie ›vernäht‹ uns Lynch in diese phallogozentrische Assoziationskette, von der er behauptet, dass nicht er oder jemand anderer sie entworfen hätte, sondern dass sie aus einer größeren Sache heraus in sein Drehbuch und in die Kinos gefunden hat? ›Lost Highway‹ als Metapher für die Dissoziation von Fred verdeutlicht seinen Verlust des roten Fadens, der in den gelben Linien des Highways aufgeht, die wir immer wieder eingeblendet sehen. Das sind die Mächte, die weder Fred, noch Lynch zu verstehen scheinen, die sich aber ›richtig‹ anfühlen und deren filmische Inszenierung die Kinokassen füllt.

> »We're not experiencing the ultimate reality; the ›real‹ is hiding all through life, but we don't see it. We mistake it for all these other things. Fear is based on not seeing the whole thing and, if you could get there and see the whole thing, fear is out the window.« (Lynch, zitiert nach Rodley, 2005, S. 243-244)

Nach Seshadri-Crooks wäre es allerdings, Lacan folgend, die Ganzheit, die uns Angst einjagt. Wenn wir ›das ganze Ding‹ – das Reale – sehen würden, gerieten wir in Panik, es wäre die Leerstelle der Leerstelle, die uns phobische Objekte produzieren ließe. Sind nicht, was uns Lynch vorführt, die phobischen Objekte? Angst ist für ihn das kreative Moment, mit dem er arbeitet, und er tut es mit großem Erfolg. Das Möbiusband als Charakteristikum für die Struktur und Handlung von Lynchs *Lost Highway* wird auf der Subjektebene als psychogene/dissoziative Fugue beschrieben. Es steht auf dem Buchdeckel von Seshadri-Croos ›Desiring Whiteness‹ für die Ungewissheit und das Nicht-Wissen der anderen Seite (des Bandes), was Voraussetzung für den ›richtigen‹ Signifikationsprozess ist. Was für Seshadri-Crooks das Ende wäre – Lack of a Lack, Totalität, Ganzheit –, scheint für Lynch der Anfang und der Schlüssel zu sein. Genau diese Unsicherheit, die Angst, beutet er aus, um uns ein Kino vorzuführen, das uns in eine phallogozentrische (Assoziations)Kette vernäht. Wie arbeiten die ›Leerstelle‹, Angst und ›das

38 Irigaray schreibt, dass die Frau als »Überbleibsel oder Ausfälle eines Spiegels [erscheint], der vom (männlichen) ›Subjekt‹ besetzt wird, um sich darin zu reflektieren, sich selbst zu verdoppeln« (zitiert nach Purtschert, 2006, S. 23).

Ding‹ auf dieser Signifikantenkette ›Möbiusband‹ zusammen? Oder: Was hat Lynchs New-Age-Philosophie mit Lacans ›Realem‹ gemeinsam?

3.3 The Art of the Ridiculous Sublime oder *Die Sublimation des Wahnsinns bei Žižek*

Auch Lynchs Kino lebt von dem, was es nicht analysiert, und Žižek von der Analyse. In der Einleitung zu Žižeks Essay-Band *The Art of the Ridiculous Sublime. On David Lynch's Lost Highway* (2000) schreibt Marek Wieczorek: »Together with their sublime thought, both Lynch and Žižek are profoundly entertaining through their ridiculous art« (S. xiii). Eine New-Age-Lesart von Lynchs Filmen im Sinne eines Jungianischen universalen Unbewussten, das als spiritualisierte Libido die Handlung steuert, verfehle die Bedeutung dessen, was Lynch erzählt, mahnt Žižek. In den oberflächlichen Klischees, die Lynch in seinen Filmen produziere, sei keine tiefere spirituelle Bedeutung zu suchen, sondern wir müssten sie als Bestätigung der Erlösungsfunktion verstehen, welche dem Klischee innewohnt (Žižek, 2000, S. 3). In Renees Stöckelschuhen, ihrer Mädchenstimme und Freds Eifersucht sollen wir also einen Schutz vor dem ›Realen‹ sehen, der aggressiven Femme Fatale Alice und dem hyperaktiven, gewaltvollen Mr. Eddy – den Mächten des Grauens. Sie sind das Gegenstück zur vordergründigen Seite des Möbiusbandes. Im »feminine act« von *Lost Highway*, also Alice, sehen wir die neue Femme Fatale, die ›das Denken eines Zuhälters und den Körper eine Hure‹ habe. Während ›die meisten Leute eine dunkle Seite hätten, habe sie keine andere‹ zitiert Žižek aus der Filmwerbung (2000, S. 9). Alice und Renee sind in ihrer Gegensätzlichkeit allerdings gleichermaßen Phantasien, welche die Identität (weißer) männlicher Subjektivität garantieren. Von der Subjektivität der weiblichen Figuren im Film ist weder bei Lynch noch bei Žižek zu erfahren. Beide scheinen mit ihrer Objekt-Funktion völlig zufrieden zu sein. Die Femme Fatale funktioniert als »the ›inherent transgression‹ of the patriarchal symbolic universe, as the *male* masochist-paranoic fantasy of the exploitative and sexually insatiable woman who simultaneously dominates us and enjoys her suffering, provoking us violently to take her and to abuse her« (2000, S. 10), so zitiert Žižek feministische Filmtheorie, doch sein ›us‹ verrät den androzentrischen Solipsismus der Position, von der aus Žižek zitiert.

In *Lost Highway* begegnen wir in Renee und Alice der klassischen und der postmodernen ›Noir Femme Fatale‹ und werden aus der Falle dieser ideologischen Figuren herausgeführt, behauptet Žižek, denn Lynch zeige, dass die beiden Figuren lediglich die Wahl zwischen Pest und Cholera repräsentieren. Mit Renee führt Fred das entfremdete Alltagsleben von Impotenz und Misstrauen. Mit Alice erlebt Piet die ›begehrte Schattenseite‹ dieses Daseins: das phantasmatische Reale selbstzerstörerischer Gewalt. Die Kunst in Lynchs Filmen sieht Žižek darin, dass eine De-Realisierung beziehungsweise eine De-Psychologisierung stattfindet. Der Schlüssel zur De-Realisierung liege in Lynchs Parallelisierung der keimfreien, alltäglichen, sozialen Realität (Renee und Fred) und seinem phantasmatischen Ersatz – dem dunklen Universum verbotenen masochistischen Genusses (Alice und Piet) (Žižek, 2000, S. 35). Renee und Alice sind in dieser Anordnung allerdings lediglich Projektionsfiguren für Freds Phantasie versagter und voller Jouissance. Alices pornographische Ausbeutung wird ebensowenig problematisiert wie die Ausbeutung schwarzer Männlichkeit im Film, wenn es heißt: »she is in the fantasy of the male Other ... enjoying being buggered by a large anonymous black man« (S. 20) – »the screen show[ing] Alice copulating, taken from behind [anally] by a strong African-American man and painfully enjoying it« (S. 14), denn das sei »the fantasmatic Real of a nightmarish *jouissance*« (S. 21). Im Haus des Hehlers wird diese Szene als Video-Projektion gezeigt, die Piet sieht.

Um diese Urhordenphantasie auszumalen, bedient sich auch Lynch einer geheimnisvollen Tür. Während Haneke hinter der Tür als Grenze zwischen Bewusstem und Unbewusstem Majid erscheinen lässt, eine verdrängte Geschichte seines Protagonisten, inszeniert Lynch den ›archaischen Kern‹ der Psyche, wie ihn Freuds Psychoanalyse konstruiert. Der Vater der Urhorde, der alle Frauen in Besitz nimmt, die »père-jouissance (Eddy)« (Žižek, 2000, S. 16) taucht hinter einer geheimen Tür – ein Hotelzimmer mit der ›mysteriösen‹ Nummer 26 – beim Sex mit Freds Objekt der Begierde: Renee/Alice auf, das ödipale Dreieck. »So where does fantasy begin and reality end?« (S. 17), fragt Žižek.

> »The ultimate proof that fantasy sustains our ›sense of reality‹ is provided by the surprising difference between the two parts of the film: the first part (reality deprived of fantasy) is ›depthless‹, dark, almost surreal, strangely abstract, colorless, lacking substantial density ... it is in the second part, the staged fantasy, that we get a much stronger and fuller ›sense of reality‹, of depth of sounds and smells, of people moving around in a ›real world‹.« (S. 21)

Weil uns Lynch das Scheitern beider Varianten (der sexuellen Differenz) zeige – mit Renee scheitert Fred im Bett an seiner eigenen Impotenz und mit

Alice scheitert Piet als Fred, weil sie ihm flüstert: »You'll *never* have me!« (Žižek, 2000, S. 15) – führe uns *Lost Highway* aus der patriarchalen Ideologie heraus, glaubt Žižek.[39] Was wir im Film sehen, ist jedoch genau jene gespaltene weiße Welt der USA, in der die ›vordergründige und erwünschte Realität‹ – das Ideal des Weißseins – durch Abjektion dessen geschieht, was als die ›underside of desire‹ – die dunkle Welt – gelten soll: Prostitution, Mord, Gewalt, verbotene Sexualität. Das Hollywood-Ideal einer weißen Renee wird zur abjekten Prostituierten Alice, ein schwarzer Mann wird als Repräsentation abjekter Sexualität aufgeführt – ein Amalgam aus Sex und Gewalt. Wie zuvor an mehrern Stellen dieser Arbeit verdeutlicht wurde, ist ›Triebhaftigkeit‹ in der Psychoanalyse bereits mit der Unterschicht, Weiblichkeit und Nicht-Weißsein assoziiert. Genau das sehen wir im Film. Die ›lebendige‹ Welt des ›Realen‹ wird repräsentiert von einer Hure, einem Zuhälter, einem Automechaniker und einem Schwarzen. Die sterile Welt der Zivilisierten ist die von Renee und Fred mit ihrem Unbehagen. Außerdem wäre wiederum zu fragen, welche ›Beziehung‹ hier scheitert, wenn doch nur ein Subjekt – das männliche – existiert und ›die Frau nicht‹ ?

Die zirkuläre Struktur der Erzählung von *Lost Highway* wirke analog der Zirkularität des psychoanalytischen Prozesses, schreibt Žižek, »a crucial ingredient of Lynch's universe is a phrase, a signifying chain, which resonates as a Real that insists and always returns – a kind of basic formula that suspends and cuts across time … . ›Dick Laurant is dead‹, announcing the death of the obscene paternal figure (Mr. Eddy)« (Žižek, 2000, S. 17). Die Frauen sind nicht zu haben, der brutale Urvater ist tot, und im Verzicht auf dessen Frauen wird die Kultur geboren. Die Psychoanalyse als Methode der Zivilisation, Hollywood als ihre Kultur.

Die Zirkularität in Lynch-Filmen und in der Psychoanalyse habe ihre Parallele darin, dass

> »at the beginning, the patient is troubled by some obscure, indecipherable, but insistent message (the symptom) which, as it were, bombards him from the outside, and then, at the conclusion of the treatment, the patient is able to assume this message as his own, to pronounce it in the first person singular.« (Žižek, 2000, S. 18)

39 An der Stelle wird nochmals deutlich, dass die sexuelle Beziehung, die zum Scheitern verurteilt ist und die für Seshadri-Crooks so ganz und gar nichts mit ›sex‹ (Geschlecht) zu tun haben soll, genau jene perversen Geschlechterstereotypen produziert, wie sie im Film von Lynch und Žižek zelebriert werden.

Der »absent cause« sei, was die Verschiebungen und Verdrängungen des symbolischen Raumes, den Lynch inszeniert, bewirke (Žižek, 2000, S. 43). Dieser abwesende Grund ist ›das Ding‹ – das Reale – in der Psychoanalyse: Urhorde, Vatermord, Kastration, Inzest(tabu). Der Ausgang der Psychoanalyse ist immer schon klar, ehe sich der Patient auf die Couch legt. Es ist dasselbe Ding, das in den Critical Whiteness Studies als abwesendes Zentrum beschrieben wird, Whiteness als ›unmarked marker‹.

Hanekes und Lynchs ›Caché‹ als Metapher für das Unbewusste unterscheiden sich darin, dass auf Hanekes Videobändern verdrängte Realität gespeichert ist und bei Lynch heterosexistische und rassistische Phantasien – die Realität weißer Dominanzkulturen – mystifiziert und von Žižek zum eigentlich (universalen) Realen erklärt werden. Bei Lynch taucht genau das auf, was die Psychoanalyse an ›kulturellem Symbolischen‹ über den Körper und die Psyche als universales Unbewusstes in die Subjektgenese eingeschrieben hat und als Reales kondensierte und damit naturalisierte. Wir haben ein Subjekt – weiß, männlich, Mittelschicht –, das in einer Art Psychose (Regression) in seine triebhafte Vergangenheit geführt wird. Diese Triebhaftigkeit ist mit der Unterschicht (Piet und Alice als Automechaniker und Prostituierte), Schwarzsein (der Mann, der Alice ›animalisch von hinten nimmt‹) und Weiblichkeit assoziiert. Die Frau ist das Vehikel, welches dem Subjekt (Fred) durch ihren Körper (der entweder zerhackt wird und dadurch in die Dissoziation Freds führt oder als femme fatale in die Unterwelt – das sadomasochistische Universum der Jouissance) zur Transformation dient. Sexismus, Rassismus und Klassismus gerinnen zum Fels des *Realen* – einer ›Wahrheit‹, die unweigerlich auftaucht.

Während Haneke das Unbewusste explizit historisiert, geschieht bei Lynch/Žižek das Gegenteil. Haneke erzählt die Geschichte einer Heimsuchung, Lynch/Žižek inszenieren das Unheimliche als Heimsuchung und füllen es mit naturalisierten Machtverhältnissen. Das individuelle Unbewusste wird durch das Gesetz des großen Ganzen universalisiert; kulturell partikulare und soziopolitisch spezifische Konstruktionen (die Femme Fatale oder der faschistoide Zuhälter) werden zu Archetypen erklärt. Wir können nach Žižeks Analyse von *Lost Highway* keine Dekonstruktion und keine Politisierung mehr vornehmen und die historische Gewordenheit bestimmter Figuren nicht mehr nachzeichnen. Die Figuren stellen Žižek zufolge lediglich kulturell gefärbte Zeichen *eines* Realen dar, das undurchdringlich wie ein Fels ist. Die Ver-rücktheit von Fred, die als Ausdruck heteronormativer Gewaltverhältnisse gelesen werden könnte – eifersüchtige Männer, die ihre

Frauen umbringen –, mit Verschiebungen und Verdrängungen durch den »absent cause«, das Reale, zu begründen, normalisiert Machtverhältnisse. Hanekes Darstellung von Verschiebungen und Verdrängungen destabilisiert Machtverhältnisse und legt den »absent cause« als Kern dieser Machtverhältnisse bloß.

Ich habe im letzten Kapitel über die ›Ursprünge‹ des Westens in Platons Griechenland geschrieben und darüber, dass der Chora Platons, die feministische Theoretiker_innen als Aufnehmendes der phantasmatischen Entmaterialisierung der Männlichkeit untersuchten, Ausschlüsse vorangehen, die durch die Unterdrückung kultureller Heterogenität – dem Einfluss afrikanischer Kultur auf die europäische – begründet sind. In der gewaltsamen Hervorbringung europäischer Ursprünge in Griechenland wird nach Irigaray das Weibliche als Materie – Ort repräsentationaler Einschreibung – begründet. Die Konstitution abendländischer Vernunft ist durch den Ausschluss von Frauen begründet, die der Körper sein sollen, den *er* nicht sein möchte, Materie als Aufnehmendes: Chora. Frauen, Sklaven, Kinder und Tiere können als Grenzfiguren der Szenographie Platonischer Intelligibilität gelesen werden.

Wenn aber nicht nur Platon, sondern auch Irigaray auf ihre gründenden Ausschließungen hin gelesen wird, ist die Frage, was in dem Aufnehmenden – der Chora – aufbewahrt wird. Freuds Urhorden-Mythos, aus dem die sexuelle Differenz und das ›Reale‹ Žižeks abgeleitet sind, ist, was sich im Caché bei Lynch wiederfindet. Bei Haneke finden wir auf dem Speicher, dem Caché als Unbewusstes, eine Geschichte über einen ›Austausch‹ zwischen Frankreich und Algerien – ›Afrika‹, eine Geschichte, die aus dem Bewusstsein des weißen Frankreichs ausgeschlossen wurde. Georges will sich nicht erinnern und Sarkozy bezeichnet dieses Ausgeschlossene als Abschaum – also Abjektes, das der Genealogie Kristevas psychoanalytischer Subjekttheorie zufolge noch vor der Geschichte des Subjekts (der sexuellen Differenz und der Sprache) entsteht. Abjektion ist der gründende Ausschluss für das Subjekt der sexuellen Differenz. Noch vor der phallischen Phase, in der sich Vatermord/Inzest in Form des ödipalen Dreiecks in Freuds ›sozialem Bonsai‹ (McClintock, 1995, S. 50) rekapitulieren und der Ausschluss der sexuellen Differenz stattfindet, gibt es den Ausschluss durch Abjektion – Kot, der ausgeschieden wurde – Ekel und Abschaum – vergessen und verdrängt. *Er* konstituiert die Mächte des Grauens und ist kulturgeschichtlich nicht nur mit dem Weiblichen/Mütterlichen assoziiert, wie Kristeva behauptet. Der Chora, die Kristeva von Platon entleiht und in der für sie das Mütterliche/

Weibliche gespeichert wird, liegt ein Ausschluss zugrunde, der Ausschluss Afrikas, der als ›Rasse‹, als rassische Differenz im Caché gespeichert ist. Was in der »Gewalt, in der Platonischen Lehre von dem ›Ort‹ der repräsentationalen Einschreibung übriggeblieben ist« (Butler, 1997, S. 351), ist jene Gewalt, die auch Kristeva wiederholt und die Sarkozy anwenden will, der ankündigt, den ›Abschaum‹ mit dem Hochdruckreiniger zu erledigen.

Gründende Ausschlüsse formieren Grenzfiguren. Sie markieren die Grenzen des Bereichs des Möglichen, sie sind das Unmögliche und als solches konstitutives Außen – Unbewusstes. Diese Figuren sind unheimlich weil sie – einmal ›heimlich‹ – verdrängtes Eigenes sind, das als solches nicht wiedererkannt wird, auch wenn es da diese ›Wissentlichkeit‹ gibt. Wenn Freud in der Tradition abendländischen Denkens seine Subjekttheorie mit der sexuellen Differenz begründet, was bedeuten dann die Ausschließungen, die dieser sexuellen Differenz vorausgehen – ja, die sie begründen – für seine Subjekttheorie? Wenn die Gewalt des vorgängigen Ausschlusses Spuren am Ort der repräsentationalen Einschreibung – der Chora, Materie, dem Unbewussten, dem ›Ding‹/›Realen‹ – hinterlassen hat, dann muss dieser Ort nach diesen Ausschlüssen untersucht werden.

Im folgenden Kapitel werde ich diese Untersuchung mit einem bezeichnenden Begriff Freuds beginnen. Er nannte die weibliche Sexualität einen ›Dark Continent‹ und legte damit *unbewusst* eine Spur nicht nur von ›Geschlecht‹ und ›Sexualität‹ hin zu ›Rasse‹, sondern auch vom Subjekt zum Diskurs seiner Zeit. Die ›Chora‹ als Leerstelle – der Ort weiblicher Sexualität als Mangel, der nicht diskursivierbar zu sein scheint – wird mit Afrika als ›Dark Continent‹ allegorisiert; ein Phantasiereich, das die Kolonialdiskurse prägte. Welche Rolle spielen die Kolonialdiskurse und die mit ihnen erzeugten Phantasien in der Psychoanalyse? Was haben weibliche Sexualität und ›Afrika‹ gemeinsam? Welche Rolle spielt Afrika in der Konstitution des Subjekts der Psychoanalyse?

4. Dark Continent

Mit Freuds Allegorisierung weiblicher Sexualität als »Dark Continent« verweist er unbeabsichtigt auf die beiden konstitutiven Figuren der Psychoanalyse: Geschlecht und Rasse. Sie sind beide Differenz-Figuren, mit deren Hilfe Ausschlüsse vorgenommen werden, damit das Subjekt der Psychoanalyse hervortreten kann. Geschlecht beziehungsweise die sexuelle Differenz stellt die Anfangsfigur dar. Der dunkle Kontinent als Allegorisierung Afrikas, das für ›Rasse‹ steht, ist der verschobene Anfang. Diesem geht ein weiterer voraus: der Antisemitismus als eine Form des Rassismus, den Freud erlebte, stellt den *verdrängten* Anfang der Subjektgenese in der Psychoanalyse dar. Es geht hier also um den Anfang, den verschobenen Anfang und den verdrängten Anfang des Subjekts der Psychoanalyse und seiner Kultur.

Ich begebe mich in diesem Kapitel entlang von Freuds Begriff des Dark Continent auf die Spurensuche nach der Bedeutung von Rasse und Geschlecht in der Psychoanalyse und beginne an der Stelle, wo der Begriff erstmals in Freuds Schriften auftaucht, beim ›Geschlechtsleben des Weibes‹. Sander Gilman, Daniel Boyarin und einige andere haben darauf aufmerksam gemacht, dass der Antisemitismus in Freuds Psychoanalyse eine bedeutsame Rolle spielt und sein Begriff des Dark Continent damit in Verbindung steht. Ich werde mit Boyarins Arbeit über die politische Bedeutung des Phallus bei Freud (und Fanon) und mit Freuds Begriff der Un/Heimlichkeit als Ausgangspunkt darlegen, dass die beiden Begriffe Phallus und Kastration der sexuellen Differenz einen dritten Begriff verdecken: Beschneidung. Wie Boyarin argumentiert, entstand aus Freuds konflikthafter sozialer Position eine Spaltung, die eine janusköpfige Dualität in der Psychoanalyse hervorbrachte (1998, S. 231); »Freud's texts support the most radical and reactionary sociopolitical projects« (Boyarin, 1998, S. 230). Aus seiner dezentrierten Position als weißer Mann *und* Jude hätte Freud diesen dritten Begriff emanzipieren können. Stattdessen verschob er ihn – und mit ihm das Zeichen für Rasse – in die sexuelle Differenz mit ihrem Ursprung: Vatermord und Inzesttabu in der Urhorde, was er in *Totem und Tabu* ausarbeitete.

Das Interesse von Freud an den Kulturwissenschaften, aus dem *Totem und Tabu* sowie später *Das Unbehagen in der Kultur* und andere Texte hervorgingen, entstand in Auseinandersetzung mit dem ›Arier‹ Jung, der auf diesem Gebiet bereits forschte und mit dem sich Freud zunehmend in Konkurrenz sah. Die Ereignisse der Urhorde mit den Kämpfen zwischen dem Urvater und seinen Söhnen hat eine starke Parallele in Freuds Auseinandersetzung mit den ›psychoanalytischen Söhnen‹, vor allem dem ›Kronprinzen‹ Jung. Entlang seines Begriff der Beschneidung als »Leitfossil« (Freud) zeige ich anhand seiner Abhandlung *Der Mann Moses und die monotheistische Religion*, wie Freud in Abwehr der Feminisierung von Juden durch den Antisemitismus die Juden zu den eigentlich überlegenen, maskulinen Männern schreibt und dabei Antisemitismus gegen Sexismus eintauscht. Aus der Differenz von Beschneidung und Nicht-Beschneidung wird die von Phallus Haben/Sein. Beschneidung wird dabei zum Zeichen für Triebverzicht – durch das Verbot von Gottesbildern wird die feminine Sinnlichkeit überwunden, die Entwicklung des Geistes vorangetrieben und eine Art Bewusstseinsevolution findet statt. Mit den kulturwissenschaftlichen Arbeiten zieht in die Psychoanalyse Freuds auch die sozioevolutionistische Anthropologie ein.

Viele haben mit der Psychoanalyse als Erkenntnistheorie den Kolonialismus untersucht. Neben Frantz Fanon, Albert Memmi und Homi Bhabha prominent Anne McClintock in *Imperial Leather; Race, Gender and Sexuality in the colonial Contest* (1995) oder Ranjana Khanna mit *Dark Continents; Psychoanalysis and Colonialism* (2003), um nur einige zu nennen. Zahllos sind zwischenzeitlich die psychoanalytischen Untersuchungen zu Rassismus (neben den bereits erwähnten und diskutierten, beispielsweise Anne Chengs *Melancholy of Race* [2001] oder David Engs *Racial Castration* [2001], in denen bereits Butlers dekonstruktivistische Melancholierezeption der Psychoanalyse zum Ausdruck kommt). Auch Paul Gilroy (2005) betitelt eine Studie *Postcolonial Melancholia*, in der er mit Freuds Melancholie-Theorie argumentiert. Die meisten Autor_innen ignorieren die rassistischen und kolonisierenden Codes in der Psychoanalyse selbst gänzlich.[40] Bhabha, McClintock oder Khanna kritisieren die Psychoanalyse auch als koloniale Wissenschaft, aber niemand hat so gründlich wie Celia Brickman (2003) herausgearbeitet, warum die Psychoanalyse *als Erkenntnistheorie* kolonisierende Effekte erzeugt.

Im Begriff des Dark Continent – Afrika[41] – als Freuds Allegorisierung weiblicher Sexualität konvergieren Sexismus, Kolonialrassismus und Antise-

40 Beispielhaft dafür etwa Alexandra W. Schultheis (2004) mit dem interessanten Titel: *Regenerative Fictions. Postcolonialism, Psychoanalysis and the Nation as Family.*

41 Die Idee von Afrika als Gegenpol zu Griechenland hat eine lange Geschichte im Zivilisationsdiskurs (vgl. Mudimbe, 1994, The Idea of Africa). Auch die Vorstellung der Primitivität, figuriert wie ›Afrika‹ als Dunkelheit den Gegenpol zur aufklärerischen Moderne (vgl. Marianna Torgovnick (1990), *Gone Primitive. Savage Intellects, Modern Lives*).

mitismus. Ich werde mit Brickmans Analyse der Bedeutung von Primitivität in der Psychoanalyse *Aboriginal Populations in the Mind; Race and Primitivity in Psychoanalysis*, die von Freuds Behauptung ausgeht, dass man den Inhalt des Unbewussten mit einer psychischen Urbevölkerung vergleichen könne, schließlich die Frage nach dem Unbewussten des Rassismus beantworten. Was es mit dem Un/Behagen in der weißen Kultur auf sich hat, ist mit Freuds Verständnis des Unbewussten zu erklären, allerdings erst, nachdem man dieses Unbewusste einer postkolonial-kritischen Dekonstruktion unterzogen hat. Es wird schließlich deutlich, dass die Psychoanalyse als Erkenntnistheorie unverzichtbar ist – auch für das Verständnis von Rassismus, Sexismus und Kolonialismus. Vor der Anwendung psychoanalytischer Epistemologie muss diese allerdings zuerst selbst dekolonisiert werden.

4.1 »... ist doch auch das Geschlechtsleben des erwachsenen Weibes ein *dark continent* für die Psychologie«

Freud benutzt die Formulierung des dunklen Kontinents erstmals in seinen Ausführungen über *Die Frage der Laienanalyse* 1926, und dort heißt es: »Vom Geschlechtsleben des kleinen Mädchens wissen wir weniger als von dem des Knaben. Wir brauchen uns dieser Differenz nicht zu schämen; ist doch auch das Geschlechtsleben des erwachsenen Weibes ein *Dark Continent* für die Psychologie« (Freud, GW, Ergänzungsband, S. 303). Die weibliche Sexualität, die Freud mit der weiblichen Anatomie gleichsetzt, markiert auch die Geschlechterdifferenz, die Freud vor allem im Mangel des Penis bei der Frau sieht. Dieser Mangel ist es, der beim männlichen Kind in der ödipalen Phase den Kastrationskomplex auslöst, dessen Überwindung von Freud als Zivilisationsmoment in der Ontogenese gelesen wird. Der Beginn des Subjekts in der Psychoanalyse liegt mit Ödipus in Griechenland. Mit dem dunklen Kontinent sind koloniale Phantasiereiche gemeint, welche sich die Europäer gerade einverleiben, als Freud die Psychoanalyse entwickelt – ein Prozess der Bemächtigung, der von ihnen sexuell allegorisiert wird. Mit der Konfluenz von Rasse und Gender als Dark Continent werden die Zusammenhänge von Kolonialismus, Rassismus und Sexismus als Teile des kulturellen Symbolischen in die Subjektgenese der Psychoanalyse eingearbeitet.

Der dunkle Kontinent war bereits vorhanden, wie der Syntax des Zitats von Freud zu entnehmen ist, ehe das ›Geschlechtsleben des Weibes‹ als Leerstelle in der Psychoanalyse erscheint. Dieser ›Kontinent weiblicher

Sexualität‹ ist ein *weißer* Fleck in der Erkenntnislandschaft Freuds, denn er scheint sich ihm zu entziehen.[42] Die ›Scham‹ über diese Unkenntnis besorgt Freud allerdings nicht sehr. Er nimmt sie recht selbstverständlich hin, lässt sich von ihr aus doch ein nahtloser Übergang zur Frau als Leerstelle finden, die den Penismangel und damit die Kastrationsdrohung symbolisiert – *Suture*. Diese ›Scham‹ (der Unkenntnis) sollte uns viel lieber sein als ihr Gegenstück, so legt Freud nahe: der kleine Knabe, wenn er sich weigert, »die Tatsache seiner Wahrnehmung, dass das Weib keinen Penis besitzt, zur Kenntnis zu nehmen« und damit vielleicht eine »ähnliche Panik« wie »der Erwachsene später erleb[t], wenn der Schrei ausgegeben wird, Thron und Altar sind in Gefahr« (GW, III, S. 384). Freud stellt das männliche Genital als Repräsentant von Macht und Gesetz ins Zentrum der psychischen Entwicklung, und wie mit seinem Ausdruck deutlich wird, sind damit weltliche und religiöse Macht gemeint. Was bei Lacan zum Hauptsignifikanten Phallus – auch ›Herrensignifikant‹ genannt – wird, referiert auf nichts anderes als göttliche Macht: den Herrn, Gott. Žižeks Behauptung, «der entscheidende Schritt in der Analyse eines ideologischen Gefüges« bestehe darin, hinter der »blendenden Großartigkeit des Elements, das es zusammenhält (›Gott‹, ›Land‹, ›Partei‹, ›Klasse‹ ...), die selbstbezügliche, tautologische, performative Operation aufzuspüren« (Žižek, zitiert nach Butler, 1997, S. 285), die den ›reinen Signifikanten‹ Phallus, der ohne Signifikat – ›reine Differenz‹ – sei, ausbeutet, *ist* also die tautologische, performative Operation selbst.

Freuds ödipaler Knabe »skotomisiert« jedoch nicht die Wahrnehmung des Penismangels beim Weibe, »so dass das Ergebnis dasselbe wäre, wie wenn ein Gesichtseindruck auf den *blinden Fleck* der Netzhaut fiele« (GW, III, S. 384, Hervorhebung v. Verf.), sondern rettet seine Illusion und schützt sich damit vor der Kastrationsdrohung, indem er einen Fetisch bildet. Dieser »erspart es dem Fetischisten auch, ein Homosexueller zu werden« (S. 385). Der ›dunkle Kontinent‹ erscheint als (k)ein ›blinder Fleck‹ auf der Netzhaut, sondern er wird ›gerettet‹ und als ›weißer Fleck‹ in der Erkenntnislandschaft erhalten. Er wird zur ›Leerstelle‹ – dem Mangel der sexuellen Differenz. Diese Stelle in der Psychoanalyse Freuds beschreibt nicht nur, wie seiner Theorie zur Subjektgenese zufolge ein Fetisch gebildet wird, sondern

42 Mary Ann Doane (1991) schreibt über Freuds Begriff des Dark Continent: »The phrase transforms female sexuality into an unexplored territory, an enigmatic, unknowable place concealed from the theoretical gaze and hence the epistemological power of the psychoanalyst« (S. 209).

beschreibt auch das Moment in der Psychoanalyse, wo Freud selbst einen Fetisch bildet. Gayle Rubins These war, dass die Psychoanalyse statt ihre Einsichten in die Dynamik der Vergeschlechtlichung von Kindern offenzulegen, diese in ihr theoretisches Unbewusstes verschlossen hat. Hier geht es aber nicht nur um einen Fetisch, der die vermeintliche Zweigeschlechtlichkeit verdecken und Homosexualität verhindern soll, sonderen um einen, der eine antisemitische und eine kolonialrassistische Differenzkonstruktion verdeckt, statt sie zu entlarven.

Die Differenz zwischen weiblichem und männlichem Genital ist die Differenz zwischen Rudiment und Ganzheit ein und derselben Sache. Wie bereits erwähnt, ist die Klitoris für Freud ein »minderwertige[s] Organ ... der reale kleine Penis des Weibes« (GW, III, S. 388), und zwar das »einzige ›minderwertige‹ Organ, das ohne Zweideutigkeit diesen Namen verdient« (GW, V, S. 262, Fußnote 1).[43] In der englischen Ausgabe von Freuds Gesamtwerk wird dieses ›minderwertig‹ gar mit ›primitiv‹ übersetzt Die sexuelle Differenz ist also keine qualitative Differenz, sondern eine quantitative – das Mehr oder Weniger von ein und derselben Sache. Aus der horizontalen Differenz von Verschiedenem wird eine vertikale Zeitachse desselben. Dieses Organ der Frau stellt als Primitivität einen anachronistischen Raum dar, einen unhistorischen Ort, der als Leerstelle zur Einschreibefläche wird – die Chora als Aufbewahrendes; das unheimliche Unbewusste – Caché.

Freud sieht die ›Ursprünge‹ des Subjekts ontogenetisch in Griechenland: mit Ödipus, der ödipalen Phase, in der das *männliche* Kind ein Ich und damit einen Subjektstatus entwickelt. Phylogenetisch bedient er sich einer Phantasie: der Urhorde, die auf (wie er selbst schreibt) unwissenschaftlichen Untersuchungen von Anthropologen in den Kolonien fußt und aus deren Beschreibungen der ›Wilden‹ Freud in *Totem und Tabu* den Anfang der Kultur durch den Vatermord, Tötungs- und Inzesttabu formuliert. Während der ›Ursprung‹ Griechenland in den Zivilisationsdiskurs der Psychoanalyse eingeht, fällt sein phylogenetisches Pendant ins Prähistorische, Prädiskursive, einen anachronistischen Raum. Er wird zum Rest, den die Dialektik der Psychoanalyse zurücklässt. Die zeitgenössischen ›Wilden‹ in den Kolonien stellen dabei die Repräsentanten für die geschichtslose Vergangenheit Europas dar: Primitivität, aus der heraus sich die Zivilisation entwickelt. Die ›Wilden‹ und ›Frauen‹ (mit ihrer Klitoris als ›primitivem‹ Penis)

43 Freud schreibt das in Anspielung auf Adlers Thesen der Organminderwertigkeit als organische Grundlage für Neurosen (vgl. Gay, S. 247).

treten als Figuren auf, durch die hindurch das Subjekt der Psychoanalyse erzählbar wird. Sie sind das Vorher im Dienst des Nachher; Grenzfiguren der Psychoanalyse und Vehikel für die Entwicklung ihres Subjekts (weiß und männlich), um schließlich als Rest zurückgelassen und zur Heimsuchung dieses Subjekts zu werden.

Das Subjekt der Psychoanalyse rekapituliert in seiner ontogenetischen Entwicklung die Menschheitsgeschichte – ein linearer Pfad von Primitivität zu Zivilisiertheit –, indem es den ›rohen, ›rudimentären‹, ›unentwickelten‹ und ›archaischen‹ Zustand seiner (phylogenetischen wie ontogenetischen) Kindheit überwindet (Brickman, 2003, S. 2) und sich durch die Lösung ödipaler Konflikte enkulturiert. Psychopathologie stellt den umgekehrten Weg dar – eine Regression in diese ›primitiven‹, kindlichen Zustände –, und die Psychotherapie hat die Aufgabe, ihre Patient_innen über den Pfad der Zivilisation wieder in die ›Moderne‹ zu führen. Mit ›unentwickelt‹, ›roh‹ oder ›archaisch‹ sind in der Psychoanalyse neben kindlichen und regredierten – also pathologischen – Stadien eben auch jene Bevölkerungen gemeint, auf die bis heute als ›Primitive‹ verwiesen wird (ebda.). Das sind die ›Übereinstimmungen im Seelenleben der Wilden und der Neurotiker‹ im Untertitel von Freuds *Totem und Tabu*.

Die Konzepte, mit denen Freud in *Totem und Tabu* arbeitet (Animismus als frühestes Stadium der Evolution, Rekapitulationshypothese sowie die komparatistische anthropologische Methode) waren seinerzeit wissenschaftlich bereits diskreditiert. Freud besuchte auf seiner Amerika-Reise 1909 Vorlesungen von Frantz Boas an der Clark Universität mit dem Titel ›Psychologische Probleme in der Anthropologie‹, in denen dieser die biologistischen Erbschaftstheorien der Kulturanthropologie problematisierte und zeigte, dass, was die Evolutionsanthropologie als rassische Züge darstellte, durch die Umwelt begründete Einflüsse waren. Freud arbeitete jedoch unbeirrt mit den evolutionistischen Konzepten weiter (Brickman, S. 64).

Die sozioevolutionistischen Ideen in *Totem und Tabu* gründen auf Ernst Haeckels Rekapitulationstheorie und Jean-Baptiste de Lamarcks Theorie der Vererbung von erworbenen Charakteristiken, welche auf Charles Darwins *Entstehung der Arten* zurückgehend ursprünglich formuliert wurden, um zu erklären, wie physische Merkmale entstehen. Diese Theorien wurden von der Kulturanthropologie des neunzehnten Jahrhunderts auf mentale und kulturelle Phänomene übertragen (Brickman, S. 58). Nach Darwin stammen alle Spezies ursprünglich von einer gemeinsamen primordialen (primitiven) Form ab und durch natürliche Auslese überleben die Besseren. Bereits hier ist *in* der Psychoanalyse der Rassismus angelegt, den Hook und Seshadri-Crooks dann *mit* der Psychoanalyse erklären wollen. Ihre Rassismus-›Analysen‹ sind deshalb lediglich Rekonstruktionen, die an die Stellen in der Psychoanalyse führen, wo Rasse begraben liegt. Durch die Abstraktionen, die Lacan und Kristeva mit Freuds Psychoanalyse vornehmen, werden diese Stellen – Leerstelle, Kastration, Phallus, Abjekt – noch unkenntlicher.

Mit den fossilen Funden von Mammuts und Menschen in der Brixham Höhle in England und der 1863 veröffentlichten Schrift des Geologen Charles Lyell über die Bedeutung dieser Funde wichen dann die Griechen und Hebräer als ›Vorfahren‹ einem für damalige Verhältnisse unfassbar weit zurückliegenden Ursprung der Menschheit. Die *Geschichte* sollte aber nach wie vor mit den Griechen beginnen, diese hatten allerdings nun eine *Vor*geschichte.

> »Faced with the problem of the huge span of time in the fossil records between the emergence of the first ancestors of European civilization, on the one hand, and the rest of the animals, on the other, Darwinian theory responded by ›throw[ing] living savages into the fossil gap‹.« (Brickman, S. 43)

Die ›Primitiven‹ werden somit zum Bindeglied zwischen Vorgeschichte und Geschichte und zwischen Mensch und Tier (ebda.), das missing link in der ›Great Chain of Being‹ (vgl. auch Gould, 1983/2007 und Jahoda, 1999). Sie sind die Grenzfiguren zwischen Subjekt und Objekt, Geschichtlichem und Vorgeschichtlichem und daraus abgeleitet Erzählbarem und Nicht-Erzählbarem als Diskursivem und Prädiskursivem – ein anachronistischer Raum in einer panoptischen Zeit. Kristevas Abjekt, Lacans Objekt klein a und Freuds topisch Unbewusstes – das Es – sind in diesem Zeit/Raum verortet. Sie sind die körperlichen Markierungen, die wir als Zeichen für Geschlecht oder Rasse lesen; der Fetisch als Wechselbegriff, der eins ins andere wandelt. Ein Vorher im Dienst des Nachher. Sie liegen im Widerspruch der Moderne, der zur Leerstelle wird, eine Amnesie im Kern von Whiteness.

Haeckels Rekapitulationshypothese wendet Darwins Artentheorie auf die Zytologie und Embryologie an und schreibt ein ›biogenetisches Gesetz‹, das behauptet, die Phylogenese wiederhole sich in der Ontogenese. Der individuelle Organismus wiederholt in seiner embryonalen Entwicklung demnach die evolutionäre Entwicklung seiner Art (Brickman, S. 45). Diese Arbeit wurde wiederum in Sozialtheorie übersetzt, der zufolge nicht nur die embryonale Entwicklung, sondern auch die nachgeburtliche Entwicklung des Kindes die der Artengeschichte rekapituliert, wobei der Begriff der

›Art‹ auch durch den der ›menschlichen Rasse‹ ersetzt wurde. Generationen vergleichender Embryologie, Physiologie und Morphologie wurden durch diese Theorie organisiert. Die Konzepte der Entwicklung und der Evolution als Individual- und Artentwicklung wurden im deutschen Begriff ›Entwicklungsgeschichte‹ zusammengefasst und konvergierten in der Idee des Primitiven als Anfang von Individual- und Artentwicklung. Damit wiederholte sich nun in der Wissenschaft, was zuvor bereits in der mittelalterlichen Philosophie behauptet wurde: dass die Wilden in der Kindheit der menschlichen Art leben und die zivilisierten Kinder das Stadium der menschlichen Wildnis rekapitulieren (ebda.).

Darwin glaubte, dass Niederlagen im ›survival of the fittest‹ zu Unfruchtbarkeit und langfristig zum Aussterben führten. Er glaubte auch, dass militärische und ökonomische Stärke ein Zeichen von biologischer Stärke waren. Damit ließ sich die Unterwerfung und Auslöschung von Kolonisierten naturalisieren. Wer auf der falschen Seite der imperialen Schlacht war, hatte einfach die schlechteren biologischen Karten und war von Natur aus zum Aussterben verdammt. Ihre Auslöschung platzierte die ›Eroberten‹ lediglich »back into the dead prehistoric world where they belonged« (Stocking, zitiert nach Brickman, S. 48). Zivilisation und Kolonisation wurden bald als biologisch konstituierte Kapazitäten einer bestimmten Rasse verstanden, die aufgrund ihrer natürlichen Überlegenheit im ›survival of the fittest‹ dazu bestimmt waren, die anderen ›Rassen‹ zu erobern. Die Evolutionstheorie ermöglichte eine komplette Systematisierung der Beziehung zwischen Zivilisation und Primitivität sowie zwischen Kolonisatoren und Kolonisierten. Sie bot eine Grundlage für die kolonialen Praktiken des 19. Jahrhunderts und legitimierte die Enteignung, Vertreibung, Verschleppung und den Genozid der Kolonisierten (ebda.).

Die Begrifflichkeiten mitsamt ihren Ideologien, die Freud in seiner Theoretisierung des Subjekts verwendet, sind Bestandteil der zeitgenössischen Kolonialdiskurse. Mit dem Evolutionismus, den er in seine Subjektgenese ebenso wie in seine Kulturtheorie einschreibt, wird dieses Subjekt *inhärent* kolonialistisch; weiß und männlich. ›Afrika‹ bildet gewissermaßen diskursiv die Peripherie im Wien des *fin de siècle*, in dem Freud mit der Psychoanalyse eine Theorie über Subjekt und Kultur *seiner Zeit* entwickelt. Es versinnbildlicht alles, was vor-und-außerhalb des Subjekts von Freud liegt. Mit Afrika wählt Freud auch einen der Kontinente, die bis vor Kurzem im Westen als geschichtslos galten. Wir brauchen uns dieses weißen Fleckes nicht zu schämen, schreibt Freud. Er ist der nicht erzählbare Ort des Ursprungs, der mit der Urhorde jenseits des Historischen liegt und der erst mit seiner Rekapitulation in der Ontogenese – der Kastrationsdrohung des Ödipuskomplexes – in den Bereich des Historischen, Erzählbaren und des Bewusstseins rückt. Was in der Peripherie als konstitutives Außen des Subjekts der Psychoanalyse verortet wird, bildet zugleich seinen Kern – Extimacy als Intimacy – Primitivität, die den Ursprung im Inneren des zivilisierten Subjekts als seine Vergangenheit darstellt. Seshadri-Crooks erklärt zu Extimacy als Intimacy:

» ›Extimacy‹ is a term introduced by Lacan, ... to designate the paradoxical status of the ›Real in the symbolic‹, or the manner in which the Other of language is engaged in its lack. In relation to the system of race, extimacy refers to the illegal desire of Whiteness to overcome difference and to plug the lack that sustains the inter-subjective relations of race. The notion of the extimate object as the cause of desire is used to denote that the most intimate and hidden aspect of the subject is also that which is most foreign and other to ouselves.« (S. 68)

Wie ich noch deutlich machen werde, ist mit dieser Extimacy als das Andere der Sprache bereits seit Freud Primitivität gemeint, die gleichermaßen mit Rasse und Weiblichkeit assoziiert ist und die den Ursprung im Inneren des zivilisierten Subjekts als seine Vergangenheit darstellt. Whiteness ist kein illegaler Signifikant dieser Struktur, sondern der verschobene Anfang, Whiteness ist der Vorgänger des Phallus in der Genealogie der Psychoanalyse. Die Leerstelle: (Kastration – Phallus – Whiteness) ist im doppelten Sinn konstitutiv für die Psychoanalyse; ihr Inhalt entzieht sich der Kenntnis ihres Gründers und sie ist als geschichtsloser Raum notwendig, weil sie der Ort repräsentationaler Einschreibung einer Bemächtigungsgeschichte ist, die nicht erzählt werden kann weil sie nicht erzählt werden darf.

4.2 Freuds Verschiebungen – verschobene Anfänge: Daniel Boyarin

Als das Jüdische Museum in Berlin im Jahr 2005 Sigmund Freud zum 150sten Geburtstag eine Ausstellung zu seinem Lebenswerk widmete, thematisierten die Kurator_innen, die ›Leerstelle‹ in einer bemerkenswerten Weise. Nachdem die Ausstellungsbesucher_innen im ersten Raum auf den Stücken einer riesigen Geburtstagstorte wichtige Lebensstationen von Freud betrachten konnten und ihnen in Form von Installationen Freuds berühmtester Fälle seine wesentlichen Theorien vorgestellt wurden, betraten sie den sogenannten ›leeren Raum‹ des Jüdischen Museums. Es ist ein schmaler, langer, dunkler, leerer Raum, in dem auch jenseits dieser Sonderausstellung auf einer Stelle Totenmasken aufgehäuft liegen – metallene Räder zur Symbolisierung der Ermordeten des Holocaust. Eine Installation, die auch an den Black Atlantic erinnert. Die Besucher_innen sind zuvor an einer Wand entlang geführt worden, auf der Fotos von Berliner Psychotherapie-Praxen zu sehen waren. Auf einer Seite dieser Wand sind die Perspektiven der Therapeut_innen auf ihre Couch und auf der anderen Seite der Wand im ›leeren Raum‹ dieselben Therapiezimmer aus der Perspektive der Patient_innen, die auf der Couch liegen, zu sehen. An der gegenüberliegenden Wand des ›leeren Raumes‹, also gegenüber von den Fotos mit der Perspektive der Patient_innen, hängt ein Foto von Sigmund Freuds Therapeuten-Stuhl – schwach von einem Lichtstrahl beleuchtet – und in dessen Hintergrund stehen die ›Grenzfiguren‹ – die archäologischen Figuren, die Freud sammelte.

Weitere ›Grenzfiguren‹ stellte Freud am Rand seines Schreibtisches auf. Die Fotos der Berliner Psychoanalyse-Praxen zeigen, dass das Aufstellen ›anthropologischer‹ Figuren rege Nachahmung findet. Die ›Primitiven‹ bevölkern auch heute noch die Therapiezimmer.

Wie die Ausstellungsführerin erzählte, symbolisiert der leere Stuhl den Analytiker in der Therapie als Leerstelle, in die hinein die Patient_innen übertragen sollen. Mit dem Foto des leeren Stuhls von Freud in diesem Raum wollten die Kurator_innen jedoch auch zum Ausdruck bringen, dass der Nationalsozialismus mit dem Holocaust eine Leerstelle in der Psychoanalyse hinterlassen hat; dass die Wissenschaft in Deutschland allgemein durch die Vertreibung und Ermordung der Juden einen großen Verlust erlitten hat.

Wie hängen Antisemitismus, die Leerstelle (in) der Psychoanalyse und ›Verlust‹ zusammen? Die Leerstelle, die der Nationalsozialismus durch seinen Antisemitismus in die Geschichte, das Leben von Millionen von Menschen, in die Wissenschaften und sämtliche Bereiche des Lebens gerissen hat, ist eine Geschichte unvorstellbarer Gewalt, gerade weil sie so *real* ist – das Trauma. Die Leerstelle in der (klinischen) Psychoanalyse des deutschsprachigen Raumes aufgrund des intendierten oder kollaborierenden *Ausschlusses* der jüdischen Mitglieder aus den psychoanalytischen Vereinigungen während des Nationalsozialismus durch ihre ›arischen‹ Kolleg_innen ist aufgrund kaum nennenswerter Bearbeitung durch die deutschen Psychoanalytiker_innen selbst eine Leerstelle geblieben. Die Leerstelle der Psychoanalyse – Kastrationsdrohung bei Freud und Phallus bei Lacan, welche Lacan im Bereich des *Realen* verortet – hat, wie ich zeigen werde, mit dem Vorgängigen zu tun.

Celia Brickman stellt fest, dass – international – nur wenige Autor_innen, Freuds ›persönliche‹ Anteile an der Psychoanalyse auf die Bedingungen des Antisemitismus zurückführen, unter dem Freud arbeitete. Sie konzentrieren ihre Freud-Interpretationen vor allem auf seine familiären Beziehungskonflikte (S. 161). Sie tun das allerdings ganz im Sinne der Psychoanalyse, möchte ich hinzufügen, tendierte doch auch Freud selbst dazu, gesellschaftliche, politische und soziale Einflüsse auf die Subjekte, die er analysierte, zugunsten ihrer frühkindlichen familiären Bedingungen auszublenden. Für Brickman wird beispielsweise in Freuds ›Rom-Neurose‹ seine ambivalente Ambition, in einem christlichen Europa erfolgreich zu sein, das Juden aus seinen Institutionen ausschließt, deutlich. *Der Mann Moses und die monotheistische Religion* entstand für Brickman aus dem

Bedürfnis, den Anstieg der antisemitischen Stimmung der 1930er Jahre zu verstehen. Die Motivationen beider Texte werden jedoch gemeinhin auf frühkindliche Konflikte Freuds zurückgeführt (ebda.). Dass intergenerationale Konflikte eine bedeutsame Rolle in der Organisation von Freuds Affekten gespielt haben, ist unbestritten. Kindliche und familiäre Konflikte finden allerdings nicht unabhängig von sozialen und politischen Machtverhältnissen statt. Im Gegenteil, sie sind emotional geprägte Faktoren, durch welche diese Machtverhältnisse an uns als die Struktur der Gesellschaft, in der wir leben, vermittelt werden (ebda.). Ich habe im Abschnitt zur Säuglingsforschung angedeutet, wie das ›kulturelle Symbolische‹ bereits in der frühesten Kindheit *übertragen* wird – performativ und ›vor‹ der Sprache. Das besondere Potenzial der Psychoanalyse liegt darin, diese Dynamik erklären zu können. Durch ihren Strukturalismus und ihre reaktionären (sexistischen und rassistischen) kulturtheoretischen Annahmen, subvertiert die klassische Psychoanalyse allerdings diese Möglichkeit. Statt zu erklären, wie sich gesellschaftliche Verhältnisse in die Psyche einschreiben, behauptet sie, dass diese gesellschaftlichen Verhältnisse archaische, unveränderbare Strukturen seien, die sich das Subjekt notwendigerweise aneignen muss, um ein zivilisiertes Subjekt zu werden. Wie hier deutlich wird, geht die Subversion des revolutionären Potenzials der Psychoanalyse auf Freuds persönliche Situation zurück. Neben seinen konservativen Ansichten zu den Geschlechterverhältnissen wie auch kulturellen Unterschieden waren es die politischen Verhältnisse – der Antisemitismus – die ihn dazu bewegten, provokative Einsichten in die Sexualität und die Subjektgenese so zu interpretieren, dass er nicht in Schwierigkeiten mit der wissenschaftlichen Gemeinschaft geriet.

Die christlich/arische Gesellschaft Europas, von der Freud Teil sein wollte, grenzte ihn als Jude nicht nur aus ihren Institutionen aus, sondern suchte die Juden zu vernichten – ein *realer* Horror. Kristevas Abjektionstheorie als Ausschlussprinzip, das ihr zufolge der Entstehung von Kultur und Subjekt zugrunde liegt, beschreibt demnach weniger ›archaische‹ Prozesse, die ontogenetisch auf der Subjektebene rekapituliert würden, als dass sie die Theoretisierung von Verhältnissen darstellt, die Freuds Lebenssituation beträchtlich prägten. Allerdings dethematisiert Kristeva durch ihren universalistischen Anspruch diesen Zusammenhang, sie rationalisiert ihn gewissermaßen – auch das ganz in der Tradition der Psychoanalyse Freuds. Ich habe das als ›Präfiguration‹ des *Realen* der Psychoanalyse durch die *Realität* bezeichnet.

Die Juden stellten zu Freuds Schaffenszeit quasi die Kolonisierten innerhalb Europas dar (Boyarin, Brickman, McClintock, Gilman) und waren als solche ebenso abjekte Subjekte wie die Schwarzen in den Kolonien – eine soziopolitische Realität, die aus der Psychoanalyse Freuds nahezu ausgeschlossen wurde, die sie aber, wie Boyarin verdeutlicht, zugleich angetrieben hat. Dies wirft ein neues Licht auf Freuds kulturtheoretische Schriften, in denen er die Ursprünge der Zivilisation erklärt und ›den archaischen Wilden‹ (der Urhorde) die Gewalt und ›Primitivität‹ unterstellt, welche ›seine‹ zivilisierte Gesellschaft überwunden habe. Freud verschiebt damit Ereignisse der Gewalt in die Vergangenheit, die durch den Kolonialismus allgegenwärtig sind und die sich bezüglich des Holocaust gerade erst anbahnen.

Das Ausradieren der sozialen Kontexte ist wesentlicher Bestandteil des psychoanalytischen Funktionalismus (Brickman, S. 161). Konflikt, Unterdrückung, Ausschluss, Diskriminierung und andere Formen sozialen Terrors werden der intrapsychischen Welt übergeben und die Kleinfamilie soll ihr ausschließlicher Auslöser sein. Kultur wird zur neutralen Ressource, aus der das Selbst auf unterschiedliche Arten unterhalten wird. Wenn man allerdings den sozialen und historischen Kontext von Freuds Entwicklung der Psychoanalyse betrachtet, ist nicht zu übersehen, dass rassistische Konflikte vorherrschten und dass die Psychoanalyse konstruiert wurde, um eine Antwort auf ebendiese Konflikte zu finden (Brickman, S. 161-162).

Der ›Terror‹ im Herzen der Subjektkonstitution der Psychoanalyse ist also nicht (nur) die sexuelle Differenz, die auf der psychoanalytischen Phantasie von Frauen als auch von primitiven Ursöhnen als ›bereits kastriert‹ gründet. Vielmehr *gründet* der Terror auf der antisemitischen Gewalt, die Juden auszulöschen sucht, deren Differenz zu Ariern in der Beschneidung des männlichen Genitals ge*sehen* wurde. Wie Boyarin (1998) schreibt, verdeckt Freud in der binären Opposition Phallus/Kastration einen dritten Begriff: den beschnittenen Penis (S. 229). Das sind die rassischen Objekte, die bei Seshadri-Crooks auftauchen und *sichtbar* werden, wenn Whiteness mit seiner Historizität konfrontiert wird. Wenn wir die sexuelle Differenz in der Psychoanalyse also wieder in ihren Entstehungskontext stellen, wird ihr *Ursprung* erzählbar. Der Vatermord hat einen vorgängigen Horror – den Antisemitismus, den Freud erlebte – sein Trauma.

Daniel Boyarin (1998) argumentiert wie Brickman, dass der Antisemitismus eine wichtige Rolle in Freuds Theoretisierung des Subjekts spielt, allerdings macht ihm zufolge Freud *unbewusst* sein Wissen um die Bedeutung der rassischen Differenz unkenntlich, indem er sie in die sexuelle Differenz *verschiebt*. Boyarin sieht darin das ›kulturelle Unbewusste der Psychoanalyse‹ (S. 229). Dem, was Rubin schon als das Unbewusste der Psychoanalyse bezeichnet hat – ihren Sexismus – fügt Boyarin etwas hinzu und zeigt, dass es dem Sexismus vorgängig ist: die Differenz Arier/Jude, die Freud, statt zu emanzipieren, naturalisiert hat. Beim Aspekt der Verschiebung stimmen Brickman und Boyarin überein. Die rassische Differenz zwischen Arier und Jude als der zwischen ›ganzem‹ und beschnittenem Penis wird in der Psychoanalyse Freuds in eine Universalisierung des Subjekts verschoben, für das die sexuelle Differenz (Penis haben oder nicht haben/Phallus haben oder sein) konstitutiv ist. Sander Gilman (1994) sieht in der Bedingung des Antisemitismus, unter dem Freud arbeitete, *den* Grund für die Psychoanalyse schlechthin und argumentiert, dass die rassische Differenz im Effekt die psychoanalytischen Darlegungen zur sexuellen Differenz auslöscht. Boyarin (1998) argumentiert allerdings dagegen, dass die spezifische Erfahrung rassistischer Differenz von Freud nicht die sexuelle Differenz auslöscht, sondern ihm geholfen hat, sexuelle Differenzierungen und ihre generelle Intersektion mit Rasse zu verstehen (S. 217). Boyarin betrachtet den zweideutigen Begriff des *Un/Heimlichen* in Freuds Schriften als Schlüssel für das Geheimnis der Konvergenz von Rasse und Gender in der Psychoanalyse.

4.3 Das un/heimliche doppelte Bewusstsein

In *Das Unheimliche* (1919) beschreibt Freud den Horror, als er zufällig in den Spiegel blickt und imaginiert, jemand anderen zu sehen: »Ich weiß noch, dass mir die Erscheinung gründlich missfallen hatte ... Ob aber das Missfallen dabei nicht doch ein Rest jener archaischen Reaktion war, die den Doppelgänger als unheimlich empfindet?« (GW, IV, S. 270, Fußnote). Die Erscheinung, die Freud nicht gefiel, spiegelt für Boyarin das kulturelle ›Trauma‹ der Beschneidung wider (1998, S. 212). Die Erfahrung, die Freud beim Blick in den Spiegel macht, ist, was der afro-amerikanische Philosoph, Soziologe und Bürgerrechtler W.E.B. Du Bois als doppeltes Bewusstsein beschreibt.

Du Bois hatte in seiner Auseinandersetzung mit G.F.W. Hegels *Phänomenologie des Geistes* festgestellt, dass er als Schwarzer in einer unmöglichen Subjektposition gefangen genommen wird: »Um sich als Selbst erkennen zu können, muss er sich aus jener weißen Position betrachten, die ihm verweigert wird, die sich ihm mit Verachtung zuwendet, und von der er wie durch einen Schleier getrennt bleibt« (Purtschert, 2006, S. 59). Zwei Seiten von Du Bois‹ Existenz – Amerikaner und Schwarzer zu sein – »bleiben unvermittelt und unvermittelbar« (ebda.). Das sich daraus ergebende doppelte Bewusstsein ist »this sense of always looking at one's self through the eyes of others, of measuring one's soul by the tape of a world that looks on in amused contempt and pity« (Du Bois, zitiert nach Purtschert, S. 59).[44] Frantz Fanon greift den Begriff des doppelten Bewusstseins in seiner Untersuchung kolonisierter Subjektivität auf und schreibt in *Black Skin, White Masks* (1952/1967), dass »the ›other within‹« (zitiert nach Boyarin, 1998, S. 213) das gedoppelte Selbst des Kolonialismus sei. Fanons Lesart kolonisierter Subjektivität, glaubt Boyarin, sei bereits bei Freud angelegt. *Black Skin, White Masks* stelle den wichtigsten Kommentar zu Freuds angefangener, zum Greifen naher Rassismus-Theorie dar und Fanons Einsicht werfe damit ein neues Licht auf die Psychoanalyse als Instrument, die jüdische Geschichte zu interpretieren (Boyarin, 1998, S. 213.). Rubin bezeichnete die Psychoanalyse als eine feministische Theorie manqué. Boyarin deutet hier nun an, dass sie auch eine Rassismustheorie manqué sei. Genau in den Momenten, wo Freud auf den Rassismus und den Sexismus in seiner Gesellschaft stößt, naturalisiert er beide in seiner Theoriebildung, statt sie zu emanzipieren.

Freud bezeichnete diese innere Alterität einmal als einen Staat innerhalb des Staates – eine abschätzige Formulierung für die Zwillings-Anderen des deutschen Staates: Frauen und Juden (ebda.). Anders ausgedrückt sind, wie bereits erwähnt, Juden die Kolonisierten *innerhalb* des deutschen beziehungsweise österreichischen Staates. Dieses doppelte Bewusstsein – nicht mehr ganz oder noch nicht zu ›sein‹ beziehungsweise mit Homi Bhabha ausgedrückt: ›not quite/not white‹ – ist ein Symptom der Krise, in welchem sich emanzipierende/assimilierende Juden in Europa genauso wie sich ›modernisierende‹ postkoloniale Subjekte befinden (ebda.). Die kolonisierte Subjektivität, die Fanon so brillant und schmerzhaft anatomisiert und ausagiert: ›Noch nicht weiß, nicht mehr ganz schwarz, ich war *verdammt*‹ (Fanon, zitiert nach Boyarin, S. 217, Hervorhebung von Verf.), versteht Boyarin analog zur Subjektivität der jüdischen Wiener zur Jahrhundertwende. Es wird deutlich, dass wir Abjektion mit Fanon ganz anders lesen müssen, als Hook es tut. Rassismus ist nicht sekundär in der Abjektionskonstruktion, sondern er präfiguriert sie.

Hybridität ist ein Thema, das Freud und Fanon gleichermaßen beschäftigt und wo Freud in Begriffen wie ›Mischling‹ seine Antisemitismuserfahrung

44 Vgl. hierzu auch Gilroy, 1993.

umkehrt und ausagiert und Fanon seine Rassismuserfahrung durch verstörende Erscheinungen ›des Jüdischen‹ abreagiert. Freud verwendete mehr als einmal rassische und kolonialistische Metaphern, um psychologische Ideen zum Ausdruck zu bringen (Boyarin, 1998, S. 219). Homoerotik ist für beide ein hybrides Terrain, wo Geschlecht und Sexualität nicht ›übereinstimmen‹, und es wird zur Projektionsfläche, auf die beide ihre eigenen, von der Dominanzkultur abjektierten Identifikationen *verschieben* können (ebda.). Freud nahm allerdings selbst eine hybride Position ein. Er war das Objekt und das Subjekt von Rassismus. Aus Sicht der schwarzen Kolonisierten war Freud ein Weißer. Aus Sicht der Dominanzkultur in Europa war er fast so ›schwarz‹ wie die Kolonisierten (vgl. auch Gilman, 1985, 1994, 2000; Jacobson, 2000; McClintock, 1995). Juden waren ›Mischlinge‹, wie W.E.B. Du Bois in Slowenien eines Nachts bei einer Taxifahrt ins jüdische Ghetto feststellt (Gilroy, 1993; zitiert nach Boyarin, 1998, S. 220).

Freuds ›Rassendiskurs‹ kann deshalb aus zwei Perspektiven gelesen werden. Aus der einen Perspektive ist Freud ein Weißer, der rassistisch über Schwarze schreibt, und aus der anderen ein Jude, der unter der Herrschaft von Ariern lebt. Im ersten Fall ist Freud der Kolonisator, im zweiten der Kolonisierte (Boyarin, 1998, S. 219). Auch auf dem Terrain von Gender und Sexualität wurden Juden und Schwarzen im ›kulturellen Symbolischen‹ hybride Positionen zugeteilt. Männliche Juden wurden in zentraleuropäischen kulturellen Imaginationen aufgrund ihrer Beschneidung als Männer ohne Penis identifiziert, also als Frauen. Die Klitoris wurde in Wien zu Freuds Zeit »Jude« genannt, weibliche Masturbation »mit dem Juden spielen« (Boyarin, 1998, im Rekurs auf Gilman und Freud, S. 224). Schwarze Männer wurden ebenfalls feminisiert, zugleich jedoch hypervirilisiert. Wie Fanon immer wieder fordert, »Der Neger *ist* das Genital«. Dem rassisch Anderen er*mangelt* es am Phallus; ›er‹ ist diesbezüglich immer schon kastriert. Männlichkeit bedeutet in der Psychoanalyse den Besitz des Phallus während die Kondition der ›Frau‹ ist, der Phallus zu *sein*. Der schwarze Mann jedoch *ist* der Penis; der männliche Jude ist eine Klitoris. Keiner von beiden hat den Phallus (Boyarin, 1998, S. 223-224).

Das doppelte Bewusstsein als Krise ist jedoch nicht Symptom aller Juden und Schwarzen. Es ist nur der assimilierte/emanzipierte Jude, der wie ein Nichtjude sein will, und ein europäisierter Schwarzer, der wie ein Europäer sein will. Nur der emanzipierte Jude betrachtet seine Beschneidung als verächtlich, in der jüdischen Tradition war nur ein beschnittener Jude ›ganz‹. Beschneidung war für traditionelle Juden auch eine Form des Widerstandes und der privaten Distanzierung von der dominanten Kultur. Die Vorhaut galt ihnen als Verunstaltung ihrer Männlichkeit – nicht ihre Beschneidung (Boyarin, 1998, S. 227). In seinem Buch *Unheroic Conduct; the Rise of Heterosexuality and the Invention of the Jewish Man* (1997) diskutiert Boyarin die unterschiedlichen Möglichkeiten, die ein Jude hat(te), sich in einer Kultur zu bewegen, die Juden feminisiert. Sie bewegen sich zwischen dem Bild des maskulinisierten Muskeljuden, der sich in Goyim Naches (nicht-jüdischen Männerspielen) übt – ein Bild, das im Zionismus kultiviert wurde –, und einem Juden, der nicht auf die Feminisierung reagierte. Sein Buch arbeitet die Alternative zum ›Muskeljuden‹ aus. Er beginnt den Prolog in diesem Buch mit den Worten »Justify My Love« und erklärt, dass es ein feministisches Projekt sei. Für ihn als männlichen Juden ist das Judentum eine »world of memory, intimacy, and connectedness, a pleasure that I call *Jewissance*« (S. xxiii), eine echte Alternative zu Lacans Jouissance und Jealouissance, dem totalitären Entweder-Oder von Primitivität und Zivilisiertheit; der Lust versus dem Unbehagen in der Kultur.

4.3.1 Zwischen Widerstand und Hegemonie

Bedingungen der Dekolonisation wie in Freuds Wien, das, als er aufwuchs, Juden zuvor kaum da gewesene Emanzipationsmöglichkeiten bot, oder Fanons Bildungserfahrung in Frankreich erzeugen in den (ehemals) Unterdrückten die Erwartung, dass sie eines Tages selbst die Dominanz ausüben werden, die sie heute erleiden, so glaubt Boyarin (1998, S. 227-8): »The more ›educated‹ the subject is, the more acute its dis-ease« (Fanon, zitiert nach Boyarin, 1998, S. 222). Auf diese Weise nährt das Moment der Dekolonisation auf der politischen Ebene ironischerweise Hegemonie (Boyarin, 1998, S. 228).

Wie Ernst Lissauer, ein assimilierter Jude, glaubte, entwickelt sich der Jude wie Nietzsches Supermann von einer primitiveren Stufe der Entwicklung, die durch religiöse Identität charakterisiert ist, auf eine höhere Stufe der Entwicklung, die mit (damalig) gegenwärtigen kulturellen Qualitäten der deutschen Gesellschaft identifiziert ist, um schließlich ganz und vollständig zu werden (Gilman, zitiert nach Boyarin, 1998, S. 222). Zeit und Raum konvergieren im verinnerlichten Antisemitismus und Rassismus zu einem evolutionistischen Narrativ: »By observing the Ostjude, says the Western Jew, we can learn where we have come from, just as Hegel uses the African black as the sign of the progress of European civilization« (Gilman, zitiert nach Boyarin 1998, S. 222). Ein Jude, der nach sieben Jahren Abwesenheit ins Frankfurter Ghetto zurückkehrt, findet: »Alles ist so dunkel und so begrenzt« (ebda.). »The Antilles Negro who goes home from France ... tells his acquaintances, ›I am so happy to be back with you. Good Lord, it is hot in this country, I shall certainly not be able to endure it very long‹« (Fanon, zitiert nach Boyarin, ebda.). Auch Sprache und Jargon dienten zur Distanzierung zwischen ›primitiven‹ und ›zivilisierten‹ ›Kolonisierten‹. ›Westjuden‹ machten sich über die Sprache der ›Ostjuden‹ mit ähnlichen Stereotypen lustig, wie sie modernisierte ›Kolonisierte‹ nutzten, um sich über ihre ›zurückgebliebenen‹ Landsleute zu erheben. Peter Gay (2006) beschreibt in seiner Freud-Biographie das »Dilemma« Freuds sowie der anderen »assimilierten Juden Wiens« beim »Anprall der jüdischen Invasion, wie Antisemiten aller Arten es nannten« (S. 28), wie folgt:

> »Ein Maß von Sympathie für die bettelarmen, oft traumatisierten Flüchtlinge aus einem umnachteten Osteuropa wurde oft unterdrückt von einer defensiven Ablehnung ihrer Gewohnheiten und äußeren Erscheinung. Freud war von solchen Gefühlen nicht frei. Als er als Sechzehnjähriger von einem Besuch in seinem Geburtsort Freiberg zurückkehrte, geriet er im Zug in die Gesellschaft eines ›hoch-ehrwürdigen alten Juden und einer entsprechenden alten Jüdin samt melancholisch schmachtendem Töchterlein und einem frechen hoffnungsvollen Sohn‹, und er beschrieb seinem Freund Emil Fluß, der selbst Jude war, seine Abneigung: ›Die Gemeinschaft war mir unerträglicher als jede andere.‹ Er glaubte in dem alten Mann einen Juden aus Freiberg zu erkennen, der ihm gut bekannt zu sein schien. ›Der Mann war ein Typus. Der Junge, mit dem er sich über Religion unterhielt, war es ebenfalls. Er war vom Holz, aus dem das Schicksal die Schwindler schneidet, wenn die Zeit gekommen ist: pfiffig, verlogen, von den teuren Verwandten im Glauben erhalten, er sei ein Talent, dabei ohne Grundsätze und Weltanschauung.‹ Ein professioneller Judenhetzer hätte es kaum kraftvoller ausdrücken können.« (S. 28-29)

Freud phantasiert unbewusst, dass er nicht der beschnittene Schlomo, Sohn von Jakob, sondern der unbeschnittene Ödipus, Sohn von Laius ist. Er möchte nicht Sohn eines ›unheroischen‹ [45] jüdischen Vaters sein, der sich nicht gegen Antisemiten wehrt, sondern wie Hannibal, Sohn des Hamilcar,

45 Der Titel von Boyarins Buch (Unheroic Conduct) ist in Anspielung auf die nun folgende Geschichte über das ›unheroische‹ Verhalten von Freuds Vater zu verstehen – eine Geschichte, die Freud in der *Traumdeutung* erzählt. Die *Traumdeutung* beizeichnet Boyarin als eine der Gründungsgeschichten der Moderne. Boyarin (1997) leitet sein Kapitel über ›Goyim Naches‹ damit ein.

der heroisch Karthago rächen will (Boyarin, 1998, S. 229; Gay, S. 20). Einige Autor_innen lesen deshalb den Ödipuskomplex als Freuds griechische Familienromanze (u.a. Boyarin, McClintock, Brickman).

Um seinem Sohn zu zeigen, »wie grundlegend sich das Leben für die Juden in Österreich gebessert hatte«, erzählte Freuds Vater dem zehn oder zwölf Jahre alten Sigmund folgende Geschichte:

> »Als ich ein junger Mensch war, bin ich in deinem Geburtsort am Samstag in der Straße spazieren gegangen, schön gekleidet, mit einer neuen Pelzmütze auf dem Kopf. Da kommt ein Christ daher, haut mir mit einem Schlag die Mütze in den Kot und ruft dabei: ›Jud, herunter vom Trottoir!‹ Interessiert fragte Freud seinen Vater: ›Und was hast du getan?‹ Die gelassene Antwort lautete: ›Ich bin auf den Fahrweg gegangen und habe die Mütze aufgehoben.‹ «(Gay, S. 20)

Freud will nicht der Jude sein, der das Trottoir verlässt und gedemütigt auf dem Fahrweg geht, sondern erhobenen Hauptes auf dem *Bürger*steig gehen. 1910 rechtfertigt Freud dann sein Verhalten gegenüber den Mitgliedern seiner Wiener Mittwochs-Gesellschaft, die er bei der Ernennung der wesentlichen Ämter auf dem internationalen psychoanalytischen Kongress – dem »Nürnberger Reichstag«, wie er ihn nannte – alle übergangen hatte, um C.G. Jung und anderen ›Ariern‹ diese Ämter zu geben:

> »Ihr seid zum größten Teile Juden und deshalb nicht geeignet, der neuen Lehre Freunde zu erwerben. Juden müssen sich bescheiden, Kulturdünger zu sein. Ich muss den Anschluss an die Wissenschaft finden: bin alt, will nicht immer angefeindet werden. Wir alle sind in Gefahr. ... Nicht einmal diesen Rock wird man mir lassen.« (Gay, S. 250)

Freud hatte inzwischen verstanden, dass die Welt nicht besser geworden war für die Juden und er fürchtete vorausschauend antisemitische Angriffe auf seine Person und seine ›Sache‹. Die Leerstelle, die er im Jüdischen Museum ›hinterließ‹ und die sein Leben prägte, schrieb Freud in seine Subjekttheorie ein. McGrath folgend argumentiert Boyarin, dass Freud die Mütze des Vaters als Symbol für den Phallus verstand und das Herunterschlagen der Mütze durch den Antisemiten könnte für Freud direkt die Entmannung des Vaters symbolisiert haben (S. 224).

4.3.2 Zwischen Innen und Außen

Die exzentrische Position ihres doppelten Bewusstseins vermittelt postkolonialen Subjekten ein besonderes Wissen. Die Erfahrung eines Selbst, das sich verdoppelt und sich selbst beobachtet, ist die primäre Begegnung der Psychoanalyse mit dem dezentrierten Selbst (Boyarin, 1998, S. 222). In dieser Hinsicht ist es kein Zufall, dass sich die Psychoanalyse als produktiv für die Theoretisierung des Kolonialismus erwiesen hat (S. 213). Benachteiligte Subjekte wie Juden, Homosexuelle, Kolonisierte oder Frauen haben aufgrund ihrer ›exzentrischen‹ Position einen direkteren Zugang zu dieser ›Wahrheit‹ und eine potenziell privilegierte Position zur Kritik und Analyse kultureller Diskurse (S. 222-223).

> »Before Fanon, Freud seemed to realize that the ›colonized as constructed by colonialist ideology is the very figure of the divided subject [that] psychoanalytic theory [posits] to refute humanism's myth of the unified self‹ (Parry 29). In a profound sense, ›humanism's myth‹ is a colonial myth. It follows that psychoanalysis is *au fond* not so much a Jewish science as a science of the doubled colonized subject ... « (Boyarin, 1998, S. 213-213)

Freud oszilliert zwischen der Position des exzentrischen Subjekts, das von der Dominanzkultur an ihren Grenzen oder als konstitutives Außen verortet wird, und der Verleugnung dieser Position. Das Leben ›zwischen‹ Europa und der Kolonie beziehungsweise ›zwischen‹ Ariern als Juden *in* Europa, erlaubte den feminisierten Juden ebenso wie Schwarzen Einsichten in die Leerstelle, welche das Verhältnis weißer Männer zu weißen Frauen bestimmte. Das Verständnis durch diese exzentrische Position Freuds und Fanons ermöglichte eine mächtige Kritik der geschlechtlichen und sexuellen Bedeutungen in ihren unterdrückenden Kulturen. Freud und Fanon verfügten über dieses kritische Wissen und konnten aus ihrer Perspektive diese Kritik unternehmen – und vieles andere, aber keiner von beiden konnte seine eurozentrische Perspektive verlassen und den Phallus gänzlich *demystifizieren* (ebda.). Was die beiden auf einer kulturellen Ebene durch ihre exzentrische Position erleben – ihre Feminisierung, Abjektion und Verdammung – bemühen sie sich in ihren Subjekttheorien zu ›vergessen‹ (Boyarin, 1998, S. 212). Der Phallus war für Fanon wie auch Freud eine Maske – so abjekt und subversiv wie die weißen Masken für schwarze Häute (Boyarin, 1998, S. 229).[46] Seshadri-Crooks' psychoanalytische Rassismustheorie muss umgedreht werden: der Phallus ist die ultimative weiße Maske beziehungsweise ein *laissé passer* (Boyarin, 1998, S. 224), eine Passierschein.

---

46 Vgl. hierzu auch Wolter (2001), »Das obskure Subjekt der Begierde; Frantz Fanon und die Fallstricke des Subjekts der Befreiung«.

Wie schon Rubin argumentiert Boyarin, dass Freuds Darstellung der sexuellen Differenz als nicht biologisch, sondern durch die psychosexuelle Entwicklung hervorgebracht, befreiender ist als naturalisierte Sichtweisen der sexuellen Differenz, die sie als angeboren behaupten (Boyarin, 1998, S. 229-230). So gesehen repräsentiert die ›Erkenntnis‹ des Kastrationskomplexes einen theoretischen Vorteil und gleichzeitig einen mächtigen Sexismus. Das Moment dieser Erkenntnis taucht am selben Punkt von Freuds Diskurs auf, wo er seine Interpretation von so fundamental zweideutigen Worten wie ›heimlich‹ darlegt (S. 230). Freuds strikte Weigerung, sexuelle Differenz anders zu figurieren als durch den Phallus, versteht Boyarin als symptomatisch für sein Begehren des Weißseins. Freuds und Fanons Projekte erfordern den Phallus für ihr jeweiliges männliches Selbst. Der Sexismus und die Homophobie, die in ihren Texten zirkulieren, machen ihre Projekte symptomatisch. Die verschobenen Figuren der Alterität bei Freud und Fanon, also Weiblichkeit, Homosexualität und Primitivität, sind aus der (post) kolonialen Situation beider zu verstehen:

> »We must consider Freud's racism toward ›primitives‹, like Fanon's toward Jews, for its elements of self-hatred. ... The colonized begins to see himself from the eyes of his oppressor and tries to reject what he considers contemptible by projecting all of this onto that white man's other Others: the Jew onto the black, the black onto the Jew, and both onto women and homosexuals . ... only misogyny and homophobia gave Freud and Fanon the whiteness they sought.« (S. 226-227)

Freud und Fanon konnten ihrem Begehren, weiß und nicht beschnitten (kastriert) zu sein, nicht entkommen. Die Freud'sche und lacanianische Lesart des Mangels beziehungsweise der Leerstelle ist daher als Diagnostik kultureller Effekte besonders aufschlussreich, allerdings nur, wenn wir sie als Figur des Diskurses einer *bestimmten* Kultur lesen (Boyarin, 1998, S. 225), die ›Whiteness‹ und ›Phallus‹ – den weißen Phallus – bereits als leeren Signifikanten, Zeichen von Macht, determiniert. Es ist, als ob eine Leerstelle zwischen Freuds Figuration seiner Affekte als ›Abwehr gegen Kastration‹ und als ›leicht versteckte Opposition gegen sein Jüdischsein‹ auftaucht (S. 230).

Was Freud mit seiner Erfahrung des Spiegelbildes beschreibt, ist das doppelte Bewusstsein des kolonisierten Subjekts, dessen eines, mit dem Unterdrücker identifiziertes Selbst sein anderes Selbst – das des beschnittenen Juden – anschaut und dieses *verachtet*. Der Blick in den Spiegel ist der des Ariers, der beim Anblick des beschnittenen Penis des Juden erschrickt und – *sich ekelt*. Die Unheimlichkeit, die Freud mit dem Ödipuskomplex – genauer: der Kastration(sdrohung) verbindet, ist die des Antisemitismus, der Juden aufgrund ihrer Beschneidung als entmannt, kastriert – als Frau – beschreibt. Das jüdische Wissen um Beschneidung produziert unvermeidlich ein Gefühl von Unterlegenheit gegenüber Nichtjuden. Dieser Unterlegenheit sucht Freud zu entkommen und sie ist dem »Minderwertigkeitskomplex«, den Fanon beim kolonialen Subjekt identifiziert, sehr ähnlich (Boyarin, 1998, S. 218). Freud verheimlichte diskursiv seine Beschneidung. Als Freud in den Spiegel schaut, erfährt er seine Beschneidung als unheimlich und versucht, hinter der Maske des weißen Wissenschaftlers Antisemitismus zu theoretisieren und legitimiert ihn dabei nahezu.[47]

Mit Boyarins hier dargestellter Untersuchung der politischen Bedeutung des Phallus bei Freud und Fanon verdeutlicht er die ›weißen‹ Flecken beider Theoretiker und welche konzeptuellen und politischen Implikationen diese für ihre Arbeit haben. Sie sind ausschlaggebend für eine Psychoanalyse des Rassismus (S. 212). Der epistemologische Vorteil der exzentrischen Position abjekter Subjekte, also jener, die an den Grenzen der Gesellschaft leben und ihre innere oder äußere Alteriät darstellen – ihr doppeltes Bewusstsein –, erlaubt ihnen, radikal-kritische wie auch reaktionäre politische Projekte zu unternehmen. Die Psychoanalyse ist eine Disziplin, die aus dieser Position heraus entwickelt wurde, und sie trägt entsprechend beide Potenziale in sich. Freuds Theorien der Subjektivität, die alle um den Phallus zentriert sind – der Ödipuskomplex, die Kastrationsangst und der Penisneid – stellen, so Boyarins Argument, eine ausgeprägte Abwehr gegen die Feminisierung jüdischer Männer dar (S. 229). Die pathologischen Implikationen dieser doppelt begrenzenden Situation (»noch nicht/nicht mehr ganz«) erscheinen vernichtend in den Gender-Diskursen der postkolonialen Subjekte Freud und Fanon, also in ihrer Frauenfeindlichkeit, Homophobie und ihrem Selbsthass (S. 223). Jegliche Differenz auf den Phallus zu beziehen und sich damit Zugang zur androzentrischen und eurozentrischen Dominanzkultur zu verschaffen, heißt, diese Differenz auszulöschen, statt sie zu emanzipieren.

47 Boyarin (1998) benutzt in diesem Zusammenhang den Begriff des ›closet‹ (coming out of the closet), der Schrank, in dem Menschen (sich in) ihre(r) Homosexualität verstecken, als Metapher für Freuds Jüdischsein, das er hier verbergen möchte (S. 223).

4.3.3 »Der Kastrationskomplex ist die tiefste unbewußte Wurzel des Antisemitismus ... auch die Überhebung über das Weib hat keine stärkere unbewusste Wurzel« (Freud, GW, VIII, S. 36)

Der Jude, den Freud im Spiegel ausblendet, verschwindet auch aus seiner Analyse des kleinen jüdischen Hans, ebenso wie in seinen Kommentaren zum jüdischen, getauften Otto Weininger. Die erste Erwähnung des Kastrationskomplexes, die sich in Freuds Texten überhaupt finden lässt, ist die Stelle, an der er erklärt, dass die Mutter dem kleinen Hans mit Kastration drohte, sollte er nicht aufhören, mit seinem ›Wiwimacher‹ zu spielen (zu masturbieren). Das allerdings scheint Hans wenig zu beeindrucken, denn er erwidert seiner Mutter unbekümmert, dass er dann eben mit dem Popo ... Freud erklärt es mit dem Phänomen der *Nachträglichkeit,* dass die Symptome, die Freud mit der Kastrationsangst assoziiert, mehr als ein Jahr nach diesem Ereignis beim kleinen Hans auftreten und zwar als sein Vater ihn über die Geschlechterdifferenz aufklärt (dass seine Mutter keinen Penis habe und seiner Schwester auch keiner wachsen würde[48]). Hans mobilisiert gemäß Freud die Angst, welche die Drohung durch seine Mutter initiierte, als verschobenes Wissen um die sexuelle Differenz. In abgeschwächter Form, so gibt Boyarin Freud wieder, habe die ›Aus/Sicht‹ auf die Genitalien der Mutter den Kastrationskomplex ausgelöst (Boyarin, 1998, S. 213-214).

Genau an der Stelle des Textes, wo Freud mit dem verschobenen Wissen um die sexuelle Differenz argumentiert, bietet er allerdings noch eine ganz andere Ätiologie für den Auslöser der Kastrationsangst beim kleinen Hans an, eine Art verschobener Anfang des Wissens, der bezeichnenderweise in einer Fußnote zu finden ist. Man erzähle den kleinen Jungen im Kindergarten vom beschädigten (kastrierten) Penis des beschnittenen Juden. Freud schreibt:

> »Ich kann den Zusammenhang nicht so weit unterbrechen, um darzutun, wieviel Typisches an diesen unbewußten Gedankengängen ist, die ich hier dem kleinen Hans zumute. Der Kastrationskomplex ist die tiefste unbewußte Wurzel des Antisemitismus, denn schon in der Kinderstube hört der Knabe, dass dem Juden etwas am Penis – er meint, ein Stück des Penis – abgeschnitten werde, und dies

48 Die Erwähnung dessen, was Frauen ›haben‹ und Männer nicht, bleibt eine ›Leerstelle‹ in der ›Aufklärung‹ des kleinen Hans beziehungsweise von Freuds Darstellung der sexuellen Differenz, etwa Gebärmutter und Brüste, die auch für alle Kinder sichtbare Zeichen (stillende oder schwangere Frauen) der ›reproduktiven Sexualität‹ sind, um die es Freud mit der ›genitalen Phase‹ geht.

> gibt ihm das Recht, den Juden zu verachten. Auch die Überhebung über das Weib hat keine stärkere unbewusste Wurzel. Weininger, jener hochbegabte und sexuell gestörte junge Philosoph, der nach seinem merkwürdigen Buche *Geschlecht und Charakter* [1903] sein Leben durch Selbstmord beendigte, hat in einem vielbemerkten Kapitel den Juden und das Weib mit der gleichen Feindschaft bedacht und mit den nämlichen Schmähungen überhäuft. Weininger stand als Neurotiker völlig unter der Herrschaft infantiler Komplexe; die Beziehung zum Kastrationskomplex ist das dem Juden und dem Weibe dort Gemeinsame.« (GW, VIII, S. 36, Fußnote 2)

Das *Wissen* über die ›Kastriertheit‹ der Juden, das bereits im Kindergarten vermittelt wird, also Teil des kulturellen Symbolischen in Freuds Wien ist, interagiere mit dem Kastrationskomplex *aller* Knaben, so argumentiert Freud. Das nennt er die tiefste Wurzel des Antisemitismus und fügt gleich im nächsten Satz mit derselben Formulierung hinzu, dass die Überhebung über Frauen dieselbe Wurzel habe. Der Besitz eines Penis löst das Gefühl der Überlegenheit über Frauen aus und die Abneigung gegen Juden resultiert aus ihrem *Mangel* an einem Penis, das wäre die eine Interpretation der gemeinsamen Wurzel von Antisemitismus und Überlegenheitsgefühl gegenüber Frauen. Wenn Juden beschnitten wurden, so können *alle* Knaben annehmen, waren sie einmal Männer und sind nun Frauen und damit verächtlich – abjekt. Das ist die reale Kastrationsdrohung – die tatsächliche Entmannung. Da die Feminisierung von Juden eine lange Tradition in Europa hat, fügt sich die Vorstellung ihrer realen Kastration leicht ins kulturelle Symbolische der Knaben ein (Boyarin, 1998, S. 214-215). Weininger wird von Freud ebenso wie Hans als einer von *allen* Knaben dargestellt, die als Kleinkinder vom beschnittenen (kastrierten) Juden gehört haben und deshalb Kastrationsangst entwickeln und die ›natürliche‹ Abscheu gegen das weibliche Geschlecht.

> »In presenting ›Little Hans‹ and Weininger as if they were gentiles gazing, as it were, at the Jewish penis and filling with fear and loathing, Freud I think represents himself (or at least an aspect of himself) gazing at his own circumcised penis.« (S. 215)

Weil die Kastrationsangst für Freud unbewusst und psychisch universal war, konnte die Reaktion auf Beschneidung für alle Jungen nur dieselbe sein (ebda.). Für Freud induziert das Hören über die Beschneidung von Juden gleichermaßen den Kastrationskomplex, wie weibliche Genitalien zu sehen oder über die Körper von Frauen zu hören (ebda.).

Wie Boyarin verdeutlicht, zitiert Freud Weiningers These über dieselbe Beziehung von Frauen und Juden zum Kastrationskomplex nicht, um dessen Antisemitismus oder Sexismus aufzuzeigen, sondern weil er im Grunde Weiningers These zustimmt. Kastration ruft die gefürchtete Beschneidung in Erinnerung – gefürchtet, weil sie den Mann in einen Juden verwandelt (S. 211-212). Das ist, was Freud heimsucht, was er ver*heimlich*t und was er auch beim kleinen Hans und Weininger als Leerstelle hinterlässt: ihr Jüdischsein. Wenn wir die zwei ›unheimlichen‹ Momente zusammenlesen: Beschneidung und Freuds flüchtigen Blick in den Spiegel, können wir daraus schließen, dass Freud mit seinem Blick in den Spiegel dasselbe unheimliche Gefühl hatte, das – wie Freud darlegt – ein Antisemit erfährt, der einen beschnittenen Juden ansieht (Boyarin S. 212).

Das Zeichen für rassische und sexuelle Differenz ist, wie Boyarin zeigt, bei Freud fast identisch. Der beschnittene Penis ähnelt der Kastration einer Frau, und Rasse und Gender konvergieren in der Subjektivität des christlichen, heterosexuellen, maskulinen Subjekts – der strafende Besitzer des Phallus (Boyarin, S. 216). Freud reproduziert genauso wie Weininger den Antisemitismus durch seine Identifikation mit den nichtjüdischen Antisemiten der Dominanzkultur. Während Gilman Freud so versteht, dass er auf den Antisemitismus reagiert, indem er die rassischen Differenzen auf eine absolute, universale Differenz zwischen Männern und Frauen verschiebt und dabei Rasse als Gender recodiert, argumentiert Boyarin, dass Freud die Charakterisierung jüdischer Männlichkeit als anders vergeschlechtlicht – als tatsächlich weiblich – akzeptiert und diese Differenz zu überwinden sucht (Boyarin, S. 218). In Freuds Anmerkungen zum kleinen Hans finden wir nicht nur eine mysogyne und antisemitische Anatomie – beide als Produkte des Unbewussten interpretiert –, sondern auch eine als unausweichlich konstruierte jüdische und (post)koloniale Selbst-Verachtung (Boyarin, S. 217).

Die psychoanalytischen Rassismustheorien, die ich bisher dargestellt habe, reproduzieren genau diesen Mechanismus. Sie nehmen unhinterfragt die sexuelle Differenz mit ihrem Hauptsignifikanten Phallus als Ausgangspunkt ihrer Analyse und führen dann Rassismus als Imitation des Gesetzes der sexuellen Differenz vor. Die Vorstellung der Geschlechterdifferenz als die primäre menschliche Differenz, welche die Psychoanalyse reproduziert, hat eine so stark immunisierende Wirkung, dass die offensichtlichen rassischen Codes bei Freud (und auch Lacan) stoisch übersehen werden. Gebetsmühlenartig wird auf den Phallus, den Signifikantenschnitt, den Mangel als Leerstelle Frau und so weiter rekurriert, ohne dass die Parallele der Differenzlogik von Sexismus und Rassismus gesehen wird. Lacans eloquente Abstraktion von Freuds Theoremen, die für viele besondere Anziehungskraft hat, nicht zuletzt weil ›hohe Theorie‹ auch glamourös ist, verwischt gerade durch die Abstraktion die ›Spuren‹ des Rassismus in der Psychoanalyse noch mehr, als es schon Freud tat. So kann immer wieder von Neuem jubilierend Rassismus jenseits der Psychoanalyse, aber *mit* der Psychoanalyse ›entdeckt‹ werden und das ›Geheimnis des Spiegels‹ der Psychoanalyse selbst im Verborgenen bleiben – verschlungen im Möbiusband, der Endlosschleife. In ihr steckt die ›unbewusste Hermeneutik‹ der Psychoanalyse.

Die Verwirrung, die Freud über den *realen* Auslöser der Kastrationsangst in seinen Texten stiftet, korrespondiert mit der Unlogik dessen, was pathologisch sein soll und was nicht. Die Überwindung des Ödipuskomplexes – sein positiver Ausgang – sollte ja das Überlegenheitsgefühl über Frauen überwinden, aber Freud bleibt dabei, dass, wie bereits erwähnt, die »Ablehnung der Weiblichkeit« der »gewachsene Fels« sei, »denn für das Psychische spielt das Biologische wirklich die Rolle des unterliegenden gewachsenen Felsens« (Freud, GW, Ergänzungsband, S. 392, zitiert nach Boyarin, 1998, S. 216). Gleichermaßen sollte mit der Überwindung des Kastrationskomplexes auch der Antisemitismus verschwinden. Bei Weininger, behauptet Freud, sei der Antisemitismus und Frauenhass auf die Fixierung beziehungsweise Regression in dieses kindliche Stadium der Sexualentwicklung zurückzuführen. Antisemitismus war allerdings mehr Normalität als Pathologie seiner Zeit, wie (nicht nur) die Tatsache, dass Weiningers Bestseller bis in die Nazi-Zeit immer wieder neu aufgelegt wurde, beweist.

Boyarins bedeutsame Erkenntnis ist, dass Freud statt den Antisemitismus zu pathologisieren, ihn durch den Kastrationskomplex naturalisierte (S. 216) und mit ihm die Frauenfeindlichkeit. Der vermeintlich ›leere Signifikant‹ aus der Psychoanalyse, der bis in die zeitgenössischen ›poststrukturalistischen‹ und ›postkolonialen‹ Theorien hinein – innerhalb der Psychoanalyse, aber auch weit über sie hinaus – Hoffnungsträger für subversive Strategien gegen Machtverhältnisse sein soll, ist bereits der *Effekt* von Rassismus (Antisemitismus). Die Verschiebung von der rassischen auf die sexuelle Differenz erlaubte Freud zu behaupten, dass die ›wirkliche‹ Differenz nicht zwischen jüdischem und nichtjüdischem Penis besteht, sondern zwischen dem Haben und Nicht-Haben eines Phallus.

Alles, was mit dem Unheimlichen zu tun hat, Faktoren, wo sich Beängstigendes in Unheimliches kehrt, führt Freud auf die Kastration zurück, obgleich die disparaten Beispiele, die er anführt, wenig Rückschlüsse auf die

Kastration nahelegen (Boyarin, S. 211). Genauso willkürlich sind Seshadri-Crooks' disparaten Beispiele des Rassismus im Rekurs auf Whiteness als Phallusschwindler. Widersprüche und ›Leerstellen‹, die Freud in seiner Kastrationslogik hinterlässt, werden durch die binäre Opposition Phallus/Kastration verdeckt, hinter der der dritte Begriff – die Beschneidung – liegt. Die Verdeckung des dritten Begriffs geschieht durch die Mystifizierung der Identität des kleinen Hans, während die Unheimlichkeit, die Freud beim Blick in den Spiegel erfährt, als seine Heimsuchung durch diesen *abjektierten* dritten Begriff verständlich wird. Boyarins Lesart der Genese des Kastrationskomplexes und der Kastrationsangst bei Freud verdeutlicht, dass die phobischen/rassischen Objekte, die Seshadri-Crooks als Effekt der Konfrontation von Whiteness mit seiner Historizität auftauchen/produziert sieht und die dem Objekt klein a bei Lacan entsprechen, dieser beschnittene Penis, das phobische Objekt, nämlich der Jude ist, den Freud im Spiegel *sieht*. Seshadri-Crooks' ›Desiring Whiteness‹ rückwärts gelesen macht verständlich, warum ihre Rassismustheorie auf den ersten Blick so einleuchtend wirkt. Sie gründet auf Freuds ›Desiring Whiteness‹. Der Schwindler ist nicht Whiteness, sondern Phallus und beide sind Fetische, die eine Bemächtigungsgeschichte verschleiern.

Die Unheimlichkeit, die Kristeva mit dem Abjekt erklärt und die Hook für die Affektivität im Rassismus verantwortlich macht – was ich als Nervosität des Weißseins beschrieben habe –, hat weder mit ›Primordialem‹ noch mit Weiblichkeit/Mütterlichkeit und damit der sexuellen Differenz zu tun, sondern ist *ursprünglich* zurückzuführen auf dieses Moment der Verdrängung beziehungsweise der Wiederkehr des Verdrängten: Freuds Erfahrung von Un/Heimlichkeit beim Blick in den Spielgel aufgrund seines internalisierten Antisemitismus und die Un/Heimlichkeit in der Erfahrung von Weißen, wenn der verlorene Referent spricht – die verdrängte Bemächtigungsgeschichte ›auftaucht‹.

Im *Grunde* geht es in der sexuellen Differenz der Psychoanalyse also um homosoziale Beziehungen beziehungsweise um homosoziales Begehren, wie es Eve Kosofsky Sedgewick (1985) in der englischen Literatur analysiert hat. Freud identifizierte sich mit den großen Männern der *abendländischen* Literatur, Wissenschaft und Kunst – der Kultur, deren Ursprünge in Griechenland gesehen werden. Seine kulturtheoretische Arbeit beginnt quasi mit seiner Abhandlung über Leonardo da Vinci, in der er ein »Spähtruppenunternehmen für eine massive Invasion kultureller Themen [sah], die er mit den Waffen der Psychoanalyse in der Hand durchzuführen plante« (Gay,

S. 304). Wie sein Biograph schreibt: »Der Umgang mit den Großen, auch wenn er nicht behauptete, einer der ihren zu sein, war eine der Dividenden, die das Schreiben psychoanalytischer Biographie für Freud abwarf« (Gay, S. 305). Freud sah sich als einer von ihnen, aber die antisemitische Differenz stand zwischen ihm und diesen Männern und versperrte viele der Wege, die er gehen wollte. Es geht in der Psychoanalyse um die homosoziale Differenz zwischen beschnittenem Penis (der Jude, die Klitoris als ›der Jud‹) und ganzem Penis – eine Differenz, die in die sexuelle Differenz von Phallus (alle Männer)/Kastration (alle Frauen) verschoben wird.

> »Both the ›*idealization* of the phallus, whose integrity is necessary [to] edif[y] the entire psychoanalytical system‹ (Johnson, *Frame* 225), and the flight to Greek cultural models and metaphors signal this production's inmixing when psychoanalysis theorizes the affect of colonized people.« (Boyarin, 1998, S. 229).

Die Identifikation mit der normativen Subjektposition einer Dominanzgesellschaft verlangt die Austreibung sämtlicher Identifikations- und Begehrensweisen, die außerhalb der Norm stehen. Auf diese Weise entstehen die Affekte, mit denen Hook ›prädiskursiven‹ Rassismus erklären will – sie sind eine *Reaktion* und nicht im ›Realen‹ begründet. Wie Judith Butler so eindringlich verdeutlicht hat, bedeutet Subjektgenese (in hegemonialen Gesellschaften, möchte ich hinzufügen) immer auch Subjektivation: die Unterwerfung unter die gesellschaftlichen Normen mit ihren Homosexualitäts- oder ›Rassenmischungs‹-Tabus beispielsweise. Seshadri-Crooks und Hook ›finden‹ Rasse in der Psychoanalyse also genau dort, wo sie ihren Anfang nimmt, jedoch zwischen Kastration und Phallus begraben wurde.

Freud verschob jedoch nicht nur die antisemitische Differenz in die binäre Opposition Phallus/Kastration als sexuelle Differenz, sondern temporalisierte Differenz mithilfe einer evolutionistischen Zeit- als Entwicklungsachse mit den Polen Primitivität und Zivilisiertheit. Er tat dies vor allem durch seine Auseinandersetzung mit Religion, die eine Art Deckbegriff für das Terrain des antisemitischen Rassismus war. Religion war ein virulentes Thema zwischen ihm und C.G. Jung – dem ›Arier‹, der die Psychoanalyse davor retten sollte, als ›jüdische Wissenschaft‹ *verdammt* zu werden. Seine Auseinandersetzungen mit ihm wie auch den anderen ›Söhnen der Psychoanalyse‹ präfigurieren die Urhorde aus *Totem und Tabu*.

4.4 Die Urhorde und Wien

In Freuds Auseinandersetzung mit den Ursprüngen von Kultur und Religion schrieb er im Subtext gegen C.G. Jung, den ›Arier‹, an. Jung war erst Hoffnungsträger für Freuds Versuch, die Psychoanalyse von ihrem Ruf der ›jüdischen Wissenschaft‹ zu befreien, und entwickelte sich dann zu Freuds größtem Rivalen: »Die Essays, die in *Totem und Tabu* zusammengefasst waren, stellten Waffen in Freuds Wettstreit mit Jung dar« (Gay, S. 369). Mit diesen Texten versuchte Freud »alles, was arisch-religiös ist, reinlich abzuscheiden« (Freud in einem Brief an Karl Abraham, zitiert nach Gay, ebda.). In den Auseinandersetzungen unter den frühen Psychoanalytikern sind vor allem zwei Konflikte virulent: der zwischen Arier und Jude und der zwischen Vater und Sohn. Der rassistische Antisemitismus seiner Zeit und mit ihm das Thema ›Rasse‹ in der Psychoanalyse, so argumentiere ich, wird von Freud in die Urhorde verschoben, um dort als Primitivität einen dunklen Ursprung darzustellen, von dem sich ›aufgeklärte‹ Männer – Arier wie Juden gleichermaßen – weit entfernt haben. Auf dem Terrain der Religion überwindet Freud dann als jüdischer Atheist die ›mystisch-arische‹ Gläubigkeit, die vor allem durch Jung personifiziert wird, und mit dem Religiösen zugleich die Feminisierung der Juden. Die Juden lässt er dann in *Der Mann Moses und die monotheistische Religion* als die den Ariern Überlegenen hervortreten. Die Ereignisse, die Freud in die Urhorde projiziert, spielen sich eigentlich in Wien ab.

Aus heutiger Sicht auffallend ist die rassische Terminologie in den Schriften – den Veröffentlichungen ebenso wie in den Briefwechseln – der frühen Psychoanalytiker. In den Briefen über die Frage des ›Arischen‹ und Jüdischen in der psychoanalytischen Politik, die zwischen Freud und seinen Kolleg_innen geschrieben wurden, war immer wieder die Rede von ›Rassenvorlieben‹, die man unterlassen sollte, dann aber auch von ›Rassenverwandtschaft‹. Die Züricher (Jung und andere ›Arier‹) seien doch eine ganz andere »Rasse« als die Wiener, meinte Hitschmann aus der jüdischen Wiener Gruppe (Gay, S. 251) und sie seien daher nicht geeignet, die Psychoanalyse zu vertreten.

Die Psychoanalyse drohte sich bereits im Kampf zwischen Freud und Adler, beide Juden, zu spalten. Adler hatte einen unabhängigen Aggressionstrieb postuliert, während Freud seinerzeit noch an einer einzigen Triebquelle, der Libido, festhielt. Viel später konnte Freud erkennen, welchen Wert Adlers Postulat für sein eigenes psychoanalytisches Denken haben könnte, aber Freud duldete keine Abweichungen von den wesentlichen Zügen seiner Theorie bei seinen ›Söhnen‹ (Gay, S. 254). Freuds Verhalten Adler gegenüber interpretierte dieser 1911 in einem Brief an Ernest Jones als »›unsinnige Kastration‹, die Freud ›vor allen Augen‹ an ihm vornehmen möchte« (Gay, S. 255).

An Abraham, der sich als weiterer ›Sohn‹ in Konkurrenz zu Jung befand, schrieb Freud versöhnlich: »Darf ich sagen, dass es verwandte, jüdische Züge sind, die mich in Ihnen anziehen?« Und unter Juden gesprochen brachte Freud ihm seine Sorge über den »verhaltenen Antisemitismus der Schweizer«, zum Ausdruck, womit vor allem Jung gemeint war (Gay, S. 235). »Wir Juden haben es im ganzen leichter, da uns das mystische Element abgeht«, schrieb Freud außerdem an Abraham und »zeigte dabei seine völlige Unwissenheit in Bezug auf die lange Tradition des jüdischen Mystizismus« (ebda.).

Es war Freuds Ziel, »Juden und Antisemiten auf dem Boden der ΨA [Psychoanalyse] zu vereinigen« (Freud, zitiert nach Gay, S. 263). Die Begriffswahl – er schreibt Antisemiten, nicht Nichtjuden oder ›Arier‹ – verdeutlicht, dass dies auch ein Versuch war, dem Antisemitismus durch die Erkenntnisse der Psychoanalyse wissenschaftlich den Boden zu entziehen. Der Konflikt zwischen dem ›Vater‹ und den ›Söhnen‹ der Psychoanalyse wurde zum rassischen. Freud war traurig über das »Versagen seiner Bemühungen ... ›Juden und Gojim im Dienst der ΨA zu verschmelzen‹« (Gay, S. 263).

4.4.1 Der Kronprinz

Jung sollte als ›Germane‹ Sprachrohr für die Psychoanalyse in die ›arische‹ Welt sein, er hatte »drei negative Vorzüge, die Freud unwiderstehlich fand[:] Jung war kein Wiener, nicht alt und, was das Beste war, kein Jude« (Gay, S. 263). Vorbehalte jüdischer Kollegen antizipierend schrieb Freud beschwichtigend, dass Jung

> »›als Christ und Pastorensohn nur gegen große innere Widerstände den Weg zu mir findet. Um so wertvoller ist sein Anschluss. Ich hätte beinahe gesagt, dass erst sein Auftreten die Psychoanalyse der Gefahr entzogen hat, eine jüdische nationale Angelegenheit zu werden.‹ Freud war überzeugt: Solange die Welt die Psychoanalyse als eine ›jüdische Wissenschaft‹ betrachtete, würden die Lasten, die ihre subversiven Ideen zu tragen hatten, sich nur vervielfachen. ›Wir sind und bleiben Juden‹ ... ›die anderen werden uns immer nur ausnützen und uns nie verstehen oder würdigen.‹« (Gay, S. 234)

Freud hatte Jung jedoch nicht einfach »als eine respektable nichtjüdische Fassade, hinter der jüdische Psychoanalytiker ihre revolutionäre Arbeit verrichten konnten«, ausgenutzt, sondern »Jung war Freuds Lieblingssohn« (Gay, S. 230). Er »garantierte, dass die Psychoanalyse weiterleben würde, nachdem ihr Gründer von der Bühne abgetreten war, und dafür liebte ihn Freud« (S. 230-231). Freud wollte seinen Verdienst als Urheber und Gründer durch einen treuen Sohn fortgetragen wissen, der den Vater also nicht wie die Söhne der Urhorde ermordet und sich seine Autorität einverleibt, sondern, wie er Jung offen schrieb, war es seine »egoistische Absicht«, dass Jung »meine Arbeit‹ fortführt und vollendet. ... Nebenbei habe ich Sie ja auch lieb« (Freud, zitiert nach Gay, S. 231). Jung hatte Freuds Hofieren mit der Bitte erwidert:

> »mich Ihre Freundschaft nicht als die Gleichberechtigter, sondern als die von Vater und Sohn genießen zu lassen. Solche Distanz erscheint mir angemessen und natürlich.‹ Als Erbe von Freuds großartigem Vermächtnis eingesetzt und vom Gründer selbst ausgewählt zu werden, erschien Jung als Berufung zur Größe.« (Gay, S. 231)

Jung, der »Kronprinz« habe »von seiner Jugend an« mit »seiner Größe, seinem kräftigen Körperbau [und] seinem scharf geschnittenen *germanischen* [Hervorhebung v. Verf.] Gesicht ... ein Gefühl der Kraft aus[gestrahlt]« (Gay, S. 227), schreibt Freuds Biograph noch 1989 in dieser rassischen Terminologie. Freuds Sohn Martin schrieb über Jung, dass er »ein gebieterisches Auftreten« gehabt hätte. »Er war sehr groß und breitschultrig und hielt sich mehr wie ein Soldat als ein Mann der Wissenschaft und Medizin. Sein Kopf war rein germanisch mit einem kräftigen Kinn, einem kleinen Schnurrbart, blauen Augen und dünnem, kurz geschnittenem Haar« (zitiert nach Gay, S. 232).[49] Das von Boyarin postulierte Begehren von Whiteness bei Freud wird im Verhältnis zwischen Freud und Jung besonders deutlich. Es ist zudem von homoerotischen Gefühlen begleitet. Jung sagte Freud oft seine »›bedingungslose Hingabe‹ an Freuds Theorien« zu und seine ebenso »›bedingungslose Verehrung‹ der Person Freuds. Er gab zu, dass diese ›Verehrung‹ einen ›religiös‹-schwärmerischen Charakter habe, den er ›wegen seines unverkennbar erotischen Untertones ekelhaft und lächerlich‹ finde« (Gay, S. 233). Freud verstand diese Enthül-

49 Freud dagegen stellte sich für Gruppenfotos mit den Psychoanalyse-Mitarbeitern gerne auf eine Kiste, um die Tatsache zu kaschieren, dass er relativ klein war.

lung unschwer, erinnerte sie ihn doch an seine homoerotischen Gefühle für Fließ und so kommentierte er, dass eine religiöse Übertragung nur mit Abtrünnigkeit enden könne (wie auch das Verhältnis mit Fließ geendet hatte) (Gay, S. 233-234).

4.4.2 *Totem und Tabu* als Eroberung

Jung hatte sich schon lange mit der Psychoanalyse der Kultur beschäftigt, im Besonderen mit ihrer okkulten Seite, aber Freud »zweifelte nie daran, dass er selbst der ›helle Kopf‹ sei, der die kulturellen Konsequenzen aus der Psychoanalyse ziehen würde« (Gay, S. 352). Zunächst nahm Jung Freuds gegen 1910 aufgenommenes Interesse, die Psychoanalyse auf die Kulturwissenschaften anzuwenden, mit Begeisterung auf (Gay, S. 259). Die beiden konkurrierten jedoch schnell in der Expertise für diese Arbeit. Als Freud zur Zeit des »Nürnberger Kongresses«, wie unter den frühen Psychoanalytiker_innen der internationale psychoanalytische Kongress 1910 genannt wurde, gerade mit den Studien zu *Totem und Tabu* beschäftigt war (Gay, S. 260) und Jung bat, ihm Vorschläge für diese »Art von spekulativer Prähistorie« zu machen, antwortete dieser prompt und defensiv, dass es für ihn »sehr bedrückend« sei, wenn Freud nun »auch auf dieses Gebiet der Religionspsychologie herauskomm[t]. Sie sind ein gefährlicher Konkurrent, wenn man von Konkurrenz sprechen will« (zitiert nach Gay, S. 260). Das war einige Monate nach Freuds Bruch mit Adler und so fügte Jung hinzu: »Ich bin nicht gesonnen, Adler im geringsten nachzuahmen«, um Freud seiner Loyalität zu vergewissern. Freud suchte Jung zu besänftigen: »Ich lasse Dir mehr zu erobern, als ich selbst bewältigen konnte, die ganze Psychiatrie und die Zustimmung der zivilisierten Welt, die mich als Wilden zu betrachten gewohnt ist!« (Freud, zitiert nach Gay, S. 259). Freud wollte sich nicht länger als einen Wilden betrachten lassen, sondern als Teil der zivilisierten Gesellschaft und mit *Totem und Tabu* lieferte er derselben andere Andere – die ›Wilden‹ in den Kolonien als ›dunklere Rasse‹ und Ursprung, von dem sich die Europäer durch Zivilisation weit entfernt hatten.

Für Jung war diese ›Art von spekulativer Prähistorie‹ eine Befriedigung eines sinnlichen Appetits, wie er im Frühjahr 1910 Freud gestand:

> »›Ich wiege mich vorderhand im beinahe autoerotischen Genuß meiner mythologischen Träume.‹ Er war so sehr darauf bedacht, Zugang zu den Geheimnissen der Mystik ›mit dem Schlüssel der Libidotheorie‹ zu finden, dass Freud ihn bat, ›doch rechtzeitig zu den Neurosen zurückzukehren. Dort‹, fügte er mit Nach-

druck hinzu, ›ist das Mutterland, in dem wir unsere Herrschaft zuerst gegen alles und alle sicherstellen müssen‹.« (Gay, S. 352)

Freud blieb lange nachsichtig, aber warnte Jung bezüglich seiner theoretischen ›Neuerungen‹ an der Libidotheorie, welche die beiden entzweien würde. 1912 war Jung dann bereits in einem Streit mit Freud über das Inzesttabu, »hinter dem sich die nie gelöste Frage der Sexualität abzeichnete« (Gay, S. 261). Die Differenzen, die sich zwischen Freud und Jung – vor allem durch die kulturtheoretischen Schriften – zunehmend entwickelten, bereiteten Freud großes »Unbehagen« (Gay, S. 262).

Wie oben in der Rede von Mutterland und Herrschaft deutlich wird, ist bereits latent ein imperialistischer Diskurs in der Psychoanalyse wirksam. Er bildet einen Wendepunkt im Konflikt zwischen Freud und Jung. Auf dem Terrain der Kulturtheorie beziehungsweise den Debatten über die Ursprünge von Kultur und Religion werden ›Arier‹ und Jude gleichermaßen zu Eroberern. Es ist ein imperialistischer Impuls, der Freud zu *Totem und Tabu* führt, das Buch, in dem es um »einige Übereinstimmungen im Seelenleben der Wilden und der Neurotiker« geht. Freud verstand es, den Kampf des ›Mutterlandes‹ – es geht um seine Disziplin, die Nervenheilkunde, in der er viele Konkurrenten und Feinde hatte – geschickt mit den ›Ursprüngen‹ von Kultur und Religion, evolutionistisch als Primitivität konfiguriert, zu verknüpfen und damit die Psychoanalyse an Nachbardisziplinen wie die Kulturwissenschaft, Anthropologie, Religionswissenschaft oder Literaturwissenschaft anzuschließen. Seine stärkste Waffe war jedoch die Naturwissenschaft: die Biologie, genauer Evolutionswissenschaft, die seinerzeit große Popularität genoss.

Freud wollte sich nicht wie Jung autoerotisch im Mystizismus verlieren, sondern auf dem Boden der Tatsachen grundständige Wissenschaft betreiben, um dann allerdings in *Totem und Tabu* – mit der ›phylogenetischen Fantasie‹ der Urhorde – seine Vorsätze Lügen zu strafen. Freud ging es in seinen kulturtheoretischen Schriften nicht darum, von den anderen Disziplinen zu lernen, sondern dass sie von ihm lernten:

> »Er betrat fremdes Terrain als *Eroberer* [Hervorhebung v. Verf.], nicht als Bittsteller. Seine Abhandlung über Leonardo war … ein Experiment in Biographie, aber zugleich eine psychoanalytische Untersuchung der Ursprünge der Homosexualität und des Wirkens der Sublimierung. Sie war in dieser Hinsicht exemplarisch für alle seine anderen Vorstöße in die Kulturanalyse. Die Psychoanalyse blieb, wie er sagte, immer sein Mutterland.« (Gay, S. 354)

Zeitgleich entwickelte Jung seine populären Theorien, »die Archetypen, das kollektive Unbewusste, die Allgegenwart des Unheimlichen, die Sympathie gegenüber der religiösen Erfahrung, die Faszination von Mythen und Alchimie« (Gay, S. 271). Jungs Archetyp war in »rassischen Begabungen« verankert, »eine[r] menschliche[n] Potentialität, die sich in religiösen Lehren, Märchen, Mythen, Träumen« etc. manifestiert und sein »Äquivalent in der Biologie« im Verhaltensmuster hat (ebda.). Jung und Freud warfen sich gegenseitig vor, von der wissenschaftlichen Methode abzuweichen und einem Mystizismus zu verfallen (ebda.). Freud kritisierte Jungs leichtgläubigen Hang zum Okkulten und zu »orientalischen Religionen«; für Freud war Religion lediglich eine Projektion infantiler Hilflosigkeit auf die Kultur (Gay, S. 272). Jung mache »sich unsichtbar hinter einer ›religiös-libidinösen Wolke‹, « hatte Freud ihm vorgeworfen, der »als Erbe der Aufklärung des 18. Jahrhunderts ... nichts übrig [hatte] für Denksysteme, welche die unversöhnlichsten Gegensätze verwischten und den niemals endenden Krieg zwischen Wissenschaft und Religion leugneten« (Gay, S. 272).

In diesen Jahren schwankte Freud zwischen einer Darstellung seines Konflikts mit Jung als »rassisch« und als Konflikt, der nichts mit »Juden und Nichtjuden« zu tun habe (Gay, S. 272). Freud, der Positivist, schrieb, »es gebe gewiß große Unterschiede vom arischen Geist«, woraus »verschiedene Weltanschauungen« resultierten, »besondere arische oder jüdische Wissenschaft dürfe es aber nicht geben. Ihre Resultate müssten identisch sein« (zitiert nach Gay, ebda.).

Jung war nicht der einzige im Kreis der frühen Psychoanalyse, dessen Interesse an Religion auf Freuds »programmatische, obsessive Religionsfeindlichkeit« stieß, wie es »Amerikas berühmtester und einflussreichster Psychologe und Philosoph« William James empfand, der für einen Tag an die Clarke University kam, »um Freud zu hören und einen Spaziergang mit ihm zu machen« (Gay, S. 241-242). Viele taten sich mit Freuds »gottlosem Positivismus« schwer (Gay, S. 243), auch wenn sie die Innovationen der Psychoanalyse für die Psychologie begrüßten. Für Freud war Religion mit Primitivität assoziiert.

> »Vom mystischen Element glücklich frei sein, das bedeutete nach Freuds Ansicht, für die Wissenschaft offen zu sein, die einzige Einstellung zu haben, die für ein Verständnis seiner Ideen geeignet sei. Jung, der Pastorensohn, hegte gefährliche Sympathien für östliche und westliche Mystik wie anscheinend so viele Christen. Es war für einen Psychoanalytiker weit besser, gottlos zu sein – wie Freud –, ob

Jude oder nicht. Worauf es ankam, war die Erkenntnis, dass die Psychoanalyse eine Wissenschaft ist, für deren Befunde die religiöse Herkunft derer, die sie ausüben, völlig irrelevant ist.« (Gay, S. 235)

Zwar dürfe es keine besondere ›arische oder jüdische Wissenschaft geben‹, hatte Freud einst an Ferenci geschrieben, »doch die Realitäten der psychoanalytischen Politik machten es, wie Freud glaubte, erforderlich, die religiösen Unterschiede unter seinen Anhängern zu beachten« (ebda.). Jung war nicht der Einzige, der in die Mühle von Freuds »streng kontrollierte[r] politische[r] Maschinerie« (Gay, S. 246) geriet. Eugen Bleuer, ein anderer unentbehrlicher Genosse für Freud, brachte seine Gefühle zu Freuds Politik wie folgt zum Ausdruck: »Dieses ›Wer nicht für uns ist, ist gegen uns‹, … dieses ›Alles oder nichts‹ sei … notwendig für religiöse Gemeinschaften und nützlich für politische Parteien. … aber für die Wissenschaft betrachte er es als schädlich« (Gay, S. 246-247). Jung, der schon seit Langem alles von Freud als Kränkung und Erniedrigung wertete, schrieb ihm in Reaktion auf Freuds Hinweis auf eine vielsagende Fehlleistung von Jung: »ihre Technik, Ihre Schüler wie Ihre Patienten zu behandeln, [ist] ein *Missgriff*. … Damit erzeugen Sie sklavische Söhne oder freche Schlingel« (zitiert nach Gay, S. 267).

Was Freud also an Charakteristiken der Urhorde mit dem patriarchalen Herrscher beschreibt, war recht virulent in seiner eigenen Erfahrung in der Runde der frühen Analytiker. Eine Reihe von ›Söhnen‹ der Psychoanalyse wurden von ihm ›kastriert‹. Freud selbst somatisierte den Urhordenvater.

4.4.3 Vatermord

Vor ihrer berühmten Reise in die USA (1909), wo Freud eingeladen war, an der Clark-Universität eine Vortragsreihe zu halten, sitzen Freud, Jung und Ferenczi beim Mittagessen in Bremen, während sie darauf warten, an Bord zu gehen. Jung beginnt von prähistorischen Funden und Moorleichen, die man in Norddeutschland ausgegraben habe, zu reden und hört nicht mehr auf. Freud deutet das als Jungs verborgenen Todeswunsch gegen ihn und bekommt einen Ohnmachtsanfall – nicht der einzige dieser Art (Gay, S. 239). Ein weiteres Mal fällt Freud in Ohnmacht, als er 1912 mit Jung und anderen in München zu einer ›psychoanalytischen Konferenz‹, zusammentrifft, bei der es unter anderem darum geht, ihre bereits ausgebrochenen Konflikte zu schlichten. Freud spricht Jung darauf an, dass er versäume, ihn als Urheber der Psychoanalyse bei den Veröffentlichungen über dieselbe in der Schweiz zu benennen, was Jung als Praxis rechtfertigt, sei Freud doch so berühmt, dass es hinfällig wäre, den ›Namen des Vaters‹ zu nennen. Der »ödipale Sohn« hatte sich von seinem »harte[n] Los« freigekämpft, »neben dem Schöpfer arbeiten zu müssen« (Gay, S. 272).

1913 hatten sich Jungs Anschauungen als immer abweichender von denen Freuds herauskristallisiert, aber er war nach Freud der prominenteste Sprecher für die Freud'sche Psychoanalyse und Präsident der Internationalen Psychoanalytischen Vereinigung, also die führende offizielle Persönlichkeit in der internationalen Bewegung (Gay, S. 270). Freud fühlte sich zurecht in einer extrem prekären Situation, es »bestand die reale Gefahr, dass Jung und seine Anhänger, die den organisatorischen und journalistischen Apparat der Psychoanalyse in der Hand hatten, ihre Macht durchsetzten und den Gründer und seine Anhänger ausschließen würden« (Gay, S. 270). Was immer »von unseren Wahrheiten wegstrebt«, schrieb Freud Ferenczi, hat »den öffentlichen Beifall für sich. Es ist ganz gut möglich, dass man uns diesmal wirklich begräbt... « (Gay, S. 270). Freuds Plan mit Jung war also zur Falle für ihn selbst geworden. Der ›Arier‹ schien nicht länger Sprachrohr für die Psychoanalyse Freuds zu sein, sondern drohte, sie Freud zu enteignen.

Eine frühe Warnung dafür, was später im Nationalsozialismus im Zuge der Arisierung flächendeckend stattfinden sollte. Jung hatte zwischenzeitlich ein Programm aufgestellt und weltweit vertreten, in welchem die Psychoanalyse, die er jetzt ›analytische Psychologie‹ nannte, von ihrer ausschließlichen Betonung der Sexualität befreien sollte (Gay, S. 270). Das Verhältnis zwischen Freud und Jung hatte sich quasi umgekehrt, Letzterer fing an, Freud gönnerhaft zu behandeln und arbeitete eifrig an seiner eigenen Psychologie.

Freud wollte aber eine Psychoanalyse, die unabhängig von aller »arischen Gönnerschaft« ist (zitiert nach Gay, S. 273), und arbeitete schließlich an einer »Bombe«, wie er es nannte, ein »nützliches Gefäß für seinen Zorn«: die Streitschrift *Geschichte der psychoanalytischen Bewegung*, die »seine Fassung der Zwistigkeiten« darstellen sollte, welche die Bewegung »heimgesucht« hatten (Gay, S. 274). Was Freud da heimgesucht hatte, war mehr als der Konflikt mit einem Rivalen, der mit den psychoanalytischen Begrifflichkeiten ›ödipal‹ oder ›Vaterkomplex‹ erklärt werden kann und mit wissenschaftlichen Differenzen zwischen ›arischem‹ und jüdischem ›Geist‹. Allein der Antisemitismus nötigte Freud dazu, Jung diesen privilegierten Zugang zu sich und seiner ›Sache‹ – der Psychoanalyse – zu erlauben. Ohne den Antisemitismus wäre die Psychoanalyse und ihr Genie Freud viel früher und mit viel weniger Widerständen berühmt geworden. Der gut nachvollziehbaren politischen Strategie von Freud, sich den ›Arier anzuschließen‹, die nicht aufgegangen war, weswegen er nun ›ausgetrieben‹ werden sollte, liegt aber auch Freuds eigene Ambivalenz gegenüber seinem Jüdischsein zugrunde. Die Vermischung von Begriffen des Familiären, Rassischen und Verwandtschaftlichen auf der griechischen Bühne des ödipalen Dramas verdecken das Vor-und-Außerhalb-der-Geschichte des psychoanalytischen Diskurses: Freuds unbewusste Anteile seines eigenen Antisemitismus und seine Identifikation mit/sein Begehren des Weißseins sowie die *Realität* der Konflikte zwischen dem *Ur*heber der Psychoanalyse und seinen ›Söhnen‹, die dann durch die Urhorde mystifiziert wurde.

Peter Gay beobachtet: »im allgemeinen ähnelten Freuds mächtigste Interessen verdächtig starken Zwängen und unaufgelösten Spannungen« (Gay, S. 355). Seine wissenschaftliche Arbeit sei, vor allem wenn es um Themen ging, die stark mit seinen persönlichen Anliegen korrespondierten, durch eine gewisse Zwanghaftigkeit geprägt gewesen. Wie ich auf den letzten Seiten darzustellen versuchte, waren diese ›persönlichen‹ Anliegen sehr politisch. Der Unterschied zwischen ›Ariern‹ und Juden, der Freud hauptsächlich zu schaffen machte – diese homosoziale Differenz, die auf jene zwischen Frauen und Männern verschoben wurde und deren ›kleiner Unterschied‹ nicht nur zwischen beschnittenem und unbeschnittenem Penis liegt, sondern auch in der zwischen Homo- und Heterosexualität – und das Ganze in kolonialistischer, imperialistischer Terminologie begriffen, umfasst sämtliche politischen Themen seiner Zeit: Antisemitismus, Kolonialismus, der Umbruch in den Geschlechterverhältnissen, Sexualitätstabu. Freuds Psychoanalyse mit all ihren Weiterentwicklungen, inklusive der lacanianischen Psychoanalyse und der Neopsychoanalyse, ist deshalb für das Verständnis von Rassismus und Sexismus so bedeutsam, weil sie in unvergleichlicher Weise den Zeitgeist ihrer Entstehungsgeschichte, also die diskursiven Zusammenhänge von Kolonialismus, Antisemitismus, Rassismus, Geschlechterverhältnissen und Sexualität in ihre Subjekt- und Kulturtheorie eingearbeitet haben und diese bis heute – kaum ihres Sexismus und Rassismus bereinigt – wissenschaftliche Gültigkeit bewahrt hat. Eine dekonstruktive und postkolonial-kritische Lesart der Psychoanalyse ist deshalb von unschätzbarem epistemologischen Wert für die Beforschung von Rassismus, Kolonialismus und Sexismus. Sie ermöglicht zu verstehen, wie die Geschichte in die Gegenwart der (post)kolonialen Subjektivität eingearbeitet – und verdrängt, also unbewusst – wurde.

Als charakteristischstes Beispiel für die Zwanghaftigkeit von Freuds wissenschaftlichem Arbeiten schlägt Gay Michelangelos ›Moses‹ vor, also wiederum eine Figur, die für Freud mit der Frage des Judentums verknüpft war. Wann immer er in Rom war, suchte er »mit Absicht auch den *Moses* auf« (Gay, S. 356). Was Freud an Michelangelos ›Moses‹ fesselte, war gerade seine Faszination für ihn, sein eigenes Unbewusstes. Freud war sich selbst nicht im Klaren darüber, was er von Moses wollte. Er erinnert sich: »Durch drei einsame Septemberwochen ... bin ich 1913 alltäglich in der Kirche vor der Statue gestanden, habe sie studiert, gemessen, gezeichnet, bis mir jenes Verständnis aufging, das ich in dem Aufsatz doch nur anonym auszudrücken wagte« (Freud, zitiert nach Gay, S. 356). Die mythischen Hörner auf seiner Stirn, heroisch, übergroß, ein kräftiger, muskulöser, gebieterischer alter Mann mit wallendem Bart, die Gesetzestafeln unter dem Arm (Gay, S. 356-357); Moses ist eine Rekapitulation des Vaters der Urhorde. Am Ende der ersten Abhandlung seiner Schrift *Der Mann Moses und die monotheistische Religion* von 1939 (fortan *[Der] Mann Moses*) stellt Freud fest, dass, die jüdische Geschichte zu studieren, eine Fortsetzung der Arbeit aus *Totem und Tabu* darstellt.

Die zweite Abhandlung von *Der Mann Moses* beginnt Freud mit Kommentaren zur politischen Situation, in der »der Fortschritt ein Bündnis mit der Barbarei geschlossen hat« (Freud, GW, IX, S. 503); die Zeit, in der die Nazis mit ihrem rassistischen Antisemitismus aus Freuds Kultur der ›Dichter und Denker‹ eine aus ›Richtern und Henkern‹ gemacht haben. Was in der Studienausgabe der Gesammelten Werke, aus denen hier zitiert wird, in drei Abhandlungen abgedruckt ist, sind Texte, die zwischen 1934 und 1938 entstanden und den für Freud persönlich sehr schwierigen Zeitraum umspannen, in dem er vor den Nazis von Wien nach England floh. Sie sind nicht chronologisch abgedruckt, sondern in der Reihenfolge von Freuds Konkretisierung seiner Argumentation. »Jenes Verständnis«, das er in Österreich unter den Nazis »nur anonym auszudrücken wagte«, formuliert er nach seiner Flucht nach England: es ist die Religion, die sich mit »Rasse« vermischt hat – religiöser ›Wahn‹, der die Christen schon so lange die ›Jesusmörder‹ hassen ließ und von welchem nun auch Freud verfolgt wird. »In der Gewissheit, jetzt nicht nur meiner Denkweise, sondern auch meiner ›Rasse‹ wegen verfolgt zu werden, verließ ich ... die Stadt ..., die ... 78 Jahre Heimat gewesen war« (S. 506).

4.5 Beschneidung als Leitfossil

Während Freud in seiner gesamten Arbeit Religion für eine lästige Tradition hielt, die er – Aufklärer und Wissenschaftler, der er war – hinter sich lassen wollte, wurde sie im Herannahen des Holocaust identitätsstiftend und, mit Spivak gesprochen, zu einem strategischen Essenzialismus für Freud. In allen Schriften über die Religion vor *Der Mann Moses* hatte Freud die Religion als einheitliche Kategorie behandelt und zwar als Symptom, dessen Heilung sie zu sein verspricht – eine Art kollektive Neurose (Brickman, S. 150). Religion vertrat eine Weltanschauung, die evolutionär und entwicklungsgeschichtlich der ›primitiven‹ Vergangenheit angehörte. Sie hielt die Gläubigen in einer Knechtschaft, schenkte tröstenden Glauben oder, im Fall des Christentums, Erlösungsphantasien. Mit dem *Mann Moses* findet bei Freud eine Identifikation mit dem Judentum in der Form statt, dass es ihm nicht länger als Religion gilt, die einer präödipalen Stufe, einer Regression oder einer kollektiven Neurose entspricht und damit Feindin wissenschaftlichen Denkens ist, sondern sie wird zum Terrain, auf dem er sich als Jude emanzipiert. Allerdings tut er das nicht, indem er die ›Wurzel‹ des Antisemitismus anpackt (die Politik, die Spivak mit ihrem Begriff des strategischen Essenzialismus meint): Differenzkonstruktion und Ausschluss, sondern indem er das Zeichen der Differenz lediglich *verschiebt*. Mit seiner Abhandlung des *Mann Moses* leistete Freud vor allem eins: Er drehte die Jahrhunderte alte christliche Herabwürdigung der Juden und des Judaismus als feminin um und zeichnete die Juden als die eigentlich Männlichen und Überlegenen (Brickman, Boyarin).

In *Der Mann Moses* ist Freud entlang der Beschneidung als »Leitfossil« (GW, IX, S. 489) auf der Spurensuche in der Geschichte der Juden und mit Moses bei einer Figur im Judentum, die quasi in ihr Prähistorisches zurückreicht, da nur fragmentarische Aufzeichnungen seiner Person zu finden sind. Vor allem seinen ›Mord‹ – ob nur als schriftlicher oder in Handlung vollzogener Akt – bemüht Freud sich als Rekapitulation des Vatermordes in der Urhorde nachzuzeichnen. Moses begründete den Monotheismus und dieses Moment in der Kulturgeschichte liest Freud als wesentliches zwischen der *Prä*historie und der Zivilisation, diese Gründung des Monotheismus ist als Rekapitulation der *Ur*horde *im* Prähistorischen der historische Ursprung der Zivilisation. ›Moses‹ ist also genau an der Schnittstelle zwischen Natur und Kultur, dem Nexus, der das Kernelement der Freud‹schen Psychoanalyse mit Vatermord und Ödipus darstellt. Beschneidung als »Leitfossil«

wird zum Zeichen für Triebverzicht, dasselbe Zeichen wie später Phallus/Kastration beziehungsweise Leerstelle – der Fetisch der Psychoanalyse, ein ›switchboardterm‹, der Natur in Kultur wandelt und umgekehrt.

Moses hatte »sich an die Spitze eines Haufens von eingewanderten, kulturell rückständigen Fremdlingen« (Freud, GW, IX, S. 469) gestellt; er wurde Führer eines »semitischen Volksstamm[s]« in Ägypten, »der dort vor einigen Generationen eingewandert war« (S. 509) und hat diesen Semiten, später dann Juden, » nicht nur eine neue Religion gegeben; man kann auch mit gleicher Bestimmtheit behaupten, dass er die Sitte der Beschneidung bei ihnen eingeführt hat« (S. 476-477). Moses ist der Gründer der ersten monotheistischen Religion; vor ihm war »die Saat des Monotheismus ... in Ägypten nicht aufgegangen (S. 557).

Beschneidung wird zum »Leitfossil«, das Freud auf seiner Spurensuche zum Ursprung der Zivilisation führt; Moses war es, der sie einführte, und die »Israeliten jener Urzeit, also die Schreiber des Moses«, vermutet Freud, seien »nicht unbeteiligt an der Erfindung des ersten Alphabets gewesen« (S. 492). Was später bei Lacan zum ›Schnitt des Signifikanten‹ wird und ›im Namen des Vaters‹ in der Ontogenese zu Triebverzicht und Spracherwerb führt, koppelt Freud hier also an das Judentum. Durch eine psycho-historische Darstellung der Entwicklung des Judaismus und des Christentums versucht er, die Wurzeln des Antisemitismus in den Ursprüngen von Judaismus und Christentum zu ergründen. Gleichzeitig sucht er damit die Ursprünge und das Anhalten der Traditionen von Judaismus und Christentum in psychologischen statt theologischen oder soziologischen Begriffen zu erklären (Brickman, S. 150). Urhorde und Ödipus sind in seiner Theorie bereits vorhanden, ehe Freud Beschneidung zum Zeichen macht, das ›unheimlich‹ an die Kastration in der Urhorde erinnert, das also Ödipus und Vatermord verknüpft. Die Juden waren die ersten, die Triebverzicht leisten konnten, und ihre Beschneidung als Zeichen für ihre Auserwähltheit – »bevorzugtes Kind Gottesvaters« (GW, IX, S. 539) zu sein –, löste von jeher Neid und Eifersucht aus. Hier liegt für Freud der Ursprung des Antisemitismus, eine ähnliche Figur wie die des weiblichen Penisneides in der Psychoanalyse.

Wie alle großen Männer und Führer in der Geschichte, so erklärt Freud, rekapituliert Moses den Urhordenvater. Ausgangspunkt der meisten Religionen sei die Tötung großer Männer gewesen (S. 537) und all diese Morde seien nichts anderes als eine Rekapitulation archaischer ›Ereignisse‹. Nicht nur bei Religionsführern, auch an anderen ›großen Männern‹ wie »Goethe, Leonardo da Vinci« oder »Beethoven« faszinierten immer Persönlichkeit und Idee (S. 555). Freud behauptet: »Wir wissen, es besteht bei der Masse der Menschen ein starkes Bedürfnis nach einer Autorität, die man bewundern kann, der man sich beugt, von der man beherrscht, eventuell sogar misshandelt wird. ... es ist die Sehnsucht nach dem Vater« (S. 556). Alle »Züge, mit denen wir den großen Mann ausstatten«, sind »Vaterzüge ... die Entschiedenheit der Gedanken, die Stärke des Willens, die Wucht der Taten gehören dem Vaterbilde zu, vor allem aber die Selbständigkeit und Unabhängigkeit des großen Mannes, seine göttliche Unbekümmertheit, die sich zur Rücksichtslosigkeit steigern darf« (ebda.). Man könnte die Superiorität und Allmacht, die Whiteness und Phallus signifizieren und damit Rassismus und Sexismus hervorbringen, kaum besser beschreiben. Der Urhordenvater – eine Phantasie – *präfiguriert* Freuds Beschreibung der ›großen Männer‹ in der Geschichte, Vorbilder jedes kleinen Jungen: »Wer anders als der Vater soll denn in der Kindheit der ›große Mann‹ gewesen sein!« (ebda.) Aufgrund der Gesetzhaftigkeit dieser Vaterkonstellation gibt es im Vorlauf solcher Morde bereits ein Schuldgefühl wie Freud erklärt – das Unbehagen in der Kultur. Als »Vorläufer der Wiederkehr des verdrängten Inhalts« – des Vatermordes der Urhorde – bemächtigte sich auch zur Zeit Moses »ein wachsendes Schuldbewusstsein ... des jüdischen Volkes, vielleicht der ganzen damaligen Kulturwelt« (S. 534).

4.5.1 Beschneidung als Zeichen für Triebverzicht

Das Interesse von Freud an Moses gilt einem besonderen Detail: Hielt Michelangelo die Spannung einer begonnenen oder einer abgeschlossenen Handlung in Moses‹ Beinen fest (Gay, S. 357)? Hat Moses die Gesetzestafeln zerbrochen oder nicht? Er bittet Ernest Jones, ihm aus Rom eine Reproduktion der Figur mitzubringen, an der er die unteren Kanten der Gesetzestafeln genauer studieren kann. In seinen eigenen Aufzeichnungen war diese Stelle ›verlaufen‹ . So ›zwanghaft‹, schreibt Gay, sei sein ›Forscherdrang‹ in dieser Angelegenheit gewesen. Die Frage, die Freud beschäftigt, ist, *wer* das Gesetz gebrochen hat. Freud glaubt, dass die Unterdrückten gegen Moses aufbegehrten, und »man kann sich leicht vorstellen, dass einmal ein solcher Aufstand ein anderes Ende nahm, als der Text es haben will« (S. 497). Von allen »Begebenheiten der Vorzeit« (S. 496), die von den späteren Dichtern, Priestern und Geschichtsschreibern bearbeitet wurden, blieb die der Ermordung des Führers Moses ausgeschlossen. Sie fiel einfach weg, wurde zu einer Leerstelle in den Texten, die erst Sellin (1922) – ein Moses-Forscher – und hier dann Freud aus den Texten beziehungsweise

»aus Andeutungen bei den Propheten erraten« (ebda.) haben wollen. Der »Abfall des Volkes von der neuen Religion« wird in der »Geschichte vom goldenen Kalb« erzählt, »in der mit geschickter Wendung das symbolisch zu verstehende Zerbrechen der Gesetzestafeln (›er hat das Gesetz gebrochen‹) Moses selbst zugeschoben und durch seine zornige Entrüstung motiviert wird« (S. 497).

Freud sieht eine Rekapitulation der Urhorde, allerdings mit dem wesentlichen Unterschied, dass das Gesetz bereits etabliert war und Moses es zu befolgen verstand – seine Triebe unterdrücken, sie sublimieren konnte. Moses ist nicht der ›primitive‹, prähistorische Urvater, sondern seine erste Rekapitulation an der Schwelle zur Zivilsation. Er hat bereits den wesentlichen Schritt zum Triebverzicht geleistet und ist dadurch über die Primitivität erhaben, er kann sie und damit *sich be-herr-schen.* Nicht so die »wilden Semiten«, die ›Söhne‹, die sich nicht beherrschen und sich Moses schließlich einverleiben.

Moses war nicht der Vater, der die Söhne kastrierte, sondern er ›schenkte‹ ihnen die Beschneidung als Zeichen der Auserwähltheit – sie waren die auserwählten Kinder Gottes.

> »Die Beschneidung ist der symbolische Ersatz der Kastration, die der Urvater einst aus der Fülle seiner Machtvollkommenheit über die Söhne verhängt hatte, und wer dies Symbol annahm, zeigte damit, dass er bereit war, sich dem Willen des Vaters zu unterwerfen, auch wenn er ihm das schmerzlichste Opfer auferlegte.« (S. 567)

Beschneidung wird für Freud das »Leitfossil« auf seiner Spurensuche in der Geschichte des Judaismus und des Christentums und es steht in engem textlichen Zusammenhang mit dem »Verbot des Gottesnamens« (S. 489), an welchem die Juden ebenso festhalten wie an der Beschneidung – diesem »unliebsamen, unheimlichen Eindruck ..., der sich wohl durch die Mahnung an die gefürchtete Kastration erklärt und damit an ein gern vergessenes Stück der urzeitlichen Vergangenheit rührt« (S. 539). Der »Zwang, einen Gott zu verehren, den man nicht sehen kann,« (S. 559) stellt einen Entwicklungsschritt von der sinnlichen, triebhaften Verhaftung zur geistigen Überlegenheit dar. Hier wird ein Vorgang rekapituliert, meint Freud, der an »andere Vorgänge gleichen Charakters in der Entwicklung der menschlichen Kultur erinner[t]« (S. 559).

Warum wird dieses uralte Tabu ausgerechnet im Judentum aufgefrischt, fragt Freud (S. 489). Der Mosaische Verzicht auf die Anbetung sichtbarer

Idole zugunsten eines einzigen, unsichtbaren Gottes – die Etablierung des Monotheismus – war nach Freud ein Triumph der patriarchalen Spiritualität, welche die maskuline, verzichtende Überlegenheit des Judaismus bestätigte (Brickman, S. 151). Der Geist siegte in dieser Religion über den Körper und das Fleischliche; Ersteres mit Männlichkeit, letztere beiden mit Weiblichkeit assoziiert. Mit dieser Wendung war bei Freud die Religion nicht länger antithetisch zur Zivilisation, sondern durch rassisch und geschlechtlich codierte Begriffe binär aufgeteilt: Maskuline Entsagung kreierte spirituelle und moralische Überlegenheit, welche die Zivilisation voranbrachte, während das Subjekt religiöser Erfüllung in eine präödipale, primitive und weibliche Befolgung äußerer Autorität fiel (Brickman, S. 151-152). Die Juden schritten in ihrer ›Geistigkeit‹ fort.

Es wird deutlich, wie sehr Kristevas Figur der Abjektion genauso wie das Konstrukt des Signifikantenschnittes, des Kastrationskomplexes, mit Freuds Versuch zusammenhängen, Rassismus abzuwehren. Statt jedoch Rassismus als solchen zu adressieren und das Herabgewertete zu emanzipieren, *verschiebt* Freud lediglich die Differenz und *wiederholt* den Ausschluss. In diesem Kreislauf sind auch Hooks und Seshadri-Crooks' Rassismustheorien verfangen. Sie führen nicht aus dem Dilemma heraus, sondern tiefer hinein.

Die Erbsünde in der christlichen Religion, das Verbrechen gegen Gott, so erklärt Freud, ist eigentlich eines gegen den Urvater. Statt jedoch die Mordtat zu erinnern, wird im Evangelium ihre Sühnung durch Jesus, den Erlöser, phantasiert. Ein Sohn Gottes hatte sich als Unschuldiger töten lassen. Aus der Vaterreligion des Judentums wird eine Sohnesreligion (S. 535). Der Vater, Gott, »trat hinter Christus zurück, Christus, der Sohn, kam an seine Stelle, ganz so, wie es in jener Urzeit jeder Sohn ersehnt hatte« (S. 536). Durch die Erlösungsidee wird das Schuldbewusstsein der Menschheit beschworen, »Erbsünde und Erlösung durch den Opfertod wurden die Grundpfeiler der neuen, durch Paulus begründeten Religion« (S. 580). Mit der Aufgabe der Beschneidung als Zeichen der Auserwähltheit des jüdischen Volkes wird dann »die neue Religion eine universelle, alle Menschen umfassende« – Beschneidung und jüdische Religion werden zum »Fossil« (ebda.).

Den Juden, welche die neue Religion nicht annahmen und die deshalb bis heute Juden heißen, wird vorgeworfen, Gott gemordet zu haben, »sie wollen es nicht wahrhaben, während wir es zugeben und von dieser Schuld gereinigt worden sind« (S. 581), ein Vorwurf, hinter dem Freud die ganze Wahrheit sieht. Die Juden haben, weil sie diesen Fortschritt nicht mitmachten, »eine tragische Schuld auf sich geladen; man hat sie dafür schwer büßen lassen« (ebda.).

Mit dem *Mann Moses* differenziert Freud zwischen dem Christentum mit seinen ›fleischlichen‹ Gottesbildern und seiner naiven Erlösungsphantasie als regressiv, weiblich und primitiv und stellt ihm ein Judentum gegenüber, das mit seinem Verzicht auf Gottesbilder einen wertvollen, progressiven und männlichen Beitrag zur geistigen Entwicklung der Menschheit beigetragen hat. Das Verbot, sich ein Bild von Gott zu machen, stellte einen »Triumph der Geistigkeit über die Sinnlichkeit, strenggenommen einen Triebverzicht mit seinen psychologisch notwendigen Folgen« (S. 59) dar, schreibt Freud.

Durch die Entwicklung des Geistes – eine Art Bewusstseinsevolution – sind es bei Freud die Juden, die als Erste den Entwicklungsschritt vollziehen, die Sinnlichkeit zu überwinden und mit ihr das Verlangen nach Bildnissen von Gott. Triebverzicht erzeugt Unlust, aber das Überlegenheitsgefühl durch die Leistung des Triebverzichts erzeugt Stolz und das ist wiederum Lustgewinn – eine Psychodynamik zwischen den Instanzen Es, Ich und Über-Ich, »das Ich fühlt sich gehoben« (S. 562). Die Parallele zwischen der Triebtheorie, in die Freud hier einen kleinen Exkurs vornimmt, und der Entwicklung des jüdischen Volkes, um das es Freud in diesem Text geht, liegt darin, dass die »Religion, die mit dem Verbot begonnen hat, sich ein Bild von Gott zu machen«, im »Lauf der Jahrhunderte immer mehr zu einer Religion der Triebverzichte« (S. 564) wurde. Ihre Ethik ist Triebeinschränkung. Der »Triebverzicht und die auf ihn gegründete Ethik« scheint zwar »nicht zum wesentlichen Inhalt der Religion« zu gehören, ist aber

> »genetisch aufs innigste mit ihr verbunden. Der Totemismus, die erste Form einer Religion, die wir erkennen, bringt als unerlässliche Bestände des Systems eine Anzahl von Geboten und Verboten mit sich, die natürlich nichts anderes als Triebverzichte bedeuten, die Verehrung des Totem, die das Verbot einschließt, ihn zu schädigen oder zu töten, die Exogamie, also den Verzicht auf die leidenschaftlich begehrten Mütter und Schwestern in der Horde, das Zugeständnis gleicher Rechte für alle Mitglieder des Brüderbundes, also die Einschränkung der Tendenz zu gewalttätiger Rivalität unter ihnen. In diesen Bestimmungen müssen wir die ersten Anfänge einer sittlichen und sozialen Ordnung erblicken.« (S. 564-565)

Die Ent*mater*ialisierung Gottes erlaubte den Juden, »das politische Unglück der Nation« (S. 561) zu überwinden, indem sie die »Heilige Schrift und die geistige Bemühung um sie« (ebda.) als Richtung auf geistige Interessen beibehielten. Die Schrift/Sprache bewirkt den »Umsturz der bisherigen Rechtsverhältnisse« auch auf politischer Ebene:

> »unter dem Einfluß äußerer Momente, die wir hier nicht zu verfolgen brauchen, die zum Teil auch nicht genügend bekannt sind, geschah es, dass die matriarchalische Gesellschaftsordnung von der patriarchalischen abgelöst wurde, womit natürlich ein Umsturz der bisherigen Rechtsverhältnisse verbunden war.« (S. 560)

Die minderwertige, weibliche Ordnung des Sinnlichen weicht der überlegenen, männlichen Ordnung des Geistes. Das ist im Wesentlichen die Figur, die Kristeva für ihre Abjektionstheorie nutzt und die dem Ödipuskomplex zugrunde liegt; beides die Grundlagen für Hooks ›prädiskursiven Rassismus‹ und Sehsadri-Crooks' ›Desiring Whiteness‹. Mit dem *Mann Moses* setzt Freud die Beschneidung als Zeichen genau an diese Schnittstelle – das rassische Zeichen, das Seshadri-Crooks durch Whiteness als Signifikantenschwindler auftauchen sieht.

Die Schrift erlaubte den Juden, unabhängig von einer Nation, sich überall auf der Welt ein Zuhause zu schaffen. Die Thora wurde zum Heim der Juden und sie hielt das versprengte Volk zusammen (S. 560). Die Auserwähltheit und die »weit großartigere Gottesvorstellung« ließ die Juden Anteil an der Größe ihres Gottes haben: »Wer an diesen Gott glaubte ... durfte sich selbst gehoben fühlen« (S. 558). Diesen Gedanken knüpft Freud dann an den Imperialismus. Er vergleicht es mit dem

> »Hochgefühl eines Briten in einem fremden, durch Aufruhr unsicher gewordenen Land, das dem Angehörigen irgendeines kontinentalen Kleinstaates völlig abgeht. Der Brite rechnet nämlich damit, dass sein *Government* ein Kriegsschiff ausschicken wird, wenn ihm ein Härchen gekrümmt wird, und dass die Aufständischen es sehr wohl wissen, während der Kleinstaat überhaupt kein Kriegsschiff besitzt. Der Stolz auf die Größe des *British Empire* hat also auch eine Wurzel im Bewusstsein der größeren Sicherheit, des Schutzes, den der einzelne Brite genießt.« (S. 558)

Freud vergleicht hier also den Glauben des jüdischen Volkes mit dem Selbstbewusstsein imperialistischen Denkens einer Kolonialmacht – seinem Lieblingsland, England. Das Imperialistische am (jüdischen) Glauben, so wird nun deutlich, ist das Gefühl der Überlegenheit. Freud erklärt hier die existierenden Machtverhältnisse als eine Art psychische Evolution, bei der Juden, die in Freuds realer Welt eine unterdrückte Position einnehmen, die eigentlich Überlegenen sind und legitimerweise imperialistische Ansprüche stellen könn(t)en. Tatsächlich sind es die Engländer und unter ihnen vermutlich sehr wenige Juden, die das Empire bilden und ihre Überlegenheitsansprüche gewaltvoll wie alle Kolonialmächte gegenüber außereuropäischen Kulturen durchsetzen. Mit dieser Denkfigur legitimiert Freud die imperialistische Ausbeutung ›primitiverer‹ Subjekte und Kulturen durch die ›evolutionär Fortgeschrittenen‹.

Boyarin vergleicht aufgrund dieses maskulinistischen, imperialistischen Impulses in der Psychoanalyse dieselbe mit dem Zionismus; das politische Projekt, welches die Krise des Judaismus in der Moderne adressiert, und er demonstriert, wie beide versuchten, aus dem feminisierten, primitivierten und verqueerten Juden einen ›Muskeljuden‹ zu machen. Der ›Muskeljude‹ des Zionismus ist der maskuline, zivilisierte Jude, der zur Familie der kolonisierenden Staaten gehört und nicht zur kolonisierten Bevölkerung. Die Zionisten verstanden implizit diese Werteverschiebung der Kategorien: Die Juden würden ›wieder‹ in die Geschichte eintreten, der sie so lange nicht zugehörten, und aus dem primitiven Status aufsteigen, indem sie in ›unbevölkertes Land‹ einzogen, analog der *terrus nullius* der Amerikas, Afrikas und Australiens vor der europäischen Besiedelung (Brickman, S. 167).

Juden, so erklärt Freud, benahmen sich schon in hellenistischen Zeiten wie heute: »Der Jude war ... damals schon fertig, und die Griechen, unter denen und neben denen sie lebten, reagierten auf die jüdische Eigenart in der nämlichen Weise wie die heutigen ›Wirtsvölker‹« (S. 552). Auch sie glaubten, dass die Juden die bevorzugten Kinder Gottes seien, und als erklärter »Liebling des gefürchteten Vaters ... braucht man sich über die Eifersucht der Geschwister nicht zu verwundern« (ebda.). Der weitere »Verlauf der Weltgeschichte schien dann die jüdische Anmaßung zu rechtfertigen, denn als es später Gott gefiel, der Menschheit einen Messias und Erlöser zu senden, wählte er ihn wiederum aus dem Volke der Juden« (ebda.), was den Judenhass erhöhte.

Freud stellt fest, dass ja schließlich alle Völker,

> »die sich heute im Judenhass hervortun, erst in späthistorischen Zeiten Christen geworden sind, oft durch blutigen Zwang dazu getrieben. Man könnte sagen, sie sind alle ›schlecht getauft‹, unter einer dünnen Tünche von Christentum sind sie geblieben, was ihre Ahnen waren, die einem barbarischen Polytheismus huldigten.« (S. 539)

Es ist diese ›dünne Grenze‹ zur ›Primitivität‹, die in der Psychoanalyse konstruiert wird, welche Hook dazu veranlasst, affektiven Rassismus als

›Durchbruch‹ der ›Primitivität‹ zu beschreiben – eine Perversion, wie hier erneut deutlich wird. Die Konstruktion der Primitivität ist die *Grundlage* für Rassismus, die sozioevolutionistische Entwicklungsachse zwischen Primitivität und Zivilisiertheit in der (psychoanalytischen) Subjektgenese dann die Grundlage für die Naturalisierung des Rassismus. Statt diese (offensichtlich rassistische) Konstruktion offenzulegen, reproduziert sie auch Hook.

Freuds Erklärung für den Antisemitismus, den er in diesem wie in anderen Texten vermittels des Kolonialrassismus *verschiebt*, fehlt noch folgendes Stück: Die Christen folgten nach Freuds Darstellung nie dem reinen Monotheismus der Juden, deren Nachfolge sie angetreten haben, sondern nahmen alle möglichen lokalen Bräuche und polytheistischen Rituale in ihre Religion auf. Der Judaismus ist die progressive Religion, welche auf Versagung basiert und die Spannung zwischen Monotheismus und Schuld aufrechterhalten kann, während das Christentum einen Rückschritt in heidnische Primitivität darstellt (Brickman, S. 151-152). Freud zufolge haben die Christen »ihren Groll gegen die neue, ihnen aufgedrängte Religion [das Christentum] nicht überwunden, aber sie haben ihn auf die Quelle verschoben, von der das Christentum zu ihnen kam« (das Judentum, ebda.). Eine Verschiebung ist also am Werk, »der Judenhass ist im Grunde Christenhass und man braucht sich nicht zu wundern, dass in der deutschen nationalsozialistischen Revolution diese innige Beziehung der zwei monotheistischen Religionen in der feindseligen Behandlung beider so deutlichen Ausdruck findet« (S. 539).

Freuds gesamtes Begründungsmuster für den Antisemitismus läuft auf die Urhorde hinaus: »Am Anfang war die Tat« und ihre Erinnerung. Verleugnung oder Verdrängung war es, welche nicht nur die Geschichte der Religion, sondern der ganzen Menschheit hervorgebracht hat. Söhne wurden geboren, sie wurden zu Helden, Propheten, Märtyrern, Befreiern, Erlösern oder anstelle des Vaters umgebracht, aber immer ging es um eine Reinszenierung des Vatermordes durch die Söhne der Urhorde und den Neid unter ihnen und das ist der *Grund* für die Differenz(en) zwischen Christen und Juden, Ariern und Semiten. Das sind die »unbewussten Wurzeln des Antisemitismus« (S. 539).

4.5.2 Rekapitulationismus: Phylogenese füllt die Leerstellen der Ontogenese und umgekehrt

Durch die Meistererzählung der Urhorde schafft Freud einen *Grund*, auf den er – kulturtheoretisch wie subjekttheoretisch – alles zurückführen kann. Gott und die Welt werden mit der Urhorde erklärbar, und was immer an Lücken in einer Argumentation auftaucht, sei es in der Therapie von Individuen oder der ›Rekonstruktion‹ des Antisemitismus (Rassismus), wird durch das bereits vorhandene ›Wissen‹ gefüllt. Was immer »auf den ersten Blick nicht einleuchtend scheint« (S. 559), füllt er mit Elementen des Urhordenmythos als Prototyp der Geschichte. Phylogenetische Lücken ist Freud ebenso bereit, durch ontogenetische ›Erfahrungen‹ aus der psychoanalytischen Forschung beziehungsweise Praxis zu ergänzen wie umgekehrt. Er schreibt:

> »Was uns etwa noch an Sicherheit fehlt, gewinnen wir aus anderen Ergebnissen der psychoanalytischen Forschung. Wir erfahren, dass unsere Kinder in einer Anzahl von bedeutsamen Relationen nicht so reagieren, wie es ihrem eigenen Erleben entspricht, sondern instinktmäßig, den Tieren vergleichbar, wie es nur durch phylogenetischen Erwerb erklärlich ist.« (S. 577)

Freud hält es für ›wahrscheinlich‹, dass neben den ›selbsterlebten‹ Inhalten (Traumen), auch bei der Geburt mitgebrachte Inhalte im psychischen Leben des Individuums wirksam werden: »Stücke von phylogenetischer Herkunft, eine *archaische Erbschaft*« (S. 545). Traumen, so fährt Freud fort, halten sich oft nicht an das selbst Erlebte, sondern sind nur durch das »Vorbild eines phylogenetischen Ereignisses« zu erklären. Gerade »das Verhalten des neurotischen Kindes zu seinen Eltern im Ödipus- und Kastrationskomplex ist überreich an solchen Reaktionen, die individuell ungerechtfertigt erscheinen und erst phylogenetisch, durch die Beziehung auf das Erleben früherer Geschlechter, begreiflich werden« (S. 546).

Traditionen werden in der Regel »vom Ahn auf den Enkel übertragen,« (S. 541) manches allerdings wird auch verschwiegen und gerade als solches weitertransportiert. Für Freud gilt diese Übertragung in phylogenetischer wie in ontogenetischer Hinsicht: »Die Tradition vom Mord an Moses [war] in Priesterkreisen immer vorhanden, bis sie endlich ihren schriftlichen Ausdruck fand, der allein es ... möglich machte, sie zu erraten« (ebda.). Der »Fall aus der Urzeit« wurde noch nicht einmal mündlich weitergegeben, konstatiert Freud an dieser Stelle, doch das macht sein Argument, dass sie bis heute Gesellschaft und Subjekt konstituiert, nicht hinfällig, sondern im Gegenteil, gilt ihm als Beweis dafür. Wie auch in der Therapie der Widerstand von Patient_innen gegen Interpretationen des Analytikers lediglich Beweis für die ›Wahrheit‹ seiner Interpretation ist, können auch kulturelle Elemente der Autorität der psychoanalytischen Meistererzählung unterworfen werden.

Die rekapitulationistische Arbeitsweise zieht sich durch sein gesamtes Werk. Wie bereits in seiner Ekeltheorie dargestellt, thematisiert Freud Phänomene, bezeichnet sie als Effekte und liefert ihren *Grund* in Form einer Phantasie – der Urhorde. Die Urhorde wird zu einer Art ›Ersatzerinnerung‹, die aufgeführt wird, wann immer ein Phänomen nicht erklärt werden kann oder soll, weil es Teil des theoretischen Unbewussten der Psychoanalyse selbst ist. Der Kastrationskomplex als ontogenetisches Pendant zum phylogenetischen Vatermord der Urhorde wird, wie Boyarin gezeigt hat, in Freuds Argumentation genauso willkürlich eingesetzt.

Wie aber ist der Umgang unseres Bewusstseins mit diesen ›prähistorischen Tatsachen‹ zu erklären? Freud greift auch in dieser Sache auf die evolutionistische Anthropologie zurück, die Phänomene, die nicht in das Stadium passen, dem sie zugeordnet werden, also kulturelle Anomalitäten als »survivals« (Brickman, S. 84) bezeichnet, also als ›Überbleibsel‹ ›Überlebende‹, ›Abkömmlinge‹ – ein Rest. Scheinbar anachronistische Ansichten und Verhaltensweisen, die in der zivilisierten Gesellschaft auftauchen, betrachtet Freud als Überbleibsel früherer evolutionärer Stadien, die eigentlich zurückgelassen sein sollten. Zwar sei alles Verdrängte unbewusst, schreibt Freud, nicht aber alles bewusst, was zum Ich gehört. Das Bewusstsein ist eine »flüchtige Qualität ... die einem psychischen Vorgang nur vorübergehend anhaftet« (Freud, GW, IX, S. 543). Er führt den Begriff der »Bewusstseinsfähigkeit« des Ichs ein und nennt diese Qualität »vorbewusst ... wir sagen dann richtiger, das Ich ist wesentlich vorbewusst (virtuell bewusst), aber Anteile des Ichs sind unbewusst« (ebda.). Die qualitative Unterscheidung von unbewusst, vorbewusst und bewusst reicht nicht mehr aus, »wir müssen eine andere Unterscheidung einführen, die nicht mehr qualitativ, sondern *topisch* und, was ihr einen besonderen Wert verleiht, gleichzeitig *genetisch* ist« (S. 543).

Die reaktionären Elemente der kulturtheoretischen Psychoanalyse – die archaische Urhorde, die er im Wettkampf mit einem ›Arier‹ in kolonialen Wissenschaften hervorbringt – *führen* Freud also dazu, das topisch Unbewusste in die Subjektgenese einzuführen. Dieses topisch Unbewusste ist der Caché – der Kern – für sämtliche reaktionären Effekte, welche die Psychoanalyse bewirkt. Der Ursprungsmythos der Psychoanalyse, den Freud in *Totem und Tabu* entwickelt, erzählt einen vorkulturellen Anfang psychischer und sozialer Strukturen, Letztere der eigentliche Gegenstand der Psychoanalyse. Das topisch Unbewusste ist der Rest der Dialektik der Subjektgenese der Psychoanalyse. ›Es‹ ist das Abjekt, welches in der Dynamik von Subjekt und Objekt in der Entwicklung zurückgelassen werden muss. ›Es‹ ist das Afrika, das durch seinen Auftritt zwar das ›griechische Theater der Weltbühne ermöglicht, allerdings nur, indem es wie ein Vorhang weggeschoben wird, ehe die eigentliche Vorführung beginnt, um es in Patricia Purtscherts Worten auszudrücken (2006, S. 56). Es ist dieser Vorhang, den W.E.B. Du Bois als den Schleier bezeichnet, der ihn in Hegels *Phänomenologie* in einer unmöglichen Subjektposition gefangen hält.

Mit der Konstruktion, dass nicht das Politische oder die Kontingenz, sondern Gesetze jenseits menschlicher Kraft und Macht Psyche und Gesellschaft konstituieren, wird verschleiert, welchen politischen Interessen, derlei Mythen dienen. Ursprungserzählungen, welche ›die Primitiven‹ in den Raum des Präsozialen und Prädiskursiven verweisen, verschleiern die Rolle kolonialer Gewalt in der Konstruktion des Konzeptes der Primitivität und suggerieren, dass die ›Primitiven‹ Teil der Natur und jenseits sozialer Prozesse seien (Brickman, S. 66). Es ist dieser reaktionäre Kern, den alle psychoanalytischen Rassismustheorien, die ich bislang diskutierte, zum Ausgangspunkt nehmen. Das Topische ist der Grund, warum diese Theorien reaktionär sind, warum sie Rassismus reproduzieren, statt ihn zu analysieren. Wie ich geschrieben habe, ›finden‹ Hook und Seshadri-Crooks Rassismus in der Psychoanalyse genau dort, wo er immer war, aber statt ihn ›auszugraben‹ – die Dynamik der rassistischen Topik in der Psychoanalyse zu verstehen –, versiegeln sie diese Stellen. Freuds eigenes ›Desiring Whiteness‹ bleibt tabu und reproduziert sich doch ›unbewusst‹ in den ›postfreudianischen‹ Texten durch das Begehren ›hoher Theorie‹ – Lacan ist schließlich nur einem ausgewählten Publikum zugänglich.

Mit *der Mann Moses* – eine Art ›Meister-Sub-Text‹ von Freuds ›drittem Begriff‹ – ›sublimiert‹ er mithilfe seiner ›phylogenetischen Phantasie‹ das, was er in den von Boyarin diskutierten Texten (*Das Unheimliche* und seine Fallgeschichte vom kleinen Hans) ›verdrängt‹ – beides Abwehrmechanismen, wie sie die Psychoanalyse beschreibt, allerdings *begründet* durch die politischen Verhältnisse, die Realität, und nicht die Triebe. Was Freud zufolge von den ›Schreibern des Moses‹ »verfälscht, verstümmelt und erweitert, bis in sein Gegenteil verkehrt« (Freud, GW, IX, S. 492) wird – also einer Bandbreite von Abwehrmechanismen anheim fällt –, rekonstruiert Freud in seiner Analyse ihrer Texte. Boyarin dagegen macht sich die Arbeit, diese ›Verfälschungen‹, ›Verstümmelungen‹ oder ›Verkehrungen‹ in Freuds Texten vom ›kleinen Hans‹, dem ›unheimlichen Spiegelblick‹ sowie dem ›Fall Weininger‹, zu re- und dekonstruieren, und *analysiert* dabei die Effekte des Antisemitismus auf Freud und seine psychoanalytische Theorie.

Im Wettstreit mit Jung, dem ›Arier‹, kreiert Freud, der Jude, eine ›phylogenetische Phantasie‹[50], die ebenso rassistisch wie sexistisch codiert ist und ein koloniales wie kolonisierendes Narrativ darstellt, das dem Zeitgeist des Evolutionismus entstammt. Den Unterschied und das Verhältnis zwischen ›Ariern‹ und Juden, welches über das Vehikel Gender hierarchisiert war (Juden wurden durch Feminisierung herabgewertet), dreht Freud zugunsten der Juden um. Indem er in seiner Untersuchung allerdings der komparatistischen Methode der evolutionistischen Anthropologie folgt, *verschiebt* er den rassistischen Unterschied zwischen zeitgenössischen Menschen auf eine Zeitachse mit dem ›Ursprung‹ Primitivität und dem ›Ziel‹ Zivilisiertheit. Damit schreibt er in seine Subjektgenese eine rassistisch codierte Entwicklungsdifferenz ein (Brickman, S. 51ff.).

Durch die Konstruktion von Primitivität als Ursprung wird ein Raum geschaffen, in dem all jene verortet werden, die in den realexistierenden gesellschaftlichen Verhältnissen bereits als minderwertig gelten. Durch diesen Ursprung wird Entwicklung erzählbar und rationalisierbar. Dieses Narrativ existiert bereits, als Freud sich mit seiner Psychoanalyse dieser »Art von spekulativer Prähistorie« zuwendet. Dieses Narrativ dient den Europäern dazu, den Widerspruch zwischen Aufklärung und Sklaverei, Menschenrechten und Kolonialismus zu verdecken. Freud steigt – unbewusst durch sein Begehren von Whiteness angetrieben – in diese kolonisierenden Diskurse

50 In einem erst 1983 unter Sándor Ferenczis Unterlagen entdeckten Aufsatz trägt Freud die Lamarck'schen Dimensionen der Psychoanalyse auf einen Höhepunkt. Es ist die letzte seiner metatheoretischen Schriften, die Freud zwischen 1911 und 1915 geschrieben hat. Sie entwickelte sich aus einem Gedankenaustausch mit Ferenci. In dieser ›Phylogenetic Fantasy‹, so der englische Titel, den die Herausgeber_innen dem Aufsatz gegeben haben, geht es um einen ›spielerischen Vergleich‹ – die Korrelation zwischen spezifischen Neurosen und evolutionären Stadien –, um zu zeigen, dass die heutigen Neurosen ›Zeugnisse der Geschichte der mentalen Entwicklung der Menscheit‹ darstellten (Freud, zitiert nach Brickman, S. 77, eigene Übersetzung, auch im Folgenden). In diesem Text schreibt Freud, dass die Angst ursprünglich aus einer adaptiven Reaktion auf die Deprivationen der Eiszeit entstand, durch die Notwendigkeit, den Nachwuchs den limitierten Nahrungsmöglichkeiten anzupassen und deshalb den Geschlechtsverkehr einzuschränken, was Hysterie verursacht habe. Zwangsneurosen rekapitulieren das Aufkommen der Sprache, so liest man dort weiter, was die Omnipotenz der Gedanken und die magische Weltsicht des Animismus mit sich gebracht hätte sowie die Anmaßung des männlichen Oberhauptes, die sexuelle Gunst aller Frauen für sich zu beanspruchen (ebda.).

ein und konkurriert mit seinem Moses-Text um die Zivilisiertheit, welche die Arier als ›Herrenrasse‹ für sich beanspruchen. Wie Hortense Spillers (1997) argumentiert, stellt ›Rasse‹ das fundamentale Verbot der Psychoanalyse dar,[51] allerdings nicht, wie Spillers und auch Brickman (S. 162) glauben, aufgrund von Freuds Weißsein, sondern aufgrund seines *Begehrens* des Weißseins, das ihn das Zeichen der Differenz, welches ihn rassistisch markiert, verdrängen und verschieben läßt (Boyarin). Durch das evolutionistische Narrativ der Primitivität als Ursprung einer Skala oder Entwicklungsachse hin zu Zivilisiertheit wird der Wettkampf um Letztere zu einer Parallele im Kampf um die koloniale Vorherrschaft (unter den Europäern) und mit ihr militärische, ökonomische und politische Vormacht. Mit seinem Moses-Text macht Freud die Juden – zuvor Kolonisierte innerhalb Europas – zu Europäern. Was Freud mit der Psychologisierung der Rekapitulationshypothese der Evolutionisten leistet, ist ein nachhaltiger Beitrag zur Naturalisierung dieser hegemonialen Figur, indem er sie aus dem politischen und naturwissenschaftlichen Diskurs der Rassentheorien in eine universale Psychologie übersetzt.

Das homosoziale Machtverhältnis zwischen ›Ariern‹ und Juden wird über das Vehikel Geschlecht umgedreht und das ›Rassische‹ dabei auf die Konstruktion der Primitivität verschoben. Die Differenz: Jude – ›Arier‹ ist damit vom ›Rassischen‹ befreit, ›Rasse‹ wird als ›Rest‹ in die Vergangenheit der Primitivität verschoben, die den Gegenpol zur Zivilisiertheit darstellt. Der ›kleine Unterschied‹ zwischen beschnittenem und unbeschnittenem Penis wird über den großen Unterschied Phallus/Leerstelle der sexuellen Differenz in eine evolutionistische Entwicklungsidee, eine Art Bewusstseinsevolution, verschoben, in der die Juden – zuvor die Unterlegenen – jetzt die Überlegenen sind. Freuds Behauptungen »der Kastrationskomplex ist die tiefste unbewusste Wurzel des Antisemitismus« und »auch die Überhebung über das Weib hat keine stärkere unbewusste Wurzel« sind Thesen, durch welche die Phänomene Antisemitismus und Sexismus auf

51 Der empfehlenswerte Sammelband *Female Subjects in Black and White* (1997), herausgegeben von Elizabeth Abel, Barbara Christian und Helene Moglen, in dem Spillers Aufsatz erscheint, versammelt Texte, die auf einer Konferenz vorgetragen wurden, auf der sich «white psychoanalytic feminism and African American cultural formations« austauschten; ein Austausch, der »many stubborn incompatibilities [aber auch] transformative possibilities« (S. 1) zum Vorschein brachte, wie die Herausgeberinnen schreiben. Es sind eben diese Inkompatibilitäten zwischen den Konstruktionen Schwarz und Weiß – schwarzen und weißen Weiblichkeiten in der Psychoanalyse, welche hier zum Tragen kamen.

*ur*sprüngliche Ereignisse der Menschheitsgeschichte zurückgeführt werden – Ereignisse, die sich in der Individualentwicklung wiederholen *müssen*, damit das Subjekt ein zivilisiertes, über seine ›Triebe‹ erhabenes Subjekt wird.

Durch die Temporalisierung in Freuds Arbeit, was sowohl Zeitlichkeit wie Verweltlichung bedeutet, verknüpft Freud Säkularisierung mit dem Gedanken der Evolution, und das Bewusstsein entfaltet sich demnach in entgegengesetzter Richtung zur Zeitlosigkeit. Die Psychoanalyse gewinnt mit den Polen von Arché und Telos ein teleologisches Element (Brickman S. 155). Durch das Erschaffen eines anachronistischen Raums – dem ›topischen Caché‹ – verdeckt Freud die Geschichte des eigentlichen Ursprungs der Polarität *in* der Psychoanalyse. Dieser ist historisch: der Antisemitismus, den Freud erfährt, durch dessen Internalisierung er Teile seines Jüdischseins verleugnet und verschiebt. Die von Hook, Seshadri-Crooks und anderen beschworene Ahistorizität des *Realen* in Form der sexuellen Differenz oder des Abjekts ist *Effekt* des Rassismus und nicht umgekehrt. Deshalb ›finden‹ sie Rassismus in der Psychoanalyse an der richtigen Stelle, nur verschleiern sie seine *Realität* durch den Mythos der Ahistorizität.

Mit dem universalen ödipalen Erbe der Menschheit wollte Freud die partikularen rassischen Vererbungen überwinden. Das Erbe ödipaler Erinnerungen bei allen Menschen sollte die Erbschaft einer bestimmten Degeneriertheit von Juden ersetzen (Brickman, S. 165). Nach dem *Mann Moses* sollte die »zivilisierten Welt«, die ihn »als Wilden zu betrachten gewohnt« war (Freud, zitiert nach Gay, S. 259), eines Besseren belehrt sein. Durch die Einbeziehung des zuvor ausgeschlossenen Juden in die universale Subjektposition der Psychoanalyse wurden nicht nur Weiblichkeit und Homosexualität verstoßen, sondern Juden wurden zugleich Teil der allumfassenden, dominanten kulturellen/rassischen Kategorie der Zivilisation, die durch ihr Ausgeschlossenes, konstitutives Gegenteil definiert war: die_der rassisch Andere als Primitive_r. Als Mitglied einer primitiven Rasse kategorisiert, lehnte Freud Primitivität ab und lokalisierte sich und seine Arbeit im zivilisierten Europa mit seinen wissenschaftlichen und kolonisierenden Unternehmungen und ersetzte die Opposition Arier/Jude durch die Opposition zivilisiert/primitiv. Zivilisation, die Juden inkludierte, hatte somit das Ariertum ersetzt und die ausgeschlossenen Juden wurden von unbenannten Wilde abgelöst (Brickman, S. 167). Diese konstitutive Abjektion der Psychoanlyse Freuds – ›Es‹ auszustoßen, damit ›Ich‹ leben kann – präfiguriert nicht nur Kristevas Abjektionstheorie, sondern auch den Ödipuskomplex und mit ihm Lacans Phallus-Konzept. Sie ist motiviert durch Freuds Desiring Whiteness.

4.6 Das Unbewusste als Urbevölkerung. Kolonisierung in der Psychoanalyse: Celia Brickman

Totem und Tabu sowie *Das Unbehagen in der Kultur* sind die beiden Texte, in denen Freud Primitivität als Referenz für prähistorische Vergangenheit ausarbeitet, um von ihr aus die Entwicklung der Psyche des zivilisierten Subjekts als das Gegenstück der Primitivität zu zeichnen. Wie bereits erwähnt, schreibt Freud in *Das Unbewusste* (1915): »Den Inhalt des Ubw kann man einer psychischen Urbevölkerung vergleichen. Wenn es beim Menschen ererbte psychische Bildungen, etwas dem Instinkt der Tiere Analoges gibt, so macht dies den Kern des Ubw aus« (GW, III, S. 154). In *Zeitgemäßes über Krieg und Tod* heißt es, dass die ›Urmenschen‹ unverändert in ›unserem‹ Unbewussten überleben. Sie sind die »Übrigbleibsel«, die durch Freuds Gesamtwerk spuken. Celia Brickman nimmt diesen Zusammenhang zum Ausgangspunkt für ihre Analyse der Bedeutung der Primitivität in der Psychoanalyse und stellt fest, dass sie bis heute (nicht nur) in psychoanalytischen Verfahren in der klinischen Arbeit eine wichtige Rolle spielt und dort zwangsweise eine Zivilisationsmission verfolgt. Das Netzwerk kolonialer Korrespondenzen durchzieht Freuds gesamte Arbeit und übt einen Sog aus, der über die Psychoanalyse nach Freud hinausreicht (Brickman, S. 159).

Indem er ein topisch Unbewusstes als Es formuliert und ihm einen phylogenetischen Inhalt zufügt, diktiert er eine universale, ahistorische und vorkulturelle Schicht des menschlichen Geistes, der seit der Kindheit beziehungsweise der ›primitiven‹ Urzeit verdrängt ist (Brickman, S. 206). Die mit dieser Primitivität assoziierten Subjekte stehen bereits seit der sozioevolutionistischen Anthropologie vor-und-außerhalb der Zeit.

> »›The primitive‹ ... has functioned as an ethnographic representation locating racial/cultural difference outside time, both in the sense of standing outside, and prior to, the grand narratives of history, and in the sense of not being subject to the diachrony of particular, local histories. ... That the primitive stands outside time altogether is an artifact of the colonial and/or anthropological relationship, produced by assumptions and methods undergirded by the historically formed and economically sustained privileged position of the western observer.« (Brickman, S. 138).

Wenn nun das Unbewusste das Seelenleben der ›Primitiven‹ *ist,* haben dann ›Primitive‹ ein Unbewusstes? In ›Das Ich und das Es‹ (1923) sinnt Freud darüber nach, ob es das Es oder das Ich der primitiven Vorfahren gewesen sei, aus welchem sich Religion und Moral entwickelt haben, oder ob vielleicht die Differenzierung zwischen Es, Ich und Über-Ich damals noch gar nicht vorhanden war. Er beantwortet seine eigenen Fragen im Rekurs auf Lamarcks und Haeckels Theorien und findet dabei heraus, dass es das Ich des Urmenschen war, welches den Ödipuskomplex erlebte, und durch seine Wiederholung über die nachfolgenden Generationen hinweg wurde es ins heutige Es eingelagert. Das Ich der Primitiven ist also zum Unbewussten des modernen Menschen geworden. Damit behauptet Freud nicht nur, dass das Es und das Unbewusste primitiv sind, sondern durch seine rekapitulationistische Logik sagt er uns, dass die mentalen Formationen der Menschen, die ›Primitive‹ genannt werden, auf das beschränkt bleiben, was bei zivilisierten Menschen das Unbewusste ist. Nur, indem der moderne Mensch das komplexe Repertoire des Sekundärprozesses zum Unbewussten hinzugewinnt, erlangt er seinen zivilisierten Status – ›Primitive‹ haben eine primitive Psyche, so schließt Freud. Das Primitive als Unbewusstes wird als Mangel figuriert, während das Bewusstsein in der Psychoanalyse zum Ort der wertgeschätzten und definierenden Qualitäten des modernen Westens wird: Geschichtlichkeit, Rationalität und Autonomie (Brickman, S. 82).

Es ist genau dieses Primärprozesshafte, ›Primitive‹, das Hook mit Rassismus in Zusammenhang bringt und zwar in einer Weise, die den Rassismus effektiv verschleiert – gar pervertiert. Er ›übersieht‹ die offenkundig rassistischen Konstruktionen in der Psychoanalyse und behauptet dann, die Psychoanalyse könnte, weil sie solch eine wunderbare Theorie der Verkörperung und des Unbewussten biete, die Irrationalität des Rassismus erklären. Dabei ist der Psychoanalyse Rassismus bereits genau in der Form *eingeschrieben*: Durch die Konstruktion des Unbewussten als Primitivität, die von Nicht-Weißen und Frauen *verkörpert* wird. Mit dem Primär- und Sekundärprozesshaften lassen sich auch die Unterschiede von Seshadri-Crooks' Signifikanten Phallus und Whiteness parallelisieren, von denen Ersterer Signifikant des Subjekts des Sekundärprozesses ist und Letzterer das Subjekt ins Primäre, die Primitivität der Jouissance des Urhordenvaters, zurückführt. In der Genealogie der Psychoanalyse Freuds, deren Anfang Kristeva in ihre Abjektionstheorie hineinverlängert, muss Afrika als Primitivität – sein Signifikant Whiteness – gleich einem Vorhang zur Seite geschoben werden, damit das griechische Familiendrama des Ödipus mit seinem Signifikanten Phallus aufgeführt werden kann. Die Charakteristiken moderner westlicher Subjektivität werden zur universal gültigen Beschreibung psychologischer Reife, was Ashis Nandy die »second form of colonialization« nannte, »which ›helps generalize the concept of the modern West from a geographical and temporal entity to a psychological category‹« (zitiert nach Brickman, S. 82-83).

Freud beschreibt sein topisch Unbewusstes genauso wie Kolumbus die Bevölkerung Amerikas beschrieben hatte; in Begriffen des Mangels: an Rationalität, an Bezug zur Realität, an Beherrschung in Bezug auf Sexualität, an Moral, an Zeitgefühl und als Unfähigkeit, sich in Worten zu repräsentieren (Brickman, S. 81). Das Primitive ist der temporalisierte Ausdruck dessen, was verworfen wurde (Brickman, S. 206), also genau das, was Kristeva als Semiotisches beschreibt, das zum Abjekt wird, abjektiert wird und für Hook den Grund für affektiven Rassismus als *Rekurs* beziehungsweise *Regression* darstellt. Dabei ist das Abjekt Kristevas direkt von Freuds Begriff der Primitivität abgeleitet, eine Kategorie, die von ihren rassistischen Implikationen nicht zu trennen ist. Primitivität ist das Codewort für Rasse und wird zur Funktion in sämtlichen Bereichen psychoanalytischer Theorie, Methodologie und klinischer Praxis und dabei mit Geschlecht, Psychopathologie, Entwicklung und Regression gleichermaßen verknüpft (Brickman, S. 12).

Hook behauptet, mit seiner Theorie einen explizit post-kolonialen Ansatz vorzustellen – einen, der die Fallstricke der reaktionären Anteile der Psychoanalyse vermeide. Dabei übersieht er, dass *Totem und Tabu*, auf dem Kristevas Abjektionstheorie basiert, kein unwichtiger Text der Psychoanalyse ist, der mit den Elementen, die er in seiner Rassismustheorie benutzt, nichts mehr zu tun hat. Wie Brickman betont, ist *Totem und Tabu* ein fundamentaler Text für die psychoanalytische Theorie und als solcher beeinflussen seine Annahmen nicht nur Freuds Meta-, Kultur- und Subjekttheorie, sondern auch die therapeutische Arbeit der Psychoanalyse. Sie schreibt:

> »To assess *Totem and Taboo* as peripheral to the main concerns of psychoanalysis is to avoid reckoning with its foundational status as the origin myth of psychoanalysis and the resultant paradigmatic status of its narrative for Freud's work as a whole; it is, therefore, to avoid reckoning with the implications for psychoanalysis of the racial, evolutionary assumptions on which *Totem and Taboo* is based.« (S. 74)

Mit Freuds Übernahme der Rekapitulationshypothese in seinen Ursprungsmythos über die Anfänge der Menschheit gehen sämtliche ihrer rassischen, kolonialistischen und evolutionistischen Strukturen in die Psychoanalyse ein. *Totem und Tabu* ist der Schlüsseltext für die Topographie von Es, Ich und Über-Ich, die aus den Ereignissen der Urhorde abgeleitet werden – der

Vatermord und die daraus entstehenden Institutionen (Brickman, S. 53). Die Grundannahmen von *Totem und Tabu* werden implizit oder explizit aufgerufen, wann immer es um die Struktur der Psyche geht. Der Begriff der Primitivität durchzieht das gesamte Werk Freuds (ebda.).

Aus der Freud‹schen, lacanianischen und Kristeva‹schen Perspektive entwickelt sich das Subjekt durch die Trennung und Differenzierung *von dem* und der Verleugnung und Verdrängung der Einbettung *in das* mütterliche Umfeld, ob diese Trennung nun ein einzelnes ödipales Moment ist oder eine Reihe von Vorgängen über eine Zeit hinweg. Ekel ist mit dieser Verdrängung assoziiert und hilft, die Abwehr gegen Regression in die Undifferenziertheit aufrechtzuerhalten. Das triebhafte, topisch Unbewusste ist gleichermaßen für das Begehren nach und die Angst vor der ständigen Verlockung der verdrängten Undifferenziertheit verantwortlich, die retrospektiv als Weiblichkeit und Primitivität imaginiert wird (Brickman, S. 117-118).

Das topisch Unbewusste ist analog zu dem mit ihm assoziierten ›Primitiven‹ weder zur Negation fähig noch zum ›gegenseitigen Widerspruch‹: logische Operationen, die Rationalität ermöglichen. Dem Unbewussten mangelt es an der Fähigkeit zur Unterscheidung, auf die der Sekundärprozess des Bewusstseins angewiesen ist. Wie im Seelenleben von Animisten besteht das Unbewusste aus Impulsen des Lustprinzips, es erreicht nicht das Stadium des Realitätsprinzips. Das Unbewusste folgt keiner Moral. ›Es‹ hat keine. Seine Impulse sind undifferenziert. Wie die Wilden, die ›unglückseligen Kinder des Moments‹, ist auch das Unbewusste zeitlos. Das primitive Seelenleben ist der Natur nahe, es bringt die körperlichen Triebe zum Ausdruck (Brickman, S. 80-81). Freud pointiert:

> »Fassen wir zusammen: *Widerspruchslosigkeit, Primärvorgang* (Beweglichkeit der Besetzungen), *Zeitlosigkeit* und *Ersetzung der äußeren Realität durch die psychische* sind die Charaktere, die wir an zum System *Ubw* gehörigen Vorgängen zu finden erwarten dürfen. Die unbewussten Vorgänge werden für uns nur unter den Bedingungen des Träumens und der Neurosen erkennbar, also dann, wenn Vorgänge des höheren *Vbw*-Systems durch eine Erniedrigung (Regression) auf eine frühere Stufe zurückversetzt werden.« (Freud, GW, III, S. 146)

Der Inhalt von Träumen, die Symptome von Neurosen und die Phänomene der Perversionen wurden von Freud allesamt als Teil des Repertoires der Primitivität verstanden und Regression als der Mechanismus, durch den das zivilisierte Subjekt unter ihren Einfluss kam.

Wie ich mit der Säuglingsforschung deutlich gemacht habe, haben all diese Annahmen: Primär- versus Sekundärprozess, Zeitlosigkeit u.s.w. wenig mit der Realität der Ontogenese zu tun. Sie dienen nicht der Beschreibung der Ontogenese, sondern stellen Einschreibungen des ›kulturellen Symbolischen‹ in die Ontogenese dar. Der Kolonialismus, Evolutionismus und Sexismus seiner Zeit *präfigurieren* Freuds psychoanalytische Theorie der Subjektgenese. Theorien, die mit der Psychoanalyse Formen von Sexismus und Rassismus erklären wollen, können nicht anders, als diese Mythen zu reproduzieren, wenn sie die Psychoanalyse vor ihrer Anwendung auf ihren Gegenstand nicht einer postkolonialen Dekonstruktion unterziehen. Das topisch Unbewusste beraubt die Kontingenz ihrer Kontingenz – raubt dem revolutionären Potenzial der Psychoanalyse sein revolutionäres Potenzial. Das dynamisch Unbewusste als Speicher für Verdrängtes der Realität, von Machtverhältnissen und Bemächtigungsgeschichten wird ersetzt durch einen Speicher, der mit kolonisierenden Inhalten gefüllt ist.

Mit der Darstellung von Kristevas und Morrisons Analysen der Literatur der Moderne und den Filmbeispielen *Caché* und *Lost Highway* habe ich gezeigt, wie unterschiedlich das Unbewusste repräsentiert werden kann und dass seine Inhalte sowohl reaktionären wie auch revolutionären Interpretationen dienen können. Wie in der Kunst oder der Wissenschaft gibt es auch in der Therapie die Möglichkeit für revolutionäre als auch reaktionäre (Psycho)Analysen. In der letzten Variante wird Therapie dann zu einer Zivilisationsmission. Der Analytiker regrediert zunächst in die Position des primitiven Patriarchen und des hypnotischen Führers; er ersetzt also mit seiner Autorität die der Vergangenheit, um dann aber als analysierter Patriarch auf seine patriarachalen Vorrechte zu verzichten und wie Moses sein Volk aus der Wüste seine Patient_innen aus der Primitivität in eine autonome Individualität zu führen (Brickman, S. 189-190).

Freud schreibt über die ›Notwendigkeit des Schöpfens neuer Auflagen von alten Konflikten‹ in der Beziehung vom Patienten zum Arzt, in der Übertragung. Diesem Gedanken geht die Vorstellung voraus, dass der Analytiker eine theoretische Verpflichtung dem gegenüber hat, was diese alten Konflikte gewesen sein müssen, dass sie ihm erlauben, diese Neuauflagen zu *schöpfen* statt zu *entdecken* (Brickman, S. 194). Wie bereits geschrieben, war Freud immer bereit, ontogenetische Lücken mit phylogenetischen ›Wahrheiten‹ zu füllen und umgekehrt. Der Analytiker konstruiert, was vergessen wurde. Er füllt die Lücken der Erinnerungen der Patient_innen (ebda.) und bedient sich dabei – mit Foucault formuliert – der imperialen

Archive. Die Lücken und Leerstellen werden zum ›inneren Afrika‹, ein Topos, der in der damaligen Literatur populär war (vgl. hierzu Gretz 2011, 2013). Schwarze – die »armen, nackten Kannibalen« (Freud, GW, IX, S. 296) – sind das Unbewusste, »Mischlinge« werden zum Vorbewussten, beide zum ›inneren Afrika‹ des bewusstseinsfähigen weißen Subjekts. Gemäß der evolutionistischen Entwicklungsideologie, in der Schwarzsein den Pol der Primitivität besetzt, Weißsein seinen Gegenpol der Zivilisation und alle anderen rassistisch Markierten (Asiat_innen, Araber_innen, ›Mischlinge‹ etc.) irgendwo dazwischen positioniert sind, leitet sich das Maß an Bewusstseinsfähigkeit ab. Aus den ›weißen Flecken‹ des Nichtwissens wird das dunkle Loch des Unbewussten – Afrika – und dieses wiederum mit imaginativem Wissen gefüllt. »Nichts ist bekannter als das Unbekannte« (Gretz, 2012) für die Literat_innen und Wissenschaftler_innen, die ›im Dunkeln spielen‹ (Morrison). Genau das ist auch bei Kristeva mit dem ›gift of their void‹ zu beobachten.

Wenn die Patient_innen Widerstand leisten, müssen sie ›überzeugt‹ werden. Wie Freud schreibt, besteht der Erfolg der Therapie darin, dass der Analytiker den Analysanden von der Wahrheit seiner Konstruktion überzeugt (Brickman, S. 194-195). Die Verzeitlichung des Verständnisses der Übertragung als ausschließlich aus familiären Erfahrungen der Vergangenheit herrührend, kann zur Auferlegung einer primitiven Position der Unterwerfung beitragen, wie Abram Kardiner mit seiner Erinnerungen an die Analyse bei Freud verdeutlicht:

> »Yes, I was afraid of my father in childhood, but the one whom I feared now was Freud himself. He could make me or break me, which my father no longer could. By his statement, [Freud] pushed the entire reaction [of Kardiner's fear of Freud] into the past, thereby making the analysis a historical reconstruction ... I made a silent pact with Freud. ›I will continue to be compliant provided that you will let me enjoy your protection.‹« (Kardiner, zitiert nach Brickman, S. 193-194)

Fügsamkeit im Tausch gegen Schutz – eine exakte Beschreibung der Psychologie des ›primitiven Gruppenmitglieds‹ der Urhorde (Brickman, S. 194).

Freud erzählte über mehrere Dekaden hinweg immer wieder einen Witz, der auf ein Cartoon zurück ging, das 1886 in der Zeitschrift *Fliegende Blätter* veröffentlicht wurde. Dort war ein gähnender Löwe abgebildet, der zu sich selbst murmelt: ›Zwölf Uhr und noch immer kein Neger‹. Der Cartoon war für die witzig, die wussten, dass Freud seine Patient_innen gewöhnlich mittags in Empfang nahm und für eine gewisse Zeit Patient_innen als ›Neger‹ bezeichnet wurden. Die Analogie zwischen ›Neger‹ und Analysand_in zeigt, dass sich der rassistische Subtext der Psychoanalyse nicht auf ihre theoretischen Strukturen beschränkt, sondern in die klinische Beziehung durchsickert. Auch die klinische Praxis der Psychoanalyse wurde in einem historisierenden Rahmen gestaltet, und kolonialistische Konzeptionen einer rassisierten Primitivität aus Freuds Gründungstexten wurden in die Folie für die therapeutische Begegnung assimiliert (Brickman, S. 174).

Die Verbindung zwischen Freuds Charakterisierung der Psychologie der Primitivität und der Pathologie der Übertragung trug zur Anfälligkeit in der klinischen Beziehung der Psychoanalyse bei, den_die Analytiker_in in die Rolle des Kolonisators und die Patient_innen als Kolonisierte zu platzieren. So beschrieb Octave Mannoni die psychiatrische Situation, welche die Psychoanalyse seiner Meinung nach zu erben legitimiert war (Brickman, S. 174-175).

Die Psychoanalyse wiederholt also performativ die Urhorde, um dann die Reaktion der Patient_innen auf das Dominanzverhältnis als Widerstand zu interpretieren, was wiederum Beweis für die Urhorde ist. Brickman resümiert: »The patient whose resistance is ›for the most part broken‹ is the one who complies with the submission required by the transferential situation; and the resolution of the transference becomes the patient's subordination to the analyst's system of meaning« (S. 193). Es ist die Gegen-Übertragung von Whiteness, die rassistische und kolonialistische Inhalte re/produziert, das Unbewusste (des Subjekts) weißer Dominanzkulturen.

Die Psychoanalyse lehrte, dass ›das Ich nicht Herr im eigenen Hause ist‹ und entthronte damit das imperiale europäische Subjekt, ›seine Majestät, das Ich‹, welches an der Spitze der evolutionären Entwicklung von Freuds Kollegen Kulturanthropologen saß. Indem er die libidinöse Entwicklung am sozioevolutionistischen Modell ausrichtete, produzierte Freud dann allerdings ein rassisch codiertes Modell von Entwicklung in welchem Reife/Mündigkeit an seiner Entfernung zu Primitivität gemessen wurde, eine Bewegung hin zu Whiteness und weg von dem, was für die Welt der psychologisch/kulturell ›dunkleren Rassen‹ gehalten wurde (Brickman, S. 102). Damit reproduziert Freud den ›weißen Fleck‹, der auch schon Kants »Ausgang des Menschen aus seiner selbst verschuldeten Unmündigkeit« kennzeichnet, denn nicht allen wurde der Weg in die Freiheit gewiesen. Das Zivilisationsprojekt der Moderne bringt nicht Entwicklungsmöglichkeiten für alle, sondern erzeugt einen geschichtslosen Raum, genannt Primitivität, in dem Subjekte und Kulturen verortet werden, die aus diesem Zivilisationsprojekt ausgeschlossen sind: die ›Primitiven‹ und ›Wilden‹ die zeitgleich in den europäischen Kolonien ausgebeutet werden.

4.7 Grenzfiguren: Die Dialektik und ihr Rest

Die Prämisse, dass die Vergangenheit Europas durch die Gegenwart Afrikas substituiert werden kann, findet sich bereits in den philosophischen ›Meistertexten‹ der Moderne, wie Patricia Purtschert (2006) beobachtet: »Mit Hilfe der ›Neger‹ werden die europäischen Vorfahren – oder zumal ihre Repräsentation – in den Kontext der Moderne geholt. So können sie zum Arzt geschickt, untersucht und diagnostiziert werden« (S. 194).

Hegel als derjenige, der nach Habermas den Diskurs der Moderne mit ihrer Selbstreflexion und ihrer selbstkritischen Vergewisserung eröffnet, und Nietzsche, der die Moderne nivelliert und sie in eine radikale Selbstkritik führt, bilden gewissermaßen eine Klammer um das 19. Jahrhundert (Purtschert, S. 18-19). Die scheinbare Gegensätzlichkeit ihrer Positionen in der Subjektgenese beschränkt sich jedoch auf Differenzen, die Hegel im Außen und Nietzsche im Innen des europäischen Subjekts und seiner Kultur festmacht. »Entscheidend ist indessen, dass sich sowohl Nietzsche als auch Hegel auf ein Imaginäres beziehen, welches das Außen, die Grenze, die Krise, den Einbruch und das Andere der Kultur durch Figuren der Alterität darstellt« (S. 200). Mit den Grenzfiguren wird ein flexibles Bedeutungsnetz geschaffen, innerhalb dessen sich Subjektvorstellungen herausbilden, etablieren, wieder auflösen und transformieren können. Die moderne Subjektkonzeption, zu der Handlungsfähigkeit, Autonomie und Selbstgenese gehören, ist also »auf entscheidende Weise mit problematischen Vorstellungen von Anderen verwickelt und von ihnen nicht abzulösen« (S. 201).

Freud sieht in den ›Primitiven‹ »die direkten Abkömmlinge und Vertreter der früheren Menschen ... eine gut erhaltene Vorstufe unserer eigenen Entwicklung« (*Totem und Tabu*, GW IX, S. 295). Hegels Philosophie geht davon aus, dass sich der Geist in der Zeit entfaltet, indem er Vorformen überwindet und zugleich bewahrt. Dabei bringt dieser Geist die Weltgeschichte und gleichermaßen die Gestalten der Subjektformation hervor (Purtschert, S. 33). Die teleologische Entwicklung des Geistes in Hegels Texten scheint sich allerdings kontinuierlich in der Krise zu befinden, denn es müssen ständig bestimmte Figuren hervorgebracht werden, um diese Subjektformation zu bestärken – als ihr Negativ. Diese Gestalten tauchen in Hegels System auf, ohne einen systematischen Ort zugewiesen zu bekommen; sie erscheinen, ohne Protagonisten dieses sich entwickelnden Geistes zu werden. Sie sind lediglich ein Hilfsmittel, ein Vehikel, ohne das Entwicklung jedoch nicht stattfinden kann.

Das Subjekt bei Hegel formiert sich durch eine Bewegung, in der es über sich hinaus und durch das Andere wieder zu sich findet – eine Bewegung der Rückwendung und der Reflexion, durch die es sich immer neu formiert und dadurch fortschreitet. In dieser Bewegung tauchen Figuren der Alterität auf, die sich nicht im Fortschreiten bewegen, sondern in einer Bewegung ohne Fortschritt – sie sind Stillstand. Diese Figuren sind Grenzfiguren, »welche an der Peripherie des Geistes auftauchen, ohne in sein Werden einzugehen, und die man mit Derrida als ›Reste‹ der Dialektik bezeichnen könnte« (Purtschert, S. 34). Mit Hegel wird zwar die Bedeutung der Differenz als konstitutiv für das Subjekt denkbar, nicht aber die Bedeutung der Differenz, welche die dialektische Differenz konstituiert (S. 36-37).

In der ›Phänomenologie des Geistes‹ heißt es bei Hegel: »das widermenschliche, das thierische besteht darin, im Gefühle stehen zu bleiben und nur durch dieses sich mittheilen zu können« (Purtschert, S. 37), was wie eine Definition der Natur des Menschen durch die Überwindung des Tierischen zu lesen ist. Was Mensch und Tier gemeinsam haben, ist die Immanenz der Gefühle, Transzendenz ist, was sie unterscheidet. Es gibt bei Hegel jedoch noch Quasi-Subjekte, die Gefühle und Menschenverstand haben, die jedoch in der Nähe des Tieres erscheinen. Diese Quasi-Subjekte verfügen nicht über Reflexionsfähigkeit. Es gibt also Andere, zu denen das Subjekt im Verlauf seiner Formation immer wieder wird, und andere Andere, die » am Rande dieser Bewegung, gleichsam als deren ›dialektische Resten‹ [*sic*] erscheinen« (S. 38).

Wie später auch bei Freuds kulturtheoretischen Schriften schreibt sich bei Nietzsche in die Geschichtsschreibung der »Topos des kolonialen Abenteurers ein« (Purtschert, S. 171). Bei Nietzsche soll der Historiker (der Moral) nicht Verwalter des Bekannten sein, » sondern ein Abenteurer, der unbekanntes Gebiet entdeckt«. Die Erforschung der Psyche der Gegenwart wird mit dem geographischen Topos des Entdeckungsreisenden der terra incognita verknüpft. Hierzu muss die Psyche allerdings zunächst zum Unbekannten erklärt werden, um dann entdeckt werden zu können. Das geht, indem auf ein bestehendes Imaginäres zurückgegriffen und mit dessen Hilfe dann das Bekannte als fremd erblickt wird (Purtschert, S. 172). ›Der Wilde‹ verweist auf eine Richtung, » auf die hin die Moderne überwunden werden soll« (S. 173). Während bei Hegel ›der Wilde‹ als statischer Abstoßungspunkt für das historische Subjekt figuriert wird und als Grenzfigur, die es ermöglicht, »den Anfang des Subjekts als Übergang zwischen Natur und Geist zu denken«, erscheint bei Nietzsche »der natürliche Mensch als Grundtext, auf dem der moderne Mensch, der durch die Moral entstellt und verfälscht wurde, ausgedeutet werden kann« (ebda.).

Bei Nietzsche entsteht die Innerlichkeit der Psyche durch eine melancholische Einverleibung der verlorenen Wildnis, und das schlechte Gewissen »formiert sich als innere Wildnis, die aus dem Verlust der äußeren Wildnis hervorgeht« (Purtschert, S. 180). In der klimatisch ›gemäßigten‹ Zone Europas entwickelt sich das maßvolle, regelmäßige, sich mäßigende Subjekt. Die Vergangenheit erscheint aus der Perspektive Europas dann ›tropisch‹ und die »Moderne bleibt mit den verlorenen Tropen in einer melancholischen Wendung verbunden« (Purtschert, S. 176). Das Symptom der Moderne, etwa das schlechte Gewissen, welches Nietzsche aus der Sehnsucht nach der Wildnis herleitet, entsteht narrativ. Die Erzählung des Begehrens nach dem verlorenen Ursprung ist selbst das Symptom, das sie zu erklären vorgibt.

Die Trennung zwischen Wildnis bzw. Natur und Zivilisation als Grenze wird produziert, damit das Subjekt diese Grenze als Ort der Transformation aufsuchen kann. Bei Nietzsche überwindet das Subjekt an diesem Ort die Moderne, bei Hegel die Wildnis. Beide bringen an diesem Ort Figuren der Alterität hervor. Die Historizität des Subjekts von Hegel und Nietzsche entsteht durch die Erfahrung des Unhistorischen im Entdecken, aber auch im unheimlichen Wiedererkennen der Figuren der Alterität. Wenn allerdings

> »die Anderen die ausgelagerten, die verdrängten, die nur partiell erlaubten und negierten, aber auch die begehrten und ersehnten Aspekte des Subjekts darstellen, benötigt das Subjekt diese Anderen in einem grundlegenden und existentiellen Sinne. Wenn es dadurch entsteht, dass es seine Grenzen mit Hilfe dieser Anderen markiert, dann ist es auf eine Weise mit diesen anderen verbunden, die seine Macht über sie begründet, aber nicht allein in Begriffen der Verfügbarkeit zu verstehen ist.« (S. 200)

Indem Freud den Topos des Unbewussten aufgerufen hat, demonstrierte er, wie potenziell bedrohliche und destabilisierende Elemente verdrängt werden, damit ein spezifisches Zentrum der Subjektivität erreicht werden kann. Mit der Entwicklung der psychoanalytischen Therapie verdeutlichte er die Notwendigkeit, diese Elemente wieder ins Bewusstsein zu bringen. Indem er jedoch das Unbewusste mit dem Primitiven, dem Primärprozess, dem Präödipalen und dem Gefühl der ozeanischen Undifferenziertheit in

Verbindung gebracht hat, bereitete er eine Szenerie für eine sequenzielle, temporalisierte Sicht auf das Bewusstsein. Darin ist das reife, differenzierte Selbst um einen Kern der Handlungsfähigkeit und Identität herum zentriert und reflektiert durch seine Kapazität zum Sekundärprozess-Denken, das über seine unterlegenen, beschämenden Anfänge – Primitivität – erhaben ist (Brickman, S. 128). Dadurch wird das Unbewusste seiner dynamischen Abwesenheit entledigt – die Kontingenz ihrer Kontingenz beraubt. Das Reale anstelle der Realität entledigt die Psychoanalyse nicht nur ihres politischen Potenzials, sondern auch wichtiger Teile ihres therapeutischen Potenzials.

5. Conclusio: Das *Un*Behagen in der weißen Kultur

Die Psychoanalyse ist ein zentraler Theoriekörper des zwanzigsten Jahrhunderts; sie formt seit ihrer Entstehung Kultur mit. Wie bereits erwähnt, gilt Freuds Traumdeutung als eine der Gründungsgeschichten der Moderne. Die Psychoanalyse tauchte als radikale und provokative Kritik europäischer Kultur auf, aber zugleich baute sie in ihren theoretischen Rahmen aggressive eurozentrische Kritik an nicht-westlichen Kulturen ein. Als ein Theoriekörper, welcher die moderne Kultur Europas des 20. Jahrhunderts mitformte, wurde Freuds Arbeit zur zentralen Repräsentation dieser Kultur, auch wenn sie seine beständige Skepsis ihr gegenüber zum Ausdruck brachte (Brickman, S. 169-170).

Ich habe die Psychoanalyse als Subjekt- und Kulturtheorie für meine Untersuchung von Whiteness ausgewählt, weil sie wie kein anderer Wissenskörper die Zusammenhänge von Imperialismus, Kolonialismus, Antisemitismus, Sexualität, Gender und Rassismus in ihren Vorstellungen von Subjekt und Kultur eingearbeitet hat. Sie entstand noch während des Kolonialismus, war fundamental vom Nationalsozialismus und Holocaust betroffen, ist noch heute, auch wenn wenig akademisch institutionalisiert, in vielen Geistes- und Sozialwissenschaften vertreten und wird ihre weitreichende Bedeutung mit Sicherheit auch in Zukunft behalten. Die Psychoanalyse beschränkt sich nicht auf das Individuum, das Subjekt, das Unbewusste, das Soziologische oder Kulturelle, sondern beansprucht ein eigenes Menschenbild. In ihm ist das Subjekt der Moderne mitsamt seinem Rassismus und Sexismus *beschrieben*. Ich habe gezeigt, wie und warum dieses Subjekt durch Whiteness konstituiert ist und dass es die Kultur des Weißseins mitsamt seinem Un/Behagen verkörpert. Die Psychoanalyse hat gewissermaßen eine Psychologie des Weißseins geschrieben. Der Evolutionismus mit seinen Rasse- und Gender-Codes hat sich nicht allein in die Psychoanalyse eingeschrieben. Er ist vielmehr in sämtlichen Subjekt- und Kulturtheorien zu finden, die bis heute in westlichen Geistes- und Sozialwissenschaften angewendet werden. Freud hat diesen Evolutionismus lediglich in die Psyche seines Subjekts eingeschrieben.

In seiner ›Landkarte der Psyche‹ verbindet Freud eine horizontale Dimension mit einer vertikalen Zeitachse, in der topisch gedachte Instanzen wie Es, Ich und Über-Ich oder Systeme wie unbewusst, vorbewusst und bewusst einerseits horizontal, also gleichzeitig operieren, andererseits als hierarchische Entwicklung von primitivem zu zivilisiertem Denken, Fühlen und Handeln konfiguriert sind (Brickman, S. 12). Dem entspricht, was ich eingangs dieser Arbeit als die ›mentale Kartographie von Whiteness‹ in Form eines Kegels beschrieben habe – eine hegemoniale Struktur von Zentrum und Peripherie mit einer Zeit/Raum-Diagonale als Entwicklungsachse. Über den langen (Um)Weg mit der Psychoanalyse und durch ihre Geschichte wird verständlich, warum es um mehr als das ›Weißsein‹ geht, um mehr als die politische, ökonomische oder soziale Dimension des Rassismus, um Diskurs oder ›Prädiskursives‹/Unbewusstes, sondern um alles zusammen als ein *System* – Whiteness. Als ›leerer Signifikant‹, der als dethematisiertes Machtzentrum operiert, schafft Whiteness Privilegien für weiße Subjekte, während es gleichzeitig die Ungleichheit, die durch diese Privilegierung entsteht, verschleiert, indem es die Differenz zwischen Privilegierten und Deprivilegierten temporalisiert. Whiteness ist nicht nur das Zentrum des symbolischen Systems des Rassismus, sondern zugleich ein System, diesen Rassismus zu verschleiern. Das Unbehagen, das durch den Widerspruch von Freiheit und Sklaverei, Demokratie und Rassismus entsteht, kann das Subjekt der Post/Moderne verdrängen, indem es die beunruhigende Differenz – den verlorenen Referenten – im Vor-oder-Außerhalb seiner selbst, als triebhafte, überwundene Vergangenheit imaginiert – das Unbewusste.

5.1 Zur Behaglichkeit im Rassismus

Charles W. Mills (1999) betont, dass es beim Rassismus um einen Vertrag, einen »Racial Contract« geht, der politisch, moralisch und epistemologisch verankert ist und der das Bewusstsein aller prägt. Bei Weißen – zumal in europäischen Gesellschaften, in deren kollektivem Bewusstsein die transatlantische Sklaverei keine nennenswerte Rolle spielt und deren Kolonialgeschichte wenig präsent ist – operiert Rassismus zwischenzeitlich vor allem im Bereich des Unbewussten. Mills (2004) fordert, Rassismus aus dem Bereich des Diskursiven zu lösen und in den des Strukturellen und der Macht zu rücken (S. 31). Whiteness *zahlt sich* auch heute vor allem *aus*, es *lohnt* sich. Deshalb mahnt Mills, W.E.B. Du Bois' Bedeutung der »Wages of Whiteness«, die er in *Black Reconstruction in America* bereits in der zweiten Hälfte des 19. Jahrhunderts formulierte, in den Vordergrund der Diskussion in den heutigen Critical Whiteness Studies zu stellen (Mills, 2004, S. 35).

Er geht so weit vorzuschlagen, statt ›Whiteness‹ »›White Supremacy‹ as alternative paradigm« (S. 26) zum Forschungsgegenstand zu machen; geht es doch beim System Whiteness auch heute um eine *systematische* Ausbeutung. Rassismus ist ›mate-realistisch‹ an Interessen gebunden (S. 50). Durch Whiteness sind Weiße

> »politically dominant, have higher racial status, enjoy the hegemonic culture, and be positioned ›ontologically‹ as the superior race, [and therefore] the threatened loss of these perks of whiteness may well outweight for them the gains they will be able to make in straight financial terms in a deracialized system. One can only be white in relation to nonwhites. So some or many whites may calculate, consciously or unconsciously, that by this particular metric of value they gain more by retaining the present system.« (S. 52)

Die Kapitalakkumulation vieler Weißer (in den USA) ist ursprünglich eng verknüpft mit dem *Mangel* an Kapital vieler Nicht-Weißer. Nahezu jeder versperrte Zugang zu Ressourcen für Nicht-Weiße geht einher mit einem Vorteil für Weiße. Jede Diskriminierung von Nicht-Weißen schafft Möglichkeiten für Gewinne von Weißen – es geht um ein System. Der kumulative Effekt ist, dass Nicht-Weiße auf der untersten Ebene einer sozialen Hierarchie die relative Position von Weißen in der Gesellschaft anheben (S. 46).

Das ist, was ich mit dem Behagen in der weißen Kultur in meinem Titel meine. Zwar will kaum jemand unter den Weißen heute noch rassistisch sein – und das ist auch gut so. Die Wenigsten wären allerdings bereit, das Ausbeutungssystem von Whiteness aufzugeben, denn es würde ihr Leben grundlegend verändern. Nichts wäre mehr wie vorher und aus genau diesem *Grund* bleibt Rassismus konstitutiv für das Unbewusste (von Weißen). Auf der Ebene des Bewusstseins ist Rassismus nicht mehr salonfähig. Menschenrechte, Antidiskriminierungsgesetze oder Diversity Trainings diskreditieren Rassismus und machen ihn juristisch anfechtbar. Auf der Ebene des Unbewussten ist er aber immun gegen sämtliche juristischen und politischen Interventionen. Kristevas Formulierung »Abject and abjection are my safeguards[,] the primers of my culture« vor diesem Hintergrund gelesen, heißt: Der Preis für diese Kultur – die weiße Dominanzkultur – ist lediglich ein schlechtes Gewissen hier und da und das Leben mit einer latenten Widersprüchlichkeit, das sich in Form eines Unbehagens artikuliert, wenn ›der verlorene Referent spricht‹. Dieser Preis ist gering im Vergleich zu dem, den Nicht-Weiße für diese Kultur zahlen.

Auf der Oberfläche sehen wir inzwischen rassistisch markierte Nachrichtensprecher_innen und Spitzenpolitiker_innen. Deutsche ›mit Migrationshintergrund‹ oder ›Zugehörigkeit zu ethnischen Minderheiten‹ bekleiden Führungspositionen und gestalten Gesellschaft mit. Es handelt sich hierbei aber um Einzelpersonen. Die gesellschaftlichen Verhältnisse (in Deutschland) sind weit von einer proportionalen Vertretung der verschiedenen Bevölkerungsgruppen in den Institutionen der Gesellschaft entfernt. Menschen mit ›türkischem oder arabischem Migrationshintergrund‹ ebenso wie Schwarze Deutsche oder Frauen insgesamt bilden nach wie vor die unteren gesellschaftlichen Schichten mit geringe(re)m Einkommen, geringe(re)m Bildungsniveau, höherer Arbeitslosigkeit, schlechterer Gesundheitsversorgung etc. Zwar steigt ihr Bildungsniveau, aber proportional dazu noch stärker das der gesellschaftlichen Schichten mit den Merkmalen weiß, männlich, christlich-säkularisiert, heterosexuell etc. Die strukturelle Differenz bleibt, sie vergrößert sich sogar.

Im Ergebnis ist es für die Mitglieder der Dominanzkultur sogar leichter geworden, vom Rassismus zu profitieren, ohne Mit/Verantwortung dafür zu tragen. Die Nervosität des Weißseins, wenn der verlorene Referent spricht; wenn Minderheiten ihre Partizipation einfordern oder Teilhabe an den Ressourcen, kann leicht überwunden werden. Die zunehmende Privatisierung des Bildungssektors oder die Segregation auf dem Wohnungsmarkt ermöglichen immer neue Grenzziehungen zwischen Zentrum und Peripherie, reich und arm, oben und unten. Inzwischen sind sogar wieder Zustände entstanden, die als Sklaverei bezeichnet werden und sie nehmen zu: Afrikaner_innen, die in Italien als Erntehelfer_innen ausgebeutet werden; zentralasiatische Arbeitsmigrant_innen, denen ihre ›Arbeitgeber_innen‹ in Russland die Pässe abnehmen, sie zu Hungerlöhnen vierzehn Stunden am Tag arbeiten lassen und sie misshandeln; Rumäninnen, die in die Prostitution gezwungen werden; Kinderhandel, um nur einige Beispiele zu nennen. Die Liste ist lang. Angesichts der neokolonialen Dynamik der Globalisierung stellen mühsame und aufwändige Antidiskriminierungsprogramme und antirassistische Politik und Bildung keine nennenswerten Gegenkräfte dar. Es scheint fast, als spiegle der Boom der Antidiskriminierungsprogramme: Gender-Mainstreaming, Diversity, Partizipation, Inklusion etc. das Ansteigen der gesamtgesellschaftlichen strukturellen Diskriminierungsmechanismen. So betrachtet, verschleiern die öffentlichkeitswirksam zelebrierten ›Maßnahmen gegen Diskriminierung‹, dass – weniger öffentlich gemacht – sich die Diskriminierungsverhältnisse in der Gesellschaft verschärfen. Die Formen der Ausgrenzung werden subtiler, weniger sichtbar, und daher werden Weiße weniger daran >erinnert<, wie sie von sozialer Ungleichheit profitieren. Sie können ruhig(er) schlafen.

5.2 Der Preis der Behaglichkeit – Dynamik und Topik

Jene außerhalb des europäischen Ethnos, deren Land und Arbeit für die moderne, globale Ökonomie kommodifiziert wurde, die als Teil der Natur betrachtet wurden genauso wie europäische Frauen, welche die Möglichkeit einer Fortführung und Erweiterung dieser Ökonomie ermöglichen, wurden in der Psychoanalyse bereits zum konstitutiven Unbewussten, ohne selbst zu den Mitgliedern dieser Ökonomie gezählt zu werden (Brickman, S. 103). Das dynamisch Unbewusste ist der Ort, wo die Widersprüche von Freiheit/Menschenrechten und Sklaverei Unbehagen auslösen und das Subjekt von Whiteness nervös werden lassen, >wenn der verlorene Referent spricht<. Dort liegt das revolutionäre Potenzial der Psychoanalyse. Von dort aus entwickelt sich Handlungsfähigkeit; können verdrängte Bemächtigungsgeschichten wieder zur Sprache gebracht und Machtstrukturen destabilisiert, wenn nicht gar aufgelöst werden. Das topisch Unbewusste domestiziert jedoch diese Dynamik.

Mit dem Register der Topik hat Freud einen Bereich menschlicher Subjektivität zum Unbewussten erklärt, der als solcher nicht existiert. Es – das topisch Unbewusste – ist ein >Speicher< im *Narrativ* der (psychoanalytischen) Subjektgenese. Wo Freud die Primitivität der evolutionistisch gedachten Vergangenheit verortete – der >Ursprung< von Kultur in der Phylogenese, der sich in der ödipal konstruierten Subjektivierung der Ontogenese rekapituliert –, befindet sich meines Erachtens kein archaisches Muster, sondern ein Archiv, in das kolonialrassistisches Wissen eingelagert ist, das dem Subjekt von Whiteness erlaubt, die Widersprüche der Moderne durch eine temporalisierte Hierarchie zu naturalisieren und sich damit jeder Mit/Verantwortung zu entziehen. Es gibt keine triebhafte Primitivität in uns, die wir durch die Überwindung eines Ödipuskonfliktes in der frühkindlichen Entwicklung verdrängen und die uns gelegentlich heimsucht. Vielmehr gibt es ein Archiv rassistischen und sexistischen Wissens, das wir im Verlauf der Subjektgenese in weißen Dominanzgesellschaften >verinnerlichen< – eine Art Sedimentierung in unsererer Subjektivität. Wir werden als Subjekte deshalb auch von keiner schlecht verdrängten Triebhaftigkeit heimgesucht, wie Freud in seiner langen Abhandlung *Das Unbehagen in der Kultur* behauptet;

das Lustvolle der Primitivität, die wir zum Preis der Zivilisiertheit aufgeben mussten. Nervös werden wir vielmehr, wenn jene ›außerhalb des europäischen Ethnos‹, die wir über Jahrhunderte ausgeplündert haben, aus diesem imaginären Vor-oder-Außerhalb ins Zentrum migrieren, als Gegenüber auftauchen. Wenn die Repräsentant_innen all dessen, was wir von uns ausschließen müssen, um ›zivilisierte Subjekte‹ zu sein, diese Triebhaftigkeit, das Abjekte, nicht mehr re/präsentieren, sondern als Konkurrent_innen auf dem Arbeitsmarkt auftreten, Liebespartner_innen unserer Kinder und Teil unserer Familie oder unsere Vorgesetzten werden und in diesem Prozess womöglich eine kulturelle Differenz nicht länger temporalisiert und verachtet werden kann, sondern ›unsere‹ Kultur verändert, sind »Thron und Altar« – Freuds Bezeichnung für den Platz des Phallus – ›in Gefahr‹. Nicht nur die weiße Dominanzkultur – ›Leitkultur‹, wie sie die konservative Politik bezeichnet – ist ›in Gefahr‹. Das Subjekt, wie wir es bisher verstanden, verliert sein konstitutives Außen, sein Vor-oder-Außerhalb, sein Vorher im Dienst des Nachher. Unser Selbst-Verständnis ist ›in Gefahr‹, und das ist auch gut so. Die Verunsicherung, die dabei entsteht, ist zu begrüßen. Ich schlage all denjenigen, die daran interessiert sind, Rassismus (und Sexismus) aus unserer Gesellschaft zu verabschieden vor, diese Verunsicherung zur Methode zu machen.

Mit dem dynamisch Unbewussten hat Freud eine Entdeckung gemacht. Das topisch Unbewusste hingegen ist eine Erfindung von ihm, die ihm erlaubte, eine diskriminierende Differenzkonstruktion (Beschneidung/Antisemitismus), in der er der Unterworfene war, gegen eine andere einzutauschen, in der er auf der privilegierten Seite der diskriminierenden Trennlinie stand. Angetrieben von seinem eigenen Begehren der hegemonialen Position – des Weißseins – schuf er ein Konstrukt, das mit dem evolutionistischen Zeitgeist kompatibel war und in dem ›Frauen‹ und ›Wilde‹ die abjekte Position einnahmen, die er nun hinter sich lassen konnte.

Der ›Herrensignifikant‹ der Psychoanalyse Phallus (Thron und Altar) ist nicht nur die Verkörperung des männlichen Status, noch lediglich ein Ausdruck der Übertragung männlicher Dominanz – eine Kritik, die Rubin, Butler und andere Feministinnen zurecht an der Psychoanalyse übten. Er ist Symbol dessen, was intrakulturelle Dominanz als Gender genannt werden kann *und* das Symbol für die Übertragung interkultureller Dominanz (Brickman, S. 103). Der Phallus ist kein ›leerer Signifikant‹, er steht nicht für das universal Menschliche – das Begehren –, sondern für den Mechanismus der Naturalisierung von Dominanz, wie er von jedem Machtverhältnis ausgebeutet wird. Ich gebe zu bedenken, ob wir das Subjekt, unsere Vorstellung der Subjektgenese oder etwas zeitgenössischer ausgedrückt, Subjektivierung überhaupt mit einem ›leeren Signifikanten‹ ausstatten müssen, ist dieser doch von dem nicht zu lösen, von dem er abgeleitet ist: Gott.

Der Phallus, den Freud kreierte und den er selbst begehrte, ist nicht nur männlich, sondern *vor* allem weiß. Für Brickman verdeutlicht Rubins Sicht, dass Primitivität in der Psychoanalyse die Psychologie derer ist, die als Tauschobjekte innerhalb einer Gesellschaft (Frauen) oder zwischen Gesellschaften (kolonisierte oder subalterne Andere) fungieren; jene also, welche die Kontinuität einer sozialen Ordnung garantieren, zu deren symbolischer oder politischer Struktur sie jedoch selbst keinen direkten Zugang haben, eine Gesellschaft, in der sie nicht vertreten werden – diskursiv oder politisch gesprochen (ebda.). So wie Weiblichkeit fundamental für männliche Subjektivität ist, ist Primitivität fundamental für zivilisierte Subjektivität und zwar als ausgeschlossenes, konstitutives Anderes. Der Ödipuskomplex koordiniert das Inzestverbot und zugleich das Verbot der Rassenmischung; er etabliert also sexuelle wie rassische Normen (ebda.). Während Primitivität in der Psychoanalyse durch Weiblichkeit in die Zivilisation eingeschrieben wird, tauchen nicht-weiße Frauen überhaupt nicht auf. Es ist das subalterne Weibliche, auf dessen Ausschluss das gesamte Repräsentationssystem der Psychoanalyse ruht (S. 113). Nicht also die Subjekte der Kultur, die Freud beschrieb, zahlen mit ihrem Unbehagen durch den Verlust der Triebhaftigkeit den Preis für diese Kultur, sondern jene, die aus dem Repräsentationssystem ausgeschlossen und Repräsentant_innen der Konstruktion eines triebhaften Unbewussten dieses Subjekts und seiner Kultur werden. Der Preis ist also kein Triebverzicht, der Unbehagen auslöst, sondern gewaltsame Ausschlüsse, welche die Behaglichkeit der Subjekte dieser Kultur ermöglichen.

Die Dialektik zwischen Subjekt und Objekt in der Psychoanalyse gewinnt mit der Abjektion und dem ödipalen Schnitt des Signifikanten – mit Ausschluss und Trennung – eine evolutionistische Zeitachse und damit wird ihre Subjektgenese zur Zivilisationsmission. Der Fetischist der Psychoanalyse folgt dem Gesetz von Ausschluss und Trennung nicht und bildet einen Fetisch, der die ›Illusion‹ von Gleichheit erhält. Er wehrt sich der Psychoanalyse Freuds zufolge damit gegen die ›Erkenntnis‹ von Differenz. Mit der Primitivität bildet die Psychoanalyse dann selbst einen Fetisch: das Abjekt, das sie heimsucht.

5.3 Der Fetisch (in) der Psychoanalyse

Der Fetisch ist etwas, dessen Präsenz Differenz maskiert, während er dieselbe in einer anderen Form repräsentiert; ein Mechanismus also, der an das erinnert, was Seshadri-Crooks über die Operation von Whiteness als Phallus-Schwindler schreibt. Von dort ausgehend habe ich mich den verschiedenen Differenz-Repräsentationen in der Psychoanalyse gewidmet und behauptet, dass Phallus und Whiteness gleichermaßen Fetische sind, die eine Differenz maskieren, um eine andere erscheinen zu lassen. Brickmans Argument ist, dass der Fetisch der Primitivität als verworfene Vergangenheit zur Stabilisierung der psychoanalytischen Subjektkonstitution und ihres Subjektbegriffs notwendig ist. Primitivität ist der konzeptuelle Fetisch, der die kombinierten Ängste seiner überdeterminierten Ursprünge verdecken soll – eine Maske, welche die Beziehung von Dominanz und Unterordnung in Reaktion auf die Angst vor der Alterität des Unbewussten fetischisiert, das als rassische Differenz codiert ist (Brickman, S. 130).

Bei Freud schützt der Fetisch gegen das Unheimliche – den Antisemitismus, der ihn als Juden feminisiert; ein Horror, welchen Freud in der letzten Instanz zum Horror vor dem weiblichen Genital *verschiebt*. Unfähig, die traumatisierende Realität der Differenz zu begreifen, kreiert der Fetischist in Freuds Psychoanalyse einen Ersatz; er leugnet Differenz, indem er sie durch eine ungefährliche Alternative ersetzt. Beim Blick in den Spiegel ›sieht‹ Freud den beschnittenen Juden – eine ›unheimliche Erscheinung‹, die er verdrängt. Freud »skotomisiert« jedoch nicht die Wahrnehmung der Beschneidung, »so dass das Ergebnis dasselbe wäre, wie wenn ein Gesichtseindruck auf den *blinden Fleck* der Netzhaut fiele« (Freud, GW, III, S. 384, Hervorhebung v. Verf.), sondern rettet seine Illusion und schützt sich damit vor der Kastrationsdrohung, indem er einen Fetisch bildet: die Primitivität. Dieser »erspart es dem Fetischisten [Juden] auch, ein Homosexueller [eine Frau] zu werden« (S. 385). In seiner Theorie wird aus dem ›unheimlichen Anblick‹ des beschnittenen Genitals der Blick auf ›das mangelnde Genital der Frau‹ mit ihrer »primitiven« Klitoris – Rudiment einer Ganzheit, des Penis/Phallus.

Die Herabwertung von Frauen existiert bereits im ›kulturellen Symbolischen‹ von Freuds Wien der Jahrhundertwende. Er muss diese Figur nicht erfinden, er kann sich ihrer bedienen und hierfür (ganz anders als bei seiner Missbrauchstheorie) Zustimmung der Scientific Community erwarten. Auch die Perversion weiblicher und männlicher Körper in ihrer prokreativen Bedeutung, die Freud in der psychoanalytischen Subjektgenese operationalisiert, geht mit dem gesellschaftlichen Sexismus konform. Das Interesse kleiner Kinder an der Frage, woher sie kommen, erklärt sich recht unmittelbar durch schwangere und stillende weibliche Körper, die für die Kinder weitaus *sichtbarer* sind als ein Penis oder eine Vagina, also die Körperteile, die zu Freuds Zeit einem absoluten Tabu unterlagen.

Die Herabwertung einer Menschengruppe aufgrund ihrer körperlichen Markierungen ist eine *politische* Praxis, die zu Freuds Zeit im Sexismus, vor allem aber im Rassismus und Diskursen über Schicht und Klasse äußerst populär war (vgl. McClintock). Der Fetisch – abgeleitet von körperlichen Markierungen – maskiert die Differenz, die er signifiziert, und verleiht die Illusion der Kontrolle über die Differenz. Aus dem dritten Begriff – Beschneidung – ist bei Freud selbst und damit in der Psychoanalyse über die Kastrationsdrohung der Fetisch Phallus geworden. Statt die Differenz, die durch ›Beschneidung‹ signifiziert ist, zu emanzipieren, lässt Freud in seinem Begehren des Weißseins den Phallus als ›Herrensignifikant‹ der Psychoanalyse erscheinen. Er steht für ›Thron und Altar‹.

Der Fetisch ist auch eine Brücke, die Freud und Afrika verbindet. Ehe Freud den Phallus als Mangel bei der Frau, deren Sexualität er einen Dark Continent nannte, zum universalen Prinzip des Fetischismus erklärte, galt er als Symbol für Zauberei und weibliche – als mystische – Sexualität. Der etymologische Ursprung des Begriffs ist das mittelalterliche, portugiesische Wort *Feitiço*, das für Zauberei und Magie stand. Die ersten europäischen Diskurse um den Fetischismus betrafen daher, wie McClintock (1995) schreibt, »witchcraft and the clerical denunciation of illicit[52] popular rites and illicit female sexuality« (S. 185). Anders als bei Freud, für den der Fetisch die Mangelhaftigkeit weiblicher Sexualität kennzeichnet, galt er also den Klerikern im Mittelalter als Ausdruck für den *Exzess* weiblicher (›illegitimer‹) Sexualität. Im Zuge ihrer imperialen Expansionen und Handelsreisen ab dem 15. Jahrhundert übertrugen die Portugiesen den Begriff *Feitiço* auf die Ritualobjekte, die sie bei den Gesellschaften Westafrikas antrafen. So wanderte der Begriff durch die europäischen Kolonialgesellschaften bis er schließlich 1625 in die englische Sprache Eingang fand (McClintock, S. 186).

Die Konstruktion des Fetisches hat demnach ihren Ursprung in den Phantasien der herrschenden Klasse Europas über die populären Riten

52 ›Illicit‹, wird im Langenscheidt Wörterbuch als ›illegal‹, und ›schwarz‹ (›Schwarzhandel‹ und ›Schwarzarbeit‹) übersetzt.

des ›widrigen Pöbels‹ und der weiblichen (exzessiven) Sexualität. Für den französischen Philosophen Charles de Brosses (1760) war der Begriff des Fetischismus eine Bezeichnung für ›primitive‹ Religion. 1867 nannte Karl Marx die Ware angelehnt an die Vorstellung ›primitiver‹ Magie einen Fetisch der modernen industriellen Ökonomie. 1905 schließlich übertrug Freud den Fetischbegriff wieder auf den Bereich des Sexuellen und der erotischen Perversion (McClintock, S. 181). Für McClintock hat der Fetisch eine fundamentale Bedeutung für die Moderne:

> »The ›sciences of man‹ – philosophy, Marxism and psychoanalysis – took shape around the invention of the primitive fetish. Religion (the ordering of time and the transcendent), money (the ordering of the economy) and sexuality (the ordering of the body) were arranged around the social idea of racial fetishism, displacing what the modern imagination could not incorporate onto the invented domain of the primitive. Imperialism returned to haunt the enterprise of modernity as its concealed but central logic.« (S. 181-182)

Der epistemische Imperialismus des Phallus (in der Psychoanalyse) ist Zeugnis dieser Heimsuchung.

Fetisch-Gläubige in den Kolonien und sexuelle Fetischist_innen in den imperialen Metropolen wurden als der lebende Beweis evolutionärer Degeneration betrachtet und unter Beobachtung gestellt. Die Erfindung des rassisierten Fetischismus wurde zum zentralen Moment der Überwachung von Sexualität. Kolonisierte wurden im gleichen Maß als sexuell abweichend betrachtet, wie abweichendes Geschlechterverhalten in den Metropolen rassifiziert wurde. Als atavistische ›Subrassen‹ innerhalb der ›Menschenrasse‹ wurden Fetischist_innen zum anachronistischen Raum innerhalb einer linearen, evolutionären Entwicklung erklärt, was in der evolutionistischen und aufklärerischen Logik ihre Eroberung und Kontrolle rechtfertigte. Im Fetisch konvergieren also Rasse, Geschlecht, Sexualität und Klasse.

Vor Freud führt bereits Hegel die Figur des primitiven Fetisches ein, um über das Bewusstsein nachzudenken (Purtschert, 71ff.). Wie viele seiner Zeitgenossen war er von dem ›afrikanischen Fetisch‹ fasziniert. Mithilfe des Fetisches ›des Afrikaners‹ will Hegel darlegen, warum das ›natürliche Bewusstsein‹ ›des Afrikaners‹ nicht in die Reflexion eintreten kann. Dies ist eine Diskussion über die Un/Fähigkeit, Allgemeines zu denken und dieses vom Besonderen zu unterscheiden. ›Der Europäer‹ durchläuft eine Transformation in der Bewegung, sich im Anderen zu verlieren und durch dessen Verlust wieder zu sich selbst zu finden. Durch die Differenz im Anderen erkennt er sich selbst. So schreitet das Bewusstsein ›des Europäers‹ durch die Negation fort, während ›der Afrikaner‹ im Positiven verharrt. ›Der Afrikaner‹, so führt Hegel aus, erfährt seine Abhängigkeit von der Natur und sucht mit dem Fetisch seine Ohnmacht in Allmacht zu verkehren. In Ermangelung einer Kategorie des Allgemeinen wie etwa ›Gott‹ oder ›Natur‹ vermag ›der Afrikaner‹ seine Abhängigkeit nicht in die Vorstellung einer höheren Macht zu übersetzen. Stattdessen beginnt ›der Afrikaner‹ der Natur mithilfe des Fetisches Befehle zu erteilen und versucht damit, seine ›falsche Macht‹ über die Natur aufrechtzuerhalten. Er braucht einen Gegenstand, um die Macht zu materialisieren. Statt die Kraft seines Geistes zu transformieren, bindet sie ›der Afrikaner‹ durch den Fetisch an die Materie zurück. Während ›der Europäer‹ sich durch die Negation im Anderen in die Reflexion begibt, spiegelt sich ›der Afrikaner‹ in der Materie: dem Fetisch. Stagnation statt Transformation, Verweilen im Positiven statt im Negativen. Weil ›der Afrikaner‹ unfähig ist, »etwas (an)zuerkennen, das sich außerhalb seiner Macht befindet«, ist er »zur Repetition des immergleichen Kreises« (Purtschert, S. 75) gezwungen. Wenn der Fetisch nicht den ersehnten Regen herbeigezaubert hat, wird er vernichtet und ein neuer gebastelt. Purtschert bemerkt: »In gewissem Sinne tritt an dieser Stelle Zauberer gegen Zauberer an, wobei der Fetisch, der sich auf der Seite des Afrikaners befindet, die Zauberkraft des Europäers sicherzustellen scheint: Ist der afrikanische Fetisch in diesem Sinne Hegels (negierter) Fetisch?« (S. 73).

Der Fetisch tauchte historisch immer dann auf, wenn eine Differenz nicht verstanden wurde, wenn diese Differenz das existierende System infrage stellte oder gar destabilisierte und deshalb diese Differenz durch einen Akt der Vereinnahmung und Kontrolle unschädlich gemacht werden sollte. Anstatt, wie postkoloniale Kritiker_innen immer wieder fordern, Differenz anzuerkennen, die Grenzen des Wissens zu akzeptieren und die Leerstelle als Unerreichbarkeit in ihrem dynamischen Wert zu erhalten, wird sie durch Fetische wie Primitivität oder Geschlecht assimiliert. Whiteness (Primitivität) und Phallus (Weiblichkeit) sind die Fetische in der Psychoanalyse, die als Signifikanten epistemische Gewalt ausüben, indem sie alles Wissbare einer androzentrischen und eurozentrischen Logik unterwerfen.

Dass Konzepte wie Fetischismus, Totemismus, Fragen zur Zivilisation, Kultur und ›Primitivität‹ eine so prominente Stellung in Freuds Subjekttheorie einnehmen, ist dem Umstand geschuldet, dass er die Diskurse des damaligen Zeitgeistes mit den Interpretationen der psychischen Realität seiner Patient_innen verwob und dadurch eine Art mentaler Kartographie der europäischen Gesellschaft zur Kolonialzeit inklusive ihrer *weißen* Flecken zeichnete. Das macht seine Arbeit so wertvoll für das Erkenntnisinteresse an Whiteness. Das Problematische bei Freud ist, dass er versäumte, die Dimension des Sozialen in seine Subjekt- und Kulturtheorie einzubeziehen.[53] Er naturalisierte Kultur, indem er sie in die ›Natur‹ der Psyche einschrieb.

Der Fetisch ist ein Ersatz, der die Differenz entstellt und leugnet, damit die Illusion von Gleichheit aufrechterhalten werden kann. Aus dieser Perspektive kann Weiblichkeit selbst eher als konzeptuelle denn materielle Fetischformation betrachtet werden: ein Konzept von Frauen, das ihre Existenz als differente (andere) und differenzierte Subjekte oder als symbolisierende Subjekte durch eine ungefährliche Weiblichkeit ersetzt, die als unterentwickelt und kulturell unterlegen wahrgenommen wird. In diesem Zusammenhang verweist Brickman auf Joan Rivieres *Womanliness as a Masquerade* von 1929; ein Text, in der sich die Analytikerin in der deprimierenden frauenfeindlichen Sprache ihrer Zeit ausdrückt und in einer Fallstudie eine Patientin als ›phallische Frau‹ beschreibt. Gleichzeitig macht sie aber auch die radikale Aussage, dass Weiblichkeit nichts als eine Maskerade ist; eine Maske, hinter der die Männer eine versteckte Gefahr vermuten, was Freuds Definition des Fetisches als Verschleierung der Gefahr sexueller Differenz anklingen lässt und Weiblichkeit als konzeptuellen Fetisch bestätigt: eine Maske unterwürfigen, beschwichtigenden Verhaltens, um die versteckte Gefahr der Differenz zu verbergen (Brickman, S. 129). Rivieres Aufsatz ist in der feministischen (psychoanalytischen) Theorie viel diskutiert worden und als eine frühe Theoretikerin der Psychoanalyse verliert ihr Gesamtwerk nicht an Aktualität (vgl. Ausgewählte Schriften Rivieres, herausgegeben von Lilli Gast, 1996).

Wie Jean Walton (2001) zeigt, ist Rivieres Fallbeispiel aber nicht nur für Weiblichkeit als Maskerade und als konzeptueller Fetisch interessant. Was die meisten Autor_innen in diesem Aufsatz – obgleich offensichtlich – übersehen, ist die Bedeutung von ›Rasse‹, und das ist symptomatisch für das Weißsein dieser Autor_innen. Die weibliche Subjektivität, die Gegenstand des Aufsatzes ist, ist eine spezifisch weiße und ihre Kohärenz ist auf die Figuration schwarzer Männer und die Ausblendung von schwarzen Frauen angewiesen (Walton, 2001, S. 17). Worum es in den meisten Rezeptionen dieses

53 Neil Altman (1995) hat die Konsequenzen dieses Versäumnisses für die heutige analytische Psychotherapie ausgearbeitet und veranschaulicht, wie dadurch beispielsweise Rassismuserfahrung als individuelles Problem interpretiert und therapiert wird.

Textes geht, ist das seinerzeit ungewöhnlich ›männliche‹ Verhalten dieser Patientin durch ihre intellektuelle Arbeit. Jedem öffentlichen Auftritt – eine Rede oder Lesung aus ihren Schriften – folgt ein zwanghaftes Unterwerfungsritual. Immer ist es eine potenziell strafende ›Vaterfigur‹ der gegenüber sie ihr ›phallisches Verhalten‹ durch sexuelle Angebote – exzessives Flirten und Kokettieren, die Maskerade der Weiblichkeit – kompensiert. Riviere verfolgt dieses kompensatorische Verhalten in die Kindheit der Patientin zurück. Dort verteidigt sich die Patientin in ihrem Phantasieleben allerdings nicht gegen die weiße Vaterfigur, sondern gegen einen schwarzen Mann. Sie phantasierte in ihrer Kindheit und Jugend häufig, dass ein schwarzer Mann sich ihr sexuell annähert. Zu ihrer ›Verteidigung‹ würde sie Sex mit ihm haben, um ihn dann der Justiz zu überführen, was in den Südstaaten, in denen sie in den 1930er Jahren aufwuchs mit einiger Wahrscheinlichkeit Lynchmord für diesen schwarzen Mann bedeutet hätte.

Ein Traum verdeutlicht noch genauer, wie die phantasmatischen Konstellationen der Patientin die realen Verhältnisse von Rassismus und Sexismus widerspiegeln, und damit, wie stark ›individuelle Subjektivität‹ durch die Realität präfiguriert wird. Sie träumt, dass sie alleine zuhause ist, Wäsche wäscht und ein schwarzer Mann sich ihr sexuell nähert. Die Bedeutung des Traumes erklärt Riviere damit, dass die Patientin ihre Eltern umgebracht hatte, um ›alles für sich zu haben‹ (sie war alleine im Haus). Sie fürchtete sich vor Bestrafung (erwartete Schüsse durch das Fenster) und verteidigte sich, indem sie eine unterwürfige Position einnahm – Wäsche waschen war für eine bürgerliche Tochter seinerzeit ungewöhnlich – und mit der Wäsche sich in Unschuld zu waschen suchte.

Walton verdeutlicht, dass es in diesem Traum nicht nur darum ging, durch die Unterwerfungsgeste als Selbst-Kastration die gefürchtete Bestrafung durch den weißen Vater, dessen ›Phallus‹ sie sich angeeignet – seinen Penis gestohlen – hatte, abzuwehren. Vielmehr war die Phantasie, dem weißen Vater im Tausch gegen den Phallus den schwarzen Mann als Vergewaltiger auszuliefern. Während beide – die Patientin und der schwarze Mann – in den gegebenen gesellschaftlichen Verhältnissen nicht im Besitz des Phallus sind, unterscheiden sie sich darin, dass er einen Penis hat und sie nicht. Sie kann beweisen, dass sie den Penis nicht gestohlen hat – indem sie die leeren Hosentaschen *zeigt* – er nicht. Sie kann sich hinter der Maskerade der Weiblichkeit verstecken, er nicht. Er kann der Lynchjustiz nicht entgehen, ihm droht wirklich die Kastration. Die einzige *reale* Kastration, die das damalige ›kulturelle Symbolische‹ kannte, war die von nicht-weißen

Männern durch den Vorwurf der Vergewaltigung weißer Frauen, aber auch wenn sie einvernehmliche sexuelle Beziehungen mit weißen Frauen aufnahmen oder diese ihnen unterstellt wurden.

Mit dem Beispiel wird deutlich, dass der Logik des Phallus als Hauptsignifikant eine hegemoniale Struktur zugrunde liegt, die verlangt, dass, wer den Phallus begehrt, ein Opfer bringen – einen Rest zurücklassen –, andere Andere produzieren und ausliefern muss. Diese Operation ist auch in Freuds Psychoanalyse am Werk. Die Dialektik zwischen Subjekt und Objekt hinterlässt einen Rest – das Abjekt. Die antisemitische Differenz mit ihrem Signifikanten ›Beschneidung‹ wird über die kolonialrassistische Differenz mit dem Signifikanten Primitivität in die sexuelle Differenz mit dem ›Herrensignifikanten Phallus‹ verschoben.

Für Walton ist Rivieres Fallbeispiel nicht nur eines für Weiblichkeit *als* Maskerade, sondern auch für die Maskerade *von* Whiteness – bei Riviere. Das lässt sich auf die meisten psychoanalytischen Texte übertragen. Es ist mitunter faszinierend, wie die rassischen Implikationen ignoriert werden. Noch faszinierender ist dann, wie ›Rasse‹ wieder rückwärts in die Psychoanalyse hineingelesen wird, wie es Hook, Seshadri-Crooks und andere tun, ohne dass das Offensichtliche gesehen wird, nämlich, dass Whiteness genauso wie der Phallus wirkt und Abjektion nichts anderes als Rassismus und Sexismus *ist* im ›kulturellen Symbolischen‹ – der Psychoanalyse. Die Freud'sche Psychoanalyse konstituiert ihr Subjekt durch die Phantasie von Frauen (analog der ›primitiven Ursöhne‹) als bereits kastriert und in dieser Logik funktioniert das Stereotyp der Weiblichkeit als Fetisch, um die Anerkennung der sexuellen Differenz zu substituieren und das Stereotyp der Primitivität als Ersatz für die Anerkennung kultureller Differenz. Das Unbewusste als Primitivität figuriert, ermöglicht, nicht normative Subjektivität mit den Stereotypen von Weiblichkeit und rassischer/kultureller Differenz zu verknüpfen und als Vergangenheit zu verwerfen (Brickman, S. 130).

Freud verschob bereits den Fetisch von Whiteness in einer ähnlichen Bewegung wie Rivieres Patientin. Sie hob – psychoanalytisch formuliert – die Geschlechterdifferenz auf, indem sie sich den Phallus aneignete, und verschob diese Differenz in die rassische Differenz. Freud hob die Differenz zwischen Ariern und Juden in seinem Begehren von Whiteness auf, indem er sie auf die zwischen Weißen und Schwarzen als temporalisierte Differenz zwischen Primitivität und Zivilisiertheit auf eine Entwicklungsachse verschob und dann in der sexuellen Differenz von Phallus Haben und Sein beziehungsweise vor und nach der Kastration(sdrohung) als Subjekt konstituierendes Moment kondensierte. Der Fetisch und das Prinzip von Ausschluss und Trennung sind die problematischen Elemente der psychoanalytischen Subjektgenese. Die Konstruktion der Ausschlussnotwendigkeit geht dem Fetisch voraus. Zwar ist der Fetisch das Resultat verleugneter Differenz, die Differenz ist jedoch nicht das eigentliche Problem, das der Fetisch lösen soll, sondern die Abwertung des Differenten, sein Ausschluss. Der Fetisch wird aus Angst vor der eigenen Abwertung produziert.

5.4 Zur Logik von Ausschluss und Trennung

Postkoloniale Kritiker_innen haben verdeutlicht, wie die Verachtung der Kolonisten zum Selbsthass der Kolonisierten wird und wie die Idealisierung und Identifikation mit den kolonialen Aggressoren schließlich dazu führt, dass auch die Kolonisierten etwa ›Britishness‹ begehren. Das Begehren von Phallus und Whiteness ist Effekt einer Macht, die bestimmt, was menschlich ist und was nicht. Erst die Erfahrung, als das zu gelten, was nicht vollen Menschheitsstatus hat – selbst den Mangel zu repräsentieren –, löst das Begehren von Phallus und Whiteness aus. Die Position des Abjekts in der symbolischen Ordnung der Psychoanalyse – eine durch Rasse/Primitivität und Weiblichkeit markierte Position – ist es, der ›Mangel zu sein‹ (Brickman, S. 115).

Eine Subjektivität, die – psychoanalytisch wahrgenommen – durch Trennung und Ausschluss hervorgebracht wird, produziert immer einen ausgeschlossenen Rest: Primitivität und Mütterlichkeit als Matrix undifferenzierten Seins, das mit dem vergeschlechtlichten und rassisierten Anderen identifiziert wird, das psychologisch und sozial als minderwertig gilt. Die Logik des (vermeintlich) leeren Signifikanten mit dem ihm immanenten Begehren und seinen Verboten, der Hoffnungsträger für einige postmoderne, poststrukturalistische und postkoloniale Theorien wurde, verharrt in der Subjekt-Objekt-Dialektik, die immer ein Abjekt als Rest hinterlässt. Das Subjekt dieser Dialektik und seine Macht bringen also immer Grenzfiguren hervor und sie sind von diesen Grenzfiguren in existenzieller Weise abhängig – auch wenn diese Abhängigkeit verleugnet wird.

Vor allem in lacanianischen Darstellungen ist die Abweisung und Abspaltung der mütterlichen, ›primitiven‹ und abjekten Teile der Psyche Voraussetzung für die Subjektbildung; für die Teilhabe an der repräsentationalen Struktur, welche die eigene Existenz bestimmt. Diese Verwerfung wird als *die* entscheidende Operation zur Erlangung kultureller Legitimation betrachtet, sie gilt als unausweichliche, universale und ahistorische Gegebenheit (Brickman, S. 119). Für Brickman hat Judith Butler im Zusammendenken von Lacan und Kristeva mit Foucault die Subjektgenese als produktiven Prozess durch die wiederholte Performation der ausschließenden Normen beschrieben, was sie dynamischer macht als die Subjektgenese der Psychoanalyse ohne Foucault. Sie kritisiert jedoch, dass auch bei Butler Ausschluss und Verdrängung fundamental notwendige Bewegungen für die Institution der Subjektivität bleiben (Brickman, S. 118). Aus dieser Perspektive

> »there is no possibility of speaking, of taking a position in language outside of differentiating moves, not only through a differentiation from the maternal which is said to install a speaker in language for the first time, but [through] further differentiations among speakers positioned within kinship.« (Butler, zitiert nach Brickman, S. 119)

Wie Paula Irene Villa (2003) am Ende ihrer Einführung zu Butler bemerkt, sind »Butlers Arbeiten ... eigentümlich *ahistorisch* ... an keiner Stelle geht sie systematisch darauf ein, dass die Gegenwart eine Geschichte hat ... [bei ihr] sind alle Subjekte mehr oder minder melancholisch, egal wann und wo sie gebildet wurden« (S. 149). Das Zurücklassen von etwas, das man einmal geliebt hat, scheint unumgänglich.

Tatsächlich bleibt Butlers brillante dekonstruktivistische Arbeit gedanklich innerhalb der Grenzen abendländischer Philosophie. Zwar untersucht sie, wie diese Philosophie ihre Grenzen produziert, wie diese erweitert und verschoben werden können und wie jene, die in den Grenzbereichen zu leben gezwungen werden, die Signifikanten des Zentrums zitieren und dabei verschieben können. Sie scheint allerdings nicht selbst über diese Grenzen hinauszugehen[54] – sie verfolgt die Spuren zur Black Athena in ihrer Fußnote nicht, um einen grundsätzlichen Perspektivwechsel vorzunehmen.

Ich habe lange in ihren Texten eine Antwort auf die Frage gesucht, ob sie tatsächlich Ausschluss für eine ontogenetische Notwendigkeit hält. Sie schreibt: »Zu behaupten, es gebe ein ›Außen‹ gegenüber dem sozial Intelligiblen und dieses ›Außen‹ werde immer das sein, was auf negativem Wege das Soziale definiert, ist ein Punkt, denke ich, dem wir beipflichten können« (Butler, 1997, S. 283). Dieses Außen durch ein präideologisches Gesetz zu begründen, sei das Ideologische an der Psychoanalyse (ebda.). Ich glaube, dass diese Auffassung bei Butler dem Umstand geschuldet ist, dass sie

54 vgl. auch Mecheril & Plößer (2012).

das Soziale vom Linguistischen ableitet. Wenn ich ein ›Wir‹ bilde, ergibt sich daraus immer ein ›Ihr‹ oder ›die Anderen‹. Das hat allerdings wenig mit der Realität der Ontogenese zu tun, wie ich mit der Säuglingsforschung gezeigt habe. Von dort allerdings ist die Frage der Notwendigkeit von Ausschließungen, mit der sich Butler beschäftigt, abgeleitet. Es ist die Frage, ob Ausschluss eine ontogenetische Notwendigkeit und eine anthropologische Konstante ist – Kultur und Subjekt gleichermaßen durch Ausschlüsse gebildet werden – und deshalb das Soziale immer durch das definiert wird, was es ausschließt. Der Theoriekörper, mit dem Butler arbeitet, ist neben der abendländischen Philosophie von Platon über Hegel bis Foucault die Psychoanalyse und Letztere die Theorie, von der sie die ontogenetischen Elemente ableitet, also die frühkindliche Entwicklung. Wie ich gezeigt habe, bestätigt die Säuglingsforschung diese psychoanalytische Auffassung der Notwendigkeit von Trennung und Ausschluss nicht, im Gegenteil. Butlers Vorschlag der verschiebenden Zitierung als performative Subversion dieser Gesetze bleibt innerhalb der Gesetze der Sprache mit ihrer Logik der Verwerfung. Diese Logik gründet auf der Vorstellung einer primären Undifferenziertheit (dem Semiotischen) der klassischen Psychoanalyse und damit ihren evolutionistischen Annahmen, die mit der Säuglingsforschung widerlegt wurden.

Die psychoanalytischen Gesetze der Sprache und Subjektivität erscheinen als Teil einer unvermeidlichen Gefangennahme von Gender und ›Rasse‹ in einer Asymmetrie. Wenn man versucht, der Verwerfung des Primitiven/Mütterlichen zu entkommen, verliert man die Möglichkeit des Sprechens, des Gehörtwerdens und schließlich des Subjektwerdens an sich. Seinen Platz in dieser Sprache einzunehmen, bedeutet, die Regeln der Repräsentierbarkeit, die durch die Meistererzählung der Moderne erlassen wurden und die durch die Abjektion des Primitiven und des Weiblichen begründet wurde, anzunehmen (Brickman, S. 120). Die_der Subalterne kann nicht sprechen, weil die_der Subalterne – die_der Primitive – ausgeschlossen werden musste aus den diskursiven Codes der Moderne, damit diese Codes funktionieren konnten. Wie die psychoanalytisch-beobachtende Säuglingsforschung allerdings zeigt, ersetzt in der ontogenetischen Entwicklung nicht die ›Bedeutung‹ das ›Sein‹, welches dann für immer als primitiver Ursprung verloren ist, sondern die Bedeutung entsteht aus dem Sein und bleibt in einer dynamischen Beziehung mit demselben (Brickman, S. 120ff.). Das Prinzip von Trennung und Ausschluss muss also überwunden werden – nur dadurch können auch Rassismus und Sexismus als ›unbewusste‹ epistemologische Kernelemente in sozial- und geisteswissenschaftlichen Subjekt- und Kulturtheorien überwunden werden. Nur so kann Differenz gedacht werden, ohne sie implizit zu hierarchsieren und damit Machtverhältnisse zu stützen.

Whiteness ist vor allem ein epistemologisches Problem und es muss als solches adressiert werden. Brickman fordert für die Psychoanalyse, dass sie sich denselben epistemologischen Fragen stellt, welchen sich die Anthropologie bereits gestellt hat. Die Anthropologie hat sich zwischenzeitlich von ihrem kolonialen Erbe und ihren frühen positivistischen sozialwissenschaftlichen Ansätzen distanziert (Brickman, S. 200). Im Zuge der Globalisierung ist die Opposition zwischen ›uns‹ und ›ihnen‹, welche die Disziplin der Anthropologie überhaupt begründet hat, zusammengebrochen und mit ihr die Binaritäten modern – primitiv, global – lokal, zentral – peripher (ebda.). Ich argumentiere, dass nicht nur die Psychoanalyse und die Psychologie, sondern die gesamten Geistes- und Sozialwissenschaften durch diesen epistemologisch ›weißen Fleck‹ gekennzeichnet sind.

Wie ich zu Beginn dieses Buches schrieb, wirkt Whiteness als dethematisiertes Machtzentrum – eine Macht, die ihren Namen nicht nennt. Whiteness ist nicht auf bestimmte Bereiche des Lebens beschränkt wie das Politische, das Soziale, die Ökonomie, das Symbolische oder das Psychische. Whiteness ist ein System und eine Struktur, die all diesen Bereichen zugrunde liegt. Die ›Demographie‹ von Whiteness als hegemoniale Struktur spiegelt sich als mentale Kartographie in unserem Bewusstsein *und* im Unbewussten wider. Das Unbewusste wird dabei zur Funktion. Es wird zum Caché, ein Versteck für die Widersprüche und Leerstellen dieser Struktur, und es kann dort revolutionäres wie reaktionäres Potenzial entfalten. Im ›topisch Unbewussten‹ ist das koloniale Wissen gespeichert. Mithilfe dieses Wissens können die Leerstellen und Widersprüche – die beunruhigende Differenz – gleich dem Fetisch der Primitivität als Wechselbegriff subvertiert werden. Das dynamisch Unbewusste ist die Ebene der Subjektivität, auf der die Widersprüche der Moderne Unbehagen erzeugen und zur ›Nervosität des Weißseins‹ führen. Wann immer diese Inhalte im Bewusstsein auftauchen – als eine Art Vorbewusstes –, ist die Frage, ob das Subjekt von Whiteness den ›verlorenen Referenten‹ zur Sprache kommen lässt und zuhört, wenn er spricht, oder ihn erneut verdrängt.

Whiteness reproduziert sich aufgrund seiner Systematik in seiner ganzen Komplexität immer wieder. Man kann sich als Weiße_r nicht einfach auf der persönlichen Ebene dazu entschließen, nicht mehr rassistisch zu sein, also

Rassismus ›abschaffen‹[55]. Man ist weiterhin strukturell privilegiert und wird aufgrund der symbolischen Funktion seines Weißseins im Öffentlichen, Sozialen etc. immer wieder in die rassistische Matrix eingeschrieben und übernimmt dort – auch wider Willen – eine passive oder aktive Rolle im Rassismus. Auch kann man Rassismus nicht allein durch Gesetze abschaffen; es gibt sie längst, die Menschenrechte, die vor rassistischer Diskriminierung schützen, und die Antidiskriminierungsgesetze, die das Recht einräumen, juristisch gegen Diskriminierung vorzugehen. Das brachte große Fortschritte, hat Rassismus aber nicht abgeschafft. Birgit Rommelspacher (2002) resümiert in ihrer Untersuchung über »Anerkennung und Ausgrenzung« in Deutschland als multikulturelle Gesellschaft, dass die Anerkennung des Anderen nur gelingen kann, wenn diesem ›Anderen‹ auch Ansehen verschafft wird; wenn es in Politik und Gesellschaft durch eine bestimmte Diversity-Politik Repräsentanz erhält (S. 218). Diversity-Politik hat viel bewirkt, ist aber ebenso wenig immun gegen Vereinnahmungslogiken. Die profitable Seite dieser Politik in der Wirtschaft scheint wesentlich erfolgreicher als die auf der Nonprofit-Ebene.[56] Die ›Wages of Whiteness‹ haben sich auch dort durchgesetzt. Zwar sind viele der einzelnen Maßnahmen gegen Rassismus hilfreich, sie reichen aber nicht aus.

Es geht um etwas Grundsätzlicheres. Wir müssen Rasse selbst loswerden und das bedeutet – ich hoffe, dass ich das in dieser Arbeit deutlich machen konnte –, dass wir unseren Subjekt-Begriff und damit unser Selbst-Verständnis dekolonisieren müssen. Das Subjekt der Moderne ist konstitutiv auf Rasse angewiesen und jede Politik, Ökonomie, Bildung, Psychologie, Pädagogik etc. wird letztendlich von *Subjekten* betrieben. Das Unbewusste spielt in diesem Dekolonisationsprozess eine entscheidende Rolle. Es braucht eine Menge ›Erinnerungsarbeit‹. Paul Gilroy betitelt nach vielen Jahren Rassismusforschung mit einschlägigen Werken wie *Black Atlantic* (1993), in dem er sich mit jenem doppelten Bewusstsein beschäftigt, das die Aufklärung bei Schwarzen, aber auch bei ›hybriden‹ Subjekten hervorbringt, ein Buch *Against Race* (2000). Dort plädiert er für ein Denken politischer Kultur jenseits der ›Color Line‹, also für die Abschaffung der Vorstellung

55 Vgl. hierzu beispielsweise die Initiative der *Race Traitor* in den USA, die im gleichnamigen Journal sowie dem *Race Traitor Manifesto* dokumentiert ist. Siehe auch Roediger (1994).

56 Paul Gilroy entlarvt in seinen W.E.B Du Bois Lectures, die unter dem Titel *Darker than Blue; on the moral Economies of Black Atlantic Culture* (2010) erschienen, diese Form der Diversity-Politik als Kommodifizierung des Rassismus selbst.

von Rasse selbst. Den Erkenntnissen der vorliegenden Arbeit zufolge operiert Rasse vor allem durch das Unbewusste von Whiteness und wird durch Gegen/Übertragung reproduziert. ›Against Race‹ bedeutet deshalb, gegen Übertragungen von Whiteness zu arbeiten, also Whiteness als permanente Übertragung und Gegenübertragung zu beenden.

5.5 Gegen Übertragungen von Whiteness

Übertragung bedeutet in der Psychoanalyse die unbewusste Reproduktion eines Beziehungsmusters aus der Vergangenheit mit einer Person in der Gegenwart. Übertragung ist Bestandteil sämtlicher zwischenmenschlicher Beziehungen und aller (Alltags)Situationen. Wie die Übertragung ist auch die Gegenübertragung kein Therapie-spezifisches Phänomen. Die Psychoanalyse hat sie lediglich als Phänomen erkannt und für die Therapie nutzbar gemacht. Mit Gegenübertragung meint die Psychoanalyse Laplanche und Pontalis (1967/1994) zufolge die »Gesamtheit der unbewußten Reaktionen des Analytikers auf die Person des Analysanden und ganz besonders auf dessen Übertragung« (S. 164). Wie genau die Gegenübertragung, die »Gegenstand wachsender Aufmerksamkeit von seiten der Analytiker« (Laplanche & Pontalis, 1967/1994, S. 164) ist, definiert werden soll, darüber besteht keine Einigkeit. Folgende Möglichkeiten werden genannt:

> »a) alles, was vonseiten der ›Persönlichkeit‹ der Analytiker_innen in die Behandlung eingreifen kann; b) die unbewussten Prozesse, die die Übertragung der Analysand_innen bei den Analytiker_innen induzieren; c) Übertragung und Gegenübertragung sind nicht auf Analysand_in und Therapeut_in aufgeteilt, sondern beide übertragen und gegenübertragen« (ebda.).

Laplanche und Pontalis schlagen vor:

> »a) die Gegenübertragungsreaktionen durch die persönliche Analyse so weit wie möglich zu reduzieren, so daß die psychoanalytische Situation schließlich wie eine projizierte Oberfläche nur durch die Übertragung des Patienten strukturiert ist;
> b) die Gegenübertragungsmanifestation in der analytischen Arbeit zu verwenden, sie so zu kontrollieren und damit der Anweisung Freuds zu folgen, wonach ›... jeder Mensch in seinem eigenen Unbewußten ein Instrument besitzt, mit dem er die Äußerungen des Unbewußten beim anderen zu deuten vermag‹ (3) ...

c) sich bei der Deutung nach seinen eigenen Gegenübertragungsreaktionen zu richten, die oft in den Emotionen enthalten sind, welche der Analytiker spürt. Eine solche Haltung postuliert als einzige authentische psychoanalytische Kommunikation die Resonanz ›von Unbewußt zu Unbewußt‹.«(S. 164-165)

Ich habe mit Brickman gezeigt, wie sich in diesen Gegenübertragungen seit Freud evolutionistisches – und das heißt rassistisches – Denken breitmacht, und habe postuliert, dass es das Unbewusste von Whiteness ist. Das psychische Register, das Freud das topisch Unbewusste genannt hat, bezeichne ich als eine Art Speicher, in dem sich ein Archiv (kolonial)rassistischen Wissens befindet, aus dem sich die Inhalte der Gegenübertragungen speisen.

In der Beziehung zwischen rassistisch markierten Patient_innen und weißen Therapeut_innen beispielsweise heißt Übertragung der Analysandin im Kontext von Rassismus, eine Erfahrung mit der Beziehungskonstellation zwischen ihr und einer Person der Mehrheitsgesellschaft auf die Therapeutin zu übertragen. Der Inhalt der Übertragung ist zwar ›persönlich‹, aber die Konstellation ist es nicht. Sie ist mit der im Therapiezimmer identisch. Im Verhältnis zwischen weißen Therapeut_innen und nicht-weißen Patient_innen sind die Übertragungen im Kontext von Rassismus in der therapeutischen Situation also nicht wegzudenken. Hier ein Beispiel[57] für solch eine Gegen/Übertragung: Eine Erzieherin, die in jungen Jahren aus der Türkei nach Deutschland migriert war, entwickelt aufgrund der rassistischen Diskriminierung durch deutsche Kolleg_innen ›Dauermigräne‹, wie die Therapeutin erzählt, und wird von ihrem Arzt zur Psychotherapie überwiesen. Für die Therapeutin ist sofort »völlig klar: Die hat überhaupt keine Böcke mehr zu arbeiten. ... Die wollte einfach ihre Ruhe haben und versorgt sein!« Die Therapeutin ruft in einem Atemzug zwei Merkmale von Primitivität auf – Versorgungsphantasien und Faulheit –, also genau das, was die Kolonisten in dem Beispiel von Pajaczkowska & Young den Kolonisierten unterstellten: jene infantile Jouissance, die Merkmal der Urhorde ist. Es geht hier aber nicht allein um die Projektion rassistischer Stereotypen vonseiten der Therapeutin. Es ist die Erzählung über rassistische Diskriminierung am Arbeitsplatz ihrer Patientin, die bei der Therapeutin Unbehagen ausgelöst und diese ›Interpretation‹ hervorgebracht hat. Sie fühlte sich in ihrer Behaglichkeit in der weißen Kultur gestört. Die gesamte Geschichte der Patientin war in

57 Dieses Beispiel ist einer qualitativ-empirischen Studie entnommen, die sich mit der Bedeutung des Weißseins von Therapeutinnen in der Beziehung zu rassistisch markierten Klient_innen in Deutschland beschäftigt (Tißberger, in Bearbeitung).

Ordnung: Dass sie sich von ihrem patriarchalen Ehemann getrennt hat, eine Ausbildung gemacht und abgeschlossen hat, bis zu der Stelle, wo sie – trotz ihrer Bemühung, ›weiß zu sein‹, also eine emanzipierte, selbstständige Frau – von der deutschen Gesellschaft weiterhin diskriminiert wurde und das auch artikulierte. Sie bringt den Widerspruch in der deutschen Gesellschaft zur Sprache, die von ›Migrant_innen‹ Integration und Anpassung fordert und sie dann doch weiterhin ausschließt, auch wenn die Migrant_innen diese Forderungen erfüllen. In dem Moment also, wo der ›verlorene Referent‹ – der Widerspruch in der deutschen ›Zuwanderungsgesellschaft‹ – spricht, wird ›rassistisches Wissen‹ als Gegenübertragung produziert.

Die affektive Reaktion der Therapeutin – »die hat keine *Böcke* mehr« – ist Zeichen der Nervosität des Weißseins. Hier wird nicht einfach eine mögliche Interpretation zur Patientin geäußert, sondern die Therapeutin überträgt in Reaktion auf die Destabilisierung ihres Selbst-Verständnisses, also als Gegenübertragung, ›rassistisches Wissen‹. Rassismus kommt hier nicht als Projektion zum Ausdruck, sondern in Reaktion auf eine Verunsicherung der Therapeutin. Inhalt der Gegenübertragung sind nicht nur individuelle Reaktionen, die in einer persönlichen Analyse unschädlich gemacht werden können, sondern es gibt ein ›kollektives rassistisches Wissen‹, das als Unbewusstes von Whiteness operiert und in Gegen/Übertragungen zum Ausdruck kommt.

Die wenigsten Weißen sind heutzutage bewusst rassistisch, alle sind es unbewusst. Und auch Nicht-Weiße stehen nicht außerhalb der Struktur von Whiteness. Rassismus ist ihnen oft bewusster als Weißen, aber auch bei ihnen gewinnt verinnerlichter Rassismus vor allem durch das Unbewusste Bedeutung. Abgesehen davon sind in der rassistischen Matrix auf der Skala zwischen Weiß und Schwarz viele Menschen angeordnet, die ›weißer‹ oder ›schwärzer‹ als andere sind und deshalb Positionen ›dazwischen‹ einnehmen, also trotz eigener Rassismuserfahrung anderen gegenüber rassistisch sein können – am Beispiel von Freud selbst habe ich das deutlich gemacht.

Im Gegensatz zur (klassischen) Psychoanalyse behaupte ich, dass die Inhalte des Unbewussten, abgesehen von massiven individuellen Traumatisierungen, allesamt bewusst gemacht werden können. Was Freud zum topisch Unbewussten geschrieben hat und was bei Lacan im Rekurs auf Lévi-Strauss zur Struktur der Sprache als Unbewusstes geworden ist, verstehe ich als Caché für die rassistische, sexistische, imperialistische/kolonialistische Bemächtigungsgeschichte – als Speicher für die Machtverhältnisse, die im Widerspruch zum aufgeklärten, demokratischen, vielleicht sogar postkolonialen Selbst-Bewusstsein beziehungsweise Selbst-Verständnis stehen. Es ist das Strukturelle von Whiteness. Genau dieses gilt es zu Bewusstsein – in den Diskurs – zu bringen.

Rassismus wird (in heutigen weißen Dominanzkulturen) vor allem unbewusst angeeignet. Offensichtlichen Rassismus verurteilen die meisten Menschen. Er ist ihnen bewusst und sie verwerfen ihn bewusst. Shannon Sullivan (2006) gibt jedoch zu bedenken:

> »White privilege functions best when it appears not to be functioning at all, and it likes it that way, so to speak. The flashy obviousness of white supremacy will be its downfall in a ›civilized‹ world that prides itself on its democratic tolerance and inclusiveness.« (S. 187)

Die Abwertung und Ablehnung bestimmter Subjekte aufgrund ihrer ›rassischen‹, sexuellen oder Gender-Markierung (ebenso wie aufgrund ihrer Behinderung, ihrer Armut etc.) eignen wir uns bereits ab der frühesten Kindheit an – sie wird uns durch unsere Eltern und andere Bezugspersonen *übertragen*. Sie durchdringt unsere gesamte Umwelt und wir übernehmen sie unbewusst; sie ist Bestandteil unserer Subjektivierung. Ich habe im Abschnitt zur Säuglingsforschung gezeigt, wie Kinder sich über die Affektabstimmung mit ihren Bezugspersonen lange vor dem Spracherwerb die Wert-Norm-Strukturen ihrer Gesellschaft *aneignen*. Diese Prozesse der Übertragung sind nicht auf das Säuglings- oder Kindesalter beschränkt, sondern wir übertragen lebenslang kognitiv, aber auch affektiv; verbal, aber auch durch Blicke, Gesten, Bewegung, Körperhaltung – habituell.

Zum Verständnis der Aneignung, des Erlernens, der Internalisierung ebenso wie der Reproduktion von gesellschaftlichen Machtverhältnissen jenseits des Diskursiven schlage ich ein Zusammendenken von Butlers Verständnis der Performativität mit der Dynamik der Übertragung, wie sie die Psychoanalyse ausgearbeitet hat, vor. Bourdieus Habitus-Theorie geht in diese Richtung (vgl. Rademacher, 2001; Weiss, 2001). Er arbeitet mit seiner Theorie habitueller Übertragung von Machtverhältnissen gewissermaßen den Bereich zwischen Diskurs und Subjekt aus. Allerdings sind bei ihm die Subjekte allein Effekte ihrer Sozialisation, ihres Umfeldes, ihrer Kultur. Der kontingente Bereich menschlicher Subjektivität, von dem auch Handlungsfähigkeit und Widerstand ausgeht, bleibt unbeleuchtet. Shannon Sullivan (2006) sieht Whiteness/Rassismus durch »Unconscious Habits« reproduziert, allerdings hat sie einen unzureichend rassismuskritischen Blick auf das ›Unbewusste‹ bei Freud.

Innovative Ansätze entwickeln sich auch im Feld der Cultural Studies zum Verständnis des Subjekts, das »im Zuge seiner sich in Erfahrung und Sprachigkeit konstituierenden Subjektivität von diskursiven Formationen angerufen wird« (Mecheril, 2006, S. 126). Mit der »Theorie der Artikulation« (S. 125) wird gefragt,

> »wie eine Ideologie ihre Subjekte entdeckt und nicht das Subjekt die notwendigen und unvermeidlichen Gedanken denkt, die zu ihm gehören. Sie ermöglicht es uns zu denken, wie die Ideologie die Menschen handlungsfähig macht und es ihnen ermöglicht, auf einsichtsvolle Weise ihre historische Situation zu begreifen, ohne diese Formen der Einsicht auf ihre sozioökonomische, Klassen- oder soziale Position zu reduzieren.« (Stuart Hall, zitiert nach Mecheril, ebda.).[58]

Hanna Meißner (2010) kommt in ihrer Studie über die ›gesellschaftliche Konstitution von Handlungsfähigkeit‹ *Jenseits des autonomen Subjekts* im Anschluss an Butler, Foucault und Marx‹ zum Schluss, dass »eine andere Welt ... möglich« ist (S. 275), weil die Strukturen immer ein Moment erzeugen, »welches über sie hinausweist und damit das Potenzial für Veränderungen eröffnet – und zwar für Veränderungen, die durch das Handeln der Subjekte bewirkt werden« (S.11). Handlungsfähigkeit geht demnach von den Grenzen und den Rändern der Strukturen aus – von dem, was sie ausschließen und was in der Psychoanalyse als das Unbewusste ausgearbeitet wurde.

Die psychoanalytische Theorie zum Unbewussten wird von den genannten Ansätzen jedoch selten verwendet. Es ist aber die Vorstellung von Freud, dass im Unbewussten die primitive Vergangenheit ›wohnt‹, die dazu führt, dass, wie Butler formuliert hat, Subjekte, die im kulturellen Symbolischen nicht geduldet werden, an die Zonen der Nicht-Lebbarkeit verbannt werden – in dieses Vor-oder-Außerhalb unseres Selbst-Verständnisses – und dabei zum Vorher *im Dienst* eines Nachher werden. Diese Topik muss durch die Dynamik gelesen und dadurch aufgeklärt werden.

Ich habe in dieser Arbeit ausführlich mit Butler gezeigt, wie das Performative in der Theorie-Produktion (der Psychoanalyse) vonstatten geht; wie das Vor-oder-Außerhalb, das Vorher im Dienst des Nachher gedacht, geschrieben, phantasiert, imaginiert, symbolisiert und geglaubt wird. Butlers Subversionsvorschlag – die verschiebende Wiederholung – halte ich als

58 Vgl. auch Mecheril & Witsch.

Strategie für nicht hinreichend.[59] Zum einen verharrt diese innerhalb der Gesetze, die es zu überwinden gilt, zum anderen in der Funktion der Sprache, selbst wenn Performativität natürlich auch jenseits der Sprache gedacht wird. Mit dem psychoanalytischen Verständnis der Übertragungsdynamik zusammengedacht, kann mit Butlers Ansatz jedoch das kritische Potenzial der Psychoanalyse – das Politische – entfaltet werden. Ihre dekonstruktive Lesart der Psychoanalyse hat gezeigt, *wie* dort die reaktionären Elemente – das *Reale* – performativ re/produziert werden.

James Clifford fordert für Anthropolog_innen, dass sie ›ihr eigenes Wissen in Gefahr bringen‹ müssen (Brickman, S. 204). Nado Aveling (2004, 2009) exploriert in ihrer Arbeit, wie Whiteness in der Lehre für Lehramts-Studierende kritisch thematisiert werden kann.[60] Ich schlage vor, dass wir die ›Nervosität des Weißseins‹ – Verunsicherung – zur Methode machen und die Dynamik des Unbewussten zur Destabilisierung von Whiteness nutzen. Wir müssen dieses rassistische Wissen konfrontieren, es zu Bewusstsein bringen und dafür Sorge tragen, dass es nicht länger als Gegenübertragung – und damit unbewusst – reproduziert wird. Die Psychoanalyse als Erkenntnistheorie will eigentlich genau das: »herkömmliche Sinnzusammenhänge dekonstruie[ren,] kristallin gewordene Selbstverständlichkeiten verflüssig[en], neue Verknüpfungen zulassen und so neue Bedeutungen generier[en].« (Gast, 2006, S. 9)

Die psychoanalytische ›Psychologie des Unbewussten‹ ist eine Form über das Unbekannte, nicht Anerkannte, Verleugnete, Unbestimmte, Gestaltlose und Potenzielle zu sprechen, das jenseits des Horizonts des Bewusstseins liegt und doch den Kern der subjektiven Erfahrung bildet (Brickman, S. 205). Es darf nicht in einen anachronistischen Raum verschoben und damit seiner Kontingenz und seines politischen Potenzials beraubt werden, sonst bleibt Rassismus eine Geschichte, die »never really begins nor ends, even though there is a beginning and an end to every story, just as there is a beginning and an end to every teller« (Trinh T. Min-ha, 1989, S. 1).

59 Vgl. hierzu auch Mecheril & Plößer (2012).

60 Vgl. hierzu auch die Sammelbände *Rassismuskritik 1+2*, herausgegeben von Melter, Mecheril, Scharathow und Leiprecht (2009).

Literaturverzeichnis

Abel, E., Christian, B., & Moglen, H. (Hg.). (1997). *Female Subjects in Black and White*. Berkeley: University of California Press.

Altman, N. (1995). *The Analyst in the Inner City. Race, Class and Culture Through a Psychoanalytic Lens*. Hillsdale, N.J.: Analytic Press.

Amadiume, I. (1987). *Male Daughters, Female Husbands*. London: Zed Books.

Aveling, N. (2004). Disrupting the Normativity of Whiteness with Teacher Education Students: Challenges and Possibilities. *Balayi: Culture, Law and Colonialism, 6*, 82-93.

Aveling, N. (2009). More than just Skin Color: Reading Whiteness across different Locations. In M. Tißberger, G. Dietze, D. Hrzán & J. Husmann-Kastein (Hg.), *Weiß – Weißsein – Whiteness. Kritische Studien zu Gender und Rassismus. Critical Studies on Gender and Racism*. Frankfurt am Main: Peter Lang.

Bennholdt-Thomsen, V., Mies, M., & Werlhof, C. v. (1992). *Frauen, die letzte Kolonie. Zur Hausfrauisierung der Arbeit*. Zürich: Rotpunktverlag.

Bernal, M. (1991). *Black Athena. The Afroasiatic Roots of Classical Civilization*. London: Vintage.

Bhabha, H. K. (1994). *The Location of Culture*. London, New York: Routledge.

Boserup, E. (1989). *Women's Role in Economic Development*. London: Earthscan Publications LTD. (Originalarbeit erschienen 1970)

Boyarin, D. (1997). *Unheroic Conduct. The Rise of Heterosexuality and the Invention of the Jewish Man*. Berkeley: University of California Press.

Boyarin, D. (1998). What does a Jew want?; or, the political Meaning of the Phallus. In C. Lane (Hg.), *The Psychoanalysis of Race*. New York: Columbia University Press.

Brickman, C. (2003). *Aboriginal Populations in the Mind. Race and Primitivity in Psychoanalysis*. New York: Columbia University Press.

Butler, J. (1990). *Gender Trouble*. New York: Routledge.

Butler, J. (1991). *Das Unbehagen der Geschlechter*. Frankfurt am Main: Suhrkamp.

Butler, J. (1993). *Bodies that matter. On the discursive Limits of »Sex«*. New York: Routledge.

Butler, J. (1997). *Körper von Gewicht*. Frankfurt am Main: Suhrkamp.

Butler, J. (2001). *Antigones Verlangen: Verwandtschaft zwischen Leben und Tod* (R. Ansén, Übers.) Frankfurt a. M.: Suhrkamp.

Butler, J. (2001). *Psyche der Macht. Das Subjekt der Unterwerfung*. Frankfurt am Main: Suhrkamp.

Butler, J. (2006). Vorwort in P. Purtschert, *Grenzfiguren. Kultur, Geschlecht und Subjekt bei Hegel und Nietzsche*. Frankfurt/Main: Campus.

Butler, J. (2010). *Raster des Krieges. Warum wir nicht jedes Leid beklagen* (R. Ansén, Übers.). Frankfurt am Main: Campus.

Butler, J. (2011). *Die Macht der Geschlechternormen und die Grenzen des Menschlichen*. Frankfurt am Main: Suhrkamp.

Butler, J., Laclau, E., & Žižek, S. (2000). *Contingency, Hegemony, Universality. Contemporary Dialogues on the Left*. London: Verso.

Castro Varela, M., & Dhawan, N. (2005). *Postkoloniale Theorie. Eine kritische Einführung*. Bielefeld: Transcript.

Castro Varela, M., Schulze, S., Vogelmann, S., & Weiß, A. (Hg.). (1998). *Suchbewegungen. Interkulturelle Beratung und Therapie*. Tübingen: DGVT.

Chanter, T. (2006). Abjection and the Constitutive Nature of Difference: Class Mourning in *Margaret's Museum* and Legitimating Myths of Innocence in ›Casablanca‹. *Hypatia, 21*(3), 86-106.

Cheng, A. A. (2001). *The Melancholy of Race. Psychoanalysis, Assimilation, and Hidden Grief*. New York: Oxford University Press.

Dalal, F. (2002). *Race, Colour and the Processes of Racialization. New Perspectives from Group Analysis, Psychoanalysis and Sociology*. Hove: Brunner-Routledge.

Deleuze, G., & Guattari, F. (2000). *Anti-Oedipus. Capitalism and Schizophrenia*. Minneapolis: University of Minnesota Press. (Originalarbeit erschien 1972)

Derrida, J. (1976). *Die Schrift und die Differenz* (R. Gasché, Übers.). Frankfurt am Main: Suhrkamp.

Devereux, G. (1992). *Angst und Methode in den Verhaltenswissenschaften* (C. Neubaur & K. Kersten, Übers.). Frankfurt am Main: Suhrkamp. (Originalarbeit erschien 1967)

Diem-Wille, G., & Turner, A. (Hg.). (2009). *Ein-Blicke in die Tiefe. Die Methode der psychoanalytischen Säuglingsbeobachtung und ihre Anwendungen.* Stuttgart: Klett-Cotta.

Dietrich, A. (2007). *»Weiße Weiblichkeiten«: Konstruktionen von »Rasse« und Geschlecht im deutschen Kolonialismus.* Bielefeld: Transcript.

Dietze, G. (2009). Critical Whiteness Theory und Kritischer Okzidentalismus. Zwei Figuren hegemonialer Selbstreflexion. In M. Tißberger, G. Dietze, D. Hrzán & J. Husmann-Kastein (Hg.), *Weiß – Weißsein – Whiteness. Kritische Studien zu Gender und Rassismus. Critical Studies on Gender and Racism* (2. Aufl.) (S. 219-247). Frankfurt am Main: Peter Lang.

Doane, M. A. (1991). *Femmes Fatales: Feminism, Film Theory, Psychoanalysis*. London: Routledge.

Dornes, M. (2003). *Die frühe Kindheit. Entwicklungspsychologie der ersten Lebensjahre.* Frankfurt am Main: Fischer. (Originalarbeit erschien 1997)

Dornes, M. (2009). *Der kompetente Säugling. Die präverbale Entwicklung des Menschen*. Frankfurt am Main: Fischer. (Originalarbeit erschien 1993)

Dumont du Voitel, W. (1994). *Macht und Entmachtung der Frau: eine ethnologisch-historische Analyse*. Frankfurt /Main; New York: Campus.

Dyer, R. (1997). *White*. London: Routledge.

El-Tayeb, F. (2001). *Schwarze Deutsche. Der Diskurs um Rasse und nationale Identität 1890-1933*. Frankfurt: Campus.

Eng, D. L. (2001). *Racial Castration. Managing Masculinity in Asian America*. Durham and London: Duke University Press.

Erdheim, M. (1992). Das Eigene und das Fremde. *Psyche. Zeitschrift für Psychoanalyse und ihre Anwendungen, 8*(46), S. 730-744.

Evans, D. (1999). From Kantian Ethics to Mystical Experience: An Exploration of Jouissance. In D. Nobus (Hg.), *Key Concepts of Lacanian Psychoanalysis* (S. 1-28). New York: Other Press.

Fanon, F. (1967). *Black Skin, White Masks* (C. L. Markmann, Übers.). New York: Grove Weidenfeld. (Originalarbeit erschienen 1952)

Fanon, F. (1981). *Die Verdammten dieser Erde* (T. König, Übers.). Frankfurt am Main: Suhrkamp. (Originalarbeit erschienen 1961)

Fine, M, Weis, L, Powell, L C., & Wong, L. (Hg.). (1997). *Off White. Readings on Race, Power, and Society*. New York: Routledge.

Frankenberg, R. (1993). *White Women, Race matters: The social Construction of Whiteness.* Minneapolis: University of Minnesota Press.

Frankenberg, R. (1996). Weiße Frauen, Feminismus und die Herausforderung des Antirassismus. In G. H. Brigitte Fuchs (Hg.), *Rassismen & Feminismen. Differenzen, Machtverhältnisse und Solidarität zwischen Frauen* (S. 51-66). Wien: Promedia.

Frankenberg, R. (2001). The Mirage of an Unmarked Whiteness. In B. B. Rasmussen, E. Klinenberg, I. J. Nexica & M. Wray (Hg.), *The Making and Unmaking of Whiteness*. Durham: Duke University Press.

Frankenberg, R. (Hg.). (1997). *Displacing Whiteness: Essays in Social and Cultural Criticism*. Durham: Duke University Press.

Freud, S. Gesammelte Werke. Studienausgabe (2000). Frankfurt am Main: Fischer.

Gast, L. (Hg.). (1996). *Joan Riviere. Ausgewählte Schriften* (Vol. 1). Tübingen: edition diskord.

Gast, L., & Mattes, P. (Hg.). (2006). *Freudiana. Psychoanalytische Denkräume zum 150. Geburtstag von Sigmund Freud*. Gießen: Psychosozial-Verlag.

Gay, P. (2006). *Freud. Eine Biographie für unsere Zeit* (J. A. Frank, Übers.). Frankfurt am Main: Fischer.

Gilman, S. L. (1985). *Difference and pathology. Stereotypes of Sexuality, Race, and Madness.* Ithaca: Cornell University Press.

Gilman, S. L. (1994). *Freud, Identität und Geschlecht* (H. J. Bußmann, Übers.). Frankfurt am Main: Fischer.

Gilman, S. L. (2000). Are Jews White? In L. Back & J. Solomons (Hg.), *Theories of Race and Racism. A Reader*. London: Routledge.

Gilroy, P. (1993). *The Black Atlantic. Modernity and Double Consciousness*. Cambridge: Harvard University Press.

Gilroy, P. (2000). *Against Race. Imagining Political Culture Beyond The Color Line*. Cambridge, Massachusetts: Harvard University Press.

Gilroy, P. (2005). *Postcolonial Melancholia*. New York: Columbia University Press.

Gilroy, P. (2010). *Darker than Blue. On the moral Economies of Black Atlantic Culture*. Cambridge: The Belknap Press of Harvard University Press.

Gould, S. J. (2007). *Der falsch vermessene Mensch*. Frankfurt am Main: Suhrkamp. (Originalarbeit erschienen 1983)

Gretz, D. (2011). Das innere Afrika des Realismus. Wilhelm Raabes »Abu Telfan« (1867) und der zeitgenössische Afrikadirskurs. In M. Neumann & K. Stüssel (Hg.), *Magie der Geschichten. Weltverkehr, Literatur und Anthropologie in der zweiten Hälfte des 19. Jahrhunderts* (S. 197-216). Konstanz: University Press.

Gretz, D. (2012). *»Weißer Fleck« und »dunkler Kontinent«: Das I/innere Afrika(s) in der deutschen Zeitschriftenkultur (1850-1900)*. Vortrag auf dem Workshop: »Das ›I/innere Afrika‹. Facetten eines ›Topos‹ in der Zeitschriftenkultur des 19. Jahrhunderts« am Kulturwissenschaftlichen Kolleg der Universität Konstanz, Bischofsvilla, Juli 2012.

Gretz, D. (2013). »Quer durch Afrika, was soll das heißen?« Afrika als Wissens- und Imaginationsraum bei Wilhelm Raabe und Theodor Fontane. In R. Berbig & D. Göttsche (Hg.), *Metropole, Provinz und Welt: Raum und Mobilität in der Literatur des Realismus* (S. 167-193). Berlin: de Gruyter.

Grosse, P. (2000). *Kolonialismus, Eugenik und bürgerliche Gesellschaft in Deutschland: 1850-1918*. Frankfurt am Main: Campus.

Guglielmo, J., & Saerno, S. (Hg.). (2003). *Are Italians White? How Race is Made in America*. New York: Routledge.

Gutiérrez Rodríguez, E. (1999). *Intellektuelle Migrantinnen – Subjektivitäten im Zeitalter von Globalisierung. Eine postkoloniale dekonstruktive Analyse von Biographien im Spannungsverhältnis von Ethnisierung und Vergeschlechtlichung.* Opladen: Leske und Budrich.

Hall, S. (1996). Introduction. Who Needs ›Identity‹? In S. Hall & P. D. Gay (Hg.), *Questions of Cultural Identity*. London: Sage.

Hentges, G. (1999). *Schattenseiten der Aufklärung. Die Darstellung von Juden und »Wilden« in philosophischen Schriften des 18. und 19. Jahrhunderts*. Schwalbach/Ts.: Wochenschau.

Hill-Collins, P. (1991). *Black Feminist Thought. Knowledge, Consciousness, and the Politics of Empowerment* (Vol. 2). New York: Routledge.

Hook, D. (2006). ›Pre-discursive‹ racism. *Journal of Community and Applied Social Psychology, 16*, 207-232.

Hörisch, J. (2007). »Wo es war…« Psychoanlyse als Kritik der unreinen Vernunft. In W. Hegener, E. Hinze, H. Katz-Eringa, R. Lockot & U. Motz (Hg.), *Erinnern und Entdecken. Zur Aktualität Sigmund Freuds* (S. 147-164). Gießen: Psychosozial-Verlag.

Horsman, R. (1981). *Race and manifest Destiny. The Origins of American Racial Anglo-Saxonism*. Cambridge: Harvard University Press.

Husmann, J. (2010). *Schwarz-Weiß-Symbolik. Dualistische Denktraditionen und die Imagination von »Rasse«. Religion – Wissenschaft – Anthroposophie*. Bielefeld: Transcript.

Jacobson, M. F. (1998). *Whiteness of a different Color: European Immigrants and the Alchemy of Race*: Cambridge, Mass.: Harvard University Press.

Jacobson, M. F. (2000). Looking Jewish, Seeing Jews. In L. Back & J. Solomons (Hg.), *Theories of Race and Racism. A Reader*. London: Routledge.

Jahoda, G. (1999). *Images of Savages: Ancient Roots of modern Prejudice in Western Culture*. London: Routledge.

Jungwirth, I. (2007). *Zum Identitätsdiskurs in den Sozialwissenschaften. Eine postkolonial und queer informierte Kritik an George H. Mead, Erik H. Erikson und Erving Goffman*. Bielefeld: Transcript.

Kerner, I. (2009). *Differenzen und Macht. Zur Anatomie von Rassismus und Sexismus*. Frankfurt am Main: Campus.

Khanna, R. (2003). *Dark Continents. Psychoanalysis and Colonialism*. Durham, London: Duke University Press.

Kincheloe, J., Steinberg, S., Rodriguez, N., & Chennault, R. (Hg.). (1998). *White Reign. Deploying Whiteness in America*. London: MacMillan Press.

Kristeva, J. (1982). *Powers of Horror. An Essay on Abjection* (L. S. Roudiez, Übers.). New York: Columbia University Press.

Kundrus, B. (2003). Die Kolonien – »Kinder des Gefühls und der Phantasie«. In B. Kundrus (Hg.), *Phantasiereiche. Zur Kulturgeschichte des deutschen Kolonialismus* (S. 7-18). Frankfurt am Main: Campus.

Kundrus, B. (2003). *Moderne Imperialisten. Das Kaiserreich im Spiegel seiner Kolonien.* Köln, Weimar, Wien: Böhlau Verlag.

Lacan, J. (1973). *Schriften* (R. Gasché, N. Haas, K. Laermann & P. Stehlin, Übers. Vol. 1). Olten und Freiburg im Breisgau: Walter-Verlag.

Laplanche, J., & Pontalis, J.-B. (1994). *Das Vokabular der Psychoanalyse* (E. Moersch, Übers.). Frankfurt am Main: Suhrkamp.

Lenz, I., & Luig, U. (Hg.). (1995). *Frauenmacht ohne Herrschaft. Geschlechterverhältnisse in nichtpatriarchalischen Gesellschaften.* Frankfurt am Main: Fischer.

Lévi-Strauss, C. (1993). *Die elementaren Strukturen der Verwandtschaft.* Frankfurt am Main: Suhrkamp. (Originalarbeit erschienen 1949)

Lévi-Strauss, C. (1978). *Traurige Tropen* (E. Moldenhauer, Übers.). Frankfurt am Main: Suhrkamp.

López, A. J. (Hg.). (2005). *Postcolonial Whiteness. A critical Reader on Race and Empire.* Albany: State University of New York Press.

Lorde, A. (1984). *Sister Outsider. Essays and Speeches.* Trumansburg, New York: The Crossing Press.

Lynch, D., & Rodley, C. (2005). *Lynch on Lynch.* London: Faber and Faber.

Mamozai, M. (1982). *Schwarze Frau, weiße Herrin.* Reinbek bei Hamburg: Rowohlt.

Marriott, D. (1998). Bonding Over Phobia. In C. Lane (Hg.), *The Psychoanalysis of Race* (pp. 417-430). New York: Columbia University Press.

McClintock, A. (1995). *Imperial Leather. Race, Gender and Sexuality in the colonial Contest.* New York: Routledge.

Mecheril, P. (2006). Das un-mögliche Subjekt. Ein Blick durch die erkenntnispolitische Brille der Cultural Studies. In H. Keupp & J. Hohl (Hg.), *Subjektdiskurse im gesellschaftlichen Wandel. Zur Theorie des Subjekts in der Spätmoderne* (S. 119-141). Bielefeld: Transcript.

Mecheril, P. (2009). *Politik der Unreinheit. Ein Essay über Hybridität.* Wien: Passagen Verlag.

Mecheril, P., & Teo, T. (Hg.). (1997). *Psychologie und Rassismus.* Reinbek bei Hamburg: Rowohlt.

Mecheril, P., & Plößer, M. (2012). Iteration und Melancholie. Identität als Mangel(ver)waltung. In N. Balzer & N. Ricken (Hg.), *Judith Butler: Pädagogische Lektüren* (S. 125-148). Wiesbaden: VS-Verlag.

Mecheril, P., & Witsch, M. (Hg.). (2006). *Cultural Studies und Pädagogik. Kritische Artikulationen.* Bielefeld: Transcript.

Memmi, A. (1991). *The Colonizer and the Colonized* (H. Greenfeld, Trans.). Boston: Beacon.

Menninghaus, W. (1999). *Ekel. Theorie und Geschichte einer starken Empfindung.* Frankfurt am Main: Suhrkamp.

Mies, M., & Shiva, V. (1995). *Ökofeminismus. Beiträge zur Praxis und Theorie.* (A. Hunziker & M. Klingler-Clavijo, Übers.). Zürich: Rotpunktverlag.

Mills, C. (2004). Racial Exploitation and the Wages of Whiteness. In G. Yancy (Hg.), *What white looks like. African-American Philosophers on the Whiteness Question.* New York: Routledge.

Mills, C. W. (1999). *The Racial Contract.* Ithaca: Cornell University Press.

Morrison, T. (1993). *Playing in the Dark. Whiteness and the Literary Imagination.* New York: Vintage, Random House Inc.

Morrison, T. (1994). *Im Dunkeln spielen. Weisse Kultur und literarische Imagination. Essays* (H. P. u. B. v. Bechtolsheim, Übers.). Reinbek bei Hamburg: Rowohlt.

Mudimbe, V. Y. (1994). *The Idea of Africa.* Bloomington: Indiana University Press.

Nadig, M. (1997). *Die verborgene Kultur der Frau.* Frankfurt am Main: Fischer.

Nakayama, T. K., & Martin, J. N. (Hg.). (1999). *Whiteness. The Communication of social identity. Thousand Oaks: Sage.*

Oyewùmí, O. (1997). *The Invention of Women: making an African Sense of Western Gender Discourses.* Minneapolis, MN: University of Minnesota Press.

Pagel, G. (2002). *Jacques Lacan zur Einführung*. Hamburg: Junius. (Originalarbeit erschien 1989)

Pajaczkowska, C., & Young, L. (1992). Racism, Representation, Psychoanalysis. In J. Donald & A. Rattansi (Hg.), *›Race‹, Culuture and Difference* (pp. 198-219). London: Sage.

Palriwala, R., & Risseeuw, C. (Hg.). (1996). *Shifting Circles of Support. Contextualising Gender and Kinship in South Asia and Sub-Saharan Africa*. New Delhi

Perry, P. (2002). *Shades of White. White Kids and Racial Identities in High School*. Durham: Duke University Press.

Pieterse, J. (1992). *White on Black. Images of Africa and Blacks in Western Popular Culture*. New Haven: Yale University Press.

Psyche. Zeitschrift für Psychoanalyse und ihre Anwendungen (1992). *Fremdenfeindlichkeit, Rassismus und Nationalismus* (Vol. 46. Jahrgang, 8). Stuttgart: Klett-Cotta.

Purtschert, P. (2006). *Grenzfiguren. Kultur, Geschlecht und Subjekt bei Hegel und Nietzsche*. Frankfurt am Main: Campus.

Purtschert, P., Lüthi, B., & Falk, F. (Hg.). (2012). *Postkoloniale Schweiz: Formen und Folgen eines Kolonialismus ohne Kolonien*. Bielefeld: Transcript.

Rademacher, C. (2001). Geschlechterrevolution – rein symbolisch? Judith Butlers Bourdieu-Lektüre und ihr Konzept einer ›subversiven Identitätspolitik‹. In C. Rademacher & P. Wiechens (Hg.), *Geschlecht – Ethnizität – Klasse. Zur sozialen Konstruktion von Hierarchie und Differenz* (S. 31-51). Opladen: Leske + Budrich.

Räthzel, N. (1997). *Gegenbilder. Nationale Identität durch Konstruktion des Anderen*. Opladen: Leske + Budrich.

Reckwitz, A. (2008). *Subjekt*. Bielefeld: Transcript.

Rippl, G. (Hg.). (1993). *Unbeschreiblich Weiblich. Texte zur feministischen Anthropologie*. Frankfurt am Main: Fischer.

Roediger, D. (Hg.). (1994). *Towards the Abolition of Whiteness: Essays on Race, Politics and Working Class History*. London: Verso.

Rommelspacher, B. (1998). *Dominanzkultur. Texte zu Fremdheit und Macht*. Berlin: Orlanda.

Rommelspacher, B. (2002). *Anerkennung und Ausgrenzung. Deutschland als multikulturelle Gesellschaft.* Frankfurt am Main: Campus.

Rubin, G. (1975). The Traffic in Women: Notes on the »Political Economy« of Sex. In R. R. Reiter (Hg.), *Toward an Anthropology of Women* (pp. 157-210). New York: Monthly Review Press.

Sacks, K. B. (1994). How did Jews become white Folks? In S. Gregory & R. Sanjek (Hg.), *Race* (pp. 78-102). New Brunswick: Rutgers University Press.

Schneider, R. B. (2003). *Um Scholle und Leben. Zur Konstruktion von »Rasse« und Geschlecht in der deutschen kolonialen Afrikaliteratur um 1900.* Frankfurt a am Main: Brandes & Apsel.

Schultheis, A. W. (2004). *Regenerative Fictions. Postcolonialism, Psychoanalysis and the Nation as Family.* New York: Palgrave.

Seshadri-Crooks, K. (2000). *Desiring Whiteness: A Lacanian Analysis of Race.* London: Routledge.

Spillers, H. (1997). »All the Things You Could Be by Now, If Sigmund Freud's Wife Was Your Mother«: Psychoanalysis and Race. In E. Abel, B. Christian & H. Moglen (Hg.), *Female Subjects in Black and White. Race, Psychoanalysis, Feminism* (S. 135-158). Berkeley: University of California Press.

Spivak, G. C. (1994). Can the Subaltern Speak. In L. C. Patrick Williams (Hg.), *Colonial Discourse and Post-Colonial Theory. A Reader.* New York: Columbia University Press. (Originalarbeit erschienen 1988)

Stern, D. (2007). *Die Lebenserfahrung des Säuglings* (W. Krege, Übers.). Stuttgart: Klett-Cotta. (Originalarbeit erschienen 1985)

Stoler, A. L. (2002). *Carnal Knowledge and Imperial Power.* Berkeley: University of California Press.

Sullivan, S. (2006). *Revealing Whiteness. The Unconscious Habits of Racial Privilege.* Bloomington: Indiana University Press.

Tißberger, M. (2006). ›Wir wollten die Welt entdecken‹. Projekt(ion)e(n) der Zivilisation und feministisches Sendungsbewusstsein. In M. Bechhaus-Gerst & S. Gieseke (Hg.), *Koloniale und postkoloniale Konstruktionen von Afrika und Menschen afrikanischer Herkunft in der deutschen Alltagskultur.* (Vol. 1, S. 79-92). Frankfurt a am Main: Peter Lang.

Tißberger, M. (2006). Die Psyche der Macht, der Rassismus der Psychologie und die Psychologie des Rassismus. In M. Tißberger, G. Dietze, D. Hrzán & J. Husmann-Kastein (Hg.), *Weiß – Weißsein – Whiteness. Kritische Studien zu Gender und Rassismus* (S. 13-29). Frankfurt am Main: Peter Lang.

Tißberger, M. (2006). The Project(ions) of ›Civilization‹ and the Counter-Transferences of Whiteness: Freud, Psychoanalysis, ›Gender‹ and ›Race‹ (in Germany). In M. Tißberger, G. Dietze, D. Hrzán & J. Husmann-Kastein (Hg.), *Weiß – Weißsein – Whiteness. Kritische Studien zu Gender und Rassismus* (S. 85-104). Frankfurt am Main: Peter Lang.

Tißberger, M. (2009). Dark Continent. Über das Unbewusste von Sexismus und Rassismus. In G. Steins (Hg.), *Psychologie und Geschlechterforschung: Ein Handbuch* (S. 338-369). Wiesbaden: VS Verlag.

Tißberger, M. (in Bearbeitung). Critical Whiteness und Psychotherapie (Arbeitstitel). Wiesbaden: VS Verlag.

Tißberger, M. Dietze, G; Hrzán, D., Husmann-Kastein, J. (Hg.). (2006). *Weiß – Weißsein – Whiteness. Kritische Studien zu Gender und Rassismus. Critical Studies on Gender and Racism*. Frankfurt am Main: Peter Lang.

Torgovnick, M. (1990). *Gone Primitive. Savage Intellects, Modern Lives.* Chicago: University of Chicago Press.

Trinh T., M. (1989). *Woman, Native, Other.* Bloomington: Indiana University Press.

Trinh T., M. (1996). Über unzulässige Grenzen: Die Politik der Identität und Differenz. In G. H. Brigitte Fuchs (Hg.), *Rassismen & Feminismen* (S. 148-160). Wien: Promedia.

Villa, P.-I. (2003). *Judith Butler* Frankfurt am Main: Campus.

Walgenbach, K. (2007). *»Die weiße Frau als Trägerin deutscher Kultur«. Koloniale Diskurse über Geschlecht, »Rasse« und Klasse im Kaiserreich*. Frankfurt am Main: Campus.

Walton, J. (2001). *Fair Sex, Savage Dreams. Race, Psychoanalysis, Sexual Difference*. Durham: Duke University Press.

Ware, V. (1992). *Beyond the Pale. White Women, Racism and History.* London: Verso.

Ware, V. & Back, L. (Hg.). (2002). *Out of Whiteness. Color, Politics, and Culture*. Chicago: University of Chicago Press.

Weiss, A. (2001). *Rassismus wider Willen: Ein anderer Blick auf eine Struktur sozialer Ungleichheit*. Wiesbaden: Westdeutscher Verlag.

Wieczorek, M. (2000). The ridiculous, sublime art of Slavoj Žižek In *The art of the ridiculous sublime. On David Lynch's Lost Highway*. Seattle: The Walter Chapin Simpson Center for the Humanities. University of Washington Press.

Wildenthal, L. (2001). *German Women for Empire, 1884-1945*. Durham and London: Duke University Press.

Williams, L. (2001). *Playing the Race Card. Melodramas of Black and White from Uncle Tom to O.J. Simpson*. Princeton: Princeton University Press.

Winnubst, S. (2004). Is the Mirror racist? Interrogating the Space of Whiteness. *Philosophy & Social Criticism, 30*(1), 25-50.

Wolter, U. (2001). *Das obskure Subjekt der Begierde. Frantz Fanon und die Fallstricke des Subjekts der Befreiung*. Münster: Unrast.

Wray, M, & Newitz, A (Hg.). (1997). *White Trash. Race and Class in America*. New York: Routledge.

Wünsch, M. (2010). *Im inneren Außen. Der Serienkiller als Medium des Unbewussten*. Berlin: Kadmos.

Yancy, G. (Hg.). (2004). *What White looks like. African-American Philosophers on the Whiteness Question*. New York: Routledge.

Young, I. M. (1990). *Justice and the Politics of Difference*. Princeton: Princeton University Press.

Young, R.J.C. (1990). *White Mythologies*. London: Routledge.

Zantop, S. (1999). *Kolonialphantasien im vorkolonialen Deutschland (1770-1870)*. Berlin: Erich Schmidt Verlag.

Žižek, S. (2000). *The Art of the Ridiculous Sublime: On David Lynch's Lost Highway*. University of Washington Press, Seattle, USA: The Walter Chapin Simpson Center for the Humanities.

Susan Arndt & Nadja Ofuatey-Alazard (Hg.)

Wie Rassismus aus Wörtern spricht

(K)Erben des Kolonialismus im Wissensarchiv deutsche Sprache. Ein kritisches Nachschlagewerk

Hardcover B5 | 786 Seiten | 29.80 Euro
ISBN 978-3-89771-501-1

Ein besonderes Wörterbuch, das eine analytische Offenlegung dessen betreibt, was ›unsere‹ Sprache an rassistischen Tradierungen enthält, die sie regelmäßig reproduziert und dabei durch Verleugnungsstrategien schützt.

Kien Nghi Ha, Nicola Lauré al-Samarai & Sheila Mysorekar (Hg.)

re/visionen

Postkoloniale Perspektiven von People of Color auf Rassismus, Kulturpolitik und Widerstand in Deutschland

456 Seiten | 24 Euro | ISBN 978-3-89771-458-8

Die politischen Analysen, literarischen Essays, Glossen sowie Gespräche machen selbstbestimmte Räume und solidarische Visionen sichtbar, welche die rassistische Logik des Teilens und Herrschens herausfordern und auf grenzüberschreitende Identitäten und Bündnisse zielen.

Maureen Maisha Eggers, Grada Kilomba, Peggy Piesche & Susan Arndt (Hg.)

Mythen, Masken und Subjekte

Kritische Weißseinsforschung in Deutschland

552 Seiten | 24 Euro | ISBN 3-89771-440-X

Mit seinem Fokus auf die Subjekte rassistischer Herrschaft entwirft das Buch neue kritische Perspektiven auf Debatten um Kolonialismus, Rassismus, Feminismus und Postkolonialiät. die deutsche Dominanzkultur und schafft zugleich einen schützenden Raum für alles Zwischenmenschliche.

UNRAST Verlag • Postfach 8020 • 48043 Münster
www.unrast-verlag.de • E-Mail: info@unrast-verlag.de

UNRAST